阿玛纳时代东地中海世界文明共生现象研究
（公元前1600—前1100年）

The Symbiosis of Civilizations in the
Eastern Mediterranean World in the Age of Amarna
(1600-1100 BC)

孙宝国 著

中国社会科学出版社

图书在版编目（CIP）数据

阿玛纳时代东地中海世界文明共生现象研究：公元前1600－前1100年／孙宝国著. —北京：中国社会科学出版社，2021.1
ISBN 978－7－5203－7947－2

Ⅰ.①阿…　Ⅱ.①孙…　Ⅲ.①世界史—古代史—研究　Ⅳ.①K12

中国版本图书馆 CIP 数据核字（2021）第036259号

出 版 人	赵剑英	
责任编辑	耿晓明	
责任校对	李　军	
责任印制	王　超	

出　　版	中国社会科学出版社	
社　　址	北京鼓楼西大街甲158号	
邮　　编	100720	
网　　址	http://www.csspw.cn	
发 行 部	010－84083685	
门 市 部	010－84029450	
经　　销	新华书店及其他书店	
印　　刷	北京君升印刷有限公司	
装　　订	廊坊市广阳区广增装订厂	
版　　次	2021年1月第1版	
印　　次	2021年1月第1次印刷	
开　　本	710×1000　1/16	
印　　张	21	
插　　页	2	
字　　数	377千字	
定　　价	118.00元	

凡购买中国社会科学出版社图书，如有质量问题请与本社营销中心联系调换
电话：010－84083683
版权所有　侵权必究

国家社科基金后期资助项目
出版说明

后期资助项目是国家社科基金设立的一类重要项目，旨在鼓励广大社科研究者潜心治学，支持基础研究多出优秀成果。它是经过严格评审，从接近完成的科研成果中遴选立项的。为扩大后期资助项目的影响，更好地推动学术发展，促进成果转化，全国哲学社会科学工作办公室按照"统一设计、统一标识、统一版式、形成系列"的总体要求，组织出版国家社科基金后期资助项目成果。

全国哲学社会科学工作办公室

目　录

导　论 …………………………………………………………（1）

第一章　阿玛纳时代东地中海世界的国际政治生态 …………（20）
　　第一节　五大强国 ………………………………………（20）
　　第二节　爱琴诸岛 ………………………………………（58）
　　第三节　叙巴地区 ………………………………………（65）

第二章　阿玛纳时代东地中海世界跨文化交流介质 …………（83）
　　第一节　象形文字 ………………………………………（83）
　　第二节　楔形文字 ………………………………………（94）
　　第三节　书吏学校 ………………………………………（103）
　　第四节　阿卡德语 ………………………………………（107）

第三章　阿玛纳时代东地中海世界跨文化交流主体 …………（111）
　　第一节　信使与商人 ……………………………………（111）
　　第二节　医生与教师 ……………………………………（123）
　　第三节　难民与流亡者 …………………………………（126）
　　第四节　战俘与雇佣兵 …………………………………（132）
　　第五节　和平移民与武装移民 …………………………（135）

第四章　阿玛纳时代东地中海世界跨文化交流渠道 …………（142）
　　第一节　车的发明 ………………………………………（142）
　　第二节　马的驯化 ………………………………………（143）
　　第三节　战车的应用 ……………………………………（145）
　　第四节　路网的形成 ……………………………………（147）
　　第五节　驿站的设置 ……………………………………（151）

第五章　阿玛纳时代东地中海世界跨文化交流内容 …………（153）
  第一节　宗藩体系 …………………………………………（153）
  第二节　朝贡贸易 …………………………………………（166）
  第三节　王室联姻 …………………………………………（175）
  第四节　战争形态 …………………………………………（189）
  第五节　宗教思想 …………………………………………（212）

结　语 ………………………………………………………………（234）

附录1：古代东地中海世界主要文明对应表 ……………………（239）

附录2：阿玛纳时代东地中海世界主要文明年代表 ……………（240）

附录3：专有名词中英文对照表 …………………………………（249）

附录4：缩略语对照表 ……………………………………………（257）

参考文献 ……………………………………………………………（262）

导　　论

作为自古以来就存在的普遍历史现象，人类的跨文化交流虽然有时显有时隐，有时浓有时淡，但这一宏大叙事和壮丽画卷从未间断，铺展至今。而一部人类跨文化交流史，就是人类在自然所赋予的交流能力的基础上，在生产劳动和社会实践的推动下，不断变革传播介质，使人类物质交往和精神交往体系不断延展和完善的历史。但如果"不了解作为环境的媒介，对任何社会文化变革的了解都是不可能的"[①]。以阿玛纳书信的传递为主要表征的阿玛纳时代东地中海世界各国[②]各地区之间或各文明单元之间大范围和高密度的跨文化交流或跨文明交流[③]活动，集中而典型地反映了印证了上述现象和规律。

一　研究对象

从人类历史的长时段来看，不同文明之间的交融合共生是主流，而不

[①] 〔加〕马歇尔·麦克卢汉：《媒介即按摩：麦克卢汉媒介效应一览》，何道宽译，机械工业出版社2016年版，第24页。

[②] 就国家的形式而言，人类历史上主要有三种，即城邦国家、领土国家、近现代民族国家。城邦国家是指城邦为政治管理单位的国家。领土国家指君主权力所能达及的地理疆域为界，从而行使政治管理范围的国家；晚期青铜时代东地中海世界的国家主要属于城邦国家和领土国家。每个城邦国家包括一座或多座城市以及由城市管理的数量不等的城镇和村庄。而当一些征服者将许多城邦国家统一起来，就形成了领土国家。近现代民族国家的概念始于结束欧洲三十年战争（1643—1648）的维斯特伐利亚和会的召开以及《维斯特伐利亚和约》的签订所形成的维斯特伐利亚体系。与近现代民族国家相比，城邦国家和领土国家更接近于文明单元之本义。参见〔荷〕H. 法兰克弗特等《人类思想发展史——关于古代近东思辨思想的讨论》，郭丹彤译，黑龙江人民出版社2005年版，第199页。

[③] 文明与文化在概念上虽有所不同，但通常又较难区分。因此，本书在行文和引文中对它们互换使用。从词源学上来看，文明一词源于拉丁语"civis"（城市的居民），本义是指人们和睦地生活于城市或社会群体中的能力。文化一词源出于拉丁语动词"colere"（耕耘土地），其过去分词为"cultus"，与"cultivate"（耕耘）相关，本义是耕耘果园和菜园，引申义为培养人们的情趣和才艺。参见刘文鹏《论埃及文明的起源——纪念恩格斯逝世100周年》，《史学理论研究》1995年第2期，第42页。

2　阿玛纳时代东地中海世界文明共生现象研究（公元前1600－前1100年）

同文明之间的对立和冲突则是偶发的支流。① 本书的研究对象即为跨文化交流视域下的阿玛纳时代东地中海世界文明共生现象。具体包括如下几对核心术语和范畴。

（一）地中海与东地中海世界

地中海②是世界上最大的陆间海，被北面的欧洲大陆、南面的非洲大陆、东面的亚洲大陆所环绕，东西长约4000千米，南北最宽处约为1800千米，面积约为2512000平方千米。环地中海区域的气候颇具特色，这里夏季炎热干燥，冬季温暖多雨，因此被称作地中海性气候。地中海以亚平宁半岛、西西里岛与突尼斯之间的突尼斯海峡为界，分东西两部分，平均深度1450米，最深点是希腊南面的爱奥尼亚海盆，为海平面以下5121米，盐度较高，最高达39.5‰。从地理上看，地中海将欧洲与非洲分隔开来，但从文化上看，地理上的彼此遥望促成了文化上的相互交流，换言之，地中海非但没有将沿海各地隔离开来，而是更紧密地连接了起来，"自约公元前3500年开始出现第一次远距离海上航行，到公元7世纪……已经延续了四千余年时光"③。

回望人类文明史，地中海周边地区，特别是东地中海周边地区，是"首先进入人类文明的地区"④，是不同文化之间互动最为剧烈的时空，被称为"世界文化的漩涡"⑤，各种文化在此处交汇，各种文化又由此处分流。同时，自人类进入文明社会以来，地中海就是世界历史上的重要地区，堪称世界政治风云的晴雨表，历史上，地中海地区大国云集，各种利益集团错综复杂，各种矛盾和冲突交织碰撞，换言之，地中海周边各国各地区或文明单元间都因地中海而保持着不同方式和不同程度的交往，地中

---

① 〔美〕彼得·卡赞斯坦：《多元多维文明构成的世界》，刘伟华译，《世界经济与政治》2010年第11期，第52页。
② "地中海"，英文写作"Mediterranean Sea"，源于拉丁语"Mare Mediterraneum"，其中"medi"意为"在……之间"，"terra"意为"陆地"，全名意为"陆地中间之海"。
③ C. Quigley, *The Evolution of Civilizations: An Introduction to Historical Analysis*, 2nd edition, Indianapolis: Liberty Press, 1979, p. 169.
④ 陈村富：《地中海文化圈概念的界定及其意义》，《中国社会科学》2007年第1期，第62页。文化圈或文明圈是学界采用的术语之一。学者们认为，在诸多文化体或文明体相关联的某些地区，只要各文化体或文明体之间有较多文化元素或文明元素相符，就可以把它们归属于同一个文化圈或文明圈。参见王晓朝《拓展地中海文化圈研究》，《中国社会科学报》2011年9月13日，第9版。本书采用"文明共同体"这一术语来泛指"文化圈""文明圈""文化体""文明体"等概念。
⑤ 史继忠：《地中海——世界文化的漩涡》，《贵州师范大学学报》（社会科学版）2002年第4期，第38页。

海也因这种交往日益形成一个区域性的世界,也即学界通常所说的"地中海世界"①。其中,本书所讨论的约公元前16—前11世纪的东地中海世界包括西亚的叙巴地区②、小亚③、两河流域④,北非的埃及、利比亚,以及南欧的希腊和罗马。⑤ 从地理上讲,两河流域不在地中海沿岸,但由于该区域内的米坦尼、巴比伦、亚述等国家和地区频繁地参与东地中海世界的事务,从而在地缘政治上被划归东地中海世界。⑥

---

① 在人类历史上,以放眼世界的宏阔视野观察人类文明发展的方法有着漫长的传统。从希罗多德的《历史》以降,不同类型的世界史在不同文明中相继出现。而"实际上,对于任何时代的任何文化而言,世界史意味着该文化自身生活的世界,即通过生活经验或在他人的口耳相传中所能感知的以及旅行所能到达的那个世界的历史"。参见陈恒、李文硕《从世界历史到世界的历史——评〈剑桥世界史〉》,《历史研究》2016年第4期,第160页。本书探讨的地中海世界和东地中海世界正是这一类型的世界史。
② 叙巴地区,全称叙利亚和巴勒斯坦地区。"叙利亚"一词,在塞琉古王朝(公元前312—前64年)时期,已为希腊人所采用,后为罗马人沿袭,但仅通行于西方。阿拉伯人从不使用"叙利亚"一词,而是采用"沙姆"一词来指代这一地区。"沙姆"意为"左边",转意为"北方",这是按照阿拉伯帝国初期以麦加为政治中心,视这个地区为"左边"和"北方"而言的,"叙利亚"也因此有"北方之国"之称。还有研究者认为,"叙利亚"是因居住在这一地区的古代叙利亚人而得名的。叙利亚的国名就是从"叙利亚人"("苏尔尼亚")一词引申来的。巴勒斯坦古称迦南("迦南"一词源自古代埃及语,《旧约圣经》和《新约圣经》均译作"客纳罕"),在《旧约圣经》被赞誉为"流着奶和蜜"的"应许之地",系指地中海东岸的狭长地带,大致包括今以色列、巴勒斯坦、黎巴嫩、约旦西部、叙利亚西南部。公元前20世纪,操塞姆语的迦南人定居于此。公元前13世纪,操非塞姆语的腓力斯丁人在此建国,亚述文献因此将这一区域称为巴勒斯坦,即"腓力斯丁人之地",这一称谓后来被希罗多德等古希腊史学家所沿用。
③ 小亚,亦称"小亚细亚",包括今土耳其的亚洲部分。参见马克垚主编《世界文明史》,北京大学出版社2004年版,第1页。
④ 两河流域,英文直译为"美索不达米亚",源于希腊语,意为"河流之间的土地",是古希腊人和古罗马人对分别发源于西亚塔鲁斯山和扎格罗斯山的幼发拉底河和底格里斯河所流经地区的称谓,包括今伊拉克、叙利亚北部和伊朗西部。
⑤ 与"东地中海世界"相近或相关的概念还有"西亚"和"近东"等。西亚是指今土耳其、伊朗、伊拉克、叙利亚、黎巴嫩、约旦、以色列和沙特阿拉伯等国家所在区域。西方学者也常使用"近东"一词来指称这一地区,因为以欧洲人的眼光来看,这一地区是离欧洲较近的"东方"。相对来说,离欧洲较远的中国、日本和韩国则被称为"远东"。而不论是"西亚"或"近东",往往都是在讨论这一地区的古代历史和文明时才使用,而谈到近东的历史和政治时,则采用"中东"一词。参见马克垚主编《世界文明史》,北京大学出版社2004年版,第1页。
⑥ 法国年鉴学派第二代著名历史学家费尔南·布罗代尔说:"古老的地中海比现在要大得多,第三纪激烈而频繁的褶皱运动使地中海的面积大幅萎缩。阿尔卑斯、亚平宁、巴尔干、扎格罗斯、高加索等所有这些山脉都是从地中海里冒出来的"(〔法〕费尔南·布罗代尔:《地中海考古——史前史和古代史》,蒋明炜、吕华等译,社会科学文献出版社2005年版,第3—4页)。所以,从地质地理学角度看,以阿尔卑斯山和扎格罗斯山、高加索和伊朗高原为界,将亚洲两河流域和欧洲阿尔卑斯山以南看作环地中海的构成部分,都是成立的。

（二）阿玛纳书信与阿玛纳时代

阿玛纳，又译阿玛尔纳或阿马尔那，为现代考古遗址名埃勒·阿玛纳丘的简写，位于今埃及中部尼罗河东岸，是埃及第十八王朝国王[①]埃赫那吞的都城埃赫塔吞所在地。[②]该城创建于埃赫那吞继位的第五年，占地面积65平方千米，居民5万人左右，是当时东地中海世界的政治、经济、宗教、文化中心。埃赫那吞去世后，埃及首都又被迁回底比斯，埃赫塔吞遂被废弃。

1887年，阿玛纳当地一位农妇发现了一批为阿卡德语为主的楔形文字泥板文书。此后，不断有新的泥板文书出土，但据学者估计，有相当数量的泥板文书流佚，进入各大博物馆和收藏家之手有300余块。许多考古学者在阿玛纳继续发掘。1891—1892年间，考古学家皮特里发掘出22块泥板文书残片。[③] 1903年，沙西纳带领位于埃及的法国东方考古研究所团队又发现2块泥板文书，其中之一为亚述国王写给埃及国王埃赫那吞的书信。到1907年，共发掘出358块泥板文书。截至1979年，又有24块泥板文书被相继发掘出来，使在阿玛纳出土的泥板文书总数达到382块。[④]

这382块泥板文书中的大部分目前分散收藏于德国、英国、埃及、法国、俄罗斯、美国的博物馆中。其中202或203块存于柏林西亚博物馆，99块存于伦敦大英博物馆，49或50块存于开罗埃及博物馆，7块存于巴黎罗浮宫，3块存于莫斯科普希金博物馆；1块存于芝加哥东方研究所。[⑤]

这些泥板文书的主要书写语言为当时的国际通用语言阿卡德语。除了32块属于文学作品，其他350块泥板文书大多数巴比伦、亚述、米坦尼、

[①] 一般来说，学术界习惯上将从公元前3千纪早王朝的建立至公元前332年亚历山大征服埃及期间的古代埃及历史称为法老时代。"法老"一词，是埃及语的希伯来文音译，埃及语原义为"大房子"。在埃及古王国时期，"法老"仅指代王宫，并不涉及国王本身。埃及第三中间期第二十二王朝以后，正式成为国王的尊号。本书统一采用"国王"这一称谓。

[②] "阿玛纳"这一专有名词的采用源于一个误会。从公元8世纪开始，贝都因人部落本尼·阿姆兰（Beni Amran）定居在古代埃及的埃赫塔吞地区，其中有个村庄叫"Et-Till Amarna"（是"Amran"的复数形式），早期的考古学者以为"Till"与"Tell"（"丘"）是同一个词，于是错将埃赫塔吞称作阿玛纳丘。关于阿玛纳城的考古发现，参见 B. J. Kemp, *Ancient Egypt: Anatomy of a Civilization*, London and New York: Routledge, 1989, pp. 261 – 318。

[③] E. F. Campbell, "The Amarna Letters and the Amarna Period", *BA* 23 (1960), p. 4.

[④] W. L. Moran, ed., *The Amarna Letters*, revised edition, Baltimore and London: Johns Hopkins University Press, 1992, p. xv.

[⑤] W. L. Moran, ed., *The Amarna Letters*, revised edition, Baltimore and London: Johns Hopkins University Press, 1992, pp. xiii – xiv.

赫梯、叙巴地区和阿拉西亚（塞浦路斯）等东地中海世界各国国王或其他王室成员与埃及第十八王朝国王阿蒙霍特普三世、埃赫那吞、王后、大臣之间的通信。按照最早发现地命名法，国际学术界将所发现的泥板文书称为"阿玛纳泥板"，并将其中的泥板书信称为"阿玛纳书信"[①]。

克努佐是阿玛纳泥板文书整理研究的集大成者，其两卷本著作《阿玛纳泥板文书》收录了当时已知的358块泥板文书，并进行了分类和排序，虽然泥板文书的数量后来又有所增加，但其分类和排序方法得到国际学术界认可并沿用至今。[②]

埃及与巴比伦之间的通信有14封，被编为1—14号（第13—14号实际上是两国王室联姻的礼单）。除巴比伦公主写给埃及国王的1封信外，巴比伦国王写给埃及国王的有10封，埃及国王写给巴比伦国王的有3封；如果发信人和收信人来划分，两国国王之间的这13封信又可细分为巴比伦国王卡达什曼恩里勒一世与埃及国王阿蒙霍特普三世之间的通信5封，巴比伦国王伯纳伯拉阿什二世写给埃及国王阿蒙霍特普三世之间的信1封，巴比伦国王伯纳伯拉阿什二世与埃及国王埃赫那吞之间的通信7封。

埃及与亚述之间的通信有2封，被编为第15—16号。两封信都是亚述国王阿舒尔乌巴里特一世发出的，其中第15号是写给埃及国王的，没有给出收信人的王名，因此不能断定是哪位国王，但学术界倾向于埃赫那吞。第16号的收信人的确切身份仍存争议，亦有可能是埃赫那吞。

埃及与米坦尼之间的通信有14封，被编为第17—30号（第22号、25号实际上是两国王室联姻的礼单，第24号是用胡里语写的）。发信人都是米坦尼国王图什拉塔，收信人为埃及国王阿蒙霍特普三世、埃赫那吞、埃及王太后泰伊和埃及迦南属邦国王。图什拉塔写给阿蒙霍特普三世的9封，写给泰伊王后的1封，写给埃赫那吞的3封，写给迦南属邦国王的1封。

埃及与阿尔扎瓦之间的通信有2篇，被编为第31—32号；埃及与阿拉西亚之间的通信有8封，被编为第33—40号。

埃及与赫梯之间的通信有4封，被编为第41—44号。第41号书信是赫梯国王苏皮路里乌马一世写给埃及国王埃赫那吞的。第42号书信损坏了，没有保留下通信者的名字，但学术界一般认为此信是赫梯写给埃及的

[①] 阿玛纳书信，亦译为"阿玛纳信件""阿玛纳书简"或"阿玛纳档案"。从外交学的角度来看，这些书信亦被认为是"世界上有文字可考的最早的外交文献"。参见慧知《世界外交史之最》，《国际问题资料》1984年第22期，第23页。

[②] J. A. Knudtzon, *Die El-Amarna-Tafeln: Mit Einleitung und Erläuterungen*, Aalen: O. Zeller, 1964.

6　阿玛纳时代东地中海世界文明共生现象研究（公元前1600－前1100年）

书信。第43号书信损坏严重。第44号书信是赫梯王子写给一位埃及国王的书信，收信人可能是埃赫那吞。

埃及与叙利亚、黎巴嫩、迦南地区诸邦的通信有336封，被编为第45—380号。其中，埃及与大马士革①等叙利亚地区各邦之间的通信有23封，被编为第45—67号；与黎巴嫩地区各邦之间的通信有160封，被编为第68—227号（第68—140号共73封来自巴比罗斯和乌加里特）；与迦南地区各邦的通信有153封，被编为第228—380号，多数是用阿卡德语迦南方言写的。

书信②作为人类最常用的一种交流介质，成为中外古代社会远距离传递信息的主要方式，"曾几何时，整个世界的运转都要依靠书信的传递来进行沟通"③。而阿玛纳书信即为本书研究内容的支撑性文献之一。世界古代史学界因此将阿玛纳书信所反映的古代东地中海世界的历史时期称为阿玛纳时代，而需要注意的是阿玛纳时代这一概念有微观、中观、宏观三个层面的提法。

微观层面的阿玛纳时代概念，亦是传统意义上提法，认为阿玛纳时代是指埃及第十八王朝晚期的一段历史时期，具体说来是指从国王埃赫那吞迁都埃赫塔吞开始宗教改革至图坦卡蒙放弃宗教改革这段时间，时段断限为公元前1348—前1321或前1320年。④

中观层面的阿玛纳时代的概念，基于阿玛纳书信覆盖的时间、埃赫那吞宗教改革的源流、东地中海世界国际格局的调整等方面的考虑，将阿玛纳时代堪定为公元前1361—前1321或前1320年：从阿玛纳书信覆盖的时

---

① 在约公元前1350年的阿玛纳书信中，大马士革被称为"迪马斯库"，其统治者的名字为博亚瓦扎，具体身份不详，或为大马士革国王，或为埃及驻大马士革总督，参见 R. Burns, *Damascus: A History*, London: Routledge, 2005, pp. 5 - 6。
② 书信，现代一般称信或信件，但中国古代更多地称为书。中国古代的信指信使，即送信的人，书才指信件。基于此，本书将"Amarna Letters"统一译为"阿玛纳书信"。
③ 〔英〕西蒙·加菲尔德：《书信的历史：鹅毛笔的奇幻旅行》，黄瑶译，四川人民出版社2015年版，第9页。
④ C. Aldred, "The End of the EL-Amarna Period", *JEA* 43 (1957), pp. 30 - 41; C. Aldred, "The Beginning of the EL-Amarna Period", *JEA* 45 (1959), pp. 19 - 33; C. Aldred, *Akhenaten: King of Egypt*, London: Thomas and Hudson, 1988, p. 291; D. O'Conner, E. H. Cline, eds., *Amenhotep III: Perspectives on His Reign*, Ann Arbor: University of Michigan Press, 1997, p. 271. 一般来说，埃及新王国时期包括第十八王朝、第十九王朝、第二十王朝，时间为公元前1550—前1069年，其中第十八王朝国王开始宗教改革至国王图坦卡蒙放弃宗教改革这段时间被国际埃及学界称为传统意义上的阿玛纳时代，第十九王朝和第二十王朝则被称为传统意义上的拉美西斯时代。

间来看，它们覆盖了阿蒙霍特普三世统治的第三十年到图坦卡蒙驾崩；从埃赫那吞宗教改革来看，早在其父阿蒙霍特普三世统治时期，拜奉太阳的阿吞崇拜就已初见端倪，而直到图坦卡蒙登基的第一年或第二年，阿吞崇拜才被废止；从东地中海世界国际格局的调整来看，在阿蒙霍特普三世统治晚期至图坦卡蒙驾崩期间，阿玛纳书信覆盖的时间先是形成了由埃及、米坦尼、赫梯、巴比伦、亚述等五大强国主导的国际格局，后又演化由巴比伦、亚述、赫梯、埃及四大强国主导的国际格局。①

第三种提法注意到了上述微观层面和中观层面阿玛纳时代概念的局限性，进而提出阿玛纳时代界定为约公元前16—前11世纪东地中海世界各国物质交往和精神交往空前密切且相对和平的历史时期。② 这一提法是的主要依据是1906—1907年在博格哈兹库伊出土的赫梯文献和1951—1957年在乌加里特城址出土的叙巴地区城邦文献。这些文献与阿玛纳书信大都可以彼此补充和印证，从而大大拓展了阿玛纳书信所反映时空的范畴，从而形成了一个以阿玛纳书信为核心和基础、以赫梯和叙巴地区相关文献为辅助和支撑的可以相对完整地反映约公元前16—前11世纪东地中海世界物质交往和精神交往的原始文献链条。③

本书采用宏观层面的阿玛纳时代概念，主要出于两方面的考虑：一是因为在约公元前16—前11世纪，古代东地中海世界各国以和平交往为基本时代特征的物质交往和精神交往，业已初步形成了比较规范的国际交流行为乃至仪式准则，或者说这一时期已经具有了"相当健全的国家交往体系"④，

---

① OEAE I, p. 50; HDM, p. 8.
② M. Liverani, *International Relations in the Ancient Near East*, 1600 – 1100 B. C., New York and Basingstoke: Palgrave Macmillan, 2001, p. 2; M. Liverani, "The Great Power's Club", in R. Cohen, R. Westbrook, eds., *Amarna Diplomacy: The Beginning of International Relations*, Baltimore and London: Johns Hopkins University Press, 2000, p. 15.
③ 1933年秋，法国考古队在金瑞林宫殿遗址挖掘出土了2万多块楔形泥板文献。这些泥板文书大部分是马瑞王室行政管理档案和书信档案，也有少量文学作品。以法国为主的欧洲亚述学家们对这些出土的泥板文书进行了整理。从1950出版的第1卷《马瑞王室档案》(*Archives Royales de Mari*) 开始，至2020年总计出版了32卷，其中3卷为索引卷。马瑞档案提示了一个比阿玛纳时代还要早的国际交往的时代——马瑞时代（公元前18—前17世纪）；而1975年发现的埃伯拉档案则使古代东地中海世界各国各地区的交往史提早至公元前24世纪的埃伯拉时代。从时间上看，与马瑞时代和埃伯拉时代相比，尽管阿玛纳时代要稍晚一些，但反映前两个时代的文献分别只有马瑞档案和埃伯拉档案，而反映阿玛纳时代的文献则丰富得多，且多能彼此印证。
④ G. R. Berridge, "Amarna Diplomacy: A Full-Fledged Diplomatic System?", in R. Cohen, R. Westbrook, eds., *Amarna Diplomacy: The Beginning of International Relations*, Baltimore and London: Johns Hopkins University Press, 2000, pp. 212 – 224.

堪称"国际关系的开始"①；二是因为这一历史时期与东地中海世界的晚期青铜时代②和埃及新王国、米坦尼王国、中巴比伦王国、中亚述王国、赫梯帝国也大致处于同一时期，所以有着考古学和历史学上的学理依据。③

（三）精神交往与跨文化交流

"交往"④ 是马克思和恩格斯在著作、笔记和书信中使用频率很高的一个宏观的社会性概念，指个人、团体、民族和国家间的物质交流与精神传播。⑤ 人类社会的交往可分为物质交往和精神交往两个层面，两者你中有我，我中有你，互为表里。交往的过程也是不同的文化在这里汇聚、升华的过程，正如马克思和恩格斯所指出的那样："思想、观念、意识的生产最初是直接与人们的物质活动，与人们的物质交往，与现实生活的语言交织在一起的。观念、思维、人们的精神交往在这里还是人们物质关系的直接产物。"⑥ 这段话一方面指出精神交往是物质交往的直接产物，另一方面

---

① 国际关系，正如大多数学者们所界定的，是一个近现代概念。国际关系作为一门学科，其研究的主要内容是那些能够使国家间保持相互联系的规范化的规则和程序，这些规则和程序能够适用于每一个社会，无论其处于什么样的历史时空。

② 青铜时代，是考古学上以使用青铜器为标志的人类文化发展的一个阶段。处于铜石并用时代之后，在铁器时代之前，在世界范围内的青铜时代被界定在公元前 4 千纪至公元初年。世界各地青铜时代的年代有早有晚，其中东地中海世界的青铜时代被界定在公元前 16—前 12 世纪。与石器时代相比，青铜铸造术的发明起了划时代的作用，表明人类生产水平跨越式提升，进入一个新的文明时代。从考古学上看，东地中海世界的青铜时代从中期到晚期的转换并不十分明显，一些重大的政治事件——如埃及新王国的建立——被学术界认定为这一时期开始的标志。

③ 埃及新王国时期与中国商代大致相当。商代创立者为汤，又名成汤或成唐，甲骨文称其为大乙。商族经过长期发展，力量逐渐壮大，至汤时，迁居于亳，进行灭夏的准备。成汤于公元前 16 世纪联合各方国和部落征伐夏桀。出发前，汤发表誓师词，即保存在《尚书》里的《汤誓》。夏桀面对汤的进攻，毫无准备，不战而逃，在南巢被囚而死，夏代结束。汤在 3000 诸侯的拥戴下登上天子之位，商代建立。周代的奠基者文王姬昌励精图治，使中国西部渭水中游黄土高原上的一个姬姓古老部落——周——日益强大起来。文王的继任者武王姬发于公元前 1046 年初亲率战车 300 乘、虎贲 3000 人、佩甲之士 45000 人，并与诸方国盟军一起东渡孟津，开始伐纣战争。武王所到之处，各地纷纷归附。公元前 1046 年 2 月 5 日，联军在商都郊外的牧野与纣王的军队摆开决战之势。由于纣王不得民心，十几万商军临阵倒戈。所以，没费太大力气，联军就攻进商城朝歌。纣王见大势已去，登上花费巨资的鹿台自焚而死，商代结束，周代开始。

④ "交往"一词的德文为"der Verkehr"，法文为"commence"，英文为"intercourse"。参见《马克思恩格斯全集》第 27 卷，人民出版社 1975 年版，第 478 页；《马克思恩格斯全集》第 9 卷，人民出版社 1961 年版，第 252 页；《马克思恩格斯全集》第 2 卷，人民出版社 1957 年版，第 273 页。

⑤ 《马克思恩格斯全集》第 22 卷，人民出版社 1965 年版，第 537 页；《马克思恩格斯全集》第 3 卷，人民出版社 1960 年版，第 255 页。

⑥ 《马克思恩格斯全集》第 3 卷，人民出版社 1960 年版，第 29 页。

也论述了人类社会早期精神交往的特征，即还没有与物质交往完全分开。而随着人类社会的进步，脑力劳动与体力劳动逐渐分离，人们的精神交往开始不再表现为物质交往的直接产物，而是出现了独立于在物质存在的语言、文字、宗教和艺术等具体的文化形态。

马克思和恩格斯在使用"交往"这一含义广泛的社会性概念的同时，也大量使用了"交流"（德文为"die Kommuncikation"，英文为"communication"）一词来论述"或者是真正的客货运输业，或者只是消息、书信、电报等等的传递"① 这些具体的物质交往和精神交往现象。换言之，所谓交流，是指信息的传递或信息系统的运行，信息是交流的内容，交流的目标诉求是传递信息。与一般意义上的交流有所不同，跨文化交流并不把交流单纯看作信息的传递过程，而是看作由我者对不同文化语境的他者在价值观念、风俗习惯、审美感受和思维方式等方面进行信息编码和解码的过程。一般来说，双方都从自身文化出发来认知对方，由此建构出不同形象并将对方他者化，而跨文化交流则旨在弥合或然或必然的文明冲突，以期达成文明共生。换言之，跨文化交流主要围绕意义的共享与认同而展开，旨在探究不同文化背景的民族和国家提高沟通技巧、跨越交往障碍的方法，以期打破我者文化与他者文化各自的封闭状态，将拥有共同文化认知的我者与尚未拥有共同文化认知的他者联结在一起。

我者理解他者的困惑，亦是我者对自身认知的困惑。在解决这一困惑的过程中，我者与他者从彼此对立走向彼此认同，也即他者在转化为我者的同时，我者也在接受并认同他者文化的过程中，逐渐转化为他者。这种趋势和规律同样也适用于古代世界，因为当一种文化中产生的信息必须在另一种文化中分享时，跨文化交流便自然而然地产生了。自有人类社会以来，不同区域和民族之间的跨文化交流就成为一种常态，而从世界范围来看，最早有文字记载的大规模跨文化交流现象则可追溯至阿玛纳时代的东地中海世界。

二　研究现状

阿玛纳时代东地中海世界的文明共生现象，堪称迄今为止有确凿文献可考的人类历史上通过大规模跨文化交流从而推动实现国家和地区或文明单元之间和平相处，进而形成区域性文明共生现象最早范例之一。学界的相关研究主要集中在以下三个方面。

---

① 《马克思恩格斯全集》第24卷，人民出版社1972年版，第65页。

(一) 书信等跨文化交流介质研究

一是有关阿玛纳时代书信文献整理和翻译的探讨。如前所述，克努佐是阿玛纳文书整理研究的集大成者，其两卷本著作《阿玛纳泥板文书》收录了当时已知的358块泥板文书；[①] 雷尼的《阿玛纳泥板文书359—379》[②] 和修订版《阿玛纳泥板文书359—379》[③] 收录了1907年以后发现的泥板文书。雷尼编撰的《阿玛纳通信》对古代埃及书信进行了全面整理，并附有全部楔形文字文本的拉丁字母转写和评注，其中第六章至第十章收录了埃及新王国第十八王朝时期和拉美西斯时代后期的书信文献；[④] 莫兰编纂的《阿玛纳书信》一书以克努佐收集整理的阿玛纳书信为底本，对阿玛纳书信进行了全面的整理和翻译，在翻译过程中省略了书信的拉丁化转译，直接译成了英语，此外还首次翻译了用胡里语写成的书信；[⑤] 艾德勒的《米坦尼王图什拉塔的阿卡德语》一书重新翻译和考订了米坦尼国王图什拉塔用阿卡德语写成的书信，并总结了所涉及的语法等问题；[⑥] 伊泽雷尔的《阿姆如的阿卡德语》一书和《阿玛纳词汇》一文总结了阿玛纳泥板文书的语法特征，对其用词汇进行了归纳总结；[⑦] 温特的《古代埃及书信》的第六章至第十章收录了新王国时期的书信，涵盖了第十八王朝书信、麦地那工匠村书信和拉美西斯时代后期书信等文献；[⑧] 塞尔尼的著作《拉美西斯时代后期书信》收录了拉美西斯时代的书信51封，涵盖了内政、外交等相关内容。[⑨]

[①] J. A. Knudtzon, *Die El-Amarna-Tafeln: Mit Einleitung und Erlauterungen*, Aalen: O. Zeller, 1964.

[②] A. F. Rainey, *El-Amarna Tablets 359 – 379*, Kevelaer: Butzon und Bercker, Neukirchen-Vluyn, Neukirchener Verlag, 1970.

[③] A. F. Rainey, *El Amarna Tablets 359 – 379: Supplement to J. A. Knudtzon Die El-Amarna-Tafeln*, 2nd edition revised, Kevelaer: Butzon und Bercker/Neukirchen-Vluyn/Neukirchener Verlag, 1978.

[④] A. F. Rainey, *The El-Amarna Correspondence: A New Edition of the Cuneiform Letters from the Site of El-Amarna Based on Collations of All Extant Tablets*, Leiden: E. J. Brill, 2015.

[⑤] W. L. Moran, ed., *The Amarna Letters*, revised edition, Baltimore and London: Johns Hopkins University Press, 1992.

[⑥] Hans-PeterAdler, *Das Akkadischedes Konigs Tusratta von Mitanni*, Kevelaer: Butzon and Bercker, 1976.

[⑦] S. Izre'el, *Amurru Akkadian: A Linguistic Study*, Vols. I – II, Atlanta: Scholars Press, 1991; S. Izre'el, "The Amarna Glosses: Who Wrote What for Whom? Some Sociolinguistic Considerations", *IOS* 15 (1995), pp. 101 – 122.

[⑧] E. F. Wente, *Letters from Ancient Egypt*, Atlanta: Scholars Press, 1990.

[⑨] J. Cerny, *Late Ramesside Letters*, Bruxelles: Edition de la Fondation Egyptologique Reine Elisabeth, 1939.

二是有关阿玛纳时代铭文等文献整理和翻译的探讨。桑德曼编撰的文献集《埃赫那吞时代铭文》对埃赫那吞统治时期位于当时埃及首都埃赫塔吞的埃及私人墓志铭进行了集中收集和整理；① 默南的《埃及阿玛纳时代铭文》将埃及第十八王朝时期的王室铭文、宗教文献、赞美诗等文献辑集成书；② 基钦的文献集《拉美西斯时代铭文》收录了埃及第十九王朝和第二十王朝经济、政治、文化、法律、科技、历史、军事等领域的所有文献资料。③ 布雷斯特德主编的5卷本文献集《古代埃及文献辑录》将新王国时期的第十八王朝和第十九王朝的文献作为第二卷和第三卷所要收录内容，将第二十王朝直至第二十六王朝的文献作为第四卷所要收录的对象，其中不乏阿玛纳时代东地中海世界的跨文化交流方面的文献，如以年鉴为代表的图特摩斯三世对外战争文献、以敕令为代表的拉美西斯二世外交文献等。④ 卡米诺斯编撰的《晚期埃及语文献汇编》收录了十八篇用晚期埃及语书写的纸草文献，涵盖了第十八王朝晚期以及第十九王朝和第十二王朝时期埃及政治、经济、宗教等方面的内容。⑤

普里查德主编的《古代近东文献》涵盖了史诗、法律、历史、宗教、巫术、祷文、教谕、悼文、书信等包括阿玛纳时代在内的古代近东所有类型的文献，而且每一类型都按照埃及语文献、苏美尔语文献、阿卡德语文献、赫梯语文献、阿拉米语文献、乌加里特语文献顺次收录。⑥

（二）信使等跨文化交流主体和渠道研究

一是有关阿玛纳时代信使的探讨。格林的《古代近东的信使与讯息》一书对苏美尔、巴比伦、亚述、赫梯、乌加里特的信使讯息进行了探讨，有学者指出该书在原始文献运用方面有失严谨，因而出现很多明显错误；⑦

---

① M. Sandman, ed., *Texts from the Time of Akhenaton*, Brussel: Edition de la Fondation Egyptologique Reine Elisabeth, 1938.

② W. J. Murnan, *Texts from the Amarna Period in Egypt*, Atlanta: Scholars Press, 1995.

③ K. A. Kitchen, ed., *Ramesside Inscriptions Historical and Biographical*, Vols. I–VIII, Oxford: Blackwell Publishers, 1975–1989.

④ J. H. Breasted, *A History of Egypt, from the Earliest Times to the Persian Conquest*, New York: Charles Scribner's Sons, 1905.

⑤ R. A. Caminos, ed., *Late-Egyptian Miscellanies*, Oxford and New York: Oxford University Press, 1954.

⑥ J. B. Pritchard, ed., *Ancient Near Eastern Texts Relating to the Old Testament*, 2nd edition, Princeton: Princeton University Press, 1955.

⑦ J. T. Green, *The Role of Messenger and Message in the Ancient Near East*, Atlanta: Scholars Press, 1989; S. A. Meier, "Review of the Role of Messenger and Message in the Ancient Near East", *JAOS* 110 (1990), pp. 752–753.

奥勒的《古代西亚的信使与使节》一文对信使和使节的称谓、地位、作用以及信息传递流程进行了比较详尽的阐述；① 利韦拉尼的《公元前1600—前1100年古代近东国际关系》对宏观层面的阿玛纳时代近东国际关系体系进行了梳理，其中部分章节对信使进行了考察，并按照所肩负的任务和使命，把信使的等级划分为单纯传递消息的低级信使、有卫队随身保护的中级信使、由王室成员担任的高级信使，这种划分法有一定合理性，但在界定和考证方面尚有可商榷之处；② 霍姆斯的《阿玛纳书信中的信使》一文认为信使不仅肩负随身携带书信和礼品，传达国王口信和维护国家荣誉的使命，而且还是承担东地中海世界各国各地区物质交往重任的商人。③

二是有关商人等的探讨。肯普的《古代埃及：文明的解剖》一书的部分章节中对作为跨文化交流重要群体的古代埃及商人的产生和作用的论述具有较高学术价值。④ 弗鲁德的《拉美西斯时代埃及自传体铭文》收录了埃及第十九王朝和第二十王朝祭司、艺术家、官吏、军人、库什总督等不同身份的跨文化交流传主的铭文50篇。⑤

(三) 外交等跨文化交流内容研究

一是有关外交政策和国际条约的探讨。波将金主编的《外交史》第一卷第一章简要回顾了包括埃及在内的古代东方外交活动，其中提到了阿玛纳书信；⑥ 拉丰特的《古代近东的国际关系：一个完整外交体系的诞生》一文认为，经过3000余年的发展，古代近东在马瑞时代和阿马尔那时代形成了"一个真正的、理性的、具有制度的和完整的外交体系"⑦；科恩的《伟大传统：不断拓展的古代世界外交》一文认为，古代世界外交最早出现在公元前3千纪的西亚城邦时期，中经巴比伦时期和波斯时期，一直延续至希腊时期和罗马时期，并对古代世界外交的起源、文本、实务和观念

---

① G. H. Oller, "Messengers and Ambassadors in Ancient Western Asia", *CANE*, pp. 1465–1473.
② M. Liverani, *International Relations in the Ancient Near East, 1600–1100 B.C.*, New York and Basingstoke: Palgrave Macmillan, 2001.
③ Y. L. Holmes, "The Messengers of the Amarna Letters", *JAOS* 95 (1975), pp. 376–381.
④ B. J. Kemp, *Ancient Egypt: Anatomy of a Civilization*, London and New York: Routledge, 1989.
⑤ E. Frood, *Biographical Texts from Ramessid Egypt*, Leiden and Boston: E. J. Brill, 2007.
⑥ 〔苏联〕В. П. 波将金主编：《外交史》第1卷，史源译，生活·读书·新知三联书店1979年版。
⑦ B. Lafont, "International Relations in the Ancient Near East: The Birth of a Complete Diplomatic System", *DS* 12 (2001), p. 39. 学术界一般认为，公元前22—前21世纪，埃伯拉与阿巴尔萨勒城邦签订的条约以及阿卡德王国国王纳拉姆辛与埃兰国王签订的条约，为已知的人类文明史上最早的国际条约。

的变化进行了阐释;① 莫里斯的《帝国架构:新王国时期埃及军事基地和对外政策演变》对埃及在利比亚、努比亚、叙巴地区的统治方式进行了分析,同时梳理了埃及对外政策的演变过程;② 肯普的《埃及新王国时期的帝国主义与帝国》一文埃及对外交往活动背后的原因进行了探究,对于埃及在西亚和努比亚所采取的不同策略及原因进行分析和比对;③ 史密斯的文章《古代埃及帝国主义:意识形态或经济》不赞同用意识形态来考察埃及的帝国主义,而认为经济利益是埃及采取帝国主义政策的主因;④ 沃利在《作为古代世界文化纽带的北叙利亚》一文根据阿拉拉赫考古器物,分析了各文明单元在北叙利亚的交汇状况,得出了北叙利亚是古代东地中海世界联系纽带的结论;⑤ 米鲁普的著作《拉美西斯二世时期的东地中海世界》以及克莱因等编撰的《拉美西斯三世:埃及最后一位英雄的生活与时代》分别对拉美西斯二世和拉美西斯三世统治时期的埃及对外政策和东地中海世界国际关系进行了探讨;⑥ 布莱恩的文章《埃及人眼中的米坦尼》将埃及与米坦尼两国外交史分为早期接触(图特摩斯一世)、从冲突到共存(图特摩斯三世到阿蒙霍特普二世)、巩固和联盟(图特摩斯四世到阿蒙霍特普三世)等三个阶段,并重点分析了阿蒙霍特普三世统治后期埃及与米坦尼关系日益冷淡的种种表现,认为是埃及主动疏远了米坦尼,以适应赫梯崛起后新的国际形势;⑦ 阿尔齐的文章《米坦尼档案中的外交事务》将米坦尼与埃及两国关系分为交好和交恶两个阶段,前一阶段涵盖了第17—25号等9件阿玛纳泥板文书,后一阶段覆盖了第26—29号等4件阿

---

① R. Cohen, "The Great Traditions: The Spread of Diplomacy in the Ancient World", *DS* 12 (2001), pp. 23 – 38.

② E. F. Morris, *The Architecture of Imperialism: Military Bases and the Evolutin of Foreign Policy in Egypt's New Kingdom*, Leiden: E. J. Brill, 2005.

③ B. J. Kemp, "Imperialism and Empire in New Kingdom Egypt c. 1575 – 1087 B. C.", in P. Garnsey, C. R. Whittaker, eds., *Imperialism in the Ancient World*, Cambridge: Cambridge University Press, 1978, pp. 7 – 57.

④ S. T. Smith, "Ancient Egyptian Imperialism: Ideological Vision or Economic Exploitation?", *CAJ* 7/2 (1997), pp. 301 – 307.

⑤ L. Woolley, "North Syria as a Cultural Link in the Ancient World", *JRAIGBI* 7 (1942), pp. 9 – 18.

⑥ M. Van de Mieroop, *The Eastern Mediterranean in the Age of Ramesses II*, Oxford: Wiley-Blackwell, 2009; E. H. Cline, D. O'Connor, eds., *Ramesses III: The Life and Times of Egypt's Last Hero*, Ann Arbor: University of Michigan Press, 2012.

⑦ B. M. Bryan, "The Egyptian Perspective on Mitanni", in R. Cohen, R. Westbrook, eds., *Amarna Diplomacy: The Beginning of International Relations*, Baltimore and London: Johns Hopkins University Press, 2000, pp. 71 – 84.

玛纳泥板文书。① 莫兰的《关于赛费雷石碑中条约术语的一个注释》提到了阿玛纳书信中的术语与这个石碑中术语的相似性，阐释了"友好关系"这一术语在古代东地中海世界外交史上的内涵和外延；② 芬尚在《条约和盟约中的父亲和儿子术语》一文通过对"父亲"与"儿子"这一对在古代东地中海世界外交书信和国际条约中常见术语的分析，认为"父亲"与"儿子"的称谓是一个专用的政治和外交术语，反映了所指代人物的主从身份或尊卑关系；③ 魏因费尔德的《古代近东的盟约术语及其对西方的影响》一文谈道了阿玛纳书信中的条约术语，认为这些术语是阿卡德语和希伯来语等塞姆语系条约术语体系的有机组成部分，对希腊语和拉丁语条约术语体系的形成产生了重要影响；④ 大卫的文章《现实主义、结构主义与阿玛纳书信》和韦斯特布鲁克的文章《阿玛纳时代的国际法》运用现实主义、结构主义、国际法等理论解释阿玛纳时代的大国关系，取得了跨学科研究的积极成果。⑤

二是有关王室联姻和文化差异的探讨。尼布尔所著《阿玛纳时代》一书和哈奇森同名译本认为，王室联姻是米坦尼、巴比伦、埃及、阿拉西亚等国家出于发展和巩固良好国际关系则采取的共同策略之一，只是在嫁妆陪送和礼仪规制等方面各有特点和侧重；⑥ 迈耶的《外交和国际婚姻》一文在肯定国际婚姻在阿玛纳时代外交中不可替代作用的同时，着重分析了

---

① P. Artzi, "The Diplomatic Service in Action: The Mitanni File", in R. Cohen, R. Westbrook, eds., *Amarna Diplomacy: The Beginning of International Relations*, Baltimore and London: Johns Hopkins University Press, 2000, pp. 205 – 211.

② W. L. Moran, "A Note on the Treaty Terminology of the Sefîre Stelas", *JNES* 22 (1963), pp. 173 – 76.

③ F. C. Fensham, "Father and Son as Terminology for Treaty and Covenant", in H. Goedicke, ed., *Near Eastern Studies in Honor of William Foxwell Albright*, Baltimore and London: The Johns Hopkins Press, 1971, pp. 121 – 135.

④ M. Weinfeld, "Covenant Terminology in the Ancient Near East and Its Influence on the West", *JAOS* 93 (1973), pp. 190 – 199.

⑤ S. R. David, "Realism, Constructivism and the Amarna Letters", in R. Cohen, R. Westbrook, eds., *Amarna Diplomacy: The Beginning of International Relations*, Baltimore and London: The Johns Hopkins University Press, 2000, pp. 54 – 67; R. Westbrook, "International Law in the Amarna Age", in R. Cohen, R. Westbrook, eds., *Amarna Diplomacy: The Beginning of International Relations*, Baltimore and London: The Johns Hopkins University Press, 2000, pp. 28 – 41.

⑥ C. Niebuhr, *Die Amarna-Zeit: Agypten und Vorderasien um 1400 v. Chr. Nach dem Tontafelfunde von El-Amarna*, Leipzig: J. C. Hinrichs, 1903; J. Hutchison, *The Tell El Amarna Period*, London: David Nutt, 1903.

各国各地区文化差异所引发的种种误解和错判;① 布赖斯编撰的《古代近东伟大君主书信集:青铜时代晚期的王室通信》对青铜时代晚期近东大国王室的目的、过程、效果进行了别开生面的考证,认为王室联姻是一柄认双刃剑,既可能强化两国友谊,也可能恶化彼此关系;② 舒尔曼的《埃及新王国时期的外交联姻》一文认为埃及将迎娶外国公主作为彰显国王个人声望和威权的象征之一,强调指出王室联姻只是确立了两国君主的兄弟关系,而非两国之间的友邦关系;③ 韦斯特布鲁克的文章《阿玛纳书信中的巴比伦外交》认为巴比伦以夸耀富裕来提高国家地位,以两国相距遥远为由拖欠礼物,以触犯埃及婚姻禁忌来获得道义上的支持等有理、有利、有节的外策略,不仅占据了道义的制高点,而且成功地得到了急需的作为礼物的埃及黄金;④ 杰克逊的《公元前1千纪以前的古代近东法律比较研究》一书从法学的视角对埃及、苏美尔、亚述等古代近东各文明单元的婚姻、家庭、财产等内容进行了考察;⑤ 波滕等编撰的《英译埃利芬提尼纸草:跨文化传承与变革3000年》一书涵盖了出土于上埃及埃利芬提尼和阿斯旺边境要塞地区的175篇文献:内容涵盖法律、社会、宗教等领域,时间跨度近3000年;⑥ 吉文的著作《埃及对迦南的影响:图像学及相关研究》、雷德福德的著作《古代埃及、迦南和以色列》和希金博特姆的著作《拉美西斯时代巴勒斯坦地区的埃及化及精英仿效》对埃及与叙巴地区的物质交往和精神交往进行了长时段的系统梳理和全面评估;⑦ 斯帕林格在《古埃及叙事的转变:萨里尔纸草卷三和卡代什战争》一书对拉美西斯二世时期

---

① S. A. Meier, "Diplomacy and International Marriage", in R. Cohen, R. Westbrook, eds., *Amarna Diplomacy: The Beginning of International Relations*, Baltimore and London: The Johns Hopkins University Press, 2000, pp. 165 – 173.

② T. Bryce, *Letters of the Great Kings of the Ancient Near East: The Royal Correspondence of the Late Bronze Age*, London and New York: Routledge, 2003.

③ A. R. Schulman, "Diplomatic Marriage in the Egyptian New Kingdom", *JNES* 38 (1979), pp. 177 – 193.

④ R. Westbrook, "Babylonian Diplomacy in the Amarna Letters", *JAOS* 120 (2000), pp. 377 – 382.

⑤ S. A. Jackson, *A Comparison of Ancient Near Eastern Law Collections Prior to the First Millennium B. C.*, Piscataway: Gorgias Press, 2008.

⑥ B. Porten, et al., *The Elephantine Papyri in English: Three Millennia of Cross-Cultural Continuity and Change*, Leiden, New York and Koln: E. J. Brill, 1996.

⑦ R. Giveon, *The Impact of Egypt on Canaan: Iconographical and Related Studies*, Gottingen: Vandenhoeck and Ruprecht, 1978; D. B. Redford, *Egypt, Canaan, and Israel in Ancient Times*, Princeton and Cairo: Princeton University Press, 1992; C. R. Higginbotham, *Egyptianization and Elite Emulation in Ramesside Palestine*, Leiden: E. J. Brill, 2000.

埃及与赫梯的卡代什战役的萨里尔纸草版本和神庙铭文版本进行逐字逐句对比，从传播目的和传播效果等视角，对不同版本在叙事内容、语法特征、表达方式等方面的差异进行了分析；[1] 史密斯的文章《努比亚与埃及：互动、融汇与公元前3—前1千纪从属地位之形成》和著作《卑鄙的库什：种族认同与埃及努比亚帝国的边界》重点讨论了埃及文化对努比亚文化的渗透；[2] 格拉夫的《跨文化传播：埃及与努比亚（公元前2543—前1076年）》一文通过对考古和文献资料的翔实考证，对埃及文化与努比亚文化的互动与交融，特别是努比亚文化对埃及文化的深刻影响进行了独辟蹊径的系统分析。[3]

2000年以来，国内埃及学者和亚述学者对阿玛纳时代东地中海世界各国各地区外交关系的研究也取得一批代表性成果：刘文鹏所著《古代埃及史》一书第七章第二节谈到阿玛纳书信和埃及对外关系，认为由于埃赫那吞全力以赴投身国内宗教改革，以及当时东地中海世界国际政治格局的变化，使埃及对叙巴地区属地的掌控力受到挑战；[4] 袁指挥的博士学位论文《阿马尔那泥板中所见的近东大国外交》对阿玛纳时代东地中海世界各国各地区之间的外交活动进行了比较系统的梳理；[5] 郭丹彤的《埃及与东地中海世界的交往》一书从物质交往和精神交往两个方面对包括阿玛纳时代在内的古代埃及对外关系进行了考察。[6]

可以说，在有关阿玛纳时代东地中海世界的文明共生现象相关论题的研究上，西方学者因在史料的掌握上有先天优势，因此研究多以史料考据为主，对理论构建重视不够。国内学者虽较为重视理论构建，在研究的深度和广度上却差强人意。随着跨文化交流研究的兴起，有关世界古代历史

---

[1] A. J. Spalinger, *The Transformation of an Ancient Egyptian Narrative: P. Sallier III and the Battle of Kadesh*, Wiesbaden: Harrassowitz, 2002.

[2] S. T. Smith, "Nubia and Egypt: Interaction, Acculturation and Secondary State Formation from the Third to First Millennium B. C.", in J. Cusick, ed., *Studies in Culture Contact*, Carbondale: Southern Illinois University, Center of Archaeological Investigations, 1998; S. T. Smith, *Wretched Kush: Ethnic Identities and Boundaries in Egypt's Nubian Empire*, London and New York: Routledge, 2003.

[3] C. Graves, "Intercultural Communication: Egypt and Nubia c. 2543 – 1076 B. C.", in C. Graves, S. Gregory, eds., *Connections: Communication in Ancient Egypt*, Birmingham: University of Birmingham, 2012.

[4] 刘文鹏：《古代埃及史》，商务印书馆2000年版。

[5] 袁指挥：《阿马尔那泥板中所见的近东大国外交》，博士学位论文，东北师范大学，2005年。

[6] 郭丹彤：《埃及与东地中海世界的交往》，社会科学文献出版社2011年版。

上跨文化交流的研究，得到了学界越来越多的关注。但毋庸讳言，世界古代跨文化交流史的很多时段尚未被触及，不少领域还是空白，特别是与本书选题正相关的研究成果尚未见到，从这个意义上来说，本书具有延展现相关历史研究时间维度和空间维度的重要学术价值。

三 研究思路

本书坚持在马克思主义交往论的指导下，借鉴"我者""他者""刻板印象""偏见""歧视""文化中心主义""意义的共享与认同"等跨文化交流术语和理念，形成一个与本书研究内容相契合的理论范式。

"我者"与"他者"既是一对人类学概念，亦是一对传播学概念。人类学和传播学致力于了解他者，以此反观自我或反思自我的文化，因此，"我者"可以理解为"自我"或"自我的文化"，而"他者"则可以理解为"我者"之外的其他个体或群体以及其他的文化。凡是外在于我者的存在，不管它以什么形式出现，可见还是不可见，可知还是不可知，都可称为他者。他者的形成必须发生在二元对立的关系之中，而且对立双方存在着某种不平等或压迫与被压迫关系。我者往往利用语言文字、意识形态乃至武装力量对他者行使霸权，对他者进行排挤、支配和控制；而他者往往由于各种历史和现实的原因被边缘化和从属化，失去话语权并产生自卑感。

所谓刻板印象，是指在日常生活中接受他者文化信息时，因过分简单地归纳而形成的对他者文化的概念化认知，并由这种概念化的认知导致对他者文化的成见。刻板印象进一步左右人们对他者文化的认知，导致偏见的产生。所谓偏见，就是在没有获取全面准确信息的前提下对他者文化做出的非理性判断，进而由此形成对他者文化的否定性态度。如果说偏见是一种态度，那么，歧视就是一种行为。当对于他者文化的否定态度转化为行动时，产生的行为就称为"歧视"，即在种族、性别、年龄和职业等层面上不公正地对待他者个体或群体的行为过程。

"文化中心主义"一词由两个希腊语词根"ethos"（"人民"或"国家"）和"ketron"（中心）构成，整个词的含义是以自我文化为中心，用自我文化价值来评判其他文化，因此也被称为民族中心主义。不同文化背景的人们基于我者文化来理解他者文化，必然存在着跨文化交流的障碍，由此造成对他者文化及其所承担的意义或符号的误读，从而无法实现意义的共享和认同，这种误读累积到一定程度，便会以文化碰撞甚至文明冲突的激烈形式表现出来。

文化是交流的内容，交流是文化的形态。跨文化交流包括跨文化交流介质、跨文化交流主体、跨文化交流渠道和跨文化交流内容等要素。而根据阿玛纳时代东地中海世界文明共生现象的历史特征，特别是考虑到可资采用的阿玛纳书信等原始文献整理和国内外研究现状，本书将从纵向和横向两个维度展开探讨：纵向上分析阿玛纳时代东地中海世界文明共生现象产生的国际政治生态；横向上考察跨文化交流介质、主体、渠道、内容等要素在阿玛纳时代东地中海世界文明共生现象形成过程中的价值和功能，以及其中所蕴含的对于当今世界仍有借鉴意义的历史经验和教训。具体来说，本书的研究内容大致分为以下五个部分。

第一部分主要考察阿玛纳时代东地中海世界的国际政治生态。当时的埃及、米坦尼、赫梯、巴比伦和亚述等五大强国之间合纵连横，互相制衡，使长达五百年的阿玛纳时代成为古代东地中海世界两个动荡时期之间的一个相对和平稳定的时期。而这在客观上促进了以阿玛纳书信为代表的跨文化交流数量的大幅增长和质量的显著提升，从而成为连接各国各地区或文明单元的桥梁和纽带。

第二部分主要考察阿玛纳时代东地中海世界文化交流介质。楔形文字和阿卡德语成为当时国际通用语言文字，使阿玛纳时代东地中海世界各国各地区或文明单元开展大规模跨文化交流成为可能。特别是以泥板书信为主要介质的阿玛纳时代东地中海世界各国各地区或文明单元间的文字交流，较之口头交流，不仅扩展了跨文化交流空间和时间，更是提升了跨文化交流的准确性和可靠性，真正具有约束性的国际条约的签订因此有了可能性和可行性。

第三部分主要考察阿玛纳时代东地中海世界跨文化交流主体。楔形文字和阿卡德语等国际通用文字交流介质的广泛使用，虽然使以泥板书信传递为主要方式的文字交流活动的开展成为可能，但真正把跨文化交流由可能变为现实的，则是主动或被动地在阿玛纳时代东地中海世界各国各地区间往来移动的信使、商人、医生、教师、难民、流亡者、战俘、雇佣兵、武装移民等，他们成为跨文化交流的主体。

第四部分主要考察阿玛纳时代东地中海世界跨文化交流渠道。尽管受到不利的地理环境和气候条件等的制约，当时的道路状况已经初步达到了保障跨文化交流主体往来传递信息以及各国各地区或文明单元之间开展物质交往和精神交往的基本要求。而作为交通和传播工具的马的驯化、车的发明、战车的应用、路网的形成、驿站的设置，则有效压缩了阿玛纳时代东地中海世界跨文化交流的时空。这都为这一时期跨文化交流的开展奠定了必要的物质基础和技术条件。

第五部分主要考察阿玛纳时代东地中海世界跨文化交流内容。从跨文化交流的双方来看，阿玛纳时代东地中海世界各国各地区或文明单元之间互为我者与他者。而从跨文化交流的内容来划分，则包括宗藩体系、朝贡贸易、王室联姻、战争形态、宗教思想等领域，可以说涵盖了政治、经济、军事、外交、宗教等方方面面。

本书的研究方法主要有两个：一是文献整理与文本研究相结合，即将对阿玛纳书信等相关原始文献收集、校勘、分类、翻译、注释的文献研究成果与国内外最新相关跨文化交流研究的理论研究成果有机统一起来，探寻阿玛纳时代东地中海世界的文明共生现象；二是微观个案剖析与宏观历史叙事相结合，即把阿玛纳书信等原始文献所记录的每一个具体生动的交往事件置于整个阿玛纳时代东地中海世界物质交往和精神交往体系之下，进而揭示文明共生现象生成与发展的基本原则和一般规律。

第一章 阿玛纳时代东地中海世界的国际政治生态

阿玛纳时代到来之前和结束之后,古代东地中海世界各国各地区或文明单元间都主要处于或彼此隔绝或剧烈冲突的状况。而阿玛纳时代则"成为东地中海世界政治、经济、军事体系调整过程中两个动荡时期之间的一个相对稳定的时期"[①],和平交往与文明共生成为东地中海世界国际政治生态的基调。

第一节 五大强国

公元前80—前40世纪,人类学会了种植和畜牧,开始了新石器时代的定居生活。村庄发展为城市,结绳记事为文字所取代。包括西亚的两河流域和北非的埃及在内的古代东地中海世界成为最早孕育人类文明的区域。及至公元前16—前11世纪的阿玛纳时代,古代东地中海进入了一个相对和平稳定的历史时期,而主导这一格局的则是巴比伦、亚述、米坦尼、赫梯、埃及等五大强国。

一 国祚绵长的巴比伦

巴比伦,既是城名[②],又是国名,还是两河流域的地区名。"巴比伦"一词在苏美尔语和阿卡德语中意为"神之门",源于古希腊语的拉丁化转写形式。由于地理、文化、政治的差异,从公元前20世纪开始,以今伊拉克巴格达为界,两河流域的南方被称为巴比伦尼亚,中文简译为巴比

[①] 孙宝国:《阿玛纳时代的东地中海世界政治生态》,《上海师范大学学报》(哲学社会科学版)2017年第3期,第151页。
[②] 巴比伦城遗址,位于今天伊拉克首都巴格达以南85千米的巴比伦省希拉市。

伦，北方被称为亚述里亚，中文简译为亚述。其中南部的巴比伦尼亚，又以古城尼普尔①为界，分为南部的苏美尔和北部的阿卡德。

早在公元前 35 世纪，苏美尔人②迁徙到两河下游流域冲积平原，建立了以城市为中心的聚落，这些聚落的分布区域扩展到两河流域冲积平原北部以及伊朗高原东南部，先后经过了以埃利都城遗址为代表的欧贝德文化期和以乌鲁克城遗址为代表的乌鲁克文化时期，主要成就是发明了文字，建立了神庙，创建了军队。③ 公元前 3 千纪，两河流域的历史进入苏美尔城邦时代，先后出现了乌鲁克、基什、乌尔、拉伽什、乌玛、尼普尔、拉尔萨等几十个城邦。④ 这些城邦以一个或多个筑有大规模土坯围墙的城市为中心，领土面积不大，居民大多在一千人至一万人之间，典型城邦居民不过数千，少数大城邦居民则可逾万。⑤ 居民们多数生活在城市中心区，神庙和王宫通常建在城市的制高点上。⑥ 为争夺水源和灌溉设施的控制权，各城邦间争战不休，这既给居住在这一地区的塞姆人以可乘之机，同时也为两河流域由城邦时期向王国时期过渡创造了条件。

---

① 尼普尔，大约地处今伊拉克的努法尔。
② 苏美尔人，是阿卡德人等塞姆人对一支操非塞姆语的外来民族的称谓。苏美尔人的来源问题尚无定论，有学者认为苏美尔人来自南部波斯湾地区，有学者认为苏美尔人来自北部山区。而两河流域最早的居民是什么人，目前尚不清楚。塞姆人，亦译为"闪米特人""闪族人"，是古代西亚北非地区操塞姆语的居民。塞姆语系主要包括阿卡德语、阿摩利语、迦南语（腓尼基语）、阿拉米语、希伯来语、阿拉伯语等，使用上述语言的民族分别被称为阿卡德人（亚述人、巴比伦人）、阿摩利人、迦南人（腓尼基人）、阿拉米人、希伯来人、阿拉伯人等。当今生活在西亚北非的居民，大都是阿拉伯化的古代塞姆人的后裔。参见 S. N. Kramer, *The Sumerians: Their History, Culture, and Character*, Chicago and London: The University of Chicago Press, 1963.
③ 〔英〕塞顿·劳埃德：《美索不达米亚考古——从旧石器时代至波斯征服》，杨建华译，文物出版社 1990 年版，第 28—30 页。
④ 在历史上，波斯湾的海岸线多有变化，现今距海岸线 150 千米左右的城邦当时或地处海边，或临近大海。而幼发拉底河亦曾多次改道，现在地处沙漠之中的古城遗址，当时大多地处幼发拉底河两岸。参见〔美〕约翰·R. 麦克尼尔、威廉·H. 麦克尼尔：《麦克尼尔全球史：从史前到 21 世纪的人类网络》，王晋新、宋保军等译，北京大学出版社 2017 年版，第 58 页。
⑤ 林志纯认为："最早的国家，就现在所知道的，都是城市公社，城市国家，或简称城邦。"参见《世界上古史纲》编写组编《世界上古史纲》上册，人民出版社 1979 年版，第 25 页。王敦书认为："两河流域最初小国林立，又有城或城市，这种状态存在的时间较长，外国学者现已习惯称其为 City-state，这未尝不可。"参见王敦书《略论古代世界的早期国家形态——中国古史学界关于古代城邦问题的研究与讨论》，《世界历史》2010 年第 5 期，第 124 页。
⑥ 参见〔比利时〕埃里克·范豪特《世界史导论》，沈贤元译，新华出版社 2015 年版，第 202 页。

公元前 2291 年，基什国王乌尔·扎巴巴的出身"园丁之子"的近臣——"持杯者"萨尔贡废主自立，随后领导一支由 5400 人组成的常备军南征北战，东征西讨，建立了包括两河流域、迦南、叙利亚、小亚南部、伊朗西南部、阿拉伯半岛东南部等广大地区在内的以阿卡德城为首都的统一的阿卡德王朝，并自封"苏美尔和阿卡德之王"[1]。萨尔贡在位56 年，武功赫赫，正如他所炫耀的"一日征服七十余城"，"我曾在上海和下海洗剑"[2]。此外，萨尔贡还统一了度量衡，确立阿卡德语为官方语言，苏美尔语仅作为口头语言和文学语言继续使用。萨尔贡之孙纳拉姆辛继位，效法先祖萨尔贡发动大规模平叛和征服战争，并自封"天下四方之王"。纳拉姆辛去世后，来自扎格罗斯山区的游牧民族库提人摧毁阿卡德王国，建立了库提王国。但库提人的统治并不稳固，因为乌鲁克、拉伽什等苏美尔文明核心区仍然掌握在苏美尔手里。公元前 2120 年，渔民出身的乌图赫伽尔起兵自立为乌鲁克国王，率部讨伐库提人，最后俘获库提王国末代国王提瑞干，灭亡库提王国，在此期间，他任命大将乌尔纳姆镇守乌尔城。

乌图赫伽尔可能因为意外或阴谋死于公元前 2113 年。从公元前 2112 年开始，乌尔纳姆以乌尔城为基地，先后吞并乌鲁克、拉伽什等城邦，建立两河流域历史上第二个统一王朝——乌尔第三王朝[3]，自称"苏美尔和阿卡德之王"。乌尔纳姆在其在位第十八年战死疆场，其子舒尔吉继位并自封为"天下四方之王"[4]。根据《苏美尔王表》记载，乌尔第三王朝前后共历乌尔纳姆、舒尔吉、阿玛尔辛、舒辛、伊比辛五王，共 109 年。[5]

---

[1] 参见 C. Gunbatti, "Kultepe'den Akadli Sargon'a Ait Bir Tablet", *Archivum Anatolicum* 3 (1998), pp. 131 – 155。

[2] 这里的"上海"(tamtu eliti) 指地中海，"下海"(tamtu sapliti) 指波斯湾。最早见于卢伽尔扎吉西石钵铭文。参见 D. R. Frayne, *Presargonic Period: Early Periods (2700 – 2350 B. C.)*, Toronto: University of Toronto Press, 2008, pp. 433 – 437。

[3] 因该王朝系以乌尔城为首都建立的第三个王朝，故史称乌尔第三王朝；又因该王朝以复兴苏美尔文化为号召，故又称新苏美尔王朝。乌尔第三王朝留下的文献总量可能超过 12 万篇，列入统计的文献多达 9 万篇，这些文献采用苏美尔语，用楔形文字，通常记录在泥板上，一块泥板记录一篇文献，记录内容绝大多数是经济管理活动。参见 M. Molina, "The Corpus of Neo-Sumerian Tablets: An Overview", in S. Garfinkle, J. C. Johnson, eds., *The Growth of an Early State in Mesopotamia: Studies in Ur III Administration*, Madrid: Consejo Superior de Investigationes Cientficas, 2008, p. 20。

[4] "天下四方之王"，苏美尔语写作"lugal an-ub-da limmu-ba"，乌尔第三王朝因此亦被称为乌尔帝国。

[5] T. Jacobsen, *Sumerian King List*, Chicago: University of Chicago Press, 1939, p. 125。

第一章　阿玛纳时代东地中海世界的国际政治生态　23

乌尔第三王朝以复兴苏美尔文化为号召，被称为"新苏美尔时期"或"苏美尔文艺复兴时期"。王朝后期，来自内部的埃什努那、苏萨、拉伽什、拉尔萨、乌玛、尼普尔、伊新等行省离心离德甚至变相独立，来自西面的阿摩利人的和平渗透不断加剧，来自东南和西南的埃兰人①的军事威胁更是迫在眉睫。公元前2004年，在西马什基②第六代国王金达图引导下，埃兰与苏萨联军洗劫乌尔城并掠走末代国王伊比辛，乌尔第三王朝正式终结。

在乌尔第三王朝之后的近百年间，两河流域重新分裂为南方的伊新、拉尔萨和北方的埃什努那、马瑞、亚述等大小强弱不一的诸多城邦。伊新总督伊什比埃拉率先称王并驱逐库提卜，建立伊新王朝。尽管伊新王朝诸王以乌尔第三王朝继承人自居，并试图统一巴比伦尼亚，但其势力范围基本局限在巴比伦尼亚南部。伊新王朝在巴比伦尼亚南部的主要竞争对手是阿摩利人③建立的拉尔萨王国。拉尔萨国王那坡兰努原为众多忠于乌尔第三王朝的阿摩利人酋长之一，乌尔第三王朝灭亡后，他自称"苏美尔和阿卡德之王"，也以乌尔第三王朝合法继承人自居。拉尔萨国王里木辛曾击败伊新王朝，也有统一巴比伦尼亚之志。

就在伊新与拉尔萨在巴比伦尼亚南部互争雄长之际，阿摩利人酋长苏穆阿布于公元前1894年在巴比伦尼亚北部建立了以巴比伦城为首都的巴比伦王国，史称古巴比伦王国或巴比伦第一王朝。第二代国王苏穆拉埃勒先后吞并了基什、卡扎鲁、马尔达、库塔等城邦。第三代国王萨比乌姆与伊新结盟对抗拉尔萨并一度占领圣城尼普尔。第四代国王阿庇勒辛维持了巴比伦与伊新和拉尔萨三足鼎立的局面。第五代国王辛穆巴里特未能成功阻止拉尔萨国王里木辛灭亡伊新并攻陷乌鲁克，从而形成了巴比伦和拉尔萨两强对峙的局面。

---

① 埃兰，亚洲西南部的古老国家，在今天伊朗的西南部，波斯湾北部，底格里斯河东部，现称胡齐斯坦。埃兰历史可以分为三个时期：古埃兰时期（公元前27—前16世纪）、中埃兰时期（公元前14—前11世纪）、新埃兰时期（公元前8—前6世纪）。埃兰丰富的森林和矿藏，是两河流域各城邦掠夺的对象。富饶的两河流域平原，也是埃兰各邦掠夺的对象，因此，埃兰在历史上很早就受到两河流域国家的入侵和征服，但也多次入侵和征服过这些国家。
② 西马基什，为公元前22—前19世纪出现在埃兰地区以安山为首都的一个王朝。参见 G. Leick, *Who's Who in the Ancient Near East*, London and New York: Routledge, 2002, p. 72。
③ 阿摩利人曾以放羊和养驴为主业，一则铭文写道："阿摩利人不识五谷……更不知房舍、城镇为何物。"参见 E. Chiera, *Sumerian Epic and Myths*, Chicago: The University of Chicago Press, 1934, p. 58。

巴比伦第六代国王汉穆拉比继位时所面临的国际格局非常复杂，正如当时的一篇文献所载，"没有一个君王是靠自己而强大的。10—15个国君追随巴比伦国王汉穆拉比，同样数目的国君追随拉尔萨国王里木辛，同样数目的国君追随埃什努那国王伊巴尔·皮埃尔，同样数目的国君追随卡特纳国王阿姆德·皮埃尔，有20个国王追随延哈德的雅瑞林"①。汉穆拉比首先夺取乌鲁克城并灭亡伊新王朝，然后在黑瑞图城之役中击败埃兰、库提、埃什努那和马勒库联军，占领拉尔萨北部重镇马什干·沙庇尔和拉尔萨城，灭亡拉尔萨。随后乘胜攻陷埃什努那军事重镇曼基苏，水淹首都埃什努那城，杀死末代国王西里辛，灭亡埃什努那。接下来战败马瑞②国王金瑞林和马勒库国王伊庇可·伊什塔尔，灭亡马瑞和马勒库。最后北伐亚述里亚，灭亡埃卡拉图王朝并扫平其他各邦。至此，原阿卡德王国和乌尔第三王朝的统治区域悉数纳入巴比伦王国版图。雄才大略的汉穆拉比在位43年，颁布了著名的《汉穆拉比法典》，使巴比伦主神马尔都克取代传统圣城尼普尔主神恩利尔成为两河流域王权的赐予者，巴比伦亦由一座名不见经传的巴比伦尼亚小城一跃而成为两河流域举足轻重的政治、经济、军事、宗教、文化中心，古巴比伦王国当仁不让地崛起为当时东地中海世界实力最强和疆域最广的国家。

汉穆拉比去世后，古巴比伦王国由盛转衰，既出现了国内南部诸邦相继独立的内忧，也出现了境外部族频繁袭扰的外患。公元前1595年，操印欧语的赫梯人在国王穆尔西里一世率领下，长驱直入巴比伦尼亚，先后攻陷幼发拉底河畔的马瑞城和巴比伦城，然后携带劫掠的大批俘虏和财物返回幼发拉底河上游地区，古巴比伦王国由此灭亡。在赫梯人因国内政局不稳而撤走后，作为赫梯人盟友的加喜特人趁机填补了巴比伦尼亚的政治真空，建立了加喜特王朝，史称加喜特巴比伦王朝、巴比伦第三王朝③或中巴比伦王国。

加喜特人是一支操印欧语的亚洲游牧民族，他们在两河流域文献中

---

① ANET, p. 628.
② 马瑞（公元前30世纪—前1759年）是两河流域一个历史悠久的重要城邦。马瑞城遗址地处今叙利亚境内幼发拉底河南岸的哈瑞瑞丘，距今伊拉克边境不远。1933年，法国考古队在该遗址发现并出土了20000余块楔形文字泥板文书，大部分是王室行政管理档案和书信，亦有少量文学作品。这批文献的时间跨度约30年，从一个侧面反映了公元前18世纪东地中海世界国际交往的状况，学术界因此将相关文献所反映的古代东地中海世界的历史时期称为"马瑞时代"。
③ 在巴比伦第一王朝末期，在苏美尔南部地区建立了地方割据政权——海国王朝，史称巴比伦第二王朝。

出现的时间最早可追溯到公元前18世纪。①那时,他们一般居住在城市边缘,有些组成雇佣兵小队加入古巴比伦王国的军队,有些则从事农业生产,还有一些加喜特人生活在古巴比伦王国周边地区,时常入境袭扰。但总体来看,由于相关文献极为有限,人们对加喜特人早期的历史知之甚少。有学者认为,加喜特人起源于自巴比伦尼亚东部的扎格罗斯山脉地区,依据是加喜特人占领巴比伦尼亚之前的地理分布与统治结束后的地理分布相同。②也有学者认为,古巴比伦王国后期,加喜特人通过迪亚拉河低地,从扎格罗斯山区渗透到巴比伦尼亚北部的西帕尔等城邦。③而从阿卡德王朝和乌尔第三王朝的文献来看,扎格罗斯山区中部和南部的居民并不包括加喜特人。两河流域早期文献也未提到加喜特人的人名或地名,尽管乌尔第三王朝时期的巴比伦经济文献提及几个疑似加喜特人的名字,但却没有指明他们来自哪里。④而对于加喜特人何以能够在短时间内吞并以复兴苏美尔文化为号召的海国王朝⑤等地方割据政权,建立起强大的统一国家,学术界至今仍然没有给出令人满意的解释。

中巴比伦王国首任国王为阿古姆二世,他为自己加冕为"卡什苏和阿卡德之王"⑥,并通过西征,从哈那迎回了被赫梯人掠走的马尔都克神像。中巴比伦王朝国祚绵长,据《巴比伦王表》A记载,共历36王,576年零9个月⑦,这在无险可守的两河流域南部实属不易,尽管这其中包括了加喜特人入主巴比伦尼亚以前所处的部落联盟时期。

---

① 加喜特人称呼自己为"Galzu"(伽勒祖),英语"Kassites"一词源于希腊语"Kossaioi"。参见 T. Bryce, *The Routledge Handbook of the Peoples and Places of Ancient Western Asia: The Near East from the Early Bronze Age to the Fall of the Persian Empire*, London and New York: Routledge, 2009, p. 375。

② K. Balkan, *Studies in Babylonian Feudalism of the Kassite Period*, Malibu: Undena Publications, 1986, p. 8.

③ L. Sassmannshausen, "The Adaptation of the Kassites to the Babylonian Civilization", in K. Van Lerberghe, G. Voet, eds., *Languages and Cultures in Contact at the Crossroads of Civilizations in the Syro-Mesopotamian Realm*, Leuven: Uitgeverij Peeters en Departement Oosterse Studies, 1999, p. 441.

④ A. F. Rainey, A. Kempinski, M. Sigrist, eds., *Kinattutu Sadarati: Raphael Kutscher Memorial Volume*, Tel Aviv: Institute of Archaeology of Tel Aviv University, 1993, p. 224.

⑤ 海国王朝,即以伊新为首都的伊新第二王朝,公元前1460年被中巴比伦国王伯纳伯拉阿什一世所灭。

⑥ A. T. Olmstead, "Kashshites, Assyrians, and the Balance of Power", *AJSLL* 36 (1920), p. 121.

⑦ *King List A*, BM 33332; ANET, p. 272.

在阿玛纳书信中，加喜特人所建立的中巴比伦王国被称为卡尔都尼亚什，在埃及语中写作"sngr"①。根据阿玛纳书信内容，可大致将中巴比伦王国的历史划分为三个阶段：第一阶段为加喜特人入主巴比伦尼亚之前的历史，为公元前1740—前1595年；第二阶段为王国形成时期，为公元前1595—前1490年；第三阶段为王国国际交往活跃时期，为公元前1490—前1157年，又可进一步分为与埃及交往活跃时期、与亚述和赫梯交往活跃时期、与亚述和埃兰交往活跃时期。

古代埃及文献记载，早在图特摩斯三世第八次远征叙巴地区时，已经入主巴比伦尼亚的加喜特人就给埃及送来了礼物。② 而卡拉因达什则是第一个与埃及建立直接外交关系的中巴比伦王国国王。中巴比伦王国国王伯纳伯拉阿什二世曾在致图特摩斯四世国王的信中回顾到："自卡拉因达什时代起，你的先祖定期派遣信使到我的先祖这里来，他们结下深厚友谊并泽被后世。"③ 卡拉因达什将女儿嫁给了图特摩斯四世，以巩固两国关系。卡拉因达什的继任者库瑞伽勒祖一世继承了这一传统，不仅将女儿嫁给阿蒙霍特普三世，还曾拒绝参与叙巴地区各城邦的反埃及同盟，坚决站在埃及一边。他在给叙巴地区各城邦的使节的回复中明确表示："如果你坚持与我的兄弟之邦为敌，那么巴比伦与埃及定会联手消灭你，因为我们两国是签订了条约的盟国。"④ 巴比伦国王伯纳伯拉阿什二世与埃及国王之间的通信占了阿玛纳书信的重要部分。在这些书信中，伯纳伯拉阿什二世与埃及国王互致问候和讨论国是，也坦率地索要礼物。

伯纳伯拉阿什二世与埃及国王在通信中，极力贬低亚述国王，因为通过王室联姻等方式任意干预巴比伦国内事务，不断侵占巴比伦领土，已经是亚述人的惯用伎俩。譬如，当获悉自己的女婿——巴比伦国王在宫廷政变中被杀后，亚述国王阿舒尔乌巴里特一世火速出兵平叛，废黜篡位者，扶植亲亚述的王室成员库瑞伽勒祖二世登上王位。阿舒尔乌巴里特一世的继承人恩里勒尼拉瑞亦曾攻打巴比伦。阿舒尔乌巴里特一世的曾孙阿达德

---

① ARE, § 484.
② ARE, §§ 484, 446, 449.
③ EA 10. 本书所引用的阿玛纳书信的内容，均按照国际惯例采用缩略的方式予以标识。其中，"EA"为"Tell EL-Amarna"的缩写，指代阿玛纳书信；"10"指代编号为10的阿玛纳书信。参见 W. L. Moran, ed., *The Amarna Letters*, revised edition, Baltimore and London: Johns Hopkins University Press, 1992。下同。
④ EA 1, EA 2.

尼拉瑞一世继位后割占了大片巴比伦领土。图库尔提尼努尔塔一世登上亚述王位后，干脆废黜了中巴比伦傀儡国王喀什提里阿什四世，以个人名义君临巴比伦长达8年之久。

为了摆脱亚述人日益沉重的枷锁，中巴比伦国王美里什帕克二世采取了以夷制夷的策略，将长女嫁给了东南部邻国埃兰国王舒特鲁克纳洪特一世，两国建立起战略军事同盟。美里什帕克二世之子马尔都克阿帕伊迪纳一世国王驾崩后，扎巴巴舒马伊迪纳继承巴比伦王位。以这位新国王与中巴比伦王国王室没有血缘关系为借口，埃兰国王舒特鲁克纳洪特一世不予承认，并在一封书信中理直气壮地索要巴比伦王位："我，是王，是王之子，是王之子孙，是王之后裔，谁该为王呢？……为什么不是我坐在巴比伦国王的宝座上？！"① 公元前1155年，埃兰国王舒特鲁克纳洪特二世率军直捣巴比伦尼亚腹地，攻陷巴比伦城，掠走马尔都克神像以及汉穆拉比法典石碑②和纳拉姆辛凯旋碑③。中巴比伦王国末代国王恩里勒纳丁阿赫被掳走，最后客死埃兰，中巴比伦王国正式灭亡。

中巴比伦王国覆灭后，残余的加喜特部落退守扎格罗斯山地，巴比伦尼亚重新陷入小国林立的状态，直至操塞姆语的迦勒底人所建的新巴比伦王国——巴比伦第四王朝的兴起。新巴比伦王国国王尼布甲尼撒一世曾攻入埃兰，迎回被掠走的马尔都克神像，并入侵暂时衰落的中亚述王国。巴比伦第四王朝结束后，统治巴比伦尼亚的是巴比伦第五王朝。巴比伦第五王朝的统治极不稳固，不久即为巴比伦第六王朝取代。在随后的近五十年间，巴比伦第七王朝、巴比伦第八王朝、巴比伦第九王朝迅速更替，而在此期间亚述帝国迅速崛起。公元732年，巴比伦第九王朝被亚述灭亡，巴比伦尼亚正式并入亚述帝国版图。

---

① J. A. Brinkman, *Materials for the Study of Kassite History*, Chicago: Oriental Institute of the University of Chicago, 1976, p. 321.
② 1901年，法国考古学家在埃兰境内的苏萨发现了汉穆拉比法典石碑。该石碑实际上是一个黑色玄武岩石柱。石柱高2.25米，上部周长1.65米，底部周长1.90米。石柱上端是高0.65米，宽0.6米的浮雕，展现了汉穆拉比站在太阳和正义之神沙马什面前，接受象征王权的权标的场景，以象征君权神授，王权不可侵犯；下端是用阿卡德语楔形文字刻写的法典铭文，共282条3500行。该石柱现存于巴黎罗浮宫亚洲馆。
③ 纳拉姆辛凯旋碑现存于巴黎罗浮宫亚洲馆。该石碑实际上是一块浮雕板，表现了阿卡德国王纳拉姆辛，也即萨尔贡之孙击败一些山地部落的功绩。在构图上，手持弓箭的国王站在苏萨山上，形象高大，位置突出，几个战败的敌人跪在他的脚下，叩头求饶，有的已中箭身亡，而高空的一轮太阳则预示着至高无上的王权。

二 后来居上的亚述

亚述国家是在位于今伊拉克摩苏尔以南约 100 千米的底格里斯河西岸的阿舒尔①城邦发展而来。亚述自古以来便是由胡里人、阿摩利人、乌拉尔图人、加喜特人、阿拉米人等多个种族构成的国家。②

公元前 25 世纪,苏美尔地区的霸主拉伽什城邦征服了两河流域北部,阿舒尔城邦可能向其称臣纳贡。③ 公元前 24 世纪,阿卡德人乘苏美尔诸邦混战之机迅速崛起,不仅征服了苏美尔诸邦,而且还将势力扩展至两河流域北部地区,阿舒尔沦为阿卡德王国的属邦。④ 阿卡德王国覆灭后,阿舒尔城邦又成为继阿卡德王国而起的乌尔第三王朝的一个行省。⑤ 公元前 20 世纪上半叶,借乌尔第三王朝末代国王伊比辛内外交困之机,阿舒尔城邦很可能宣布独立,亚述的历史也由此进入阿舒尔城邦和古亚述时期。⑥

公元前 20 世纪—前 17 世纪后半叶,阿舒尔城邦的数万名亚述人分别在小亚设立了以卡尼什⑦为中心的 40 个左右类似码头或商栈的卡鲁

---

① 阿舒尔即是亚述城邦之名,亦是亚述城邦主神之名,还是对亚述这个城邦和民众的称呼。学术界习惯上将亚述最初的都城和国家的主神称为阿舒尔,而将其国家和人民分别称为亚述和亚述人。亚述学之名亦源"阿舒尔"一词,亚述学是一门通过发掘和释读楔形文字文献研究古代两河流域历史与文化的综合性人文学科。原始文献中的亚述人还有其他称呼,如"阿舒尔土地上的子民"和"恩利尔的臣民"等。参见 G. Frame, "My Neighbour's God: Assur in Babylonia and Marduk in Assyria", *BCSMS* 34 (1999), p.7. 而"阿舒尔"一词的来源和属性并不清楚。有学者认为,阿舒尔城坐落在底格里斯河西岸的杰布马胡尔山支脉上,河水的冲刷使它变得十分陡峭,大概从史前时期就成为一个圣地,因此阿舒尔神可能源于山的神化。参见 W. G. Lambert, "The God Assur", *Iraq* 45/1 (1983), p.82.

② E. A. Speiser, "Hurrians and Subarians", *JAOS* 68/1 (1948), pp.1 – 13; G. Wilhelm, *The Hurrians*, Warminster: Aris and Philips, 1989, pp.7 – 47; K. Moore, D. Lewis, "The First Multinationals: Assyria Cieca 2000 B. C.", *MIR* 38/2 (1998), pp.95 – 107; J. N. Postgate, "Ancient Assyria: A Multi-Racial State", *Aram* 1 (1989), pp.1 – 10.

③ G. Roux,, *Ancient Iraq*, 3rd edition, London: Penguin Books, 1993, p.187.

④ RIMA I A. 0. 1002. 2001.

⑤ RIMA I A. 0. 1003. 2001; T. M. Sharlash, *Provincial Taxation and the Ur III State*, Leiden: E. J. Brill, 2004, pp.6 – 7.

⑥ W. Sallaberger, A. Westenholz, *Mesopotamien: Akkade-Zeit und Ur III-Zeit*, Gottingen: Vandenhoeck and Ruprecht, 1999, p.161, note 136.

⑦ K. R. Veenhof, "Kanesh: An Assyrian Colony in Anatolia", *CANE*, pp.859 – 871; G. Barjamovic, "The Size of Kanesh and Demography of Early Middle Bronze Age Anatolia", in L. Atici, F. Kulakoglu, G. Barjamovic, A. Fairbairn, eds., *Current Research at Kultepe /Kanesh: An Interdisciplinary and Integrative Approach to Trade Networks, Internationalism, and Identity*, Atlanta: Lockwood Press, 2014, p.56.

姆[1]，并通过这一商贸网络将产自两河流域的纺织品和源自伊朗地区的锡矿石运至小亚，以换取产自陶鲁斯山等地的白银和黄金。[2]

古亚述商人把源自两河的纺织品和源自伊朗地区的锡运至小亚，以换取白银和黄金，再将其带回阿舒尔城。

公元前19世纪末，阿摩利人沙马什阿达德一世篡夺阿舒尔城邦王位后，参照阿卡德王国和乌尔第三王朝的历史传统，使亚述很快由城邦国家过渡到专制集权国家，史称古亚述王国。沙马什阿达德一世在位期间，古亚述王国大举扩张，疆域一度涵盖了哈布尔河源头、幼发拉底河和底格里斯河中游以及埃兰北部，期间埃什努那、马瑞等城邦皆归顺纳贡，古巴比伦王国第六代国王汉穆拉比在位初期亦曾俯首称臣。亚述的对外贸易往来不仅在短暂中断后重新恢复起来，而且与小亚的卡涅卡地区、巴比伦尼亚的埃什努那、西帕尔等城邦贸易联系更加紧密，其中专门在小亚的亚述商栈设立了"商务总监"这一官职，以管理阿舒尔商人和商业代理人。[3] 沙马什阿达德一世去世后，古亚述王国迅速衰落，旋即被汉穆拉比统治下的古巴比伦王国吞并，古亚述时期结束。

在古亚述王国灭亡后近三百年间，亚述里亚大小城邦林立。公元前16世纪，一支来源不明的米坦尼人部落在两河流域北部建立了以当地居民胡里人为主的米坦尼王国，阿舒尔城邦很可能沦为米坦尼王国的属邦。[4] 有铭文记载米坦尼国王苏什塔塔曾劫掠了阿舒尔城门上镶嵌的黄金和白银，

---

[1] 国外学者往往将卡鲁姆（Karum）视为亚述人的殖民地。参见 M. T. Larsen, *Assyrian City State and Its Colonies*, Copenhagen: Akademisk Forlag, 1976, p. 236; L. L. Orlin, *Assyrian Colonies in Cappadocia*, Mouton: The Hague, 1970, p. 25. 而有国内学者认为卡鲁姆实际上只是亚洲商人为了开展贸易活动而在商路沿线城邦内所取得的具有有限自治权的区域，所以应译为"商业据点"或"商栈"。参见国洪更《亚述赋役制度考略》，中国社会科学出版社2015年版，第91页。本书赞同国内学者的观点，因为考古证据显示，生活在最大聚居地的卡尼什的亚述人也不过两三千人左右。参见 T. Hertel, "The Lower Town at Kultepe/Kanesh: The Urban Layout and the Population", in L. Atici, F. Kulakolu, G. Barjamovic, A. Fairbairn, eds., *Current Research at Kultepe/Kanesh: An Interdisciplinary and Integrative Approach to Trade Networks, Internationalism, and Identity*, Atlanta: Lockwood Press, 2014, p. 37.

[2] K. R. Veenhof, "Archives of Old Assyrian Traders", in M. Brosius, ed., *Ancient Archives and Archival Traditions: Concepts of Record-keeping in the Ancient World*, Oxford and New York: Oxford University Press, 2003, p. 78; K. R. Veenhof, J. Eidem, M. Wafler, *Mesopotamia: The Old Assyrian Period*, Gottingen: Vandenhoeck and Ruprecht, 2008, pp. 154 – 155.

[3] C. Walker, "Some Assyrians at Sippar in the Old Babylonian Period", *AnSt* 30 (1990), pp. 15 – 22; W. F. Leemans, "Old Babylonian Letters and Economic History", *JESHO* 11/1 (1968), pp. 179 – 180, 199.

[4] G. Wilhelm, *The Hurrians*, Warminster: Aris and Philips, 1989, p. 46.

用以装饰自己的宫殿。出土于阿舒尔城址的属于公元前 15 世纪的法律文献显示，该城官吏往往还有一个胡里语的名字，其中有两个官吏和他们的后代都供职于米坦尼王国。

公元前 13 世纪，阿舒尔城邦国王阿舒尔乌巴里特一世采取远交近攻的策略，以厚礼交好埃及，以联姻笼络加喜特巴比伦王朝，与赫梯王国联手东西夹击米坦尼王国，最终挣脱了米坦尼的羁绊，建立了以阿舒尔、尼尼薇①等城市为中心的中亚述王国。

阿舒尔乌巴里特一世的三位后继者恩里勒尼拉瑞、阿瑞克登伊里、阿达德尼拉瑞一世不但进一步蚕食米坦尼王国领土，而且征服了扎格罗斯山和叙巴地区北部的许多部落，完成了对从底格里斯河中游东岸到扎格罗斯山之间的两河流域北部地区的统一，亚述国力始与埃及、赫梯、巴比伦等东地中海世界列强并驾齐驱。赫梯国王②在给亚述国王的回信中对其试图与自己平起平坐的语气感到不快："我何必以兄弟之名致信于你呢？我们又非一母所生！我的父亲和祖父从未以兄弟的口吻致信亚述国王，所以你也不要与我称兄道弟。"③ 亚述国王阿达德尼拉瑞一世在致赫梯国王哈图什里三世时则还以颜色："我登基时你竟然连个使臣都没派来。一国国王继位时，地位相当的他国国王应送去服饰或膏油等贺礼，这难道不是惯例吗？而你却充耳不闻，熟视无睹！"④ 更令哈图什里三世恼怒的是阿达德尼拉瑞一世不承认其为赫梯王位的合法继承人，视其为僭位者。⑤ 亚述国王这种咄咄逼人的不合作态度，迫使哈图什里三世转而向堪称赫梯世仇的埃及寻求和解，其中一个前提条件就是埃及国王必须正式承认其为赫梯的合法国王。⑥

亚述国王阿达德尼拉瑞一世的继任者沙尔马纳赛尔一世彻底击败了胡里人残余势力与赫梯联军，并率军跨出两河流域，洗劫了凡湖地区的纳伊利诸邦。雄才大略的亚述国王图库尔提尼努尔塔一世将经略两河流域作为

---

① 尼尼薇，位于今伊拉克摩苏尔市郊附近。公元前 25 世纪，尼尼薇就已经发展成为一个城邦，当时的主要居民可能是胡里人。公元前 8 世纪，亚述国王萨尔贡二世将都城由萨尔贡城正式迁至尼尼薇城。
② 可能是乌尔西·泰述布，也即穆尔西里三世。
③ A. Hagenbuchner, *Die Korrespondenz der Hethiter*, Heidelberg: Universitatsverlag Winter, 1989, pp. 191 – 192.
④ T. R. Bryce, "The 'Eternal Treaty' from the Hittite Perspective", *BMSAES* 6 (2006), p. 6.
⑤ T. R. Bryce, *The Kingdom of the Hittites*, Oxford and New York: Oxford University Press, 2005, p. 276.
⑥ H. Klengel, *Geschichte des Hethitischen Reiches*, Leiden and Boston: E. J. Brill, 1998, p. 217.

主要战略目标：他首先在底格里斯河流域击败了继位不久的赫梯国王图德哈里亚四世；接着入侵巴比伦尼亚并一度占领巴比伦城；随后为自己加冕"苏美尔与阿卡德之王"，成为首个拥有这一尊号的亚述国王。① 亚述疆域这时已经扩展至今叙巴地区北部的哈布尔河流域和两河流域南部。② 大部分叙巴地区之所以得以相安无事，可能是图库尔提尼努尔塔一世还没有做好与赫梯和埃及两面同时开战的准备。③

随着版图的扩大和对外交往的日益频繁，中亚述王国的对外贸易对象日益多元化，经济和社会的发展取得了长足的进步。④ 然而好景不长，其实就在图库尔提尼努尔塔一世统治时期，亚述国内矛盾已经显现出来，他曾试图通过迁都来加以缓解，但以失败告终。公元前1208年，图库尔提尼努尔塔一世被其子所弑，亚述爆发王位之争，三个王子先后登基，国家陷于内乱长达百年之久，早前所征服地区大部丧失。随着提格拉特帕拉沙尔一世登上王位，亚述才又恢复了强国本色，正如文献所说："亚述人冬天在家里睡觉，天一转暖就出去打仗。"⑤ 提格拉特帕拉沙尔一世先是击退了穆什基人的进犯，随后征服了小亚东部地区，接着率军深入纳伊利地区，获取了大量战利品和贡赋。提格拉特帕拉沙尔一世在位39年，曾28次率军渡过幼发拉底河远征取代赫梯人成为亚述心腹之患的阿拉米人，兵锋直达地中海沿岸，叙巴地区诸邦被迫纷纷向亚述称臣纳贡。

但在提格拉特帕拉沙尔一世统治末期，亚述在与巴比伦的南北对峙中败北，加之来自西方的阿拉米人的袭扰，统一的中亚述王国分崩离析。在此后的一个半世纪左右，阿拉米人不断东进，甚至进抵底格里斯河畔并建立了一系列城邦，亚述基本上被压缩在底格里斯河中游东岸的狭小地区。⑥ 只是由于内部纷争迭起，阿拉米人并没有越战越强，反倒是随着东地中海世界进入铁器时代，亚述国力不断增强，并从阿达德尼拉瑞二世统治时期开始的三个多世纪里，以东地中海世界宪兵的姿态征战四方，最终形成了一个南至非洲东北部、北至高加索、西至地中海东岸、东至伊朗高原的辽阔帝国。

---

① ARAB I, p. 145.

② J. J. Szuchman, *Prelude to Empire: Middle Assyrian Hanigalbat and the Rise of the Aramaeans*, PhD Dissertation, Los Angeles: University of California, 2007, p. 17.

③ I. Singer, "The Battle of Nihriya and the End of the Hittite Empire", *ZA* 75/1 (1985), pp. 120 – 123.

④ C. M. Monroe, *Scales of Fate: Trade, Tradition and Transformation in the Eastern Mediterranean ca. 1350 – 1175 B. C. E.*, PhD Dissertation, Ann Arbor: University of Michigan, 2000, p. 234.

⑤ S. Dalley, "Ancient Mesopotamian Military Organization", *CANE*, p. 413.

⑥ H. W. F. Saggs, *The Might That Was Assyria*, London: Sidgwick and Jackson, 1984, p. 69.

三 强邻环伺的米坦尼

米坦尼国家（赫梯楔形文字写作"Mi-ta-an-ni"或"Mi-it-ta-ni"）的统治民族是属于印欧语系的印度—雅利安人的米坦尼部落，但主体民族却是与印欧语系和塞姆语系没有任何关联的操胡里语的胡里人。[①] 从公元前35世纪开始，胡里人就生活在两河流域北部的幼发拉底河流域的上哈布尔河地区和底格里斯河流域的大小扎布河地区，[②] 后于公元前20世纪逐渐外溢至小亚东南部、叙利亚北部甚至巴勒斯坦地区，主要中心城市有库米亚[③]、尼尼薇、乌尔凯什[④]。胡里人采用楔形文字书写胡里语，同时借鉴了巴比伦人的宗教思想，并将这种宗教思想连同胡里人的神明和语言直接传播给了赫梯人和希伯来人，间接传播给了希腊人。在今天伊拉克北部的基尔库克和埃尔比勒出土了大量用胡里语楔形文字书写的泥板文书，在赫梯首都哈图沙遗址也出土了胡里语与赫梯语的双语文献。

米坦尼人用胡里语称自己的国家为"胡瑞"（赫梯语楔形文字写作"Hu-ur-ri"），意为"胡里人的土地"，用当时的国际语言阿卡德语称自己的国家为"哈尼伽尔巴特"（阿卡德语楔形文字写作"Ha-ni-gal-bat"），意为"米坦尼的土地"。公元前16世纪，"以战车御者闻名于世"[⑤] 的米坦尼国家崛起于两河流域北部，最初以加喜特人建立的巴比伦第三王朝入侵

---

① A. Lawler, "Who Were the Hurrians?", *Archaeology* 61/4 (2008), p. 52.

② K. Radner, "Assyrians and Urartians", in S. R. Steadman, G. McMahon, eds., *The Oxford Handbook of Ancient Anatolia*, Oxford: Oxford University Press, 2011, p. 745.

③ 库米亚城址至今尚未发现。参见 H. G. Guterbock, "The Song of Ullikummi Revised Text of the Hittite Version of a Hurrian Myth", *JCS* 5/4 (1951), pp. 135 – 161; H. G. Guterbock, "The Song of Ullikummi Revised Text of the Hittite Version of a Hurrian Myth (Continued)", *JCS* 65/1 (1952), pp. 8 – 42。

④ 乌尔凯什位于两河流域平原地带与北部的山麓地带和安纳托利亚高原之间，通往小亚东北部铜矿产地的商路和通往叙利亚东北部的商路在该城交汇，铜、银、锌经由这两条商路被运至乌尔凯什，再由乌尔凯什沿幼发拉底河运至两河流域平原地区，或穿过哈布尔河流域运至底格里斯河流域。公元前3千纪末期，乌尔凯什城进入全盛期，居民近2万人，随后逐渐衰落，并于公元前13世纪亚述人占领哈布尔河流域后被废弃。参见 A. Lawler, "Who Were the Hurrians?", *Archaeology* 61/4 (2008), p. 51; G. Buccellati, M. Kelly-Buccellati, "Urkesh and the Question of the Hurrian Homeland", *Bulletin of The Georgian National Academy of Sciences* 175/2 (2007), p. 141。

⑤ 在世界上现存最古老的驯马手册中，一位名叫基库里的米坦尼驯马师讲述了包括马的颜色等术语在内的许多驯马技术细节。参见〔美〕大卫·安东尼《马、车轮和语言：欧亚草原青铜时代的骑马者如何塑造了现代世界》，张礼艳、胡保华、洪猛、艾露露译，中国社会科学出版社2016年版，第49页。

者的形象登上东地中海世界的历史舞台。

在埃及象形文字中，米坦尼被称为"nhrn"，即"那哈林"，该词可能源于阿卡德语亚述方言中的"河流"一词，意为"流域之地"①，埃及最早提到米坦尼这一名称的，是阿蒙霍特普一世或图特摩斯一世统治时代的从"被称为米坦尼的外国土地"②返回埃及的宫廷星象师阿蒙纳姆赫特撰写的一篇回忆录铭文残片。埃及与米坦尼的最早接触可能发生在图特摩斯一世统治时代。图特摩斯二世也在其年代纪里宣称其父"上下埃及之王埃赫帕尔卡拉"，也即图特摩斯一世曾在幼发拉底河东岸原记功碑旁新树了一块记功碑。③

随着埃及进入哈特舍普苏特的"埃及和平"时代，"在外貌和服饰上与男性无异的伟大女王哈特舍普苏特对战争并不热衷"④，埃及对叙巴地区的征伐频次显著下降，加之赫梯国内政局的动荡以及普祖尔阿舒尔三世之后中亚述历代国王的无所作为，都为米坦尼趁机填补两河流域北部和叙巴地区北部出现的权力真空，迅速崛起创造的有利条件。从公元前1475年开始，帕萨塔塔⑤、苏什塔塔等国王治下的米坦尼先后控制了东起扎格罗斯山、西至地中海沿岸的哈拉波、阿拉拉赫、库祖瓦特纳、尼亚、穆基什、阿舒尔、伊舒瓦等以胡里人为主要居民的城邦，赫然跻身东地中海世界五大强国之列。⑥

哈特舍普苏特女王去世后，独立执政的埃及国王图特摩斯三世为争夺在叙巴地区的势力范围而采取了更为积极进取的姿态和行动，与国王苏什塔塔治下的米坦尼爆发了一系列大规模正面军事冲突，最有力的文献佐证就是图特摩斯三世在位期间，"那哈林"一词持续不断出现在其17次远征叙巴地区的年代记中。⑦据此年代纪，图特摩斯三世在其对叙巴地区发动

---

① CAD II/2, p. 475.
② D. O'Conner, E. H. Cline, eds., *Amenhotep III: Perspectives on His Reign*, Ann Arbor: University of Michigan Press, 1998, p. 251.
③ R. Cohen, R. Westbrook, eds., *Amarna Diplomacy: The Beginning of International Relations*, Baltimore and London: Johns Hopkins University Press, 2000, pp. 73 - 74.
④ J. D. S. Pendlebury, *Tell el-Amarna*, London: Lovat Dickson and Thompson, 1935, p. 2.
⑤ 帕萨塔塔国王的事迹见载于努孜楔形文字泥板文献以及阿拉拉赫国王伊德里米的一篇铭文。参见 http://www.geocities.com/farfarer2001/alalakh/idrimi_inscription.htm.
⑥ G. Wilhelm, "The Kingdom of Mitanni in Second-Millennium", *CANE*, p. 1249. 米坦尼首都可能是瓦苏卡尼，但其城址至今尚未找到。参见 G. Wilhelm, *The Hurrians*, Warminster: Aris and Philips, 1989, p. 27; P. M. M. G. Akkermans, G. M. Schwartz, *The Archaeology of Syria: From Complex Hunter-Gatherers to Early Urban Societies (c. 16000 - 300 BC)*, Cambridge: Cambridge University Press, 2003, p. 327。
⑦ R. Cohen, R. Westbrook, eds., *Amarna Diplomacy: The Beginning of International Relations*, Baltimore and London: Johns Hopkins University Press, 2000, pp. 73 - 74.

的第八次远征中，先是占领了卡代什、图尼普、卡开迈什等城市，随后渡过幼发拉底河，进入米坦尼本土，俘虏了"3名王公、30名妇女、80名贵族、660名男女奴隶及其子嗣"①，但未能歼灭米坦尼军队主力。② 埃及人班师回国后，米坦尼继续不断采取各种方式，威逼利诱阿拉拉赫、乌加里特、尼亚等邦脱离埃及控制，向米坦尼称臣纳贡。为了镇压叙巴地区北部诸邦此起彼伏的反叛，打击躲在背后的米坦尼，图特摩斯三世不得不一再对叙巴地区北部和米坦尼劳师远征，并在其最后一次远征中，在卡代什与已经侵入奥伦特斯河谷的米坦尼军队正面遭遇。③ 图特摩斯三世统治的最后12年，埃及在叙巴地区没有战事，因其年事已高，没有精力再对外用兵，叙巴地区属邦前来朝拜的次数减少，离心倾向益发明显，甚至纷纷倒向米坦尼，并将埃及驻军驱逐出境。

图特摩斯三世驾崩后，阿蒙霍特普二世继位，埃及继续与米坦尼在叙巴地区展开争霸战争。阿蒙霍特普二世的第一次远征发生在其统治的第三年，起因是泽扎尔等当地七座城邦反叛埃及，战场则是卡代什附近的塔赫希地区。④ 据本次战役的纪功碑⑤所载，阿蒙霍特普二世手刃七座反叛城邦国王，并将其中六人的尸体运到埃及首都底比斯，另一人的尸体悬挂在纳帕赫的城墙上，以警示其他图谋反叛的城邦。阿蒙霍特普二世的第二次远征发生在其统治的第七年，虽未能像图特摩斯二世和图特摩斯三世那样饮马幼发拉底河，但还是抵达了马达奥伦特河畔，占领了乌加里特、尼亚等邦，并在回师途中俘虏了一名米坦尼信使。⑥ 阿蒙霍特普二世的最后一次远征发生在其统治的第九年，但一路上没有遇到任何米坦尼军队，实质上演变为一次军事演习。

在阿蒙霍特普二世统治的最后岁月，赫梯国王图德哈里亚二世利用米坦尼与埃及为争夺叙巴地区城邦的宗主权而征战不休之际，趁机出兵叙巴地区北部，一举占领米坦尼军事重镇阿勒颇，并重申对库祖瓦特纳的宗主权。为避免南北两线作战的不利态势，米坦尼权衡利弊后，主动与埃及媾和。阿蒙霍特普二世的一篇铭文对这一事件有所反映："背负贡品的米坦

---

① ARE II, § 480.
② CAD II/2, p. 475.
③ ARE II, § 19; M. S. Drower, "Syria ca. 1550 – 1400 B. C.", *CAD II/1*, pp. 457.
④ 塔赫希应是一片广阔地域的总称，图特摩斯三世曾在其统治的第三十三年到过此地，并宣称征服了这里的30余个城邦。
⑤ 一块被置放在阿玛达一座小型神庙祭室中的纪功石碑，描述了这次战役的过程和结果。
⑥ P. Der Manuelian, *Studies in the Reign of Amenophis II*, Hildesheim: Gerstenberg Verlag, 1987, p. 224.

尼首领们来到陛下面前，乞求赐予他们甘醇的精神支柱。……这是闻所未闻的。这个不知道埃及的国家乞求善神。"① 而实际的情况可能是两国签署了和约，规定大致以奥伦特斯河为界，河东的阿拉拉赫、哈拉波、努哈什舍、尼亚、泽扎尔、图尼普等大小城邦归米坦尼所有，河西至地中海沿岸的卡特纳、卡代什、乌普、阿姆克、大马士革等城邦由埃及控制。② 条约签订后，埃及与米坦尼的关系走向缓和，在阿蒙霍特普二世统治晚期的铭文中，再未出现有关两国剧烈军事冲突的记载。而更具标志性是"敌人米坦尼"一词被更为中性的"亚西亚人"所取代。③

国内外学术界对于埃及与米坦尼睦邻关系确立的时间仁智各见：第一种意见认为，阿蒙霍特普二世的孟斐斯碑铭所言"那哈林的统治者、赫梯的统治者和善伽尔的统治者，皆承认我取得的伟大胜利……他们以其祖先之名真诚地请求我赐予礼物和精神支柱"④，是埃及与米坦尼确立同盟关系的首次官方声明；⑤ 第二种意见认为，阿蒙霍特普二世统治下的埃及与米坦尼实现了和平，并明确了各自势力范围；⑥ 第三种意见认为，埃及与米坦尼缔结和平条约应该是在国王图特摩斯四世统治时代，当时的米坦尼国王应该是阿塔塔马一世。⑦ 但一篇破损铭文提到图特摩斯四世在与米坦尼的战争中缴获的战利品，⑧ 这提示直到图特摩斯四世继位之初，埃及与米坦尼两国之间仍时有冲突，说明此前并未实现真正的和平，自然也没有签署同盟条约。

然而，面对来自北方强邻赫梯迫在眉睫的政治压力和军事威胁，米坦尼人清醒地认识到，必须在叙巴地区势力范围问题上与埃及达成某种妥协，做出某种让步，最好能够化敌为友，从而集中力量对付赫梯，其中一个标志性事件就是图特摩斯四世在成功将米坦尼属邦乌加里特并入埃及版

---

① EHRLED, I, p. 39.
② EA 53, EA55, EA 59.
③ R. Cohen, R. Westbrook, eds., *Amarna Diplomacy: The Beginning of International Relations*, Baltimore and London: Johns Hopkins University Press, 2000, p. 76.
④ 相较于亚洲人、努比亚人和利比亚人，埃及人对赫梯人的认知更晚一些。在古代埃及语文献中，赫梯一词被表述为"Ht3"。直到新王国时期，赫梯人才真正进入埃及人的视野。善伽尔，拼作"Sangar"，即巴比伦。
⑤ R. Cohen, R. Westbrook, eds., *Amarna Diplomacy: The Beginning of International Relations*, Baltimore and London: Johns Hopkins University Press, 2000, p. 77.
⑥ OEAE III, pp. 340 – 341.
⑦ D. O'Conner, E. H. Cline, eds., *Amenhotep III: Perspectives on His Reign*, Ann Arbor: University of Michigan Press, 1997, p. 251.
⑧ ARE, § 817.

图后，米坦尼非但没有采取针锋相对的激烈措施，而是在将两国边境稳定在奥伦特斯河畔卡特纳附近的前提下，主动向埃及伸出了橄榄枝。① 正如图特摩斯四世的一枚圣甲虫铭文所生动描写的那样："当蒙凯普鲁拉从宫殿里出来时，背着礼物的那哈林王公们注视着他，聆听了他那如同努特之子般的声音，他手里的弓恰似舒（shu，埃及的一个神明）的后继者的弓。"② 对于米坦尼所表达的友好姿态，埃及人给予了积极的回应，譬如，图特摩斯四世主动迎娶了米坦尼国王阿塔塔马一世之女；图特摩斯四世的继承人阿蒙霍特普三世统治前期，埃及与米坦尼的邦交关系持续向好，米坦尼国王舒塔尔纳二世将女儿姬露赫帕嫁与阿蒙霍特普三世。只是好景不长，米坦尼与埃及的蜜月期被米坦尼国内的政治纷争所打断。舒塔尔纳二世驾崩后，其长子阿塔什马拉被一个名为乌德黑的人杀害，米坦尼政权落入乌德黑手中。接下来所发生的事情已无据可考，只是知道舒塔尔纳的另一子图什拉塔结束内乱并登上了王位。

在致埃及国王阿蒙霍特普三世的信中，自称"米坦尼国王"的图什拉塔通报了他登上王位的过程："当我继承我父亲的王位时，我还是个孩子，乌德黑在我的国土上做了诸多邪恶之事，并杀死了他的主人。……我处死了谋杀我兄长阿塔什马拉的人。"③ 他在信中还谈道，乌德黑蓄意破坏米坦尼和埃及两国友好关系的行径，"他不允许我与爱我的任何人建立友谊"④。图什拉塔的这封信有着复杂的国际背景。当时，利用米坦尼国内动荡之机，赫梯国王苏皮路里乌马一世成功策反了米坦尼属邦阿姆如国王阿兹如并签订了宗藩密约，同时再次收复此前割让给米坦尼的原亚述属邦库祖瓦特纳并征服幼发拉底河谷西岸的努哈什舍。针对米坦尼扑朔迷离的国内政局和叙巴地区复杂的国际形势，埃及开始置与米坦尼的友邦关系于不顾，与赫梯人和亚述人暗通款曲，以确保自己在叙巴地区的利益。面对上述瞬息万变的不利国际环境，登上王位的图什拉塔竭力维护和巩固联埃抗赫的

---

① P. Der Manuelian, *Study in the Reign of Amenophis II*, Hildesheim: Gerstenbeg Verlag, 1987, pp. 63 – 64; B. Bryan, *The Reign of Thutmose IV*, Baltimore and London: Johns Hopkins University Press, 1991, p. 346; M. Astour, "Ugarit and the Great Powers", in G. D. Young, ed., *Ugarit in Retrospect*, Winona Lake: Eisenbrauns, 1981, pp. 10 – 15.

② A. W. Shorter, "Historical Scarabs of Tuthmosis IV and Amenophis III", *JEA* 17 (1931), p. 23. 圣甲虫雕饰是古代埃及最流行的护身符，从公元前2千纪一直延续至托勒密王朝时期。圣甲虫护身符上显示其功能和主人身份的文字和纹饰是历史断代的重要依据。

③ 并没有可靠文献证明阿塔什马拉曾在图什拉塔之前为王，图什拉塔很可能是一个篡位者。参见 I. J. Gelb, *Hurrians and Subarians*, Chicago: University of Chicago Press, 1944, p. 77。

④ EA 17.

既定基本国策，采取书信往来等多种方式疏通米坦尼与埃及的外交管道，详陈利害，说服阿蒙霍特普三世与其联手采取应对之策。

为了保证米坦尼与埃及之间沟通渠道的畅通无阻，图什拉塔曾特地致信埃及叙巴地区南部属邦统治者："国王致迦南诸王公、我的兄弟的仆人们：我同时派遣我的信使柯利亚驰赴我的兄弟埃及国王处。任何人都不要耽搁其行程，为其提供安全进入埃及的办法和条件，并护送其到埃及要塞长官处。让他立即继续前行，勿向其索要礼物，他不欠任何东西。"[1] 有研究者认为，这封书信属于米坦尼与埃及外交信使随身携带的正式通关文牒。[2] 为强化米坦尼与埃及两国的信任机制，反击共同敌人的挑拨离间，图什拉塔对阿蒙霍特普三世提出以下要求："任何其他人说的关于我或我的国家的话，如果马奈和柯利亚不那样说，愿我的兄弟不要相信；只有马奈和柯利亚说的关于我或我的国家的话是真的，愿我的兄弟听之信之。"[3] 为显示诚意，他还现身说法："任何人向我说的关于我的兄弟或他的国家的话，如果柯利亚和马奈不那样说，我就不会听信；只有柯利亚和马奈说的关于我的兄弟或他的国家的话是真的，我会听之信之。"最后，图什拉塔向阿蒙霍特普三世倡议缔结米坦尼—埃及友好同盟互助条约："将来，一旦敌人入侵我的兄弟的国家，如果我的兄弟写信给我，胡里国家、甲胄、军队……和对抗我的兄弟之敌的一切将任他调遣；另一方面，就我而言，倘若有一个敌人——但愿他不存在——我将给我的兄弟写信，我的兄弟应派遣埃及国家、甲胄、军队……和对抗我的敌人的一切支援米坦尼。"[4] 尽管图什拉塔没有具体指出双方共同敌人是谁，但很可能是指赫梯人。

一封阿玛纳书信提到柯利亚的身份为米坦尼王国首相兼图什拉塔国王特使[5]，可见米坦尼对与埃及协商两国复交之事的重视程度。图什拉塔在致阿蒙霍特普三世的书信中写道："缘于你与先父的友谊，所以我致信于你，让我的兄弟知晓这些，让我的兄弟高兴"，向阿蒙霍特普三世表达了重建两国友谊的强烈意愿。阿蒙霍特普三世迅速做出回应，派遣特使马奈随柯利亚回访米坦尼，并正式提出两国王室联姻的建议。阿蒙霍特普三世让马奈传话给图什拉塔："送你的女儿来作我的王妃和埃及的女主人吧。"

---

[1] EA 30.
[2] R. Cohen, R. Westbrook, eds., *Amarna Diplomacy: The Beginning of International Relations*, Baltimore and London: Johns Hopkins University Press, 2000, p. 207.
[3] EA 24.
[4] EA § 27, EA § 26.
[5] EA 30.

后经两国特使多次往返磋商，终于促成此事，图什拉塔之女塔度赫帕被护送到埃及，成为阿蒙霍特普三世的王妃。通过此次联姻，两国恢复了邦交，同盟关系得以巩固和发展。具体体现在如下三个方面：

一是表现在外交书信中同时祈求两国主神共同保佑江山社稷。在古代东地中海世界，宗教在政治生活中占有重要地位，相互遵奉主神意味着彼此承认对方的对等地位，体现了亲密无间的友邦关系。在阿玛纳书信中，图什拉塔一再强调："愿我主特什苏普和阿蒙让我们之间的友爱永不衰竭，就像现在这样"，"愿沙乌什卡和阿蒙让我符合我的兄弟的心意"，"愿特什苏普和阿蒙允许我的兄弟向我表达他的爱"，"愿天空女神保佑我们一万年，愿我们的女神赐予我们欢乐"等，这些祝词表明图什拉塔对两国友好关系感到满意，抱有希望和信心。

二是表现在外交书信中把王室联姻后两国关系形容为二位一体。这主要体现在图什拉塔的一系列外交辞令中。在两国王室联姻前，图什拉塔希望联姻后"哈尼伽尔巴特与埃及将合为一体"[1]。联姻后，图什拉塔在致阿蒙霍特普三世的书信中宣称"我是埃及土地之主，而我的兄弟是胡里土地之主"[2] 和"我的国家就是我的兄弟的国家，我的宫殿就是我的兄弟的宫殿"[3]。当然，两国王室往来书信中的这类互换王位、互换国家的行文和表述，不可能是事实，但这至少可以从一个侧面体现出正处于蜜月期的两国关系的情状。

三是表现在图什拉塔对阿蒙霍特普三世称呼语和问候语变化上。图什拉塔即位之初，将阿蒙霍特普三世称为兄弟，而当两国恢复邦交并联姻后，图什拉塔始称阿蒙霍特普三世为女婿，自称岳父。在至少两封阿玛纳书信中，图什拉塔曾向远嫁埃及的姐姐姬露赫帕致意问好。[4] 图什拉塔还将具有治愈功能的尼尼薇的绍什卡女神（也即伊什塔尔女神）雕像专程护送到埃及，为阿蒙霍特普三世疗疾。

然而，在阿蒙霍特普三世统治晚期，埃及国内出现反米坦尼的声音。卢克索尔神庙露天大厅西壁的一篇铭文写道："国王的威名传遍外国每块土地，传遍那哈林，敌人因心生恐惧而肝胆俱裂。"[5] 阿蒙霍特普三世葬祭

---

[1] EA 20.
[2] EA 24.
[3] EA 19.
[4] EA 17, EA 19.
[5] R. Cohen, R. Westbrook, eds., *Amarna Diplomacy: The Beginnings of International Relations*, Baltimore and London: Johns Hopkins University Press, 2000, p. 83.

庙的石碑则描述了其驱逐米坦尼人的场景："他用利剑痛击那哈林。"① 这表明至少在国内，埃及不再视米坦尼为盟友，而是敌人。其实，冰冻三尺，非一日之寒。早在两国协商王室联姻之际，就出现了不和谐音符，主要体现在嫁妆和聘礼上的激烈讨价还价等方面。图什拉塔当时就因阿蒙霍特普三世送来的黄金聘礼成色不高而提出抗议，认为这是对米坦尼作为平等大国地位的蔑视。

阿蒙霍特普三世驾崩后，其子阿蒙霍特普四世也即埃赫那吞继位。埃及与米坦尼的关系继续恶化：一方面表现在经常互相扣押外交信使，正常交往几乎中断；另一方面表现在以互赠礼物形式出现的双边贸易往来的中断，如埃赫那吞不仅停止了对米坦尼的例行礼物馈赠，甚至连已故国王阿蒙霍特普三世曾允诺的赠礼也没有下文了。

在与南方的埃及关系恶化的同时，米坦尼面临着来自北方的赫梯更加严峻的挑战。早在公元前17世纪，米坦尼与赫梯就因争夺对叙巴地区的控制权而发生冲突。赫梯趁埃及国王图特摩斯三世和阿蒙霍特普二世远征叙巴地区，米坦尼无暇北顾之机，一面派出外交使节交好埃及，一边不断蚕食米坦尼领土。好在不久赫梯发生内乱，元气大伤，无力干预叙巴地区事务，米坦尼才得以重新稳定住叙巴地区的局势。② 但赫梯国王苏皮路里乌马一世登基后，消弭内乱，恢复国力，并重新将扩张目标指向了米坦尼。

图什拉塔去世后，在赫梯和亚述的各自怂恿和操纵下，米坦尼再次爆发王位之争，阿塔塔马二世和舒塔尔纳三世相继登上王位，但最终结果是苏皮路里乌马一世率部一举占领米坦尼首都瓦苏卡尼，扶植图什拉塔之子沙提瓦扎成为傀儡国王，同时任命一位赫梯王子担任赫梯—米坦尼联军统帅，负责米坦尼安全，米坦尼由此沦为赫梯属邦，领土锐减至哈布尔河谷地区。又过了约半个世纪，中亚述国王沙尔马纳赛尔一世正式吞并米坦尼，其属地成为亚述的行省之一。

米坦尼地处赫梯和埃及一北一南两强之间，加之亚述的崛起严重威胁其东部国境安全，可谓强敌环伺，其灭亡不足为奇。米坦尼的衰落和亡国，客观上打破了阿玛纳时代东地中海世界政治生态的原有平衡，具体表现两个方面：一是松开了套在原米坦尼属邦亚述脖子上的宗主国枷锁，亚述势力开始向包括赫梯属邦阿勒颇在内的幼发拉底河与地中海东岸之间的

---

① ARE, § 858.

② CAD II/1, pp. 417–525, 4.

广大地区渗透,这必然对赫梯在这一地区的政治与经济利益构成新的严峻挑战;① 二是为了争夺米坦尼在叙巴地区的政治遗产,作为新兴强国的赫梯与传统大国埃及的直接冲突不可避免,终于兵戎相见,从而也为亚述的崛起创造了有利的国际环境。

四 远交近攻的赫梯

赫梯国家是以操印欧语的赫梯人为主体的众多族群共同创造的文明共同体。赫梯历史的发展以安纳托利亚高原中部、南部、东南部以及叙巴地区北部为中心。在赫梯国家出现之前,安纳托利亚高原史前文明就已经走在了东地中海世界的前列。公元前7千纪,安纳托利亚东南部居民进入定居生活,新石器时代开始。公元前2千纪,作为生活在亚速海沿岸南俄大草原的印欧人的一支,赫梯人经黑海北岸向南迁徙,② 分别从黑海西岸和东岸进入小亚中部和南部,并在征服和融合土著哈梯人③的基础上建立了数个城邦。④ 这些城邦与两河流域北部的亚述和胡里商人建立了密切的贸易关系,同时也从他们那里学习和了解了两河流域宗教神话和语言文字。⑤

公元前1730年,赫梯人首领图德哈里亚一世建立了库萨拉城。图德哈里亚一世驾崩后,其子普沙如马继位,后来被帕帕迪尔马赫所篡,但旋即被合法王位继承人拉巴纳一世夺回。⑥ 拉巴纳一世被赫梯王室尊为国家的奠基者,曾征服阿尔扎瓦并任命王子拉巴纳二世担任哈里什河以南地区新征服领土的总督。拉巴纳二世继承王位后,于公元前16世纪将都城从

---

① T. R. Bryce, "The 'Eternal Treaty' from the Hittite Perspective", *BMSAES* 6 (2006), p. 3.
② G. Steiner, "The Immigration of the First Indo-Europeans into Anatolia Reconsidered", *JIES* 18/1 – 2 (1990), pp. 185 – 214.
③ 有学者认为,至少从公元前3千纪开始,哈梯人就生活在该地区。参见 E. Akurg, *The Hattian and Hittite Civilizations*, Publications of the Republic of Turkey, Ministry of Culture, 2001, p. 6。
④ J. Seeher, *Hattusha Guide: A Day in the Hittite Capital*, 3rd edition, Istanbul: Ege Yayinlari, 2006, p. 172.
⑤ J. G. Macqueen, *The Hittites and Their Contemporaries in Asia Minor*, revised and enlarged edition, London: Thames and Hudson, 1986, pp. 26 – 31; T. P. J. Van den Hout: "The Written Legacy of the Hittites", in H. Genz, D. P. Mielke, eds. , *Insights into Hittite History and Archaeology*, Leuven: Peeters, 2011, p. 62.
⑥ B. Hrozn, *Ancient History of Western Asia, India, and Greece*, translated by J. Prochazka, Prague: Artia, 1953, p. 125.

库萨拉迁至哈图沙①，并将自称为哈图什里②，史称哈图什里一世。在哈图什里一世统治时期，史称赫梯古王国的赫梯国家统一了查尔帕、萨纳胡伊塔、阿尔扎瓦等小亚城邦，并越过陶鲁斯山出现在叙利亚北部地区，攻打延哈德王国③的阿拉拉赫城和哈拉波城，开始与米坦尼、亚述、巴比伦等国家发生正面接触。

哈图什里一世在临终前，以品行不端和对国王不忠为由废黜了其外甥的王位继承权并平息了由此引发的叛乱，同时将自己的孙子穆尔西里收为养子并立为王储，从而解决了王位的继承问题。④ 穆尔西里一世继位后，为了打通获取冶炼青铜器所需的锡矿石的商路，先是吞并延哈德王国，继而远征巴比伦尼亚，并于公元前1531年劫掠了巴比伦城。⑤

随着穆尔西里一世被罕提里一世所弑，赫梯内部王位之争再次上演，兹丹塔一世、阿姆纳、胡兹亚一世先后登上王位，米坦尼则乘机侵占赫梯东部地区，被穆尔西里一世所灭的延哈德王国也再度兴起。

公元前1525年，铁列平夺取王位后，首先与兴起于赫梯古王国后期的小亚半岛东南部并与赫梯在小亚半岛形成对峙局面的库祖瓦特纳王国国王伊什普塔赫苏签订了条约，在条约的题记中，双方国王互以"大王"相称，正式承认了两国的平等地位。⑥ 随后，铁列平颁布了王位继承法，规

---

① 哈图沙，位于今土耳其首都安卡拉以东约25千米的村庄博卡茨科依（Boghazkoi），该村后来撤村建市，称博卡茨卡勒。
② "哈图什里"意为"哈图沙之人"。参见 W. W. Hallo, W. K. Simpson, *The Ancient Near East: A History*, NewYork, Chicago, San Francisco and Atlanta: Harcourt Brace Jovanovich, 1971, p. 105。
③ 延哈德王国于公元前18世纪在叙利亚北部地区崛起，都城为哈拉波（今叙利亚的阿勒颇）。延哈德王国有很多城市，其中最有名的为阿拉拉赫。延哈德王国被赫梯国王穆尔西里一世所灭。赫梯衰落之后，延哈德复国，并将都城由哈拉波迁至阿拉拉赫，重建后的国家不再称延哈德王国，而是称哈拉波王国，国王的头衔为"哈拉波之王"。从国王伊得瑞米统治时期开始，哈拉波王国沦为米坦尼属邦，国王头衔亦由"哈拉波之王"降格为"穆基什之主"或"阿拉拉赫城主"。在赫梯国王苏皮路里乌马一世的扩张战争中，哈拉波王国最终被并入赫梯版图。
④ 参见李政《〈哈吐什里一世的政治遗嘱〉译注》，《古代文明》2018年第4期，第10—14、123页。
⑤ M. W. Chavalas, *The Ancient Near East: Historical Sources in Translation*, Malden, Oxford and Carlton: Blackwell Publishing, 2006, p. 230; O. R. Gurney, *The Hittites*, Baltimore: Penguin Books, 1966, p. 23.
⑥ H. Otten, *Keilschriftexte aus Boghazkoi*, Vol. XIX, Berlin: Akademie Verlag, 1970, No. 37. 铁列平之后，兹丹塔二世、胡兹亚二世、塔胡尔瓦伊里、图德哈里亚二世、图德哈里亚三世等赫梯国王先后与库祖瓦特纳国王庇利亚、帕达提苏、埃赫亚、苏纳苏拉签订平等条约。然而，库祖瓦特纳的国运并不长久，很可能在赫梯中王国中后期或新王国苏皮路里乌马一世统治初年被赫梯所灭。

定国王的嫡长子为第一继承人,其次是嫡次子,再次为嫡长女夫等,这是有文字可考的人类历史上最早的一部王位继承法。

然而,赫梯的王位之争并未因王位继承法的颁布而得到根本解决,在此后长达百余年的赫梯中王国时期,王位之争史不绝书,王表次序混乱不堪,尽管赫梯国家的发展并未因此完全停滞不前,但综合国力仍受到严重影响,如不得不放弃在叙利亚北部势力范围,而回撤至小亚本部。所以当埃及第十八王朝国王图特摩斯三世挥师北伐,饮马幼发拉底河时,并未与赫梯发生正面冲突,因为当时这一地区正处于米坦尼的实际控制之下。不仅如此,据图特摩斯三世年代纪所载,在图特摩斯三世北伐期间,赫梯国王谦卑地派人为其送来"贡品"①。时间稍晚的埃及第十八王朝初期的一位埃及官吏的墓室壁画和文字描绘了许多带着方物来觐见埃及国王的"外国人",其中就有一个服饰与叙巴地区居民没有太大区别的"赫梯酋长"。上述文献说明,由于相距遥远,埃及与赫梯当时虽然已经知道了对方的存在,但彼此的接触和交往还非常有限。这也意味着赫梯国王给远征叙巴地区的埃及国王送来的以示友好的礼物可能确有其事,但埃及文献所宣称的赫梯此时已臣服于埃及则未必是真。这一时期的叙巴地区主要成为埃及和米坦尼两强争夺势力范围的舞台,置身局外的赫梯当然乐见埃及与米坦尼在叙巴南部地区鹬蚌相争,以便坐收渔人之利。而历史事实也许正是如此:赫梯国王图德哈里亚二世亦曾一边派使臣面见正在叙巴地区征战的继承图特摩斯三世王位的埃及国王阿蒙霍特普二世,倡议两国签署和平条约;②一边利用米坦尼专注于埃及的战事而无暇北顾之机,多次出兵叙巴地区北部攻城略地,甚至曾一度占领延哈德王国首都哈拉波。而在哈图沙城出土的属于赫梯中王国时期的阿卡德语文献也显示赫梯与两河流域国家和地区亦有直接交往。③

当赫梯王表顺序再次清晰规整,特别是苏皮路里乌马一世登上王位后,赫梯进入新王国时期,也即帝国时期,不仅拥有易守难攻的都城哈图

---

① 图特摩斯三世年代纪并没有记载这位赫梯国王的名字。参见 L. Bell, "Conflict and Reconciliation in the Ancient Middle East: The Clash of Egyptian and Hittite Chariots in Syria, and the World's First Peace Treaty between 'Superpowers' ", in K. A. Raaflaub, ed. , *War and Peace in the Ancient World*, Malden and Oxford: Blackwell Publishing, 2007, p. 101.

② W. Helck, *Die Beziehungen Agyptens zu Vorderasien im 3. und 2. Jahrt ausend v. Chr.*, Wiesbaden: Harrassowitz, 1971, pp. 166 – 167.

③ G. Beckman, "Mesopotamians and Mesopotamian Learning at Hattusa", *JCS* 35/1 – 2 (1983), p. 102.

沙，还建成了"一套四通八达的传播系统"①。为了打击米坦尼及其叙巴地区属邦，苏皮路里乌马一世采取了远交近攻的策略：

一方面主动向埃及国王埃赫那吞示好，称其为"兄弟"，祝贺他登基，还声称愿意接受已故埃及国王——埃赫那吞之父阿蒙霍特普三世关于两国建立兄弟式的同盟关系的提议，两国从此关系开始走向缓和。② 不久，苏皮路里乌马一世派特使出席埃赫那吞登基三周年庆典，随后两国就正式签署了《库路斯塔玛同盟条约》。③ 条约规定赫梯同意将其从小亚东北部征募的一支库路斯塔玛部族武装编入埃及在叙巴地区的驻军序列，这意味着在部分叙巴地区形成了两国共管格局，从而有效瓦解了"埃及与米坦尼、巴比伦、阿尔扎瓦结盟遏制赫梯的政策"④。

在解除来自埃及的后顾之忧后，苏皮路里乌马一世以收复投靠米坦尼的位于幼发拉底河上游的原赫梯属邦伊舒瓦为由，展开了对米坦尼的大规模军事行动。在攻占伊舒瓦后，赫梯大军突然向南直逼米坦尼首都瓦苏卡尼。⑤ 面对来势迅猛的赫梯大军，米坦尼国王图什拉塔在无法及时组织有效防御的情况下，不得不带着家眷仓皇出逃，以避其锋，米坦尼从此一蹶不振。随后，苏皮路里乌马一世又借经略米坦尼属邦之名，"单方面撕毁赫梯—埃及同盟条约，大肆攻略埃及在叙利亚的势力范围"⑥，迫使尼亚、阿姆如、努哈什舍等曾在米坦尼与埃及之间左右逢源的多数叙巴地区城邦不得不转而向赫梯俯首称臣。⑦ 对于个别拒不归顺的原米坦尼属邦阿比纳和埃及属邦卡代什，苏皮路里乌马一世则断然实施武力占领，并将两国国王及王室成员全部作为人质徙往哈图沙。⑧

在赫梯向埃及名义上的兄弟之邦米坦尼发动征服战争之初，埃及国王

---

① 〔加〕哈罗德·伊尼斯：《传播的偏向》，何道宽译，中国传媒大学出版社2015年版，第75页。
② EA 41.
③ EA 35；D. Surenhagen, *Paritatische Staatsvertrage aus Hethitischer Sicht*, Pavia：Gianni Iuculano, 1985, pp. 26 – 27.
④ D. O'Conner, E. H. Cline, eds., *Amenhotep III：Perspectives on His Reign*, Ann Arbor：University of Michigan Press, 1997, p. 249.
⑤ ANET, p. 318.
⑥ A. Gotze, *Keilschrifturkunden aus Boghazkoi*, Vol. XIV, 2nd edtion, Berlin：Staatliche Museen zu Berlin, 1926, Text Nr. 8, Prayer, obv. Line 17 – 20.
⑦ J. Garstang, *The Land of the Hittites：An Account of Recent Explorations and Discoveries in Asia Minor, with Descriptions of the Hittite Monuments*, New York：E. P. Dutton, 1910, pp. 330 – 331；W. J. Murnae, *The Road to Kadesh：A Historical Interpretation of the Battle Reliefs of King Sety I at Karnak*, Chicago：The Oriental Institute of the University of Chicago, 1990, p. 1.
⑧ EA 191, EA 195.

埃赫那吞就应该及时伸出援手，但他却拘泥于所谓埃及—赫梯同盟条约而坐山观虎斗，遂使苏皮路里乌马一世的野心难以得逞，从而导致埃及的叙巴地区属邦直接暴露在赫梯大军面前。尽管埃及叙巴地区属邦的告急文书雪片似地飞来，但埃赫那吞已经无力回天了。① 在赫梯吞并米坦尼和实控叙巴地区北部既成事实的情势下，苏皮路里乌马一世迫使埃赫那吞签署了确认赫梯与埃及在叙巴地区势力范围的条约：赫梯承认尼亚和卡代什两邦与埃及业已存在的宗藩关系，同意释放两邦国王和其他王室成员回国；赫梯承认埃及对卡代什以南的乌加里特、阿姆如两邦的宗主国地位。

公元前1320年，埃及国王图坦卡蒙去世，其遗孀火速传书赫梯国王苏皮路里乌马一世，请求他派一位赫梯王子来埃及与她成婚并承继大统。苏皮路里乌马一世经过反复权衡后即派遣其子吉南扎赶赴埃及，但在途中被埃及当时的强权人物截杀，这一事件成为赫梯与埃及直接军事冲突的导火索。② 苏皮路里乌马一世驾崩后，赫梯因王位继承问题内争不断，在不长的时间内先后更换了三位国王，也即阿努万达三世、穆尔西里二世、穆瓦塔里二世。③ 但在与埃及围绕叙巴地区势力范围的军事和外交斗争方面，这三位国王基本上维持了苏皮路里乌马一世在位时的均势。④ 与赫梯类似，图坦卡蒙去世后，埃及政局也陷入混乱，经过阿伊、哈莱姆赫布两位末代统治者，埃及进入第十九王朝时期，拉美西斯一世、塞提一世和拉美西斯二世三代国王积极进取，将从赫梯手中收复叙巴地区原有势力范围作为主要战略目标。公元前1275年，拉美西斯二世主动挑起卡代什战役，穆瓦塔里二世统帅以赫梯为首的联军沉着应战，一举挫败了埃及的战略企图，继续实际控制卡代什和阿姆如这两个战略要地。⑤

如前所述，在赫梯和埃及鹬蚌相争之际，亚述这一原米坦尼属邦悄然

---

① EA 53; I. Singer, "The Immigraton of the First Indo-Europeans into Anatolia Reconsidered", *JIES* 18 (1990), pp. 181 – 182.

② D. B. Redford, *Akhenaten: The Heretic King*, Princeton: Princeton University Press, 1984, pp. 217 – 221; W. L. Murnane, *The Road to Kadesh: A Historical Interpretation of the Battle Reliefs of King Sety I at Karnak*, 2nd edition, Chicago: The Oriental Institute of the University of Chicago, 1990, pp. 225 – 226.

③ 穆尔西里二世驾崩后，其王后普图赫帕与继任国王穆瓦塔里二世爆发激烈权力斗争，最后普图赫帕被褫夺一切头衔并被逐出王宫，其众子女和追随者亦受到株连。参见 I. Singer, *Hittite Prayers*, Altanta: Society of Biblical Literature, 2002, pp. 98 – 99; P. H. J. H. Ten Cate, "Urhi-Teshub Revisted", *BiOr* 51 (1994), p. 243.

④ W. J. Murnane, *The Road to Kadesh: A Historical Interpretation of the Battle Reliefs of King Sety I at Karnak*, Chicago: The Oriental Institute of the University of Chicago, 1990, pp. 40 – 42.

⑤ HDT, pp. 2 – 4.

崛起，对赫梯和埃及，特别是两国在叙巴地区的势力范围构成了直接而现实的威胁。面对国内的危机和国外的威胁，赫梯和埃及都认识到有必要重新审视和调整两国关系。① 卡代什战役结束17年后的公元前1258年②，也即"拉美西斯二世在位的第二十一年，冬天第一个月的第二十一天，身处培尔拉美西斯王宫的国王迎来了一件让其父阿蒙·拉·哈拉赫特·阿吞欣慰的盛事，因为三位埃及使节陪同赫梯使节特瑞·泰述布来到他的面前，呈上赫梯国王哈图什里三世送来的银板"③，这就是使长期对峙的两国终于化干戈为玉帛的《银板条约》或《赫梯国王哈图什里三世与埃及国王拉美西斯二世同盟条约》。

而真正的历史情境可能是这样的：第一步是由两国使节共同协议起草条约文本草案，再分别经两国国王阅改后形成定稿；第二步是由埃及和赫梯书吏分别用埃及语和赫梯语撰写内容相同的条约文本；第三步是由埃及和赫梯书吏分别将条约文本翻译成国际通用的阿卡德语并刻写在银板上；第四步是将刻写有阿卡德语条约文本并用国王印玺密封的银板④送到对方宫廷，两国的宫廷书吏再将阿卡德语的条约文本翻译成本国语言并抄写在泥板上或神庙墙壁上。⑤

---

① A. Spalinger, "Considerations of the Hittite Treaty between Egypt and Hatti", *SAK* 9 (1981), p. 357.
② H. Genz, "Foreign Contacts of the Hittites", in H. Genz, D. P. Mielke, eds., *Insight into Hittite History and Archaeology*, Leuven: Peeters, 2011, p. 318.
③ K. A. Kitchen, *Pharaoh Triumphant: The Life and Times of Ramesses II*, Warminster: Aris and Phillips, 1982, p. 75.
④ 在赫梯一方所存《银板条约》版本分别盖有国王哈图什里三世和王后普图赫帕的印玺。参见 J. Garstang, *The Land of the Hittites: An Account of Recent Explorations and Discoveries in Asia Minor, with Descriptions of the Hittite Monuments*, New York: E. P. Dutto, 1910, pp. 348-349; B. J. Collins, *The Hittites and Their World*, Atlanta: Society of Biblical Literature, 2007, p. 216。
⑤ 这两份《银板条约》原件已经佚失。1906年10月19日，德国考古学家胡戈·维克勒带领德国探险队在赫梯首都哈图沙遗址中开始发掘工作，他在一个赫梯首都哈图沙考古遗址中挖掘出了上千块泥板，其中最有价值的莫过于3块用阿卡德语楔形文字刻写了《银板条约》的泥板，应该是从埃及送到赫梯的银板上抄录的，尽管这3块如今珍藏于哈图沙考古遗址博物馆博格哈兹库伊档案中的泥板已经破损不全，但上面的文字依然清晰可见。参见 L. Bell, "Conflict and Reconciliation in the Ancient Middle East: The Clash of Egyptian and Hittite Chariots in Syria, and the World's First Peace Treaty between 'Superpowers'", in K. A. Raaflaub, ed., *War and Peace in the Ancient World*, Malden and Oxford: Blackwell Publishing, 2007, p. 109. 而该条约的埃及象形文字版本则以碑铭的形式存放在埃及卡尔纳克神庙中，应是哈图什里三世送给拉美西斯二世的阿卡德语《银板条约》的埃及象形文字译本。经考证，研究者发现《银板条约》埃及象形文字译本与阿卡德语楔形文字副本发现之地虽相隔千里，但所记内容大体一致，且能相互印证和补遗。（转下页）

《银板条约》序言部分写道:"看! 伟大的赫梯统治者哈图什里三世与伟大的埃及统治者乌斯玛拉·塞泰普恩拉为实现两国间的永久和平和建立两国间的友好兄弟关系,达成了这一条约。从今天起,我和他之间将亲如兄弟,和平共处,直到永远。如今,我的兄弟——伟大的赫梯统治者穆瓦塔里逝世,哈图什里三世子承父位。看! 我现在正在与埃及伟大的统治者拉美西斯·迈瑞阿蒙和平共处,亲如兄弟,这种关系史无前例。看! 我作为伟大的赫梯统治者正与伟大的埃及统治者乌斯玛拉·塞泰普恩拉和平共处,亲如兄弟。而赫梯伟大统治者的子孙与埃及统治者拉美西斯二世·迈瑞阿蒙的子孙也将永远和平共处和亲如兄弟。同样,埃及的土地与赫梯的土地亦应和平共处,亲如兄弟,永不为敌。"①

条约正文则主要包括以下内容:承诺永远不侵犯对方领土,不劫掠对方财物;遵守两国先王缔结的和正在缔结的和平条约;保证当对方受到第三方入侵时及时提供军事支援;当埃及属邦发生叛乱时,赫梯有义务协助平定;当赫梯国内发生内乱时,埃及有义务协助平息;埃及有义务捍卫赫梯王位继承权,辅佐合法继承人;规定无条件向对方引渡政治流亡者和普通逃犯。②

条约结语则列出了被视为和平见证者和条约监护者的众多神明:"赫梯上千位男女神明和埃及上千位男女神明共同见证了伟大的赫梯统治者与伟大的埃及统治者拉美西斯二世·迈瑞阿蒙共同刻写在银版上的条约。他

(接上页) 两个版本差异之处亦很明显:譬如,在埃及象形文字译本中,拉美西斯二世被称为"国王",哈图什里三世被称为"诸侯",而在阿卡德语楔形文字副本中,拉美西斯二世和哈图什里三世都毫无区别地被称为"国王";再如,赫梯的阿卡德语楔形文字副本中声称是拉美西斯二世主动寻求和解。关于条约的阿卡德语楔形文字副本的翻译,参见HDT, pp. 90 – 95。关于条约的埃及象形文字译本和阿卡德语楔形文字副本的对比研究,参见 KRI Ⅱ, pp. 227 – 232;KRIT Ⅱ, pp. 81 – 85;ARE, §§ 367 – 391;ANET, pp. 199 – 203;S. Langdon, A. H. Gardiner, "The Treaty of Alliance between Hattusili, King of the Hittites and the Pharaoh Ramesses Ⅱ of Egypt", *JEA* 6 (1920), pp. 179 – 205。由于《银板条约》是目前已知的人类文明史上最早的建立在彼此平等和相互尊重基础上的国际和平条约,所以人们将发现于赫梯首都哈图沙的条约泥板文本的部分内容复制成青铜牌匾,悬挂于在联合国安理会会议厅入口上方,以象征人类对平等与和平的永恒追求。

① 参见 D. B. Redford, *Egypt, Canaan, and Israel in Ancient Times*, Princeton: Princeton University Press, 1992, pp. 189 – 190。

② 参见 B. J. Collins, *The Hittites and Their World*, Atlanta: Society of Biblical Literature, 2007, p. 61。拉美西斯二世在致哈图什里三世的一封信中承认哈图什里三世"是埃及太阳神和赫梯风暴神赐予王权的赫梯名正言顺的国王",参见 T. R. Bryce, *Letters of the Great Kings of the Ancient Near East: The Royal Correspondence of the Late Bronze Age*, London and New York: Routledge, 2003, pp. 89 – 90。

们是：天空之主太阳神、阿瑞纳城之太阳神；天空之主暴雨神、赫梯之暴雨神、阿瑞纳城之暴雨神、兹帕兰达城之暴雨神、帕提阿里克城之暴雨神、西撒萨帕城之暴雨神、萨瑞斯帕城之暴雨神、哈拉波城之暴雨神、利赫兹纳城之暴雨神、胡尔玛城之暴雨神、奈瑞克城之暴雨神、萨皮努瓦城之暴雨神、萨……城之暴雨神、萨希皮纳城之暴雨神、赫梯土地上之安塔瑞特神；兹特克哈瑞亚神、卡瑞兹之神、哈潘塔里亚斯之神；卡拉哈纳城之女神、塞瑞之女神、尼纳瓦之女神、辛……之女神；奈纳提之神、库里提之神；赫帕特之女神，天空之女王；誓言之主——众男性神明，大地之女主人和誓言的女主人——众女性神明；伊斯赫拉之女神；赫梯的群山河流、库祖瓦特纳土地上之众神明。阿蒙神、帕拉神、苏泰赫神；众男性神明和众女性神明；埃及的山川、天空、土地、大海、风和云"；接下来是祈福守约者和诅咒背约者的誓词："为了赫梯与埃及，这些条款被记录在这块银版上。如果有人没有信守上述条款，赫梯的千位神明和埃及千位神明将摧毁其房屋、土地和仆从。"最后是诅咒背约者的誓词："无论是赫梯人，还是埃及人，务必牢记银板上的内容，恪守银板上的条款，来自赫梯和埃及的千位神明都将赐福斯人，使其荣耀、永生、家和、业兴，并拥有土地和仆从。"[1]

《银板条约》的签订引起了当时东地中海世界的广泛关注，如巴比伦国王关于就专门致信赫梯国王了解情况，而赫梯国王则如实给予了回复。[2] 条约签订后，拉美西斯二世致信哈图什里三世邀请其正式访问埃及，并表示会亲赴两国在叙巴地区边界一带的某座城市迎接。[3] 可能是顾虑国内政局可能因其出访而生变，哈图什里三世以正患足疾无法长途旅行为由婉言谢绝了。[4] 为了表达诚意，拉美西斯二世于是从盛产绿松石的埃及南方专门挑选了一件上好巨大绿松石作为国礼送给哈图什里三世，哈图什里三世欣然接受并将其摆放在赫梯宫殿的显要位置。《银板条约》被认为是近代国际条约的源头，它的签署成为赫梯联合埃及抵御亚述的基本国策的关键

---

[1] E. Edel, "Der Agyptische-Hethitische Friedensvertrag zwischen Ramses II und Hattusilis III", in R. Borger, et al., eds., *Texts aus der Umwelt des Alten Testaments*, band I, Gutersloh: Gerd Mohn, 1983, pp. 135 – 153; G. D. Mumford, "Mediterranean Area", *OEAE* II, p. 365.

[2] J. Garstang, *The Land of the Hittites: An Account of Recent Explorations and Discoveries in Asia Minor, with Descriptions of the Hittite Monuments*, New York: E. P. Dutton, 1910, p. 349.

[3] E. Edel, *Die Agyptische-Hethitische Korrespondenz aus Boghazkoi*, Opladen: Westdeutscher Verlag, 1994, pp. 22 – 23.

[4] K. A. Kitchen, *Pharaoh Triumphant: The Life and Times of Ramesses II*, Warminster: Aris and Phillips, 1982, p. 90.

一步，赫梯与埃及联手遏制亚述的国际格局初步形成。

公元前1251年，也就是《银板条约》签订后的第七年，两国的政治同盟又因王室联姻而得到加强。① 拉美西斯二世在阿布辛贝勒神庙的浮雕上，以及在其新都培·拉美西斯的雄伟雕像上，都生动刻画和表现了哈图什里三世还亲赴埃及参加赫梯公主与拉美西斯二世结婚典礼并与拉美西斯二世会晤的盛大场面，其中一段文字写道："看啊，竟是赫梯之主！他不仅送来长公主，还带着无数贡品。送亲队伍充盈山谷……赫梯之主暨王后之女就在当中。翻过崇山峻岭、跨过险壑深谷，他们抵达陛下的国境。"②

赫梯与巴比伦两国之间也有着政治、法律、军事等多个领域的密切交往。譬如，在哈图什里三世国王致巴比伦国王卡达什曼恩里勒二世的一封信中，他首先回顾了自己的兄长——赫梯国王穆瓦塔里二世与卡达什曼恩里勒二世之父——巴比伦国王卡达什曼图尔古之间的友谊后，重点叙述了他本人与卡达什曼图尔古和卡达什曼恩里勒二世之间的交往事迹："令尊的逝世令我悲伤不已，我一边拭泪，一边修书巴比伦王公大臣们：'如你们不能拥戴我的兄弟之子承继大统，你们就是我的敌人。我将举兵征讨巴比伦。如果有谁胆敢武力进犯巴比伦，或巴比伦发生内乱，马上给我写信，我会帮助你们。'以前的书吏都死光了吗？当年所签条约的泥板没有存档吗？让人把泥板读给你们听！"③ 这方面的内容揭示哈图什里三世曾与卡达什曼图尔古签订过一个政治军事同盟条约。哈图什里三世与卡达什曼图尔古签订这个条约还有一个更直接的目的，即共同迫使埃及国国拉美西斯二世引渡流亡埃及的穆瓦塔里二世之子——赫梯前国王乌尔西·泰述布，正如哈图什里三世在同一封信中所写的"我的敌人逃到了埃及。我曾致信拉美西斯二世要求他'把我的敌人交出来'，但他无动于衷。我与埃及国王从此视若仇雠。我于是在致你的父亲的信中说'埃及国王选择站在

---

① O. R. Gurney, *The Hittites*, Baltimore: Penguin Books, 1966, p. 36.
② KRIT II, p. 66；李晓东译注：《埃及历史铭文举要》，商务印书馆2007年版，第201页。需要说明的是，赫梯国王哈图什里三世留下了丰富的文献资料，如果他确实为巩固和平，做出了不远万里亲自出访埃及的这种史无前例的行动，应当会在赫梯文献中被当作重大事件详细记载。但在拉美西斯二世铭文中所见的这位赫梯国王一路跋山涉水亲至埃及的盛况，却并不见于任何现存赫梯文献。所以这很可能是埃及人美化埃及国王、矮化赫梯国王的一厢情愿的自我宣传而已。此外，在赫梯人的观念中，哈图什里三世将女儿嫁给拉美西斯二世，并不能表明赫梯国王的地位低于埃及国王，不过是一种常用的外交手段之一，与双方地位高低无直接关系，如苏皮路里乌马一世就曾将女儿嫁给当时已沦为赫梯属邦的米坦尼国王沙提瓦扎。
③ T. R. Bryce, *The Kingdom of the Hittite*, Oxford: Oxford University Press, 2005, p. 267. 该条约的正式文本尚未被发现。

我的敌人一边'。你的父亲从此禁止埃及国王的信使踏入赫梯王宫。"① 然而，令哈图什里三世大失所望的是，卡达什曼恩里勒二世无意遵循这个条约，而是在登基后不久，即在以宰相伊提·马尔都克为代表的反赫梯、亲亚述的王公大臣的影响和支持下，公然向赫梯当时的对手埃及伸出橄榄枝。②

图德哈里亚四世是赫梯最后一个励精图治的国王，如他不仅平定了22个属邦的联合反叛，还一度征服了塞浦路斯岛上的阿拉西亚。然而，在与亚述争夺业已亡国的米坦尼所有领土的尼赫里亚之战中，惨遭败绩，不仅拱手让出了刚刚得到的阿拉西亚的宗主权，而且被迫将大面积国土割让给亚述。而在此前后，赫梯还遭遇了严重自然灾害，导致粮食绝收。"为了使可怜的赫梯人活下去"③，埃及第十九王朝国王美楞普塔应赫梯国王的请求，派遣船队为赫梯运送粮食。而赫梯从埃及进口粮食的文献记载，则可追溯至赫梯国王哈图什里三世在位时期，当时一位名叫赫斯米·沙路马的赫梯王子就曾率领船队来埃及运粮，用以度过因粮食歉收而可能导致的饥荒。④

赫梯最后一位国王苏皮路里乌马二世继位后，也试图有所作为，并取得了一些胜利，如通过在塞浦路斯岛沿岸发动的一次海战，重新控制了阿拉西亚。然而，阿舒尔瑞沙伊什一世统治下的亚述此时已势不可挡，在不断鲸吞夺取赫梯在小亚和叙利亚的领土，还驱逐并击败了同样觊觎赫梯领土的巴比伦国王尼布甲尼撒一世。比来自东面的亚述人的步步进逼更为严重的是，从西面的地中海上的海琴诸岛等地掀起的海上民族的和平移民与武装移民浪潮正汹涌而来。海上民族首先在叙巴地区沿海一带登陆，然后分路攻略叙巴地区并建立腓力斯丁国家，同时从赫梯人手中夺取了位于小亚半岛南部沿海的西里西亚和塞浦路斯岛上的阿拉西亚。强盛一时的赫梯帝国已经是四面楚歌。

公元前1176年，哈图沙被海上民族焚毁，赫梯帝国土崩瓦解。⑤ 公元

---

① HDT, pp. 138 – 143; W. Wouters, "Urhi-Tesuband Ramses-Letters from Boghazkoy", JCS 41/2 (1989), p. 230.

② S. W. Manning, A Test of Time and a Test of Time Revisited, Oxford: Oxbow Books, 1999, p. 380.

③ T. R. Bryce, The Kingdom of the Hittite, Oxford and New York: Oxford University Press, 2005, p. 365.

④ T. R. Bryce, "The 'Eternal Treaty' from the Hittite Perspective", BMSAES 6 (2006), p. 8.

⑤ H. Genz, "Foreign Contacts of the Hittites", in H. Genz, D. P. Mielke, eds., Insights into Hittites History and Archaeology, Leuven: Peeters, 2011, p. 318.

前11—前9世纪，安纳托利亚高原东南部和叙利亚地区北部先后出现多个城邦，统治者也自称赫梯国王。① 这些城邦使用赫梯王室语言和文字，承续赫梯政治和文化传统，史称新赫梯国家。最终，在亚述帝国势不可挡的扩张进程中，这些新赫梯国家于公元前8世纪相继被并入亚述版图，而作为曾经生机勃发的文明单元的赫梯亦从此走进历史。

五　以攻为守的埃及

阿玛纳时代的埃及与东地中海世界其他国家和地区的交往不外乎两个目的：一是确保边界安全；二是获取战略物资。

埃及地处欧亚非三大洲交汇处，东部和西部为广袤的沙漠，东北部通过西奈半岛与西亚毗邻，北部濒临地中海，南部则以尼罗河第一瀑布与努比亚区隔开来。② 埃及地理环境虽然相对独立，但自古以来并不封闭，特别是在阿玛纳时代晚期，它与东地中海世界其他国家和地区从新石器时代开始就有了千丝万缕的物质交往和精神交往。譬如，就人种构成来说，古代埃及是各族群汇融之地，贯穿于整个埃及文明始终，许多种族都曾移民到埃及，他们与埃及本土居民相融合，并最终形成古代埃及人。

在埃及新王国时期到来之前，埃及已经历了六个发展时期，即前王朝时期、早王朝时期、古王国时期、第一中间期、中王国时期、第二中间期。③

而埃及新王国是在驱逐来自今黎巴嫩北部到约旦高地的叙巴地区的操塞姆语的游牧民族阿拉米人的一支——希克索斯人——的过程中建立起来的，包括第十八王朝、第十九王朝、第二十王朝三个朝代。④

---

① E. H. Cline, "Hittites", *OEAE* II, p. 113.
② 论及埃及人心中的异邦，首先要勘定埃及的边界。埃及人通常用两个单词来指代边界：一个是 "djeru"，指一个永恒的宇宙界限；另一个是 "tash"，指实际的地理边界，由人或神来设立，并处于不断变化之中。本书所讨论的是 "tash"，也即埃及的实际地理边界。参见 R. O. Faulkner, *A Concise Dictionary of Middle Egyptian*, Oxford: Ashmolean Museum, 1981, pp. 323, 294。
③ 古代埃及文明的历史始于公元前31世纪，结束于公元前332年。生活在公元前4—前3世纪的埃及祭司曼尼托将埃及历史分31个王朝，学术界沿用了这一分法，并根据古代埃及政治、经济、文化发展的主要线索将31个王朝再分为若干历史时期，国家统一、经济繁荣、文化发展的时期被称为 "王国"，国家分裂、经济凋敝、文化倒退的时期被称为 "中间期"。
④ 参见〔美〕林恩·桑戴克《世界文化史》，陈廷璠译，上海三联书店2005年版，第89页。

第一章 阿玛纳时代东地中海世界的国际政治生态 51

"希克索斯"一词是埃及语的希腊语音译,意为"外国统治者",本身不具有任何种族、政治或文化的内涵。① 以孟斐斯为首都的埃及第十三王朝末期,国力衰微,故乡遭遇严重干旱②的希克索斯人趁机凭借马拉战车、复合弓等新式装备以及先进的攻防技术,"轻松地冲破了西奈半岛的沙漠屏障"③,以和平渗透和武装移民并用的方式进入水草丰美的埃及北部三角洲地区。④ 按照曼尼托的说法,希克索斯人建立了埃及第十四王朝⑤、第十五王朝、第十六王朝,先定都于孟斐斯,后迁至阿瓦利斯⑥。阿瓦利斯地处尼罗河三角洲东部,既方便希克索斯人与故乡叙巴地区联系,又有利于对叙巴地区诸邦的控制。作为埃及历史上第一批外族统治者,希克索斯人并没有完全征服埃及,与其所建三个王朝先后并存的还有埃及本土的以底比斯为首都的埃及第十三王朝和第十七王朝。

公元前1560年,埃及第十七王朝国王塞肯奈拉发动了驱除希克索斯人的战争,继位的塞肯奈拉之子卡摩斯继续征伐,终于在卡摩斯之弟阿赫摩斯国王统治时期,经过两次战役,于1550年攻陷希克索斯人所建立的第十六王朝首都阿瓦利斯,并乘胜跟踪追击希克索斯王朝末代国王哈穆迪及其部众至他们的故乡——叙巴地区的沙如罕城⑦,享国长达百年的希克索斯王朝从此退出埃及和东地中海世界的历史舞台,埃及和东地中海世界

---

① D. B. Redford, *Egypt, Canaan, and Israel in Ancient Times*, Princeton: Princeton University Press, 1992, p. 100.
② C. Aldred, *The Egyptians*, 3rd edition, London: Thames and Hudson, 1998, p. 139.
③ 〔美〕约翰·R. 麦克尼尔、威廉·H. 麦克尼尔:《麦克尼尔全球史:从史前到21世纪的人类网络》,王晋新、宋保军等译,北京大学出版社2017年版,第70页。
④ 为了防御来自亚洲的"外国人"通过西奈半岛涌出埃及本土,早在第十王朝时期,埃及就已在尼罗河三角洲东部修筑了堡垒、屏障、壕沟等防御工事。埃及第十二王朝首任国王阿蒙纳姆赫特一世统治时期,更进一步在尼罗河三角洲东部地区修建了被称为"统治者之墙"的配置有了望塔的军事防御工事。参见 AEL I, pp. 222 ff。
⑤ 据学者考证,所谓第十四王朝是一个子虚乌有的埃及王朝,因为曾被曼尼托当作第十四王朝王名的一串名字,实际上只是希克索斯人祖先的名字。作为操塞姆语的阿摩利人、希克索斯人有祖先崇拜的传统,所以将列祖列宗之名书写在了其所建立的第十五王朝王名表的前面。参见 D. B. Redford, *Egypt, Canaan, and Israel in Ancient Times*, Princeton: Princeton University Press, 1992, pp. 106 – 107。
⑥ 阿瓦利斯城址从1966年开始发掘,是希克索斯人在埃及期间唯一一个在考古上有连续意义的遗存。埃及第十九王朝国王拉美西斯二世在同一地点建立了新都培·拉美西斯,以抵御日益严重的努比亚人和海上民族的武装移民入侵。
⑦ 学者们研究推定希克索斯人为叙巴地区的阿拉米人的一支,崇拜山神,其故乡最北部不会超过今黎巴嫩边界,最南部不会超过约旦高地。参见 D. B. Redford, *Egypt, Canaan, and Israel in Ancient Times*, Princeton: Princeton University Press, 1992, p. 100。

的历史亦由此进入阿玛纳时代。①

埃及第十八王朝第一代国王阿赫摩斯一世的继承人阿蒙霍特普一世没有子嗣，女婿图特摩斯一世继承了王位。军旅出身的图特摩斯一世不断对外征战，公元前1501年，埃及兵锋史无前例地北抵幼发拉底河畔，南达尼罗河第四瀑布。正如一篇埃及文献记载，在图特摩斯一世统治的"第三年的第三季第一个月第二十二天，神勇的陛下统帅大军渡过运河，一举制服了可恶的努比亚人"②。随后图特摩斯一世任命了埃及的努比亚总督，实行严密而有效的统治，努比亚遂成为埃及黄金、象牙、乌木、蓖麻油等物资的主要来源地。

在图特摩斯一世的庶子图特摩斯二世统治时期，埃及除曾对沙苏人③用兵外，对外战事较少。图特摩斯二世之子图特摩斯三世继位的第七年，图特摩斯二世的王后——同父异母妹妹哈特舍普苏特④宣布自己为埃及国

---

① 驱逐希克索斯人出埃及这一重大历史事件，被较详细地记录在艾巴纳之子雅赫摩斯的自传体铭文中。雅赫摩斯原为一名来自艾尔·卡布的士兵，后来成为埃及第十八王朝早期重臣，从该王朝首任国王开始，先后辅佐过阿赫摩斯一世、阿蒙霍特普一世、图特摩斯一世、图特摩斯二世、图特摩斯三世、哈特舍普苏特女王。参见 D. B. Redford, *Egypt, Canaan, and Israel in Ancient Times*, Princeton: Princeton University Press, 1992, p. 128。雅赫摩斯去世后，被安葬于艾尔·卡布的凿岩墓中，其自传体篇铭文即刻写于墓壁上。参见 D. B. Redford, *Egypt, Canaan, and Israel in Ancient Times*, Princeton: Princeton University Press, 1992, p. 98。另外需要说明的是，学术界一般将阿赫摩斯一世重新完成统一大业作为埃及第十八王朝建立的标志，实际上第十七王朝与第十八王朝是连续的。
② ARE, p. 32.
③ 沙苏人，是古代埃及人对被其称作"沙苏之地"的巴勒斯坦南部和外约旦地区的操塞姆语的类似于后来的贝都因人的古代游牧部族或一个生活在城市边缘的社会阶层。参见 A. Rowe, *The Topograph and Histroy of Beth Shan*, Phialdelphia: The University Press for the University of Pennsylvania Musem, 1930, pp. 23 – 30; K. A. Kitchen, ed., *Ramesside Inscriptions: Translated and Annotated Notes Translations*, Vol. I, Oxford: Blackwell Pulishings, 1995, pp. 12 – 13。有关沙苏人的记载最早出现在埃及古王国第五王朝的文献中。在埃及浮雕或壁画中，沙苏人无论是在生理特征上，还是在衣着打扮上，与埃及人眼中的北方塞姆人并没有什么明显的区别。一般通过头巾、带有流苏的短裙、挂着图章的项链作为判别沙苏人的特征，其实这也是北方塞姆人的特征。参见 W. S. Smith, *Interconnections in the Ancient Near East: A Study of the Relationships between the Arts of Egypt, the Aegean, and Western Asia*, New Haven: Yale University Press, 1965, fig. 13。在与沙苏人有关的埃及文献中，沙苏人或与埃及人在叙巴地区开战，或以雇佣兵或抢劫者的身份出现在叙巴地区的城镇或商队中。参见 R. A. Caminos, *Late Egyptian Miscellanies*, Oxford and New York: Oxford University Press, 1954, pp. 99 – 115。
④ 在古代埃及王室，兄妹通婚现象司空见惯。图特摩斯二世与哈特舍普苏特是同父异母兄妹，哈特舍普苏特是图特摩斯一世的嫡女，而图特摩斯二世是图特摩斯一世的王妃所生。

王，与图特摩斯三世联合执政。① 在此期间，埃及虽然同样发动了针对南方的努比亚以及北方的叙巴地区的战争，但规模都不大，而且很有可能丧失了对部分早前征服之地的实际控制。②

在图特摩斯三世统治的第二十二年，哈特舍普苏特女王去世，图特摩斯三世开始独立执政，埃及重启大规模对外征服战争，而当务之急就是北伐叙巴地区，以镇压当地由于地理位置、历史传统、族群构成等因素而试图摆脱埃及控制而寻求归附北部新兴的米坦尼和赫梯的一些属邦此伏彼起的反叛。③ 公元前1483年，得到米坦尼支持的以卡代什国王为首的反叛城邦联军集结于米格都城。图特摩斯三世亲率大军围困米格都城达数月之久，最终攻陷该城，并将另外3座城池夷为平地。米格都战役后，图特摩斯三世此后又16次攻伐叙巴地区，期间于公元前1473年再次饮马幼发拉底河并勒石以记之，叙巴大部分地区被纳入埃及势力范围，初步形成了以称臣纳贡、遣送质子、相对自治、派兵驻防等为主要特征的宗藩体系。④ 图特摩斯四世统治时期，埃及又征服了哈如、基泽、西顿、努哈什舍等城

---

① 所谓联合执政，是古代埃及解决王位继承问题的一种安排，具体来说就是现任国王在位时就将王储扶上王位，共同理政，通常分别主持国内政务和对外征伐。参见 J. Baines, *Visual and Written Culture in Ancient Egypt*, Oxford and New York: Oxford University Press, 2007, p. 3。哈特舍普苏特与图特摩斯三世显然有过王位之争，这间接反映在作为最后胜利者的图特摩斯三世所主持修纂的有关固定宣传模式和严格礼仪规制的埃及官方史记之中。参见 J. Baines, *Visual and Writing Culture in Ancient Egypt*, Oxford and New York: Oxford University Press, 2007, p. 3.

② 哈特舍普苏特统治执政时期并未如学术界早前认为的那样将对外军事行动中止了20余年之久，只是其在军事方面的政绩与前后任国王相比有所逊色而已，如哈特舍普苏特就通过其在戴尔埃尔巴赫瑞所建神庙的壁画，生动描绘了自己御驾亲征蓬特的场景。参见 K. Kitchen, "The Land of Punt", in T. Shaw, et al., eds., *The Archaeology of Africa: Food, Metals, and Towns*, London and New York: Routledge, 1993, pp. 587 – 608.

③ A. J. Spalinger, "Military Institutions and Warfare: Pharaonic", in A. B. Lloyd, ed., *A Companion to Ancient Egypt*, Vol. I, Malden and Oxford: Wiley-Blackwell, 2010, pp. 439 – 440.

④ D. B. Redford, *Akhenaten: The Heretic King*, Princeton: Princeton University Press, 1984, p. 25; B. J. Kemp, *Ancient Egypt: Anatomy of a Civilization*, London and New York: Routledge, 1989, pp. 216 ff; D. O'Conner, E. H. Cline, eds., *Amenhotep III: Perspectives on His Reign*, Ann Arbor: University of Michigan Press, 1997, pp. 179 – 180; M. S. Drower, "Syria, ca. 1550 – 1400 B. C.", *CAD* II/1, p. 472; W. J. Murnane, "Imperial Egypt and the Limits of Power", in R. Cohne, R. Westbrook, eds., *Amarna Diplomacy: The Beginning of International Relations*, Baltimore and London: Johns Hopkins University Press, 2000, p. 108; L. D. Morenz, L. Popko, "The Second Intermediate Period and the New Kingdom", in A. B. Lloyd, ed., *A Companion to Ancient Egypt*, Vol. I, Malden and Oxford: Wiley-Blackwell, 2010, p. 109.

邦，使埃及的叙巴地区属邦超过40个。① 图特摩斯四世之子阿蒙霍特普二世继位后，在继续奉行扩张政策，使埃及的北部边界延至幼发拉底河，南部边界到达尼罗河第四瀑布与尼罗河第五瀑布之间的库尔果斯，一个横跨非亚两洲的古代帝国出现在东地中海世界的历史舞台上。

公元前1391年，埃及第十八王朝第九位国王阿蒙霍特普三世登基。一篇刻写于其底比斯坟墓神庙的铭文记载，他曾经驱逐来自库什地区和叙巴地区之敌，然而这篇铭文也许只是一种宣传品，因为没有其他任何文献能够印证这一战事确曾发生。② 与直接采取军事手段相反，阿蒙霍特普三世更多地采用互派信使、礼物交换、王室联姻、军事威慑等不战而屈人之兵的外交策略，来实现和维护埃及和他本人作为东地中海世界至高无上的大国和领袖的利益和形象。③ 譬如，在卓有成效地掌控了努比亚地区之后，他将战略重点放在叙巴地区，派遣少量军队驻防交通要道，确保叙巴地区属邦定期安全地向埃及缴纳贡赋。④ 而当叙巴地区属邦之间爆发冲突时，埃及往往采取不直接介入的姿态，代之以在各属邦之间扮演相对中立的仲裁者角色。⑤ 譬如，据一封阿玛纳书信记载，耶路撒冷国王阿布第赫帕抱怨密尔克鲁和塔古夺取了如布图，请埃及国王命令拉迟什、阿什克隆、泽尔等三城向驻扎在什夫拉的埃及军队提供给养，他还抱怨埃及耶路撒冷驻军中的努比亚雇佣兵抢掠他的宫殿，使他险些丧命，但并没有文献证明埃及就此进行了军事干预。⑥ 此外，阿蒙霍特普三世迎娶非埃及王室女泰伊⑦

---

① B. Bryan, *The Reign of Thutmose IV*, Baltimore and London: Johns Hopkins University Press, 1991, p. 346.
② P. Der Manuelian, *Studies in the Reign of Amenophis II*, Hildesheim: Gerstenberg Verlag, 1987, p. 343.
③ D. B. Redford, "A Bronze Age Itinerary in Transjordan", *JSSEA* 12 (1982), pp. 55 – 56.
④ A. R. Schulman, "Some Observations on the Military Background of the Amarna Period", *JARCE* 3 (1964), pp. 64 – 65.
⑤ 〔英〕西蒙·蒙蒂菲奥里：《耶路撒冷三千年》，张倩红、马丹静译，民主与建设出版社2014年版，第17页。
⑥ EA 287.
⑦ 根据古埃及铭文记载，泰伊的父亲名为尤亚，母亲名为图雅，分别为埃及重臣和贵胄。参见 ARE II, § 867; D. B. O'Connor, E. H. Cline, eds., *Amenhotep III: Perspectives on His Reign*, Ann Arbor: University of Michigan Press, 1998, p. 5; J. Tyldesley, *Nefertiti: Egypt's Sun Queen*, New York: Viking, 1999, p. 20。也有学者认为泰伊为叙利亚地区某邦国的公主。参见 W. M. F. Petrie, *A History of Egypt*, Vol. II: *The XVIIth and XVIIIth Dynasties*, London: Methuen, 1896, p. 183。泰伊年幼时就嫁给在位长达38年的阿蒙霍特普三世，并育有包括埃赫那吞在内的二子六女。埃赫那吞统治后期，泰伊因病去世。无论是在阿蒙霍特普三世时期，还是在埃赫那吞时代，泰伊在埃及的内政和外交方面都具有举足轻重的影响力。参见 A. Weigall, *The Life and Times of Akhnaton*, London: Thornton Butterworth, 1922, p. 44; C. Aldred, *Akhenaten: King of Egypt*, London: Thomas and Hudson, 1988, p. 285。

为后，启用尽忠职守的新兴贵族，同时大兴土木，给后世留下了令人叹为观止的雄伟建筑和文化遗产。埃及社会在阿蒙霍特普三世时期悄然地发生着变化，其政治理念潜移默化地影响了继承人阿蒙霍特普四世，也即埃赫那吞。

阿蒙霍特普四世在登极后的第五年，将首都从底比斯[①]迁到埃赫塔吞[②]，并把自己的名字改为埃赫那吞[③]。以这两个重大举措为开端，埃赫那吞发动了一场空前绝后的以宗教改革之名进行的政治运动，核心是废除阿蒙神[④]和其他一切神明崇拜，独尊以光芒四射的太阳圆盘为图腾的阿吞神，有学者认为这符合埃及作为世界性帝国在意识形态领域的要求。[⑤] 埃赫那吞将主要精力放在了以宗教改革为核心的国内事务上，如他派遣大批官员到全国各地关闭阿吞神庙以外的其他宗教建筑，凿毁神庙和墓室墙壁上的所有阿吞神以外的神明的名字和浮雕，甚至"神明"一词的复数形式也被禁止，因为他认为除了阿吞，再没有其他的神明。然而，这样做的一个后果，就是使得埃赫那吞反倒没有更多精力去关注和处理国际事务，导致埃及国际地位不断下降和众多属邦离心离德。[⑥]

埃赫那吞去世后，其8岁或9岁的儿子图坦卡吞[⑦]继位，由文人集团代表人物宰相阿伊、军人集团代表人物将军哈莱姆赫布共同辅政。不久，迫于以阿伊为首的主和派大臣的压力，图坦卡吞不得不将都城迁回底比斯，同时废止了阿吞崇拜，并将自己的名字改为图坦卡蒙[⑧]。在绰号为"男孩国王"的图坦卡蒙在位的10年间，埃及在叙巴地区的势力范围大为

---

① 新王国时期，位于上埃及尼罗河东岸的底比斯是全国的政治中心和宗教中心，城内建有宏伟的卡尔纳克神庙和卢克索斯神庙，而尼罗河西岸有著名的国王谷和王后谷。
② 埃赫塔吞的埃及语义为"阿吞的地平线"。参见 OEAE I, pp. 49, 60。
③ 埃赫那吞的埃及语义为"拥有阿吞精神的人"。有研究认为阿蒙霍特普四世曾与父亲阿蒙霍特普三世联合执政，但具体时间仍有争议。参见 N. Grimal, *A History of Ancient Egypt*, Oxford: Blackwell Publishing, 1992, p. 226。
④ 阿蒙神本是底比斯的地方神。从以底比斯为首都的埃及第十一王朝开始，阿蒙神的影响逐渐扩大到全国，并在新王国时期成为集创世神和王权保护神为一身的国家主神。阿蒙的埃及语意为"隐形"，通常呈人形，头戴带羽王冠，有时也以羊头人身或鹅的形象出现。
⑤ A. Weigall, *The Life and Times of Akhenaton*, *Pharaoh of Egypt*, London: Thorton Butterworth, 1922, p. 42; J. B. Breasted, *A History of Egypt, from the Earliest Times to the Persian Conquest*, New York: Charles Scribner's Sons, 1946, pp. 356, 359; J. B. Breasted, *Development of Religion and Thought in Ancient Egypt*, New York: Harper and Brothers, 1959, p. 314.
⑥ W. Helck, *Die Beziehungen Agyptens zu Vorderasien im 3. und 2. Jahrt ausend v. Chr.*, Wiesbaden: Harrassowitz, 1971, p. 165.
⑦ 图坦卡吞，意为"阿吞的鲜活形象"。
⑧ 图坦卡蒙，意为"阿蒙的鲜活形象"。

收缩，仅限于卡代什以南地区。

在以战车拥有者和战车御者为核心的新兴军事阶层的强力支持下，拉美西斯一世登上埃及国王宝座，埃及新王国的历史进入第十九王朝时期。① 拉美西斯一世驾崩后，其继任者塞提一世发誓完成拉美西斯一世的未竟之志，提出"重生"的口号和治国方略，意即对内克服埃赫那吞宗教改革导致的经济衰退，对外消除来自赫梯的军事威胁，② 进而恢复图特摩斯三世时代的帝国版图和盛世辉煌。③ 塞提一世的积极进取收到一定成效，埃及可能不仅一度从赫梯手中恢复了卡代什、阿姆如等部分原叙巴地区势力范围，还迫使赫梯同意签订了以卡代什为两国势力范围分界线的条约。④ 随后，第十九王朝第三位国王拉美西斯二世在其继位的第三年，率领军队沿地中海东岸到达当时的赫梯属邦阿姆如境内，迫使阿姆如签订了转投埃及的城下之盟。

为了遏制雄心勃勃的拉美西斯二世咄咄逼人的进攻态势，接替穆尔西里二世的赫梯国王穆瓦塔里二世经过长期准备，决定在卡代什战役以逸待劳，与来犯的埃及军队展开决战。这场发生在拉美西斯二世在位的第四年的大会战，最终以埃及军队的无功而返划上休止符，阿姆如重新被纳入赫梯的势力范围。卡代什战役的失利对埃及在叙巴地区的统治带来严重负面影响，一些原埃及属邦公开反叛，甚至埃及本土安全亦受到威胁，大量呼吁加强埃及边境防御的书信被送到位于尼罗河三角洲北部的埃及新都培·拉美西斯，也即"拉美西斯堡"⑤。为了收复失地，拉美西斯二世重整旗鼓，在其统治的第八年和第十年连续发动镇压反叛和收复叙巴地区属地的战役，虽未能如愿收复卡代什和阿姆如，但还是一度攻陷了位于巴比伦尼亚的赫梯属邦达普尔和库祖瓦特纳。⑥ 可以说，两国已经陷入一场难分伯

---

① A. J. Spalinger, "Military Institutions and Warfare: Pharaonic", in A. B. Lloyd, ed., *A Companion to Ancient Egypt*, Vol. I, Malden and Oxford: Wiley-Blackwell, 2010, pp. 441–442.

② O. Goelet, J. B. A. Levine, "Making Peace in Heaven and on Earth: Religious and Legal Aspects of the Treaty between Ramesses II and Hattusilis III", in M. Lubetski, et al., eds., *Boundaries of the Ancient Near East World*, Sheffield: Sheffield Academic Press, 1998, p. 253.

③ L. Bell, "Conflict and Reconciliation in the Ancient Middle East: The Clash of Egyptian and Hittite Chariots in Syria, and the World's First Peace Treaty between 'Superpowers'", in K. A. Raaflaub, ed., *War and Peace in the Ancient World*, Malden and Oxford: Blackwell Publishing, 2007, p. 105.

④ T. R. Bryce, *The World of the Neo-Hittite Kingdoms: A Political and Military History*, Oxford and New York: Oxford University Press, 2012, p. 200.

⑤ KBI II, p. 269.

⑥ KBI II, pp. 148–149, 213.

第一章 阿玛纳时代东地中海世界的国际政治生态 57

仲的拉锯战和消耗战。

然而，正如前文所述，借助埃及与赫梯两国连年交兵的战略机遇期，亚述已经趁机悄然崛起，并对赫梯和埃及两国的安全都构成了现实威胁。为应对共同的敌人亚述，赫梯新任国王哈图什里三世与拉美西斯二世终于意识到，该从战场转向谈判桌了。两位国王先是通过大量的宣传和说服工作，弥合了国内主战派与主和派的分歧①，然后通过务实高效的外交谈判，正式签署了和平条约——《银板条约》，规定埃及放弃对卡代什的宗主权，而赫梯承认埃及对卡代什以南叙巴地区的管辖权。②

除了与赫梯之间大国争霸这条对外关系主线，埃及还与米坦尼、塞浦路斯岛、爱琴诸岛、努比亚有着内容和形式各异的物质交往和精神交往。

埃及与米坦尼的交往主要是通过频繁的外交、军事博弈展开的。而无论是外交活动，还是军事战争，其主要目的都是为了控制和获取叙巴地区的劳动力和原材料。综观埃及与米坦尼之间约两百年的交往史，不难发现米坦尼总是试图获得与埃及平等的大国地位。虽然他们从与埃及的交往中似乎得到了这种地位，但最终还是成为埃及与赫梯争霸的牺牲品，没有摆脱亡国的命运。

埃及第十八王朝国王阿蒙霍特普三世统治时期，埃及与迈锡尼文明的交往骤然增多，大量埃及的遗存出土于迈锡尼，这表明当时埃及对迈锡尼文明产生了深远影响。同时，发现于迈锡尼的刻有阿蒙霍特普三世及其王后泰伊王名圈的陶器，以及出土于阿蒙霍特普三世享殿中的可能是埃及派往爱琴诸岛的外交使团的路线图的爱琴文明地名册，都"提示彩陶和来自埃及的外交使团之间存在着某种因果关系"③。在阿蒙霍特普四世，也即埃赫那吞统治时期，埃及与阿拉西亚交往比较密切，这可能与埃及遏制赫梯的总体国家战略有关。新王国时期结束后，埃及与爱琴诸岛和塞浦路斯岛的交往几乎中断，直至结束动荡不安的第三中间期的第二十六王朝的建立，两地的交往才以希腊人作为雇佣兵、商人、学者、工匠出现在埃及而得以重新开启，他们在把希腊文化带到埃及的同时，也把埃及文化传到了希腊。④

---

① J. Assmann, *Krieg und Frieden in Alten Ägypten: Ramses II und die Schlacht bei Kadesch*, Mannheim: Boehringer Mannheim GmbH, 1983, pp. 18, 7.

② D. B. Redford, *Egypt, Canaan, and Israel in Ancient Times*, Princeton: Princeton University Press, 1992, pp. 283 ff; D. Surenhagen, "Forerunners of the Hattusili-Ramesses Treaty", *BMSAES* 6 (2006), p. 59.

③ V. Hankey, "The Aegean Interst in El-Amarna", *JMAA* I (1981), p. 46.

④ M. Bernal, *Black Athena: The Afroasiatic Roots of Classical Civilization: The Fabrication of Ancient Greece 1785–1985*, Vol. I, New Jersey: Rutgers University Press, 1987, pp. 22–73.

埃及与努比亚不仅国土接壤，且又富藏黄金等贵金属，所以一直是埃及重点经营的地区。但在新王国时期之前，埃及一直以高高在上的文明大国的优越心态处理与努比亚的关系，如埃及中王国第十二王朝国王塞索斯特里斯三世时期的一篇界碑就将努比亚人称为"可怜的库什"人，认为他们是不值得尊敬的"野蛮人"和"懦夫"[①]。这使得双方的跨文化交流受到很大影响，关系时好时坏。新王国建立后，这种局面有明显改观，如第十八王朝国王阿蒙霍特普三世在位期间，双方实现了持久的和平，彼此的交往也更加密切。如阿蒙霍特普三世统治时期的一位埃及官吏的养殖场里曾有利比亚牲畜，只是还不能确定这些牲畜是通过战争获取的战利品，还是通过贸易购得的产品。还有文献表明，利比亚人曾出现于埃赫那吞的宫廷中，他们的身份可能是部落酋长，亦可能是部落酋长派来的朝贡使节，还有可能是部落酋长的侍卫。[②] 及至第十九王朝时期，埃及在努比亚的势力范围已经达到尼罗河第二瀑布与尼罗河第三瀑布之间。

第二节　爱琴诸岛

爱琴海[③]属东地中海的一部分，位于希腊半岛与小亚半岛之间，东北经达达尼尔海峡、马尔马拉海、博斯普鲁斯海峡与黑海相通。爱琴海海域南北长610千米，东西宽300千米，海岸线非常曲折，港湾众多，星罗棋布着约2500个大小岛屿，所以又有"多岛海"之称。爱琴海的岛屿可以划分为色雷斯海群岛、东爱琴群岛、北部的斯波拉提群岛、塞克拉德斯群岛、萨罗尼克群岛、多德卡尼斯群岛、克里特岛等7个群岛和岛屿，其中许多岛屿是火山岛。

根据荷马史诗，称爱琴诸岛的居民为爱琴人，这也是"爱琴海""爱

[①] R. O. Faulkner, *A Concise Dictionary of Middle Egyptian*, Oxford: Ashmolean Museum, 1981, p.284.

[②] B. G. Trigger, B. J. Kemp, D. O'Connor, A. B. Lloyd, eds., *Ancient Egypt: A Social History*, Cambridge: Cambridge University Press, 1983, p.202.

[③] 根据希腊神话，爱琴海的名称源于前往克里特岛杀死米诺斯迷宫牛头怪兽的雅典王子忒修斯的父亲——雅典国王爱琴乌斯。忒修斯临行前与父亲约定，如果完成任务顺利返航，就在船上升起白帆，否则就升起黑帆。忒修斯成功杀死牛头怪兽，但由于仍沉浸在胜利的喜悦中，竟在返航时忘了将黑帆改为白帆。爱琴乌斯站在苏尼翁海岬俯瞰大海，期待儿子安全归来，但却见到返航的船上挂着黑帆。极度悲伤和绝望的爱琴乌斯纵身投入海自尽而死。为了纪念这位国王，人们遂将这片海域称为爱琴海。

琴文明"等称谓的由来。爱琴诸岛上的爱琴人创造的希腊上古文明——爱琴文明，主要包括克里特文明和迈锡尼文明。克里特文明以克里特岛中北部的克诺索斯王宫为中心。迈锡尼文明以其兴起地迈锡尼城命名。爱琴诸岛与小亚、叙巴地区、埃及乃至两河流域都有着程度不同的物质交往和精神交往。①

一 克里特文明

克里特岛是爱琴海最大的岛屿，面积约8300平方千米，东西长260千米，南北最宽处约为55千米，最窄处仅12千米，是爱琴海南部的屏障。北部沿海地区为平原，土地肥沃，有利于农业生产。早在公元前7千纪，这里就有人居住。考古学和人类学研究证明，古代克里特人头型较长、黑发、褐目、中等身材，近似地中海人种。

公元前7千纪，克里特岛已经有人定居。公元前3千纪，克里特岛进入文明时代。公元前2千纪，克里特岛出现王宫建筑，标志着城邦国家已经产生。20世纪初，当英国学者亚瑟·伊文思（Arthur John Evans）在克里特岛发现这个青铜时代文明时，就以希腊神话中的克里特岛的第一位伟大国王米诺斯为其命名，所以克里特文明亦称米诺斯文明。②

克里特岛当时划分为北面的克诺索斯、南面的法伊斯托斯、中东部的马里亚、最东部的扎克罗斯等四个政治区域，按照荷马的说法，共有包括克诺索斯在内的90个大小城邦。王宫是克里特文明各邦的政治、经济、宗教和文化中心，建筑形态与叙利亚沿海地区的乌加里特城邦和幼发拉底河上游的马瑞城邦的王宫颇为相近，结构复杂严谨，风格纤秀华丽。③ 其中最著名的非克诺索斯王宫莫属。④

克诺索斯王宫位于克里特岛北部距海不远的克法拉山冈之上，总面积达22000平方米，内有厅堂房舍1500余间。整个建筑围绕中心庭院展开，楼宇密布，彼此叠接，错落有致，无数曲折迂回的柱廊和梯阶盘绕其间，无怪乎希腊神话将其称为迷宫。王宫基本上以中心庭院为界分为

---

① D. Lorton, *The Juridical Terminology of International Relations in Egyptian Texts through Dyn*, XVIII, Baltimore and London: The Johns Hopkins University Press, 1974, pp. 87 - 88, 139.
② 相传，化身白牛的众神之王宙斯将腓尼基公主欧罗巴带到克里特岛，在那里向她求爱，并生子米诺斯、拉达曼迪斯、萨耳佩冬。米诺斯后来成为米诺索斯城邦的国王。
③ J. B. R. *A History of Greece*, 4th edition, London: MacMillan Press, 1975, p. 9.
④ T. Whitelaw, "Beyond the Palace: A Century of Investigation at Europe's Oldest City", *BICS* 44 (2000), p. 223.

东西两大部分。西边的建筑主要包括国王办公和祭祀场所以及王室库房。考古学家在王室库房中发现了许多盛放谷物和橄榄油等食物的大陶缸,这些陶缸大且重,要四五人合力才能抬离地面。东边的建筑有四五层之高,主要包括国王会客和生活的场所,以及学校和王室作坊。王宫建筑内采光、通风、供水、排水、洗浴、厕所等设施一应俱全。譬如,在寝宫后面设有一个两室小套间,其中一室为配有陶瓷浴盆的浴房,另一间则是厕所。[①] 王宫中最引人注目是广泛分布于厅堂廊房中的琳琅满目的精美壁画。壁画主题丰富多彩,既有反映米诺斯人举行王室典礼、宗教祭祀和公共娱乐场景的,也有描绘陆上和海里的树木、花草、鸟兽、鱼等动植物的。

克里特文明的一个重要标志就是线形文字的发明与使用。这种线形文字被称为线形文字A[②],为一种尚未破译的非希腊语文字,包括60个表音符号和60个表意符号,通常从左向右刻写在石头上。[③] 大部分线形文字A铭文出土于克里特岛南部,主要是行政文献。

克里特文明是一种海岛文明,其航海业和商业非常发达。克里特文明各邦商船的活动范围一度覆盖了塞克拉德斯群岛、罗德岛、萨摩斯岛等爱琴海岛屿和希腊大陆,甚至抵达亚平宁半岛和西西里岛。[④] 而考古研究显示,正如克里特文明的王宫建筑形态与乌加里特和马瑞王宫建筑形态颇为相像之外,克里特文明各邦与同处东地中海世界的塞浦路斯、小亚、叙巴地区和埃及的交往似乎更多一些。[⑤]

考古学家在叙巴地区的考古遗址卡布瑞丘和埃及希克索斯王朝首都阿瓦利斯的考古遗址艾尔达巴丘发现了克里特文明风格或与克里特文明风格酷似的壁画等艺术品残片。[⑥] 卡布瑞丘出土的一个石膏棋盘和一幅壁画上,所描绘的人物和建筑、河流等景观,都具有典型的克里特文明特征。艾尔达巴丘出土的一系列壁画,绘有公牛、斗牛者以及其他人物、动物、植

---

① J. B. R. *A History of Greece*, 4th edition, London: MacMillan Press, 1975, p. 9.
② 线形文字A亦被称为米诺斯文字或克里特象形文字。而之所以被称为克里特象形文字,是因其与埃及象形文字有些相似,都是通过图形和线条来表现物体。时至今日,线形文字A仍未破译。
③ J. B. R. *A History of Greece*, 4th edition, London: MacMillan Press, 1975, pp. 17 – 18.
④ P. P. Betancourt, "Dating the Aegean Late Bronze Age with Radiocatbon", *Archaeology* 29 (1987), pp. 45 – 49.
⑤ J. B. R. *A History of Greece*, 4th edition, London: MacMillan Press, 1975, pp. 11 – 12.
⑥ D. B. Redford, *Egypt, Canaan, and Israel in Ancient Times*, Princeton: Princeton University Press, 1992, p. 121.

物、山水，具有浓郁的克里特文明色彩。①

考古研究发现，埃及希克索斯王朝时期，尽管克里特文明风格的壁画在叙巴地区沿海和埃及尼罗河三角洲非常流行，但在这些地区却没有发现克里特文明的建筑遗址和陶器等遗存。这一现象似乎说明，克里特文明诸邦与东地中海世界其他国家和地区跨文化交流的实现方式是和平交往过程中自然而然发生的。可以推断，在克里特文明各邦出使埃及和叙巴地区的使团成员中，很可能有艺术家，因而也就留下了自己的壁画等艺术作品。另外一个需注意的现象就是，在克里特文明遗址中，除了印章、陶器、壁画外，很少发现当地艺术作品中含有埃及等其他东地中海国家和地区的元素，这可能意味着这一时期的克里特文明各邦与东地中海世界其他各国各地区的物质交往和精神交往是不够平衡的。

然而，公元前16世纪，这样一个璀璨夺目的文明却消失了。对此存在多种假说，有研究者认为毁于来自小亚的蛮族入侵，有研究者认为毁于爱琴文明各邦的内战，有研究者认为毁于一场大地震。而丹麦奥胡斯大学教授弗里德里希根据从克里特岛附近的锡拉岛上发现的一段橄榄枝，提出了一个新的假说，即克里特文明可能毁于一次空前规模的火山喷发及其引发的大海啸。② 这一学说认为，约3600年前，锡拉岛上一座火山突然猛烈喷发，其喷出的烟柱上升到高空，火山灰甚至随风飘散到格陵兰岛、中国和北美洲。火山喷发同时引发了大海啸，高达12米的巨浪席卷了距离锡拉岛100余千米的克里特岛，摧毁了沿海的港口和渔村。而且火山灰长期飘浮在空中，造成一种类似核战争之后的"核冬天"效应，造成农作物连年歉收。遭受毁灭性打击后，克里特文明迅速走向衰亡。而在上述假说提出之前，一些考古学家通过对比克里特文明的文物与埃及新王国时期的文物，间接推断克里特文明于公元前14世纪20年代的衰亡与来自希腊阿尔戈利斯地区的迈锡尼人的入侵有关。③ 此外，这次考古发现的橄榄树枝帮助考古学家更加准确地确定了火山喷发的时间，即公元前1627—前1600年之间。④

---

① 〔英〕韦尔斯：《全球通史》，桂金译，民主与建设出版社2016年版，第108页。
② W. L. Friedrich, B. Kromer, M. Friedrich, J. Heinemeier, T. Pfeiffer, S. Talamo, "The Olive Branch Chronology Stands Irrespective of Tree-ring Counting", Antiquity 88/339 (2014), pp. 274 – 277.
③ J. B. R. A History of Greece, 4th edition, London: MacMillan Press, 1975, p. 19.
④ W. L. Friedrich, B. Kromer, M. Friedrich, J. Heinemeier, T. Pfeiffer, S. Talamo, "Santorini Eruption Radiocarbon Dated to 1627 – 1600 B. C.", Science 312 (2006), p. 548; P. P. Betancourt, "Dating the Aegean Late Bronze Age with Radiocarbon", Archaeology 29 (1987), pp. 45 – 49.

尽管从表面上看，该研究成果只不过是把克里特文明走向衰落的时间节点向前推了100余年，但实际上对克里特文明研究的意义十分重大。因为此前学术界大都认为克里特文明与埃及新王国交往密切。而最新确定的火山喷发却间接否定了这种判断，因为埃及新王国建立于公元前1550年，而此时克里特文明已经走向衰落，迈锡尼文明正向兴起。所以可以得出一个新结论，那就是克里特文明的鼎盛时期应该与埃及希克索斯王朝时期大致对应，而埃及新王国文献中所载的"爱琴人"，应该主要是指迈锡尼文明各邦的居民。

约公元前1450年，克里特文明各邦的王宫先后遭到毁弃，很可能是内战导致的。公元前1420年前后，克里特岛被迈锡尼人征服。此后，大多数克里特文明城邦走向衰亡，但克诺索斯城邦仍作为区域性行政中心，一直存在至公元前12世纪末。

二 迈锡尼文明

迈锡尼文明是古希腊青铜时代的文明，它由伯罗奔尼撒半岛的迈锡尼城而得名，以迈锡尼、泰林斯、皮洛斯为大邦。迈锡尼文明是爱琴文明的一个重要组成部分，继承和发展了克里特文明。根据墓穴的形态，迈锡尼文明大致可分为前王朝、竖井墓王朝、圆顶墓王朝三个时期。

迈锡尼文明的前王朝时代可追溯至公元前20世纪，当时一支操印欧语的部族来到伯罗奔尼撒半岛北部定居下来，受克里特文明影响，这些后来被考古学家和历史学家统称为迈锡尼人的部族逐渐过渡到文明社会。

公元前16世纪前后，迈锡尼文明进入竖井墓王朝时期。迈锡尼文明各邦的王陵和贵族墓中出现数量巨大、工艺精湛的金银酒具、青铜短剑等陪葬物品，其中多数产自克里特岛，亦有相当数量来自埃及、小亚、叙利亚等地。这一方面说明迈锡尼文明各邦王室和贵族有可能曾以雇佣兵头领的身份服务于克里特、埃及等地，另一方面也显示迈锡尼文明各邦与东地中海世界其他各文明单元的交往比较密切。

从公元前15世纪开始，迈锡尼文明进入鼎盛时期，也即圆顶墓王朝时期。作为国王陵寝的圆顶墓不再像早前的竖井墓那样只在地下建构简单的竖穴墓室，而是在地面凿岩和砌石筑成圆形墓室，前有墓道，上覆高冢，室内以叠涩法砌成圆锥状屋顶，形如蜂巢，故又名蜂巢墓。构筑这类墓陵需较复杂的石砌工艺，其形制虽源自克里特文明，但规模日益宏大。现存最大一座圆顶墓内高13.2米，墓门高10米，门内过道覆以一块重达

120 吨的巨石，工程的浩大和艰难可见一斑。

圆顶墓王朝时期，迈锡尼文明各邦的国家形态更趋完善。在忒拜、迈锡尼、皮洛斯等地出土的线形文字 B①泥板文献显示，当时的最高统治者为国王，下有文臣武将等各级官吏和祭司等神职人员，国家机构有民众大会和贵族会议，基层组织有由长老主持的公社。圆顶墓室中饰以狩猎和战争主题的壁画，以及大盾、长矛、头盔、匕首、战车、投石器等随葬品，反映了以国王和贵族为代表的当时社会的尚武精神。迈锡尼人的足迹遍及东至叙巴地区和两河流域，西至意大利南部和附近岛屿，南至埃及和利比亚的广大地区。

从公元前 13 世纪下半叶开始，迈锡尼文明各邦生产萎缩，商业衰落，战乱频仍，政争不断。为了缓解内部经济和政治危机，迈锡尼国王阿伽门农联合迈锡尼文明其他各邦发动了对富庶的小亚城邦特洛伊的掠夺战争。战争持续长达 10 年之久②，联军虽最终采用木马计而获得惨胜，但各邦元气大伤，从此一蹶不振。及至公元前 11 世纪，在震动整个东地中海世界的海上民族以及来自希腊半岛北部的多利亚人的或和平渗透或武装移民的连续冲击下，迈锡尼文明主要城邦纷纷瓦解。在接下来的三个多世纪里，迈锡尼文明核心地区陷入没有城市、没有商业、没有文字、没有国家的"黑暗时代"③。

总体来看，希腊青铜时代的爱琴文明与后世的希腊古典文明明显不同，反倒是与东地中海世界的小亚、叙巴地区、埃及、两河流域有更多相似之处，物质交往和精神交往也更为频繁和密切。迈锡尼文明地区的橄榄

---

① 线形文字 B 由表音、表意、计数三种符号组成，于 1952 年被英国学者文特里斯（Michael Ventris）和查德威克（John Chadwick）一起破译，证明其为一种古代希腊语，使用于迈锡尼文明时期。线性文字 B 泥板文献数量不多，加上刻写在器皿上的铭文，总共只有五千篇左右。每篇少则三四个文字，多则百余个文字，以简短者居多，通常从左向右阅读。所记内容主要是克诺索斯王宫以及晚些时候的底比斯、迈锡尼、派多斯王宫中有关土地和财产目录以及劳力、牲畜、祭品、武器的数量，在一定程度上反映了当时社会的经济、政治、宗教、社会状况。

② 国内学者根据公元前 264 年或前 263 年勘定的原立于爱琴海的中心位置的帕罗斯岛上的帕罗斯碑铭文等文献，推定特洛伊陷落的时间为公元前 1209 年 7 月 5 日。参见郝际陶《关于〈帕罗斯碑铭文〉的史料价值》，《世界历史》1998 年第 6 期，第 119 页。

③ "黑暗时代"的历史情况被后来的古希腊盲诗人荷马作成史诗，故而又被称为"荷马时代"或"史诗时代"。从表面上看，荷马史诗的背景被置于青铜时代的迈锡尼文明时期，并保留了迈锡尼文明时期的记忆，但其所描写的政治制度、社会结构、宗教信仰等与迈锡尼文明时期明显不同，更接近于迈锡尼文明毁灭后希腊世界，也即公元前 10—前 8 世纪希腊世界的现实。

油、香料等产品出口到叙巴地区，特别是美轮美奂的陶器遍布东地中海世界其他各国各地区，如在埃及的底比斯、瑞弗、古罗布、阿玛纳等遗址以及叙巴地区的卡开迈什、阿拉拉赫、乌加里特、卡特纳、卡代什、巴比罗斯、西顿、哈托尔、米格都、阿什克龙等 58 个遗址都出土了来自迈锡尼文明地区的陶器，从而成为鉴定东地中海世界考古年代的标尺之一。[1] 而满载铜器、陶器、芝麻、黄金、颜料的叙巴地区商船和满载谷物的埃及商船频繁往来穿梭叙巴地区、埃及与迈锡尼文明各邦之间，其中大多以塞浦路斯，也即阿拉西亚[2]为中转站。由于迈锡尼城邦国王在东地中海世界国际贸易上举足轻重的地位，赫梯人将迈锡尼国王瓦纳克斯视为当时已知世界的最伟大的五位国王之一。

在埃及第十八王朝和第十九王朝时期的埃及文献中，反复提到爱琴文明各邦的居民，称他们为"kftiw""iww hryw-ib""Tnj"[3]。"Kftiw"一词，意为"克里特人和米诺斯人"，曾在公元前 15 世纪的埃及文献中出现了 16 次，在公元前 14 世纪的文献中出现两次，在公元前 13 世纪的文献中出现一次，在公元前 12 世纪的文献中出现一次。词组"iww hryw-ib"，直译为"大海中的小岛"，意译为"迈锡尼人"[4]，在埃及文献中共出现 7 次，其中在埃赫那吞统治时期出现 2 次。"Tnj"一词，有可能指"Danaoi"，意为希腊本土，出现于阿蒙霍特普三世位于科姆·艾尔何坦享殿中的爱琴文明地名册和其刻于卡尔纳克阿蒙·拉神庙中的《外国地名册》中，也出现在有关埃赫那吞的埃及文献中。上述这些词或词组出现的频率，既反映了公元前 16 世纪以后迈锡尼文明逐渐取代克里特文明成为爱琴文明主体的进程，也揭示了公元前 12 世纪末迈锡尼文明走向衰亡的趋势。

埃及人对爱琴诸岛居民，也即爱琴人形象记载和刻画的准确程度，也从另一个侧面反映埃及与爱琴诸岛交往情况的演变趋势。在埃及第十八王朝时期，大约 50 座陵墓的墓室壁画和雕塑中出现外国人形象，而其中只

---

[1] J. Gilmore, *Mycenaean Trade with the East Mediterranean*, Thesis, Durham: Durham University, 1977, pp. 74 – 84.

[2] A. B. Knapp, "Review of Alashiya, Caphtor/Keftiu, and Eastern Mediterranean Trade: Recent Studies in Cypriote Archaeology and Histroy", *Journal of Field Archaeology* 12/2 (1985), pp. 231 – 250.

[3] V. Hankey, "The Aegean Interest in El-Amarna", *JMAA* 1 (1981), p. 46.

[4] E. Cline, "Amenhotep III and the Aegean: A Reassessment of Egypto-Aegean Relations in the 14th Century", *Or. NS* 56 (1987), p. 3.

有 10 座出现携带着标志性器物的爱琴人形象。哈特舍普苏特女王和国王图特摩斯三世统治时期是爱琴人形象在埃及墓室壁画和浮雕中出现最多的时期，而在国王阿蒙霍特普二世、图特摩斯四世、阿蒙霍特普三世、埃赫那吞统治时期，尽管爱琴人的形象在埃及墓室壁画和雕塑中也偶有出现，但已经明显失真，提示随着埃及与爱琴诸岛交往的日渐式微甚至完全停止，爱琴人可能已经基本绝迹于埃及社会，埃及艺术家对爱琴人形象的描绘只能依靠传说和想象了。而随着东地中海世界阿玛纳时代进入尾声，即使这类明显失真的爱琴人形象也从埃及艺术作品中彻底消失了，因为爱琴诸岛的文明之光正不可逆转地急剧暗淡下来。

爱琴诸岛与两河流域的关系没有更多的文献证据。但是 1981 年在迈锡尼王宫的考古发掘中发现了 36 个天青石印章。印章是由两河流域人发明并广泛地传播到周边地区的。而天青石制品是两河流域各国王室非常珍视的宝物，通常只限于王室使用或作为国礼赠予友邦统治者。上述数量不菲的天青石印章在希腊发现，提示两地应曾存在着某种程度的官方交往。

第三节　叙巴地区

叙巴地区，是历史上的一个地理名称，由小亚的托罗斯山脉以南、阿拉伯沙漠以北、两河流域以西的由东北—西南走向的山脉和狭小的地中海东岸沿海平原组成，既是亚洲、非洲与欧洲的交汇之处，亦是里海、黑海与尼罗河的十字路口。晚期青铜时代的叙巴地区，大致包括今叙利亚、黎巴嫩、约旦、以色列、巴勒斯坦等国家和地区。叙巴地区既是阿玛纳时代东地中海世界政治、军事的碰撞区域，也是文化、宗教的汇融地带，更是贸易、交通的天然枢纽，自然而然成为埃及、赫梯、米坦尼、巴比伦、亚述等五大强国争夺的焦点。而叙巴地区城邦的兴起与衰落，则从一个侧面反映了阿玛纳时代东地中海世界的政治生态和文化生态的变化轨迹。

"当我们每一个人不能满足自己而需要很多人互助的时候，就产生了城邦。"[①] 从公元前 20 世纪开始，占据优越地理位置的叙巴地区出现了众多操塞姆语以及操印欧语、胡里语等非塞姆语民族的迁徙浪潮，先后出

[①] 《马克思恩格斯全集》第 47 卷，人民出版社 1979 年版，第 322 页。

现巴比罗斯、乌加里特、阿姆如、雅姆哈德、卡开迈什、阿什塔塔、阿拉拉、以色列①等众多建有完备城防体系的城市国家，也即城邦。其中乌加里特居民以迦南人和胡里人居多，阿什塔塔的居民则多为西塞姆人和胡里人。阿卡德语为官方通用语言，但是各个城邦也使用其他语言，表现出地域和宗藩特征，例如阿什塔塔文献中既有阿卡德语文献，也有赫梯语、苏美尔语、胡里语文献。很多叙巴城邦的王公贵族能够讲一口流利的埃及语，如写于埃及第十二王朝时期的著名文学作品《辛努西的故事》就描述说，当埃及大臣辛努西流落到叙巴地区后惊奇地发现，当地城邦国王竟能用地道的埃及语和他交谈。②而当时叙巴地区居民的母语大多属于塞姆语系，在文化和宗教上又与两河流域同源同根。可以说，叙巴地区诸邦之间以及叙巴地区诸邦与塞浦路斯、爱琴诸岛、小亚、埃及、两河流域之间的交往十分密切。所以，无论从地缘政治上，还是文化传统上，叙巴地区诸邦都成为阿玛纳时代东地中海世界各大文明单元汇聚和交融之地。而在众多城邦中，最具有代表性的当非乌加里特、巴比罗斯、阿姆如莫属。

一 乌加里特

乌加里特位于今叙利亚北部地中海沿岸奥伦河河口之南的拉斯·沙姆拉城址。③约公元前6—前5千纪这里已有人居住。公元前4—前3千纪，

---

① 以色列人为西北塞姆人的一支。最早的以色列人被称为希伯来人，意思就是"渡河而来之人"。据《圣经》和其他史料记载，以色列人族长亚伯拉罕率领族人从两河流域的乌尔城渡过幼发拉底河和约旦河来到"流着奶与蜜"的"迦南地"。公元前16世纪，迦南发生特大饥荒，希伯来人中的一个部落以色列人南迁埃及尼罗河三角洲地区并衍生出12支派。400余年后，以色列人在领袖摩西及其继承人约书亚的率领下离开埃及并历经40余年辗转回到迦南。此后，"希伯来人"一词就很少在《圣经》中出现了，取而代之的是"以色列人"。最后由部落联盟酋长扫罗于公元前11世纪建立了以色列王国。亚述、巴比伦、波斯等都先后占领过迦南。公元135年，罗马帝国在镇压以色列人起义后，将犹太行省的名字改为"巴勒斯坦"，以消除人们对犹太民族的记忆。
② A. M. Blackman, *Middle-Egyptian Stories*, Bruxelles: Brepols Publishers, 1972, pp. 1 – 41; R. B. Parkinson, *The Tale of Sinuhe and Other Ancient Egyptian Poems 1940 – 1640 B. C.*, Oxford and New York: Oxford University Press, 1997, pp. 21 – 53.
③ 1928年春天，一个叙利亚农民在梅纳特·贝达（M. Beida）的田间耕作时，无意发现一些古物，引起考古学家的注意。不久，法国学者科罗德·沙斐尔（C. F. Schaffer）前来发掘，一个月后转移到附近的拉斯·沙姆拉继续发掘。仅用几天工夫，他便挖出第一批乌加里特泥板，从这时起到1937年，大批文献相继出土。许多出土文物陈列在叙利亚大马士革博物馆和黎巴嫩贝鲁特博物馆。

随着阿摩利人和迦南人的迁入，乌加里特步入文明时代。公元前18世纪，迦南人在此建立城。① 公元前14世纪中叶—前12世纪，乌加里特进入鼎盛时期，不仅神庙、宫殿、市政建筑、民用住宅、私人图书馆等基础设施一应俱全，国土面积更是达到2000平方千米。

乌加里特地处东地中海世界交通要冲，西与塞浦路斯和爱琴诸岛通过海路相连，南与埃及通过海路和陆路相连，北与小亚南部和东南部、东与两河流域南部和北部通过陆路相连。利用从塞浦路斯进口的铜矿石和本地出产的优质木材，乌加里特的冶铜业、木材加工业和工艺品制造业十分兴旺。为了实现本国经济利益的最大化，特别是维护国际中转贸易的正常运行，阿米什塔姆如一世、尼克马都二世、亚尔哈布、尼克梅帕、阿米什塔姆如二世、伊比拉努、尼克马都三世、阿姆拉庇等8位国王凭借国家雄厚的财力，打造了一支庞大的舰队，舰船最多时达150艘。②

然而，在五大强国主导的阿玛纳时代，乌加里特自然不可能独善其身，而是成为埃及和赫梯反复争夺的对象。埃及第十八王朝国王图特摩斯四世首次将乌加里特纳入埃及版图。③ 阿蒙霍特普三世统治时期，乌加里特国王阿米什塔姆如一世自称为埃及国王的仆人。乌加里特继任国王，也即阿米什塔姆如一世之子尼克马都二世，仍自称为阿蒙霍特普三世的继承人埃赫那吞的仆人。④ 尼克马都二世的印玺的纹饰就融合了典型的埃及元素，如用象形文字书写自己的王名。⑤

随着赫梯的崛起和赫梯与埃及争霸局面的形成，乌加里特转而成为赫梯属邦。为了打击埃及在叙巴地区的其他属邦，赫梯国王苏皮路里乌马一世曾致信乌加里特国王尼克马都二世，允许他攻打周边反叛赫梯的城邦，并授权他收编反叛城邦的军队，兼并反叛城邦的领土。⑥ 而乌加里特国王尼克梅帕与赫梯国王穆尔西里二世签订的宗藩条约规定了双方的权利和义务，其中包括保护双方边境安全，乌加里特向赫梯纳贡，赫梯在乌加里特遭到入侵时出兵援助等内容。

---

① 最早提及乌加里特的文献出土于其邻城埃伯拉，时间为公元前18世纪。
② M. C. Astour, "New Evidence on Last Days of Ugarit", *AJA* 69 (1965), p. 256.
③ M. C. Astour, "Ugarit and the Great Powers", in G. D. Young, ed., *Ugarit in Retrospect*, Winona Lake: Eisenbrauns, 1981, pp. 10 – 15.
④ EA 49.
⑤ M. C. Astour, "Ugarit and the Great Powers", in G. D. Young, ed., *Ugarit in Retrospect*, Winona Lake: Eisenbrauns, 1981, pp. 16 – 17.
⑥ T. Bryce, *The Kingdom of the Hittites*, new edition, Oxford and New York: Oxford University Press, 2005, p. 165.

除了周旋于埃及与赫梯南北两大强国之间，乌加里特还与其南部邻邦阿姆如关系密切。譬如，乌加里特国王尼克马都二世与阿姆如国王阿兹如曾达成两国互助同盟协议，阿兹如还派兵支援尼克马都二世抵御外敌入侵。① 再譬如，为了化解乌曼曼达部族对乌加里特国王阿米什塔姆如二世——乌加里特国王尼克梅帕之子——发出的战争威胁，阿姆如国王奔提什那曾居中调停，使双方化干戈为玉帛。② 乌加里特与阿姆如的关系还通过王室联姻得到巩固：先是尼克梅帕迎娶了阿姆如国王图庇·泰苏普之女阿哈特米尔基；后是奔提什那将女儿嫁给了乌加里特国王阿米什塔姆如二世。③

但好景不长。公元前12世纪出现的海上民族的入侵浪潮，令整个东地中海世界风声鹤唳，草木皆兵。埃及国王美楞普塔勉强做到了御敌于国门之外；赫梯国王苏皮路里乌马二世更是连大大缩小的本土都无法保全了，尽管他收到了属邦乌加里特末代国王阿姆拉庇十万火急的求救信，但他已经无兵可派。而就在乌加里特陷落的当天，阿姆拉庇还在给塞浦路斯岛上的阿拉西亚国王写求救信："我的父亲，看啊，敌人的战舰驶过来了，我的城市火光冲天，他们无恶不作。难道我父亲不知道我的军队和战车都在哈梯吗？我的战舰都在卢卡吗？……因此，我的国家只能坐以待毙。但愿我的父亲知道：敌人的7艘战舰令我们损失惨重。"④ 显然，这封信并未来得及发出，因为海上民族已经蜂拥入城，并将乌加里特付之一炬。⑤

尽管作为政治和经济实体的乌加里特城邦灰飞烟灭了，但它在人类文明史上留下了自己深深的印迹，因为如果说叙巴地区是阿玛纳时代东地中海世界跨文化交流的中心，那么作为当时东地中海世界商品集散地和国际贸易枢纽的乌加里特，就是当之无愧的中心的中心。这种特殊的

---

① I. Singer, "A Concise History of Amurru", in S. Izre'el, I. Singer, eds., *Amurru Akkadian: A Linguistic Study*, Atlanta: Scholars Press, 1991, pp. 156 – 157.

② H. Klengel, *Syria, 3000 to 300 B. C. : A Handbook of Political History*, Berlin: Akademie Verlag, 1992, pp. 142, 172.

③ E. Laroche, *Catalogue des Texts Hittites*, 2nd edition, Paris: Klincksieck, 1971, p. 107.

④ J. Nougayrol, et al, *Ugaritica*, Vol. V, Paris: Presses Universitaires de France, 1968, pp. 87 – 90, No. 24.

⑤ 一般认为乌加里特毁于埃及国王拉美西斯三世在位的第八年，也即公元前1178年。而碳–14测定的数据显示，该城被焚毁的时间应在公元前1192—前1190年之间。参见 D. Kaniewski, E. Van Campo, K. Van Lerberghe, T. Boiy, K. Vansteenhuyse, et al., "The Sea Peoples, from Cuneiform Tablets to Carbon Dating", *PLoS ONE* 6/6 (2011), p. 6。

第一章　阿玛纳时代东地中海世界的国际政治生态　69

地位不仅体现在前面提到的政治、经济、军事、外交领域，也体现在艺术和语言领域。

早在公元前16世纪，随着来自叙巴地区的希克索斯人入主埃及北部并建立希克索斯王朝，埃及与叙巴地区在艺术上的互相借鉴和融合的情况骤然增多。考古学家在乌加里特遗址发现了大量作为贡品献给希克索斯王朝最后一任国王阿坡斐斯和他的前任赫延的印玺和圣甲虫护身符等艺术品，其中就包括一座堪称完美融合了埃及艺术风格和本土艺术风格的阿坡斐斯的雕像。① 其中，刻有国王名衔、王室纹饰以及"拉神让他出现""每块土地上的太阳""美好的太阳"等字样的圣甲虫护身符揭示了埃及使节曾出现在乌加里特。经学者考证，目前已出土的这些艺术品绝大部分是普通个人所有，从一个侧面说明了这些艺术品的普及程度。

乌加里特的艺术作品即借鉴了埃及等外来文化元素，又融入了本土文化元素，形成兼容并蓄的艺术风格。② 本土文化风格主要体现在象牙雕像、浮雕、金属饰品、滚筒印章等艺术作品中。从主题上来看，以塑造人物为主，具体来说有坐在椅子上接受朝拜的人物，有站着或站着挥动武器的人物，有站姿的裸体女性人物等。从体积上来看，大都比较小巧，高度通常不超过8厘米。坐在椅子上接受朝拜的人物是最为常见的主题，从人物所戴冠冕服饰判断，这些人物应该是当时神明或位高权重之人。③

外来文化元素主要体现在两组象牙家具饰板浮雕和三只雪花石膏雕塑等艺术作品中。两组家具饰板浮雕的第一组饰板有六副浮雕，主题为哈托尔女神④哺育王室后代，从左至右依次为一个擒着一支活羊的男性、

---

① D. B. Redford, *Egypt, Canaan, and Israel in Ancient Time*, Princeton: Princeton University Press, 1992, p. 118.
② H. J. Kantor, *The Aegean and the Orient in the Second Millennium B. C.*, Bloomington: Principia Press, 1947, pp. 86 – 89.
③ P. Rehak, J. younger, "International Styles in Ivory Carving in the Bronze Age", in E. H. Cline, D. Harris-Cline, eds., *The Aegean and the Orient in the Second Millennium: Proceedings of the 50th Anniversary Symposium*, Liege: Universite de Liege, Histoire de l'Art et Archeologie de la Grece Antique, 1998, pp. 229 – 256.
④ 哈托尔，作为一位女神，掌管了有关女性的快乐、爱情、浪漫、丰饶、舞蹈、音乐、美酒、香水等几乎所有一切。哈托尔女神的化身通常有女人、母牛、鹅、狮子、无花果树等，其中最为常见的当属母牛，就算化身为女人，往往也有一个牛头或一对牛耳。在民间和宗教传说中，哈托尔被描述成一棵流着白色牛乳状液体的无花果树，或是一头正在给法老哺乳的母牛。

一个手拿一只动物并肩扛一只鹿的男性、一个身着长裙并手握不明物体的女性、一个怀抱婴儿正在哺乳的长有角和翅膀的女性、一对拥抱着的夫妇和一个双手握持武器的侍卫,其中哺乳女性居于正中,表明她是整组浮雕的主角;第二组饰板有四副浮雕,主题为哈托尔女神养育全体乌加里特人,从左至右依次为一个手持无花果树枝的裸体女性、一个正在猎杀狮子的身着褶裙和头戴王冠的男性、一个持斧握弓的男性、一个面前有一名鞠躬侍从的手握权杖并制服一头狮子的男性。① 勇士击打敌人和猎杀狮子以炫耀胜利的主题在埃及王室和私人浮雕中经常出现,第一组作品中的猎鹿男性雕像和第二组作品中猎狮男性雕像都学习借鉴了这一主题,甚至人物所穿戴的褶裙和王冠都是埃及风格的,但也并没有完全照抄照搬,如作品中的人物是将武器紧握于腰际,而在埃及同类作品中,人物多是将武器高高举过头顶。三只雪花石膏花瓶也具有多种埃及文化元素。如花瓶的铭文"尼克马都——乌加里特的伟大统治者"是用埃及象形文字书写的。在此铭文的下面是并排端坐的尼克马都二世和一位女子。有学者推断,这位女子来自埃及,整个浮雕描写的是尼克马都二世在迎娶埃及女子。② 无独有偶,考古学家在米格都也出土了以阿什克龙国王迎娶埃及女子为主题的浮雕。然而,埃及向来奉行只娶不嫁的跨国联姻政策,对巴比伦、米坦尼、赫梯等大国都未破例,更不用说乌加里特和阿什克龙这类城邦了。③ 所以这可能只是乌加里特和阿什克龙国王的美好愿望的艺术化呈现而已。④

除了艺术作品,乌加里特的国际风格还体现在语言文字方面。在乌加里特,来自东地中海世界各国各地区的操埃及语、苏美尔语、胡里语、阿卡德语、阿拉西亚·米诺斯语、卢维语、乌加里特语的商人们建立各种自治组织和团体,协调各自的经贸活动。而乌加里特书吏不但通晓楔形文字,而且对埃及的文字系统也运用自如。不仅如此,他们还研习阿卡德语、苏美尔语和胡里安语。公元前15世纪,乌加里特又创造了自己的语

---

① C. F. A. Schaeffer, ed., *Ugaritica*, Vol. IV, Paris: Imprimerie Nationale, 1962, pp. 17–23.
② M. Yon, ed., *Ras Shamra-Ougarit VI: Arts et Industries de la Pierre*, Paris: Editions Recherche sur les civilisations, 1991, cat. No. 10.
③ A. R. Shulman, "Diplomatic Marriage in the Egyptian New Kingdom", *JNES* 38 (1979), pp. 177–193.
④ 20世纪60年代,埃及学家史密斯首次用"国际风格"这一术语来描述乌加里特艺术作品的特征。参见 W. S. Smith, *Interconnections in the Ancient Near East: A Study of the Relationships between the Arts of Egypt, the Aegean, and Western Asia*, New Haven and London: Yale University Press, 1965, pp. 35, 97。

言——乌加里特语——一种以楔形为文字为外在形式的拼音文字，这是人类历史上的第一种拼音文字。①

二 巴比罗斯

巴比罗斯，坐落在地中海东岸，位于今黎巴嫩首都贝鲁特以北约40千米。巴比罗斯的历史可追溯至公元前88—前70世纪，并从公元前5千纪开始持续有人类居住。公元前32世纪，当地居民大规模垒石筑屋。公元前28世纪，迦南人在此建城。② 该城在埃及古王国第四王期国王斯尼弗鲁在位期间的象形文字文献中被称为可布内③，在埃及新王国第十八王朝阿蒙霍特普三世和埃赫那吞统治时期的阿卡德语楔形文字阿玛纳书信中被称为古布拉，原义可能是指"井"或"神之源"④。

早在埃及古王国时期，巴比罗斯就可能已经成为埃及的殖民地。⑤ 而在此后的数个世纪里，巴比罗斯一直是埃及海上贸易航线的最北端和在亚洲的最大贸易伙伴。⑥ 巴比罗斯所在的黎巴嫩地区盛产雪松、油脂和树脂，是埃及不可或缺的重要进口商品，其中木材主要用于建筑和制作家具，油脂和树脂则被用来制作木乃伊和药物。⑦ 通过巴比罗斯，埃及还与埃伯拉、马瑞、阿拉西亚等城邦以及爱琴诸岛建立了间接贸易往来关

---

① 1930年，由于人们成功地破译了乌加里特楔形文字拼音字母，人们才开始对其文学和宗教有了一些认识。史诗、颂诗和祷文揭示了迦南宗教的内涵，有助于加深人们对《旧约全书》的进一步的理解，而《旧约全书》是迦南人在文学上的最高成就。或是在迈锡尼文明时期，或是晚于迈锡尼文明500年以后，当希腊商人再次来到黎凡特时，希腊人学习并借鉴了这一地区的文化。一个最明显的例子就是乌加里特众神通常被认为居住在山上，这座供众神居住的山的名字是卡西奥斯·艾山，而乌加里特的主神和众神之父是宙斯·卡西奥斯。此外，兴起于公元前1千纪的腓尼基在语言和文化上都与乌加里特联系密切。参见孙宝国《十八世纪以前的欧洲文字传媒研究》，黑龙江人民出版社2005年版，第24—30页。
② W. Helck, *Die Beziehungen Agyptens zu Vorderasien im 3. und 2. Jahrt ausend v. Chr.*, Wiesbaden: Harrassowitz, 1971, pp. 21 – 24.
③ T. Wilkinson, *The Rise and Fall of Ancient Egypt*, New York: Random House Trade Paperbacks Books, 2011, p. 66.
④ 《旧约全书·以西结》第二十七章第九节。
⑤ W. E. Mills, R. A. Bullard, *Mercer Dictionary of the Bible*, Macon: Mercer University Press, 1990, p. 124.
⑥ T. Wilkinson, *Early Dynastic Egypt*, London and New York: Routledge, 1999, p. 78.
⑦ D. B. Redford, "A Gate Inscription from Karnak and Egyptian Involvement in Western Asia during the Early 18th Dynasty", *JAOS* 99 (1979), p. 274.

系。① 如考古学家曾在埃伯拉遗址发掘出一盏刻有埃及第四王朝国王胡夫名字的灯台以及刻有第六王朝国王派比一世名字的瓶盖,"这些物品很可能是通过某一沿海城市间接传播到埃伯拉的,而这个作为中转站的城市应该就是巴比罗斯"②。

除了贸易活动,巴比罗斯与埃及一直存在着政治、宗教、军事等方面的密切交往。在巴比罗斯保护神阿斯塔特女神③庙的墙壁上,刻有许多埃及国王的名字,如第二王朝的哈塞赫姆维,第四王朝的胡夫、哈弗拉、蒙卡拉,第五王朝的萨胡拉、尼斐利尔卡拉、迪德卡拉、纽塞拉、伊塞西、乌纳斯,第六王朝的特悌、培比一世、麦里拉、培比二世,第十二王朝阿蒙纳姆赫特二世。刻有"巴比罗斯总督"字样的印玺等考古文物显示,在埃及第十二王朝时期,巴比罗斯承认了埃及的宗主国的地位。埃及第十三王朝时期,巴比罗斯国王亚吞·阿姆仍奉埃及为宗主国,自称埃及国王的"仆人"。公元前21世纪中叶,操塞姆语的阿摩利人焚毁巴比罗斯。公元前19世纪中叶,在埃及的支持下,巴比罗斯重建神庙和城市,经贸活动更是扩展到位于里海和黑海之间的中亚高加索地区和爱琴海之南的地中海克里特岛等地。④

从公元前1350年开始,巴比罗斯国王瑞布·阿达及其继承人伊里·拉庇赫先后几十次致信埃及第十八王朝国王埃赫那吞,报告其南部邻邦阿姆如对宗主埃及明目张胆的背叛活动,以及纠集阿皮如人对巴比罗斯等埃及属邦的肆无忌惮的侵略行径⑤,其中一封书信以充满蔑视的口吻写道:"阿皮如人占据了陛下的土地,他们以为自己是谁!难道他们是米坦尼国王、巴比伦国王或赫梯国王?"⑥ 但没有出土文献表明埃赫那吞对巴比罗斯国王的报告和请求表明态度或采取行动,瑞布·阿达

---

① W. A. Ward, "Egyptian Relations with Canaan", in D. N. Freedom, et al., eds., *The Anchor Bible Dictionary*, Vol. II, New York: Doubleday, 1992, p. 401.
② G. S. Matthiae, "The Relations between Ebla and Egypt", in E. D. Oren, ed., *The Hyksos: New Historical and Archaeological Perspectives*, Philadelphia: Pennsylvania University Museum, 1997, pp. 415–429.
③ 阿斯塔特女神,又称巴阿拉特·盖特尔女神,是巴比罗斯的保护神,其地位相当于埃及的哈特尔女神。
④ D. B. Redford, *Egypt, Canaan, and Israel in Ancient Times*, Princeton: Princeton University Press, 1992, p. 208.
⑤ EA 74; J. L. McLaughlin, *The Ancient Near East*, New York and Cincinnati: Abingdon Press, 2012, p. 36.
⑥ EA 116.

本人也于公元前1315年前后在阿姆如国王阿瑞·泰述布发动的突袭中死于非命①。

巴比罗斯与埃及的交往在埃及新王国第十九王朝时期达到最高水平，在埃及新王国第二十王朝和埃及第三中间期第二十一王朝时期有所下降，在埃及第三中间期第二十二王朝和第二十三王朝时期有所回升。随着埃及新王国时期，也即帝国时期的落幕，巴比罗斯也结束了作为埃及殖民地的历史，并成为当时最负盛名的腓尼基城市。埃及第三中间期结束之后，巴比罗斯作为埃及国际贸易伙伴的地位逐渐被其新兴的邻居西顿和推罗所取代。②

三 阿姆如

阿姆如一词，最早见于出土于法拉丘的一份公元前26世纪的苏美尔语楔形文字文献，其表意符号写作"MAR. TU"③。该词在阿卡德语中写作"Amurru"，主要有四种含义，即方位名"西方"④、地域名"西部"、族群名"西部部族"⑤、神明名"西部部族之神"⑥。而就部族名而言，具体是指两河流域居民对幼发拉底河中游以西叙巴地区奥伦特斯河两岸操西塞姆

---

① EA 59.
② I. Shaw, ed., *The Oxford History of Ancient Egypt*, Oxford and New York: Oxford University Press, 2000, p. 321; W. Helck, *Die Beziehungen Agyptens zu Vorderasien im 3. und 2. Jahrtausend v. Chr.*, Wiesbaden: Harrassowitz, 1971, pp. 93 - 94; D. B. Redford, *Egypt, Canaan, and Israel in Ancient Times*, Princeton: Princeton University Press, 1992, pp. 101 - 165; J. Van Seters, *The Hyksos: A New Investigation*, New Haven: Yale University Press, 1966, pp. 121 - 126; A. H. Gardier, *Egypt of the Pharaohs: An Introduction*, London and New York: Oxford University Press, 1978, pp. 156 - 157.
③ A. Haldar, *Who Were the Amorites?* Leiden: E. J. Brill, 1971, p. 5.
④ D. Frayne, "Sargonic and Gutian Period", *RIME* II, pp. 91 - 92; D. O. Edzard, "Gudea and his Dynasty", *RIME* III/1, p. 34; I. J. Gelb, "The Early Hisory of the West Semitic Peoples", *JCS* 15/1 (1961), p. 30.
⑤ 对于"Amurru"一词的"地域名"和"部族名"这两个释义之间的关系，学术界尚无定论，有学者认为地域名引申自族群名，有学者则认为族群名衍生自地域名。参见 P. Bienkowski, A. Millard, eds., *Dictionary of the Ancient Near East*, Philadelphia: University of Pennsylvania Press, 2000, p. 16; Muchou, Poo, ed., *Enemies of Civilization: Attitudes toward Foreigners in Ancient Mesopotamia, Egypt, and China*, Albany: State University of New York Press, 2005, p. 40; H. Klengel, *Syria, 3000 to 300 B.C.: A Handbook of Political History*, Berlin: Akademie Verlag, 1992, p. 16。
⑥ K. Van der Toorn, "Amurru", in K. Van der Toorn, B. Becking, P. W. Van der Horst, eds., *Dictionary of Deities and Demons in the Bible*, 2nd extensively revised edition, Leiden, Boston and Koln: E J. Brill, 1999, p. 32.

语的游牧部落的称谓。①

公元前20世纪，来自"西方"的一些部落逐渐东迁至叙利亚内陆地区，其中的某些部落或家族开始崛起。苏美尔人创立的乌尔第三王朝结束后，出现了操西塞姆语的阿摩利人主导的伊新—拉尔萨王朝，最终他们重新统一两河流域，建立古巴比伦王朝。在古巴比伦王朝时期的马瑞书信及阿拉拉赫文书中，作为地理概念的阿姆如地区，位于霍姆斯平原与地中海之间的叙利亚中南部。② 而作为政治实体的阿姆如城邦，则从公元前14世纪开始出现，其地理位置大致处于霍姆斯河与地中海之间的卡特纳以南、哈苏拉以北并与阿拉拉赫相邻的地区，相当于今天的西部和西北部以及黎巴嫩北部。③

阿姆如的地理位置决定了其国运在阿玛纳时代与周边强国息息相关。以胡里人为主体的米坦尼王国一度成为叙利亚地区的霸主。公元前16世纪，埃及新王国建立伊始，阿赫摩斯一世驱逐了曾经曾统治埃及北部并建立王朝的来自亚洲的操塞姆语的希克索斯人，并乘胜将埃及的势力范围扩张到叙巴地区。经过百余年的争夺，埃及逐渐占得上风，取代米坦尼成为包括阿姆如在内的叙巴地区城邦的宗主国。④

公元前14世纪，北方的赫梯王国国王苏皮路里乌马一世开始向南扩张，不断蚕食位于阿姆如以北、以东的米坦尼属邦。阿姆如虽然名义上是埃及属邦，但由于其地处埃及势力范围的最北端，自然成为埃及实际控制力最为薄弱的地带。米坦尼自顾不及，赫梯的无暇顾及，埃及的鞭长莫及，这就客观上为阿姆如的悄然崛起创造了有利的国际和地区环境。

早在埃及第十八王朝国王阿蒙霍特普三世在位初期，在一个以"埃及的敌人"⑤ 阿布迪·阿什尔塔为首的家族领导下，可能是出于"接管繁荣

---

① A. H. Gardiner, *Ancient Egyptian Onomastica*, Vol. II, Oxford and New York: Oxford University Press, 1947, pp. 235 – 236; I. Singer, "The 'Land of Amurru' and the 'Lands of Amurru' in the Sausgamuwa Treaty", *Iraq* 53 (1991), pp. 69; A. K. Grayson, *Assyrian Rulers of the Early First Millennium B. C. (1114 – 859 B. C.)*, Toronto, Buffalo and London: University of Toronto Press, 1991, pp. 37, 41, 42, 44, 52, 53, 57, 60, 63, 64, 96, 104, 218, 298, 309, 311, 312, 330.

② I. J. Gelb, "The Early History of the West Semitic Peoples", *JCS* 15/1 (1961), p. 41; H. Klengel, *Syria, 3000 to 300 B. C. : A Handbook of Political History*, Berlin: Akademie Verlag, 1992, p. 161.

③ I. Singer, "AConcise History of Amurru", in S. Izre'el, I. Singer, eds., *Amurru Akkadian: A Linguistic Study*, Atlanta: Scholars Press, 1991, p. 137.

④ B. M. Bryan, "The 18th Dynasty before the Amarna Period (ca. 1550 – 1352 B. C.)", *OHAE*, pp. 237 – 241.

⑤ EA 62.

第一章　阿玛纳时代东地中海世界的国际政治生态　75

的腓尼基诸邦的商贸"① 或 "控制贸易路线和课税"② 等动机，阿姆如③采取煽动阿皮如人④发起 "杀死你们的主人"⑤ 的起义与直接派遣大军兵临城下相结合的策略，首先成功吞并了周边的大马士、什伽塔、阿弥亚、伊尔卡塔、西迈拉、图尼普等埃及属邦。为警告和威慑阿姆如的扩张行为，埃及曾在此间派阿马纳帕率部抵达叙利亚沿海地区。⑥ 但阿布迪·阿什尔塔并未因此而有所收敛，相反却将矛头指向埃及在叙巴地区的殖民地——

---

① A. James, "Egypt and Her Vassels: the Geopolitical Dimension", in R. Cohen, R. Westbrook, eds., *Amarna Diplomacy: The Beginnings of International Relations*, Baltimore and London: Johns Hopkins University Press, 2000, p. 117.
② 〔英〕巴里·布赞、理查德·利特尔：《世界历史中的国际体系——国际关系研究的再构建》，刘德斌主译，高等教育出版社 2004 年版，第 157 页。
③ 有学者通过对 EA 162 等文献的分析，提出阿姆如的首都阿姆如城即苏穆尔城。参见 R. R. Stieglitz, "The City of Amurru", *JNES* 50/1 (1991), pp. 45 – 48. 但阿姆如人并没有固定的统治中心，其都城可能是处于不断的迁徙状态，譬如，就连阿姆如城邦最著名的国王阿布迪·阿什尔塔和阿兹如，都没有可靠的证据表明他们有常驻之地。参见 Y. Goren, I. Finkelstein, N. Na'aman, "The Expansion of the Kingdom of Amurru according to Petrographic Investigation of the Amarna Tablets", *BASOR* 329 (2003), pp. 5 – 8.
④ 早在埃及第十九王朝国王拉美西斯二世统治时期开始之前，埃及人就把来自死海北部地区的塞姆人称为哈皮如人，而将来自死海南部地区的塞姆人称为沙苏人。"阿皮如" 的原始含义为 "灰尘的制造者"，即那些策马驰骋的人。目前学术界通常认为阿皮如人不是一个种族，而是公元前 18—前 12 世纪分布于迦南、叙利亚、埃及、努孜（位于今伊拉克北部的基尔库克附近）、小亚的生活在城垣之外农村地区的处在主流社会边缘和半独立状态的特殊社会阶层这个阶层没有城邦公民权，所以尽管偶尔定居于城内，但通常居无定所，处于流动状态，且多以杀人越货为业。参见 J. Blenkinsopp, *Judaism, the First Phase: The Place of Ezra and Nehemiah in the Origins of Judaism*, Grand Rapids: Eerdmans, 2009, p. 19。在叙巴地区城邦林立且彼此纷争不断的年代，阿皮如人逐渐成为阿姆如等城邦统治者借助的一支重要政治势力和军事力量，甚至直接成为雇佣军的主要来源。游牧民族出身的阿姆如统治者与阿皮如人的联合，成为引发地区动荡的最大不安定因素，令巴比罗斯国王瑞布·阿达等传统意义上的叙巴地区城邦统治者恐慌不安。参见 D. B. Redford, *Egypt, Canaan, and Israel in Ancient Times*, Princeton and Cairo: Princeton University Press, 1992, p. 195; J. Bright, *A History of Israel: With an Introduction and Appendix by William P. Brown*, 4th edition, Louisville: Westminster John Knox Press, 2000, pp. 93 – 96; J. L. McLaughlin, *The Ancient Near East*, New York and Cincinnati: Abingdon Press, 2012, p. 36。需要补充说明的是，阿皮如人的出身和来源相当多元，而且并非个个都是杀人越货之徒。参见 R. Youngblood, "The Amarna Letters and the 'Habiru'", in G. A. Carnagey, K. N. Schoville, *Beyond the Jordan: Studies in Honor of W. Harold Mare*, Eugene: Wipf and Stock Publishers, 2005, pp. 134 – 135。譬如，一个名叫伊德瑞米的阿皮如人，原本是阿拉拉赫被废黜国王的王子，在阿皮如人伙伴的支持下，他后来当上了阿拉拉赫国王。参见 N. Na'aman, *Canaan in the Second Millennium B. C. E.: Collected Essays*, Winona Lake: Eisenbrauns, 2005, p. 112。
⑤ EA 71.
⑥ EA 79, EA 117.

富庶的古布拉，也即巴比罗斯。阿布迪·阿什尔塔将军队"集结在宁努尔塔神庙里"，号召周边各邦中的阿皮如人奋起反抗埃及的殖民统治："像我这样杀死你的主人，然后你将赢得和平！……我们应把殖民者赶出我们的土地，所有的土地都将成为阿皮如人的，一个宣示和平的条约将在这片土地上签订，我们所有的儿女都将生活在和平的家园里。埃及国王终将被逐，因为所有土地都视他为敌，他能拿我们怎么样！我们已经建立了联盟。"① 为了最后夺取巴比罗斯，阿布迪·阿什尔塔先行攻占了埃及总督直接管辖的乌拉萨和苏穆尔。② 然后对巴比罗斯形成合围之势，从而引发了巴比罗斯的内部动荡，甚至出现了国王被刺事件。③ 为解巴比罗斯之围，阿蒙霍特普三世曾写信谕令贝鲁特、西顿、推罗派兵驰援，但遭到婉拒，这三个城邦可能已经被迫与阿姆如结盟，因为有文献显示阿布迪·阿什尔塔曾在阿皮如人护卫下专程赴贝鲁特会见其国王亚帕赫·阿达。④ 巴比罗斯国王瑞布·阿达在致信阿蒙霍特普三世求援时也提到来自阿布迪·阿什尔塔的政治压力和外交攻势："请尽快回信，否则我将不得不像贝鲁特国王亚帕赫·阿达和西顿国王兹穆尔·埃达一样，与阿布迪·阿什尔塔结盟。"⑤

与对周边城邦直接付诸武力的解决方式截然不同，阿布迪·阿什尔塔与埃及和米坦尼两大邻国巧妙周旋，从外交的层面"成功地臣服于两个宗主"⑥。他致信阿蒙霍特普三世称自己为"埃及国王的仆人和埃及宫殿中的一条狗，代表埃及管理阿姆如"⑦，并抵御米坦尼对埃及北部属地的侵扰，保卫埃及国王的疆土。而几乎与此同时，他又亲自前往米坦尼负荆请罪，承诺定期缴纳贡赋，以取得米坦尼国王的谅解。⑧ 有阿玛纳书信显示，米坦尼国王曾回访过阿姆如，并到达阿姆如占领下的苏穆尔，对阿姆如疆域之辽阔赞叹不已。⑨ 对于占领埃及总督帕纳哈特驻守的阿穆尔城这一事件，

---

① EA 74.
② EA 84.
③ EA 81.
④ EA 85.
⑤ EA 83.
⑥ H. Klengel, *Syria, 3000 to 300 B. C.*: *A Handbook of Political History*, Berlin: Akademie Verlag, 1992, p. 165.
⑦ EA 60.
⑧ EA 101; D. O'Conner, E. H. Cline, eds., *Amenhotep III: Perspectives on His Reign*, Ann Arbor: University of Michigan Press, 1997, p. 228.
⑨ EA 85, EA 90, EA 95.

阿布迪·阿什尔塔在致埃及国王阿蒙霍特普三世的书信中诡称其目的在于替有其他公务在身的帕纳哈特照看苏穆尔的田地。① 而在写给帕纳哈特本人的书信中，他又辩称占领苏穆尔的目的是为了防止游牧民族舍赫拉里人的袭扰。②

阿布迪·阿什尔塔的军事外交行动令阿蒙霍特普三世一筹莫展，十分被动，但阿蒙霍特普三世很快收到"阿布迪·阿什尔塔病重"③的好消息。趁此机会，阿蒙霍特普三世派兵讨伐并击败阿姆如，而阿布迪·阿什尔塔很可能在此期间死于国内动乱，因为一封阿玛纳书信提到"他们已经杀了阿布迪·阿什尔塔，所以战舰不必驶入阿姆如海域"④。

然而，尽管阿布迪·阿什尔塔去世了，但其子阿兹如登上王位并继续奉行扩张政策。阿兹如通过承诺放弃对位于乌加里特南面的西亚努的兼并，与北方的乌加里特签订了联盟条约："乌加里特国王尼克马都与阿姆如国王阿兹如共同发誓：既往阿姆如反对乌加里特的言论，已于今日即行终止。"⑤ 阿兹如随后又与艾塔卡马结盟，然后南下攻陷巴比罗斯，接着东向征服奥伦特斯河中游的图尼普⑥，最后再转向东南并一举占领了奥伦特斯河上游的阿姆克、乌普，使其领土西邻地中海沿海平原的乌拉萨、苏穆尔，东邻大马士和卡代什，北邻乌加里特、卡特纳、努哈什舍，大致囊括了黎巴嫩以东的哈布尔河两岸地区。⑦ 如果说阿布迪·阿什尔塔是阿姆如国家的草创者，那么阿兹如则是阿姆如国家当之无愧的奠基者，这一方面体现在阿兹如的印章被后继者奉为阿姆如传国玉玺⑧，另一方面表现为阿兹如成功地将骁勇善战的阿皮如人由其父王时代的互相利用的政治和军事盟友彻底收服为绝对忠诚的得力部属。⑨

对于取代米坦尼的北方新兴大国赫梯以及南方的传统强国和名义上的

---

① EA 60.
② A. F. Rainey, *The El-Amarna Correspondence: A New Edition of the Cuneiform Letters from the Site of El-Amarna Based on Collations of All Extant Tablets*, Leiden: E. J. Brill, 2015, p. 18.
③ EA 95.
④ EA 101; I. Singer, "A Concise History of Amurru", in S. Izre'el, I. Singer, eds., *Amurru Akkadian: A Linguistic Study*, Atlanta: Scholars Press, 1991, p. 145.
⑤ J. Nougayrol, *Le Palais Royal d'Ugarit*, Vol. IV, Paris: Presses Universitaires de France, 1961, pp. 284–285.
⑥ EA 59.
⑦ I. J. Gelb, "The Early Hisory of the West Semitic Peoples", *JCS* 15/1 (1961), p. 42.
⑧ H. Klengel, *Syria, 3000 to 300 B. C.: A Handbook of Political History*, Berlin: Akademie Verlag, 1992, pp. 161, 165.
⑨ EA 73, EA 81, EA 85, EA 126, EA 138.

宗主国埃及，效仿其父王，阿兹如采取了与对付周边小邦完全不同的低姿态和灵活策略。但想要在南北两大敌对强国之间左右逢源，夹缝中求生存求发展，对于阿兹如而言殊为不易。譬如，面对北方强邻赫梯，阿兹如表现得恭顺有加，殷勤款待和赏赐赫梯使节，但却使未受到同等礼遇的埃及使节感到受到了前所未有的怠慢甚至侮辱。① 埃及国王埃赫那吞对阿兹如的此类做法非常不满，同时直言不讳地谴责阿兹如私下交结已臣服赫梯并与埃及为敌的卡代什国王的行径，认为这都是对埃及的赤裸裸的背叛。②

而为了消除名存实亡的宗主国埃及的疑虑，阿兹如谦卑有加地致信驻节阿穆如的埃及钦差大臣图图，信誓旦旦地表示"阿姆如是你的土地，我的家就是你的家"，"我是我的主人、国王陛下的仆人，绝不会违背他的旨意"③。阿兹如请求图图拒绝"骗子在埃及国王面前造谣滋事"④，声称古布拉等"所有那些城邦的统治者都是骗子"⑤，期待埃及国王明察。与此同时，阿兹如在信中表示将会一如既往地向埃及称臣纳贡，并承诺一定会按埃及的要求重建被其损毁的苏穆尔城。⑥ 但埃赫那吞不依不饶，执意要求阿兹如亲赴埃及当面解释。担心这必定是一场鸿门宴的阿兹如再三试图推脱，"我正在图尼普城，赫梯国王正要来阿姆如——陛下的土地，我的主人和陛下怎能不允许我留下来保卫你自己的土地呢？现在赫梯国王已进抵努哈什舍，再有两天就到图尼普了，我担心他会攻击图尼普"⑦。阿兹如在书信中反复强调阿姆如是埃及的土地，而赫梯人对埃及利益的威胁迫在眉睫。⑧ 他甚至建议派两位王子赴埃及为质，以便自己留在阿姆如应对赫梯的军事威胁。⑨ 但早以恼羞成怒的埃赫那吞不为所动，阿兹如权衡再三，最后不得不决定在埃及官员哈提普的陪同下应召前往埃及，但在临行前，他特地致信埃赫那吞，要求埃赫那吞及其臣属在阿姆如众神和埃及阿蒙神面前发誓绝不伤害他。⑩ 然而，不出所料，阿兹如甫至埃及，立即被软禁起来。

---

① EA 161.
② EA 162.
③ EA 60.
④ EA 158.
⑤ EA 159.
⑥ EA 160 – 161.
⑦ EA 165.
⑧ EA 168.
⑨ EA 156, EA 160, EA 164 – 167.
⑩ EA 164.

第一章　阿玛纳时代东地中海世界的国际政治生态　79

　　为了营救阿兹如，阿姆如当局曾致信埃赫那吞，以努哈什舍和赫梯正在对阿姆如之地构成威胁为由，请求他"不要扣留你的仆人阿兹如，让他回来镇守国王、我的主人的土地"①，但一直未果。直到数年后，也许是良心发现，更可能的是基于地缘政治的综合考虑，埃赫那吞将阿兹如释放回国。② 有文献记载，此时的阿兹如尽管已经双目失明，但"秉性一如当初，未曾稍改"③。回国的阿兹如继续奉行亲赫梯政策，主动向赫梯靠拢，并在苏皮路里乌马一世征服卡开迈什后，与赫梯签署了宗藩条约，条约开篇即写道："当埃及国王、米坦尼国王与其他众邦首领都与赫梯国王为敌之际，阿兹如从埃及的大门走过来……跪倒在国王面前。"④ 根据该条约，阿姆如每年需向赫梯纳贡纯黄金300舍克尔⑤，同时不得再寻找第三国的保护。⑥从此，阿姆如与卡代什一样，正式脱离埃及的控制，使埃及在亚洲的势力范围退缩至奥伦特斯河谷以南地区。

　　苏皮路里乌马一世去世后，阿姆如仍执行向赫梯称臣纳贡的国策，当赫梯属邦卡代什和努哈什舍举兵反叛时，阿姆如也表明了支持赫梯平叛的立场。⑦ 穆尔西里二世继阿努万达三世登上赫梯王位后，与阿姆如国王图庇·泰述布续签了宗藩条约，规定"你的先祖曾向埃及纳贡，但你不要再行此事"⑧。但此时的埃及仍没有放弃与赫梯争夺阿姆如宗主国的执念，埃及第十九王朝国王塞提一世在远征叙巴地区的过程中，曾攻占"卡代什和阿姆如之地"⑨，埃及在叙巴地区的影响力可能有所恢复，而阿姆如与埃及的原有宗藩关系亦可能得到某种程度的修复。及至塞提一世之子拉美西斯二世发动的卡代什战役爆发前夕，时任阿姆如国王的本特什纳错判战争结局，认为埃及将会赢得胜利，遂以当年臣服赫梯完全是出于先王阿兹如的个人意愿为由，向赫梯国王穆瓦塔里二世宣布"我们不再是你的臣民了"⑩，断然撕毁了与赫梯的宗藩条约，转而向埃及称臣纳贡。穆瓦塔里二

---

① EA 169–170.
② D. B. Redford, *Akhenaten: The Heretic King*, Princeton: Princeton University Press, 1984, pp. 92 ff.
③ EA 169.
④ HDT 5.
⑤ 舍克尔，英文写作"Shekel"，古希伯来重量单位，1舍克尔约等于11.25克。
⑥ HDT 5.
⑦ HDT 8.
⑧ HDT 8.
⑨ OEAE II, p. 220; A. H. Gardiner, *Ancient Egyptian Onomastica*, Vol. I, Oxford and New York: Oxford University Press, 1947, p. 140.
⑩ HDT 17.

世很快平息了阿姆如的反叛并废黜了本特什纳的王位，随后扶植亲赫梯的"沙庇里当了阿姆如之王"①。

卡代什战役以后，为了恢复埃及在叙巴地区的势力范围，拉美西斯二世发动了第八次叙巴远征，曾一度占领属于阿姆如的一座城市②，但埃及在叙巴地区的攻势已属强弩之末，最终无功而返。哈图什里三世继任赫梯国王后，迅速崛起的亚述国家已经取代埃及成为赫梯的头号劲敌。为了应对变化了的国际形势，哈图什里三世一面恢复了亲埃及的本特什纳的阿姆如王位以向埃及示好，一面主动向拉美西斯二世伸出橄榄枝，最终促成了两国签署了和平条约，亦即《银板条约》。尽管条约文本没有明确表述埃及放弃对阿姆如宗主权的声索，但事实上反映了埃及承认了阿姆如的赫梯属邦地位。绍什伽姆瓦继任阿姆如国王后，赫梯国王图德哈里亚四世与其签署了新的宗藩条约，也即《绍什伽姆瓦条约》，针对来自亚述的日益严峻的共同威胁，条约专门规定"由于亚述国王是赫梯国王之敌，故其亦为你之敌。你的商人不要去亚述，你也不要让亚述商人到你的国家经商"③。随着公元前12世纪赫梯亡于海上民族的入侵，作为赫梯属邦的阿姆如也同归于尽，不过在接下来的百年之内，原阿姆如王国属邦大马士兴起，并在以后的漫长历史岁月中逐渐成长为东地中海世界的一座历史名城。

四 其他城邦

对于叙巴地区诸邦，与赫梯采用宗藩条约的形式加以严格约束不同，除了在为数不多的战略要点有少量驻军和派出机构外，埃及的统治方式相对而言更为间接，但也更为温和，因而受到一些事实上取得半独立甚至独立地位的城邦的认同甚至欢迎。譬如，埃及第十八朝的开创者阿赫摩斯一世驱逐希克索斯人的战争结束后，沙如罕就失去了政治上的重要性，后历经阿赫摩斯一世之后四代国王，沙如罕的地位最终被加沙取代。加沙的埃及语义为"叙巴之城"，下辖耶路撒冷、塞开姆和周边地区，是一个典型的埃及化城邦。④ 及至埃及第十九王朝时期，加沙的许多原住民都受雇于埃及派出机构，其中不少人成为往来于加沙和埃及两地的信使。在加沙的

---

① HDT 17.
② A. H. Gardiner, *Ancient Egyptian Onomastica*, Vol. I, Oxford and New York: Oxford University Press, 1947, p. 179.
③ HDT 17; I. Singer, "The 'Land of Amurru' and the 'Lands of Amurru' in the Sausgamuwa Treaty", *Iraq* 53 (1991), pp. 69–74.
④ EA 296.

第一章　阿玛纳时代东地中海世界的国际政治生态　81

埃及驻军中还设有一名书记员，主要职责是向埃及国王汇报当地的军政信息。此外，加沙还在城中建有阿蒙神庙和专门的埃及国王崇拜场所。①

而纵观阿玛纳时代的大部分时间，叙巴地区城邦奋起反抗赫梯殖民统治的事件史不绝书。如努哈什里国王和卡特纳国王都致信埃赫那吞表达回到埃及怀抱的愿望；图尼普国王甚至在信中恳请埃及国王本人直接做他们的国王。② 经过长时期的酝酿，穆克什、努哈什舍、尼西亚组成反赫联盟，宣布中止与赫梯的宗藩关系，同时试图武力说服乌加里特加盟。令三国始料未及的是乌加里特国王尼克马都尽管曾对埃及十分恭顺，但竟在这一关键时刻站到了赫梯人一边。尼克马都致信苏皮路里乌马一世请求援助并宣誓效忠："恳请太阳、伟大的国王、我的主人，把我从敌人的魔掌中解救出来。我是太阳、伟大的国王、我的主人的仆人；我的主人的敌人就是我的敌人，我的主人的朋友就是我的朋友。"③ 苏皮路里乌马一世毫不犹豫地抓住了这次机会，一封答应请求的书信从哈图沙火速送至乌加里特，几乎与此同时，一支赫梯精锐部队亦被派往乌加里特，联军很快溃败。当苏皮路里乌马一世前往阿拉拉赫督战时，尼克马都一方面断然宣布与埃及断绝一切外交关系，一方面谦卑地亲自渡过奥伦特斯河迎驾。④

苏皮路里乌马一世的胃口当然不止于此。在进占穆克什、努哈什舍、尼西亚后，他要求周边其他所有城邦都要向他宣誓效忠。然而，卡特纳和乌普断然拒绝了，因为这两邦实际是由埃及任命的总督直接统治的。⑤ 对于卡特纳，赫梯人毫不手软，下令攻城，城池被夷为平地，居民则沦为奴隶。对于乌普，可能出于某些方面的考虑，赫梯人没有立即攻城灭国，但不久之后仍派遣一支部队洗劫了该邦。苏皮路里乌马一世的上述军事行动表明，他已经将矛头直指埃及在叙巴地区的直接领地。苏皮路里乌马一世之后的阿努万达三世、穆尔西里二世、穆瓦塔里二世等赫梯国王继续与埃及第十九王朝国王拉美西斯一世、塞提一世、拉美西斯二世为争夺叙巴地区的势力范围而缠斗不休。这往往令身处夹缝之中叙巴地区诸邦很难左右逢源。譬如，地处地中海沿岸的叙巴城邦米拉国王卡番塔·库伦达曾与赫

---

① R. Giveon, *The Impact of Egypt on Canaan*, Gottingen: Vandenhoeck and Ruprecht, 1978, p. 23.
② EA 51 – 55, EA 59.
③ HDT, p. 50.
④ M. C. Astour, "Ugarit and the Great Power", in G. D. Young, ed., *Ugarit in Retrospect*, Winona Lake: Eisenbrauns, 1981, pp. 19 – 20.
⑤ EA 53, EA 197.

梯国王穆瓦塔里二世签订了宗藩条约，承诺有义务支持穆瓦塔里二世的子女继承赫梯王位。然而，穆瓦塔里二世去世后的局势却远比条约规定的更为错综复杂：一开始，穆瓦塔里二世之子乌尔西·泰述布顺利继承王位；但不久王位被穆瓦塔里二世之弟哈图什里三世篡夺；最后乌尔西·泰述布辗转逃往埃及政治避难。既要不违背赫梯已故国王所签的宗藩条约，又要不得罪现任赫梯国王，还要不冒犯为乌尔西·泰述布提供政治庇护的埃及国王拉美西斯二世，这需要极大的政治智慧。卡番塔·库伦达于是致信拉美西斯二世探听虚实，而拉美西斯二世在回信中表明了埃及与赫梯两国业已建立的友好关系不会因赫梯国王的更替而有所改变的原则立场。[1]

为了扭转与赫梯在叙巴地区争霸中一直以来的被动局面，埃及第十九王朝和第二十王朝都采取了一系列军政措施来强化治理力度，但显然已是强弩之末，因为此时的东地中海世界已处于阿玛纳时代末期：爱琴诸岛进入了"黑暗时代"；叙巴地区诸邦遭遇灭顶之灾；米坦尼早已被赫梯灭国；强盛的赫梯帝国在海上民族的入侵过程中分崩离析；统一的巴比伦国家在埃兰的攻击下重新陷入小邦林立的割据状态；埃及也从历史发展的鼎盛期不可逆转地步入衰落期。[2]

---

[1] HDT, pp. 130 – 131.

[2] J. M. Weinstein, "The Egyptian Empire in Palestine: A Reassessment", *RASOR* 241 (1981), p. 17. 古代埃及文明的星光此后又闪烁了上千年，直到公元394年位于阿斯旺以南15千米的尼罗河中的小岛——菲莱岛上的伊西斯神庙大门的黯然关闭。

第二章　阿玛纳时代东地中海世界跨文化交流介质

在人类社会诞生后，"由于和他人交往的迫切需要"①，"已经到了彼此间有些什么非说不可的地步了"②，于是发音器官进化，进而发明了口头语言。而十万年来的大部分时间内，或者说自语言出现以来，传达消息的唯一手段就是口头语言。直到约五千年前，书面语言的发明才提供了与他人交流信息的新手段。的确，口头语言作为人类跨文化交流的主要手段，对于人类社会发展产生过很大作用。但由于人类生理的局限，口头交流受到很大限制，存在着明确的时空偏向：一方面，人声传播范围有限，一旦超过有效范围，传播内容将无法为他人知晓；另一方面，口口相传式的接力传播，极易导致信息失真。于是，文字的发明就成为一种迫切的需要。古代埃及的象形文字和两河流域的楔形文字是人类最早发明并得到广泛使用的两种文字系统，而其中的阿卡德语楔形文字还成为阿玛纳时代东地中海世界的国际通用语言文字。

第一节　象形文字

公元前32—前29世纪，人类进入原始文字创制阶段。这一时期，位于两河流域南部的由苏美尔人建立的乌鲁克城邦最早了出现原始字符，而几乎与此同时，在今伊朗西南部的埃兰和叙巴地区北部的埃伯拉也出现类似原始文字的符号。③ 而早在文字正式产生之前，古代两河流域已经出现

---

① 《马克思恩格斯全集》第3卷，人民出版社1960年版，第34页。
② 《马克思恩格斯选集》第20卷，人民出版社1971年版，第512页。
③ S. K. Costello, "Image, Memory and Ritual: Reviewing the Antecedents of Writing", *CAJ* 21/2 (2011), pp. 247–262.

多种信息记录方式，包括各种形状的陶筹、陶筹球、泥球、泥板等。① 为了表达更复杂的意义，苏美尔人开始在泥板等载体上勾画图形，辅以代表数字的符号，最早的象形文字文献由此诞生。古代埃及人在苏美尔象形文字造字原则的影响下，结合自身的图画文字，在公元前31世纪创造出了世界上独树一帜的埃及象形文字体系。② 因此可以说，埃及象形文字的发明，本身就是古代东地中海世界跨文化交流的一个硕果。

一 埃及象形文字的发明

在埃及文明的早期，甚至在埃及的前王朝时期，埃及与其他国家和地区，甚至与埃及相距较远的两河流域都曾发生过联系。许多发明创造，如滚筒印、石制梨型权标头等一些人工制品以及砖质建筑风格，皆源自两河流域的苏美尔文明，并在美尼斯建立第一王朝之前传入埃及，因为到目前为止，在同一时期的苏美尔文明的遗址中，还没有发现任何同时期埃及的文物，据此似可推断埃及和两河流域的联系不是双边的，而只是两河文明向埃及的传播。然而，两河文明对埃及文明的影响应该并不局限于这些人工制品，埃及语中的某些单词，特别是有关农业和某些谷类的单词与苏美尔语中的相关单词极其相似，甚至直接从苏美尔语中引用过来的。仅就埃及文明的发展进程而言，苏美尔文明的最大贡献也许就在于书写原则之传入埃及，象形文字"反映出某些对楔形文字书写方式的有意模仿，因为埃及书写文字几乎是一出现就发展成为一种完整的书写体系，这同苏美尔楔形文字缓慢的演化历程有着相当大的不同"③。

苏美尔语和埃及语之间存在着明显差异：苏美尔语的表音符号既包括元音也包括辅音，而埃及象形文字中却只有辅音符号，但是两种文字对于符号的基本使用方法却遵循了一个相似的原则，即一个表音符号不仅表达了符号图形本身所描绘的物体，而且还在一个单词中代表一个音符。另外，这两种文字都含有表意符号，即定符，用来揭示一个单词的含义，不同之处在于，埃及语中的表意符号被置于一个单词的后面，而在苏美尔语

---

① J. Cooper, "Babylonian Beginnings: The Origin of the Cuneiform Writing System in Comparative Perspective", in S. Houston, *The First Writing: Script Invention as History and Process*, Cambridge: Cambridge University Press, 2004, pp. 58 – 59. 所谓陶筹，英文写作"token"，是指呈各种几何形状或动物等形状的小型陶制器皿。
② 古代埃及象形文字，系从英语"hieroglyphic"一词翻译而来。"hieroglyphic"一词源于希腊语"hieroglyphilagrammata"，意为"神圣的雕刻文字"。
③ 〔美〕约翰·R.麦克尼尔、威廉·H.麦克尼尔：《麦克尼尔全球史：从史前到21世纪的人类网络》，王晋新、宋保军等译，北京大学出版社2017年版，第67—68页。

中，表意符号则被置于一个单词的前面。苏美尔语中的象形文字很快就发展成楔形文字系统，而只有辅音的埃及象形文字却发展为另一个文字系统。埃及象形文字系统被使用了约 3500 年之久，最后一篇象形文字文献发现于菲莱岛上的伊西斯女神庙，刻写于公元 394 年。

二　埃及象形文字的构成

与较晚出现的由单个拼音字母构成的阿拉米文字、腓尼基文字、希腊文字等字母文字不同，埃及象形文字是由 700 余个图形符号所构成。这些图形符号可分为表意和表音两大类。通过一个表意符号，无法读出其所代表的单词的发言，但却可以看出该单词的基本含义。譬如，表意符号 ⛵ 可作为名词指代各种船只，也可以作为动词，表示航行之意。而通过表音符号，则可认出一个单词的辅音拼写结构，尽管仍无法读出单词的正确发音，因为象形文字没有元音。表音符号可细分为三类：一类是只展示单个辅音的拼音符号，如 ⬭（嘴），⬭（手），❘（一块布）；一类是同时含有两个辅音的符号，如 ⬜（一座房子）；🐇（一只兔子）；一类是同时含有三个辅音的符号，如 ⬭（草垫上的面包），🎵（心脏和气管）等。①

所有字母都是辅音，其中有五个弱辅音或半元音：a、o、I、y、w。古代埃及人不会使用元音，因此，确定单词的发音之难，甚至可以说是不可能，只是从科普特语的派生词中偶尔可以推测出文字的实际发音。为了便于阅读，埃及学家们在两个辅音之间插入一个 e，如 hetep（休息）、per（房子），同时用 a 替代 a 和 o、用 u 替代 w。

在实际的文本写作过程中，古代埃及书吏可以只写出表意符号，并在其下方打上一个短竖，譬如 ⬜ pr（房子）、☉ r（太阳）。但一般情况下，他们更习惯于把一个单词的表音符号和表意符号都写出来，表音符号在前，表意符号在后，这时的表意符号被称为定符，指代单词本意，譬

---

① A. H. Gardiner, *Egyptian Grammar*: *Being an Introduction to the Study of Hieroglyphs*, 3rd edtion, Oxford and New York: Oxford University Press, 1957, pp. 8 – 9, 25.

如，▱ dpt（划船）、▱ wbn（升起、闪烁）。如果有恰当的双音或三音符号，书吏通常会毫不犹豫地采用，并将双音或三音符号中已包含的单音符号拼写出来，譬如，▱ etp（休息）一词是由一个三音符号▱构成的，同时还添加了▱ t 和 ▱ p 这两个单音符号；▱ mr（金字塔）是由一个双音符号 mr 构成的，同时添加了两个单音符号 m 和 ▱ r，这一单词的末尾还加上了指代金字塔本义的表意符号▱。①

古代埃及也有文房四宝。"笔"通常用芦管制成，一般长约15—20厘米，笔端部分用牙将纤维咬开，形成刷子，在树胶液中浸润过之后就可以蘸墨汁书写了，不用时，笔通常放在特制的笔筒之中。"墨"通常盛于墨水罐中，分黑色、红色两种，其中黑墨由灯黑与植物胶水溶液制成，红墨由铁氧化物水溶液制成，红墨主要用于文章的开头或结尾，黑墨主要用于文章的正文。②"纸"包括石材、金属、陶片、麻布、纸草等，其中的纸草为埃及特产，具有轻软平滑等优点。"砚"也称为调色板，用来调制红和黑两种颜色的墨水。古代埃及书吏习惯用一根细绳将调色板、墨水罐、笔筒连在一起，随身携带。

三　埃及象形文字的文体

埃及象形文字主要有三种文体，即铭刻体象形文字、祭司体象形文字和世俗体象形文字。

祭司体象形文字和世俗体象形文字是从铭刻体象形文字直接或间接语衍生出来的，名字分别源于希腊语单词"hieratikos"（祭司）和"demotikos"（平民）。这两种文体之所以得此之名的原因在于希腊化时期祭司体象形文字只被使用于宗教铭文，尽管在古代埃及文明早期，该文体也被广泛用于文学铭文，商业铭文以及其他世俗文献。与此同时，世俗体象形文字则被广泛地用于任何世俗文献。铭刻体象形文字即可以从左向右写，也

---

① T. G. H. James, *An Introduction to Ancient Egypt*, London: Harper and Row Publishers, 1979, p. 87.

② 〔英〕德博诺编：《发明的故事》，蒋太培译，李融校，生活·读书·新知三联书店1986年版，第124页。

可以从右向左写，而这两种文体却只能从右向左写。两种文体通常被用墨水书写于石灰石片、陶片或草纸上，只有到了晚期，它们才被刻在石材上。

祭司体象形文字的早期形式与铭刻体象形文字并没有太大的差别，它是伴随着毛笔代替刻刀作为书写工具而自然出现的。从埃及第一王朝至第三王朝，零散的祭司体象形文字铭文就有所发现，但是迄今所知最早的祭司体象形文字文献应该是埃及第五王朝时期的阿布斯尔纸草。到埃及第十一王朝，它演变成为一种十分明确的草书体象形文字，在某些情况下，两三个符号连在一起组成一个新的符号。祭司体象形文字文献通常被竖向书写，这与铭刻体象形文字的书写习惯相同，如果两个以上的符号肩并肩地排列，那么它们的阅读顺序应该是从右到左。埃及第二十王朝时期，这种书写方式逐渐消失，埃及书吏开始按水平方向书写文献，因为这种写法非常有利于书吏使用草书体书写象形文字，从而显著提高了书写速度。为了便于加快书写速度，书吏们或者避免使用结构烦琐的符号，或者仅用一个简单的斜竖取而代之，或者干脆创造出一些全新的词汇。

埃及第十八王朝时期，祭司体象形文字被十分明显地划分成了两类，书写工整规范的用于文学作品，而书写潦草的用于经济文献。在从第十八王朝至新王国结束的漫长岁月里，用于文学作品的祭司体象形文字和用于经济文献的祭司体象形文字之间的差别越来越大，人们甚至很难相信这两种文字完全是一种文体。及至埃及新王国后期，从祭司体象形文字经济文献中又发展出了两种更加潦草的文体，即世俗体象形文字和异态祭司体象形文字。现在能够勘定的异态祭司体象形文字文献的数量不到45件，其中最早一件记载了沙比提的买卖情况，书写于该文体初步形成的埃及第二十二王朝时期。异态祭司体象形文字的最后成型是在埃及第二十五王朝国王庇安赫统治时期，最晚一件异态祭司体象形文字文献书写于埃及第二十六王朝国王阿马希斯二世统治早期。现存世俗体象形文字文献约有数百件，时间从埃及第二十六王朝国王普萨姆提克一世统治的第二十一年至公元5世纪中叶。根据目前现有的文献，学者们推测世俗体象形文字始创于下埃及。塞易斯王朝，也即埃及第二十六王朝统治时期，世俗体象形文字开始向南传播，并很快替代了起源于上埃及的异态祭司体象形文字。[1]

---

[1] T. G. H. James, *An Introduction to Ancient Egypt*, London: Harper and Row Publishers, 1979, pp. 90–92; J. P. Allen, *Middle Egyptian: An Introduction to the Language and Culture of Hieroglyphs*, 2nd edition, Cambridge: Cambridge University Press, 2010, pp. 6–7.

从公元 3 世纪开始，埃及人将象形文字希腊字母化，同时在古希腊语中增加了 7 个源自埃及象形文字的字符。这种希腊化的埃及象形文字被称为科普特语。科普特一词是希腊语中含义为"埃及"的单词"aiguptios"的译音。自此之后，有关埃及象形文字的读写知识逐渐地被人们遗忘，没有人能够知道这些文字的含义。

四　埃及象形文字的破译

1799 年 7 月 15 日，拿破仑埃及远征军中的几个士兵在军官包查德（Pierre-Franccedilois Xavier Bouchard）的带领下在尼罗河西部支流入海口的罗塞达城附近修筑军事防御要塞时，发现了一块刻有三种文字的略呈长方形但实际上缺了许多边角的平面黑色玄武岩石碑，这就是被公认为打开埃及象形文字之门的钥匙的罗塞达石碑。该碑是由埃及托勒密王朝的祭司于公元 196 年制作的，实为同年 3 月祭司会议的告谕，用以颂扬在位第九年、年仅 13 岁的埃及国王托勒密五世之德政，如取消僧侣欠税、免除神庙赋税、减免穷人债务、改善民众生活、打退强敌入侵等。这篇告谕是以"诏书"形式颁布的。诏书原本应由埃及国王，也即法老颁授，但到了托勒密时代，只有祭司会写象形文字，于是他们就成了诏书的颁写者。

拿破仑虽然幸运地得到了打开埃及象形文字之门的钥匙——罗塞达石碑，但是并没能为法国保住它。1801 年 8 月，法国埃及远征军被英国和土耳其奥斯曼帝国联军击败。1801 年 9 月，交战双方签订了《亚历山大和约》，根据条约第十六款，法国应无条件地交出其获得的一切埃及古代文物。1802 年 2 月，罗塞达石碑作为英军战利品运抵伦敦，英国国王乔治三世下令将其陈列在大英博物馆，成为镇馆三宝之一。而在拥有近 10 万件藏品的埃及考古博物馆里，唯有"罗塞达石碑"是复制品，其余全是真品。

罗塞达石碑碑高 114.4 厘米，宽 72.3 厘米，厚 27.9 厘米，重约 762 公斤。石碑上部，也是最不完整的部分，是 14 行铭刻体象形文字，中间是 32 行世俗体象形文字，底部是 54 行古希腊文。根据古希腊文，学者们初步断定石碑上刻的是王室诏书。学者们开始集中力量研究世俗体象形文字，因其较铭刻体象形文字更为完整，也更像字母文字。1802 年，瑞典外交官、东方学家阿克布拉德（Jean David Akerblad）利用自己科普特语方面的知识，首先辨识出世俗体象形文字中的"爱""教堂""希腊"几个字和人称代词"f"，从而指出世俗体象形文字是表音符号，而且能够翻译。但他误认为世俗体象形文字是一种纯字母文字，这使其研究无法取得新的进展。英国物理学家托马斯·杨①认为象形符号是基于已定的文字系统，所以外国人名不可能用象形符号表示，而只能用拼音方法拼写。世俗体象形文字中有一种漩涡状的符号，他认为这应是外国人的名字。象形文字里有些加有椭圆框，人们一直认为它只是一种装饰，但托马斯·杨指出它椭圆框中的象形文字应当是专有名词。

虽然阿克布拉德和托马斯·杨都对埃及象形文字的破译做出一定贡献，但埃及象形文字真正的破译者则是法国历史学家、语言学家、埃及学家商坡良（Jean Francois Champollion）。商坡良九岁开始学习希腊文和拉丁文，以后又掌握了阿拉伯文、科普特文、波斯文等，二十二岁时成为语言学博士。利用保存在罗浮宫博物馆中的罗塞达碑文副本原件，商坡良从人名入手，首先验证了托马斯·杨关于罗塞达石碑中刻写在椭圆框中的象形文字就是国王托勒密名字的推论，并指出椭圆框为王名圈，加框是为了更加醒目和表示尊重。之后他又验证了托马斯·杨关于刻写在一座方尖碑上的王名圈中的王名是"克里奥帕特拉"的推论。②该方尖碑底座上所刻的古希腊铭文提到了两个王名，其中一个与罗塞达石碑上的王名"托勒密"完全相同，据此可以推断出另一个王名应是"克里奥帕特拉"。方尖碑上两个王名中的三个符号与罗塞达石碑上的王名"托勒密"中三个符号完全相同，而且顺序一致。与古希腊文对比后，它们的读音可以被确定为"p"、"o"和"l"。对于两个版本中发音同为"t"的象形文字符号并不相同这一现象，商坡良给出的解释是这两个发音同为"t"的发音符号应该是同音异义符号，也就是说，埃及象形文字并全是以形表意，也有表音作用，而且有些符号发音，有些符号不发音。商坡良后来又从一位建筑师那里得到两件古代埃及神庙浮雕的抄本，并很快读出了其中"拉美西斯"和"图特摩斯"两位国王的名字，这表明古代埃及早期象形文字与晚期象形文字是一脉相承的同一文字系统，他也由此确认自己已基本掌握了埃及象形文字的奥秘。此外，他还证实碑上部的铭刻体象形文字译自碑下部的古希腊文，而不是如以前一直认为的碑下部的古希腊文是碑上部的铭刻体象形文字的译文。

1822 年 9 月 29 日，商坡良在法兰西学院向学术界正式公布了他的罗塞达石碑研究成果《埃及象形文字译解体系》，这一天便被定为埃及学的

---

① 托马斯·杨（Thomas Young），英国物理学家，光的波动说的奠基人之一。他从小受到良好教育，14 岁之前就已掌握希腊语、意大利语、法语等十余门语言，之后又学习了阿拉伯语、叙利亚语、波斯文语、梵语、汉语、希伯来语等东方语言。
② 这座方尖碑 1815 年发现于菲莱岛，1819 年连同底座一起被运到英国。

诞生日。1824 年，商坡良出版专著《古埃及象形文字体系》，不仅对埃及王表进行了极为准确地翻译，而且还对某些单词、词组和句子进行了释读。此后，商坡良于 1826 年担任罗浮宫埃及文物馆馆长，1828 年率领考古工作队赴埃及抄写卡尔纳克阿蒙神庙墙壁和廊柱上的铭文，1831 年担任法兰西学院专为他开设的埃及学讲座教授。1832 年，商坡良因中风而英年早逝，年仅 41 岁。① 去世前，商坡良只留下多象形文字辅音符号的问题尚未解决，这由其后继者莱普修斯（L. R. Lepsius）完成。

五　埃及纸草的制作与传播

纸莎草纸，简称纸草，是古代埃及发明的人类历史上最早的纸质书写媒介，对东地中海世界的政治、经济和文化均产生了重要影响。在政治和经济方面，原料相对充足、书写比较简易、携带非常方便的纸草的广泛应用有利于古代埃及、古代希腊和古代罗马国家行政管理效率的提高，也有利于经济贸易的发展。② 在文化方面，纸草对人类文明成果的传承做出了重要贡献。迄今考古学家已发现了用埃及象形文字、科普特文、希腊文、拉丁文、希伯来文、阿拉伯文等六种文字书写的纸草卷，内容涉及宗教典籍、法典律令、公文书信等，是研究当时社会不可多得的第一手文献。

（一）纸草的发明与制作

纸草起源于古代埃及。英语"纸草"一词"papyrus"源于希腊语"papyros"，最早出现于古希腊思想家和历史学家托普拉斯图斯（Thoprastus 公元前 4—前 3 世纪）的著作中。③

纸草的原材料纸莎草是一种类似芦苇的水生莎草科植物，草叶呈三角形，古时主要生长于埃及的沼泽和池塘之中，现在则仅分布于埃及哈图姆地区北部的尼罗河谷。纸莎草茎高 3—4 米，呈三角形，周长 4—5 厘米，茎中

---

① T. G. H. James, *An Introduction to Ancient Egypt*, London: Harper and Row Publishers, 1979, pp. 83 - 85; J. P. Allen, *Middle Egyptian: An Introduction to the Language and Culture of Hieroglyphs*, 2nd edition, Cambridge: Cambridge University Press, 2010, pp. 8 - 9; A. H. Gardiner, *Egyptian Grammar: Being an Introduction to the Study of Hieroglyphs*, 3rd edtion, Oxford and New York: Oxford University Press, 1957, pp. 12 - 18.

② 孙宝国:《古代罗马社会新闻史简论》，《东北师大学报》（哲学社会科学版）2004 年第 3 期，第 72—73 页。

③ 希腊语"papyrus"一词，又源于地中海东岸的港口城市巴比罗斯（Byblos）。原来，公元前 8 世纪，埃及纸草制作工艺经由巴比罗斯传播到古代希腊和古代罗马，古代希腊历史学家希罗多德遂以该城之名来命名这种书写材料。"byblos"一词又衍生出"bible"（圣经）一词，"bible"一词再衍生出"book"（书）一词。参见孙宝国、郭丹彤《论纸莎草纸的兴衰及其历史影响》，《史学集刊》2005 年第 3 期，第 108 页。

心有髓，白色疏松，富含纤维，以其为原料制做出来的书写材料就是纸草。

纸草的传统制作工艺大致可分四道工序：第一道工序是用小刀剥去纸莎草茎的绿色表皮，留下髓部，然后将髓部割成薄片，放入水中浸泡数天，捞出后用木槌敲打，以去除水分，如此重复多次；第二道工序是将薄片两端切齐，一条条横向并排铺开，联结成一层草片；第三道工序是将两层草片上下横纵放置，然后用石块等重物将两层草片压紧并挤出糖质黏液，使彼此相互黏结，然后自然晾干；第四道工序是将晾干的草片用象牙或贝壳磨平表面，再切割成长度不超过48厘米和宽度不超过43厘米的标准规格，一张薄而光滑的纸草就制作完成了。数张纸草连接起来，再沿纸草正面的水平纤维走向卷起，便成了纸草卷。

"纸草是轻巧的媒介，廉价、充足，能满足日常需要。"根据从埃及第一王朝的大臣荷玛卡的位于萨哈拉的坟墓中出土的一张空白纸草推断，纸草的出现与埃及文明的诞生几乎是同步的，而最早的纸草文献出土于埃及第五王朝末期的阿布希尔神庙，所载内容主要是神庙收支情况。[①] 目前所知的最宽的纸草文献是以文献捐献者的名字命名的《格林菲尔德纸草》，卷宽49.5厘米。目前已知最长的纸草文献是埃及第二十王朝时期由75张纸草粘连而成的《哈里斯大纸草》，长达41.5米。[②]

（二）纸草的生产与纸草文献的传播

在古代埃及，纸草的生产基本上是在神庙组织管理下进行的。由于古代埃及始终是一个政教合一的国家，因此说纸草的生产处于国家垄断状态是不为过的。[③] 也正是由于这个原因，最初的纸草文献大多为宗教或半宗教文献，抄写工作也因而具有某种神秘色彩，并成为神职人员的专利。这种情况到了新王国时期才有所改观，民间人士也可用纸草来撰写文学作品，纪录日常的社会生活。公元前8世纪，纸草及其制作工艺经由地中海东岸的港口城市巴比罗斯传播到古代希腊和罗马。

托勒密王朝时期，埃及纸草产量增加，质量有所改善，原料纸莎草也实现了人工栽培，一年四季皆可收割。王室垄断或调控销售，但是私人亦

---

① T. G. H. James, *An Introduction to Ancient Egypt*, London：Harper and Row Publishers, 1979, p. 93.

② T. G. H. James, *An Introduction to Ancient Egypt*, London：Harper and Row Publishers, 1979, p. 94；ARE, p. 87.《哈里斯大纸草》1955年出土于底比斯附近一座古墓，系用世俗体埃及语写成，现藏于伦敦大英博物馆，以英国收藏家哈里斯（A. C. Harris）命名。

③ 在希腊语中，纸草一词的原义为"pa-per-aa"，即"属于国王的"，由此也可推断埃及的纸草生产可能是由王室所垄断的情况。参见 T. G. H. James, *An Introduction to Ancient Egypt*, London：Harper and Row, 1979, p. 82.

可种植并设立加工工场。最好的纸草由国家以固定价格收购，质量差的可在民间销售。纸草供应源源不断，托勒密王朝首都亚历山大城也随即成为地中海世界纸草贸易的最大集散地。一份公元前258—前257年的文献显示，财务大臣在33天里共批阅434份纸草文件。也正是因为同样的原因，亚历山大城的图书要比地中海世界的其他任何地方都要多，亚历山大图书馆也被誉为当时世界上最大的图书馆。

公元前250年之后，古罗马大举向东方扩张，在艳羡希腊文化成就的同时，把大量的纸草文献运回罗马。[1] 公元前168年6月22日，罗马执政官保卢斯（Lucius Aemilius Paullus）在彼得那战役中彻底击败希腊马其顿王朝末代国王珀尔修斯从而赢得第三次马其顿战争的胜利，随后将其马其顿王室图书馆全部藏书作为战利品运回罗马。苏拉此前已把提亚斯的阿波林图书馆藏书以及亚里士多德和泰奥弗拉斯托斯的著作从雅典带回罗马。西塞罗的朋友阿提库斯也以私人身份在希腊各地收集纸草文献。

罗马帝国时代，对埃及的占领使纸草的供给更加源源不断。及至屋大维时期，纸莎草的种植和纸草的制造和销售都已经掌握在私人手里。"运输税替代出口税，因为罗马是主要的进口地。纸草的生产从小村落移到重要城市。手工工匠成为工场的职业雇工。尼罗河三角洲的泥沼地提供了方便书写和价格合理的材料，从不列颠到两河流域的广袤疆域里都使用纸草。"[2] 由于著书立说的人越来越多，特别是鸿篇巨制的不断涌现，对纸草的需求随之大增。

伊斯兰教出现前后，上埃及和下埃及的许多城市、乡村都建有生产纸草的工场。伊斯兰远征军统帅阿穆尔征服埃及后，下令保留所有造纸工场，以满足宫廷、哈里发官邸、外省对纸草的需求。埃及生产的纸草也因此出口到世界各地，成为埃及的主要收入来源。由于阿穆尔主要要靠阿拉伯人从事圣战，保卫疆土，所以明令禁止阿拉伯人在埃及从事纸草生产和贸易活动，这就使得纸草制造业一直掌握在埃及原住民手里。

（三）纸草的缺陷与纸草文献的毁弃

较之石头、泥土、木块、竹片等天然书写材料，纸草轻便柔软、质地优良，易于书写，优势明显，所以在东地中海世界广受欢迎。但它也有两个非常明显的不足：一是原料产地单一，只局限在埃及尼罗河三角洲地

---

[1] W. H. P. Hatch, *The Principal Uncial Manuscripts of the New Testament*, Chicago: University of Chicago Press, 1939, p. 5.

[2] 〔美〕亨利·彼得洛斯基：《书架的故事》，冯丁妮、冯速、万绍愉译，海南出版社2002年版，第38—39页。

区，制作的场所也局限在生长纸莎草的沼泽和池塘边缘，因而极易形成垄断；二是质地薄脆易碎，稍微折叠就会破损，这使其难以承受长途陆路转运的颠簸，只能通过水路运输。由于纸草的这些缺陷，人们很早就开始寻找纸草的替代品。

根据普林尼所著《自然史》的记载，公元前 2 世纪，帕伽马国王欧迈尼斯二世热衷于收集和抄写图书，为了使帕伽马图书馆的藏书量能够与亚历山大图书馆相媲美，他计划从埃及大量进口纸草。为了保持亚历山大图书馆作为东地中海世界文化中心的地位，遏制帕伽马图书馆的雄心，托勒密王朝国王托勒密五世下令将纸草制造工艺列为国家机密，并严格限制向帕伽马输出纸草。欧迈尼斯二世不得不另辟蹊径，下令把羊皮处理成光滑的薄片，用羊皮纸代替纸草。根据普林尼的说法，这种新型书写材料最早出现在一个名叫查塔·坡戈米纳的地方，"羊皮纸"一词就源这个地名。

其实，帕伽马人只不过是对早已存在的羊皮纸略加改进而已。目前有实物可考的羊皮纸小册子可追溯至公元前 3 世纪。[1] 事实上，几乎所有的家养动物的皮，甚至鱼皮，都曾被用来做过书写材料，其中羊羔皮和牛犊皮更是被誉为最精细致和最薄的书写材料。现在人们一般习惯把由绵羊、山羊或其他动物的皮制成的书写材料统称为羊皮纸。

与纸草相比，羊皮纸有一些明显优点：从产地方面看，羊皮纸是地域辽阔分散的农业经济产品，可以就地取材，生产经营不易形成垄断，水路陆路运输皆宜；从质地方面看，羊皮纸更平滑耐用；从费用上看，羊皮纸尽管成本不菲，如抄写一部《圣经》要用掉 200—300 张羊皮或小牛皮，但与从埃及进口纸草比起来，费用要少得多。

作为有机物质，纸草会因时间和环境因素风化变质，导致文献损毁。与埃及相比，欧洲的罗马，特别是高卢地区，气候相对潮湿阴冷，为了保存纸草文献，这里的人们不得不反复抄写。譬如，罗马皇帝泰西德斯为了妥善保管那些载先人事迹的历史著作，曾下令官方抄写员每年抄写 10 个副本，然后送到图书馆收藏。罗马诗人马歇尔提醒读者，雨水会损坏他的图书。"约公元 350 年，恺撒利亚的潘菲卢斯图书馆有许多纸草文献已经损坏，需要用羊皮纸重新抄写。"[2]

---

[1] 〔加〕阿尔维托·曼古埃尔：《阅读史》，吴昌杰译，商务印书馆 2002 年版，第 156 页。
[2] 〔美〕亨利·彼得洛斯基：《书架的故事》，冯丁妮、冯速、万绍愉译，海南出版社 2002 年版，第 6 页。

随着西罗马帝国的崩溃，从埃及出口到欧洲的纸草数量锐减。公元4—5世纪，纸草经基本被羊皮纸取代。为了保存纸草文献，欧洲早期的僧侣们的一项主要工作就是把纸草上的文献转抄到羊皮纸上。不幸的是，在基督教会主导文化教育的历史情境下，"世界上从来没有发生过这样的事情，数量庞大的文献遭到如此彻底的毁灭"[①]，因为有关基督教的著作受到重视，而有关异教的著作则遭到忽视。于是重新抄写的过程，实际上演变成一个严格审查的过程。凡是《圣经》之外的著作，统统被毁掉，而只有那些与《圣经》有关的著作，才能被加以收录。

而在阿拉伯世界，纸草的历史使命也在公元8世纪中叶阿拔斯王朝哈伦·拉希德哈里发统治时期宣告结束。据伊本·纳迪姆所著《书目大全》记载，哈伦·拉希德执政时下令必须用纸书写。作为中国古代四大发明之一的纸逐渐取代埃及纸草，成为古代世界的主要书写材料。[②] 于是，埃及人纷纷排干和填平种植纸莎草的沼泽和池塘，拔除纸莎草，纸莎草种植和纸草生产逐渐绝迹。通过分析维也纳图书馆赖纳特藏部的所藏约12500件纸草文献，可以看出公元8世纪以前的文献都是写在纸草上的，而公元8世纪以后的文献则是越来越多地写在纸上。相对纸草来说，纸生产方便，质地柔软，折叠自如，不易损毁，易于保存，不像纸草那样容易发生卷皱和风化。

除了纸草，古代埃及也用石板或木板制成碑或雕像作为信息载体。刻有文字、浮雕或图画的石碑或木碑，大都以不同的形态树立于墓地内部、外部或嵌于墓壁之中的表现墓主名字、官衔或事迹的墓碑，树立于庙宇中的祭神碑或个人礼拜堂中的纪功碑，树立于田地、行政区划或国家接壤地带的界碑等样式出现。刻有文字的古代埃及雕像主要分为王室雕像、个人雕像和神像。[③]

第二节　楔形文字

古代两河流域苏美尔人创制的象形文字不仅对埃及象形文字体系的形成产生过重大影响，而且又在自身象形文字的基础上，结合两河流域书写

[①] 陈建民：《纸莎草纸与"文明"的流失》，《阿拉伯世界》2002年第2期，第56—58页。
[②] 孙宝国：《论古登堡活字印刷术及其历史影响》，《社会科学战线》2004年第2期，第156页。
[③] OEAE III, pp. 218–250.

材料的特性，发明了楔形文字体系。

一 楔形文字的发明

目前所见最早的楔形文字泥板出土于今伊拉克南部苏美尔人建立的乌鲁克城邦遗址，这些文字书写于公元前32—前30世纪。[①] 而在苏美尔人到达两河流域南部以前，两河流域地区的居民已经有自己的文字，苏美尔语楔形文字中的"木匠""皮毛匠""祭司"等职业术语都借自这些更古老的语言。苏美尔城邦时期，苏美尔语楔形文字成为苏美尔城邦共同使用的文字体系，同时也成为苏美尔城邦跨文化交流的桥梁。

而关于苏美尔语楔形文字的起源，学术界主要有"陶筹说"[②] 和"图画说"和两种。本书认为，尽管两种起源说各有千秋，但不能截然分开，应该是两者共同发挥了作用。

首先，楔形文字的产生与苏美尔人的数字记录系统和印章记录系统有关。[③] 苏美尔人的原始计数工具为泥球、石子和锥状物体，在计数时，先用湿泥做成泥球、陶筹球、陶筹、泥板等，然后用石子尖角或锥状物体尖端在其表面压出各种不同的形状表示数量，进而用楔形笔代替原来的锥状物体压出一个个楔形数字符号。[④] 而楔形文字中的表意符号和象形符号应该不只源于数字记录系统，具有签名、标志、族徽等信息储存功能的印章记录系统有可能是其源头之一。[⑤]

其次，楔形文字的产生与苏美尔象形文字自身的局限有关。苏美尔语约有2000个符号，有音符，也有意符，有实词，也有虚词。[⑥] 由于一音多

[①] G. Contenau, *Everyday Life in Babylon and Assyria*, New York: Norton Library, 1966, p. 173; 吴宇虹：《古代两河流域文明年代学研究的历史与现状》，东北师范大学世界古典文明史研究所编：《世界诸古代文明年代学研究的历史与现状》，世界图书出版公司1999年版，第82页。

[②] D. Schmandt-Besscrt, "An Archaic Recording System and the Origin of Writing", *Syro-Mesopotamian Studies* 1/2 (1977), pp. 1 – 32; 拱玉书：《楔形文字起源新论》，《世界历史》1997年第4期，第59页。

[③] D. Schmandt-Besscrt, *Before Writing: From Counting of Cuneiform*, Austin: University of Texas Press, 1992, p. 12.

[④] J. Cooper, "Babylonian Beginnings: The Origin of the Cuneiform Writing System in Comparative Perspective", in S. Houston, *The First Writing: Script Invention as History and Process*, Cambridge: Cambridge University Press, 2004, pp. 58 – 59.

[⑤] S. K. Costello, "Image, Memory and Ritual: Reviewing the Antecedents of Writing", *CAJ* 21/2 (2011), pp. 247 – 262.

[⑥]〔英〕安德鲁·玛尔：《世界史》，邢科、汪辉译，天津人民出版社2016年版，第31页。

符或一符多义的情况较多,有许多同音异义词需要加上区别符号。从文字类型上看,苏美尔语基本上是一种表意文字,但表音符号已经出现,图符也已演变为字符。早期苏美尔语象形文字符号众多,随意性很大,不便于学习和应用,而使用楔形书写工具压出形状固定的符号,既有利于统一符号,又提高了书写速度。

再次,楔形文字的产生与苏美尔语的书写载体的特性有关。古代两河流域,特别是南部的苏美尔地区,是底格里斯河和幼发拉底河的冲积平原,缺少木材、石头等天然书写材料,但黏土资源丰富,且杂质较少,于是成为主要的信息记录载体。然而,由于"潮湿的泥板上刻字比较困难"①,如收笔时经常会留下一个个小疙瘩,不但影响美观,而且不易保存,这就要求改良书写技术,以适应书写材料。于是,苏美尔人用芦苇秆、骨棒、木棒、草茎、树皮等书写工具在潮湿的泥板上压出相应的符号或标记,因呈楔形,故被称为楔形文字。②

楔形文字的书写载体主要是泥板。泥板比较笨重,通常每块重约一千克。目前发现的最大泥板长约2.7米,宽约1.95米。为避免破裂,泥板自然需有一定厚度,而且随着泥板面积的增大,厚度也要相应增加。泥板的正面是近乎平整的,而反面则有一定的弧度。泥板的形状差异也比较大,磨去棱角的长方形最为常见,四角圆润的正方形较为稀有,而学生习字用的多为圆形。泥板加工好后,就可在上面书写了。书吏先用细绳在泥板板面上勒好格子,再用楔形笔在泥板的两面分别刻写。通常情况下,为避免另一面的字迹被意外擦掉,刻写时要从平整的一面开始,之后再将泥板翻过来,在凸面继续刻写。小的泥板可拿在手上刻写,大的则放在特制的架子上。书写完成后就将泥板自然晒干或放到炉子中焙烧,使其坚固以便于长期保存。

写有楔形文字的泥板既可以独立成篇,也可以几块或几十块连贯在一起而成为一部书稿。大型书稿的泥板存放于木箱或泥箱中。由于体积相对较大,泥板书稿无法像纸草和羊皮纸那样装订。为便于分类、存储、查找,泥板书稿已经有了原始但实用的写作、编辑和检索办法。譬如,同一

---

① 〔加〕哈罗德·伊尼斯:《传播的偏向》,何道宽译,中国传媒大学出版社2015年版,第28页。
② 阿拉伯人很早就发现了这种由一头粗、一头细的直线构成的楔子或钉子形态的古代文字,并给它起名为钉头字。大约500年后,欧洲人也发现了这种古文字,由于不知道它已经有过名称,所以给它起名为楔形文字。从图形到钉头字的变化,大约经过了500年。参见周有光《世界文字发展史》,上海教育出版社2003年版,第71页。

书稿的多块泥板中的每块的下端都刻有同一章节的标题和编号,而且下一块泥板会重复上一块的最后一行字,以示衔接。① 需要保密的泥板文书,则另用一块空白的薄泥板覆盖其上,然后在空白和刻有文字的两块泥板的四面接合处封以软泥,最后再在软泥上加盖印章。收件人接到泥板文书后,只需打碎这层薄泥"信封"就可以看到刻写的内容了。从泥板文书的外观来看,体积大者往往分栏刻写。一般来说,正面自左栏向右栏刻写;反面则自右栏向左栏刻写,一般不会跨行连写。

除了泥板之外,石料是仅次于泥板的楔形文字第二重要书写材料。石头主要刻写较长铭文,如王室铭文、纪念铭文、法律铭文等,著名的古巴比伦王国《汉穆拉比法典》铭文就被刻写在一块 2 米多长的闪长岩石碑上,古地亚的闪长岩雕像上刻有经典的苏美尔语楔形文字铭文,亚述的大型石制浮雕上刻有国王的铭文。除泥板和石料之外,铜、锑、青铜、白银、黄金等也都是楔形文字的书写材料,如著名的《银板条约》就是用阿卡德语楔形文字刻写在银板之上的。

楔形文字的发明对周边民族产生了深远影响,除了埃及以外的古代东地中海世界的几乎所有国家和地区都采纳了这套文字书写系统。譬如,从公元前 3—前 1 千纪,楔形文字以苏美尔地区为中心逐渐向四周传播扩散:与苏美尔地区毗邻的伊朗高原西南部的埃兰人,在苏美尔语楔形文字的直接影响下创立了埃兰语楔形文字;操塞姆语的阿卡德人在统一巴比伦尼亚并建立阿卡德王朝的过程中,通过学习借鉴苏美尔语楔形文字创立了阿卡德语楔形文字,并普及到整个巴比伦尼亚,而苏美尔语和苏美尔语楔形文字则逐渐退化为一种只在某些宗教场合使用的语言和文字;② 居住在小亚的赫梯人从叙巴地区操塞姆语的部族所建立的埃伯拉等城邦的书吏学校等处系统掌握了楔形文字的书写方法从而创立了赫梯语楔形文字;③ 居住在今亚美尼亚和格鲁吉亚南部的乌拉尔图由于亚述人入侵而接触到了阿卡德语亚述方言楔形文字,并在此基础上创立了乌拉尔图语楔形文字;波斯人也同样采用楔形文字书写波斯语。这就形成了一个以两河流域最南端的苏美尔地区为中心的东地中海世界楔形文字文化圈。

---

① 参见孙宝国《十八世纪以前的欧洲文字传媒研究》,黑龙江人民出版社 2005 年版,第 35—37 页。
② 苏美尔人建立的乌尔第三王朝曾一度复兴苏美尔语言文字,拉伽什城邦、伊新王朝统治者也抄录和保留了大量苏美尔语楔形文字档案。
③ G. M. Beckman, "Mesopotamians and Mesopotamian Learning at Hattusa", *JCS* 35 (1983), p. 100.

二 楔形文字的衰落

公元前14—前13世纪,阿拉米人[①]进入两河流域并带去了他们在腓尼基语字母文字[②]基础上发明的阿拉米语字母文字。腓尼基语字母文字是人类字母文字的开端,仅有22个字母,没有元音。[③] 阿拉米语字母文字较之腓尼基语字母文字,变化不大,只是书写起来更加便捷。[④]

与简便易学实用的字母文字相比,楔形文字的弊端显而易见。尽管阿卡德人、巴比伦人、亚述人、埃兰人都曾对楔形文字符号进行了简化,但仍余数百个,并几乎都是一符多意。[⑤] 因此,无论是阿卡德语巴比伦方言楔形文字、阿卡德语亚述方言楔形文字,还是埃兰语楔形文字,其语言关

[①] 阿拉米人是西北塞姆人的一支。从公元前12世纪开始,乘亚述衰落之机,阿拉米人在底格里斯河西岸到地中海沿岸之间建立了大马士革等众多城邦。亚述复兴后,阿拉米人各城邦成了被蚕食的对象,而一些阿拉米部落则渗透到两河流域腹地。阿拉米人所操的阿拉米语(旧约圣经中称为"亚兰语")是属于西北塞姆语系的一种语言,阿拉米语也因此成为旧约圣经原文采用的两种语言之一(另一种为希伯来语)。不过,阿拉米语主要书写在羊皮纸、纸草等不易保存的书写材料上,所以流传下来的文献不多。参见 F. M. Fales, *Aramaic Epigraphs on the Clay Tablets of the Neo-Assyrian Period*, Roma: Universita Degli Studi "La Sapienza", 1986; H. Tadmor, "On the Role of Aramaic in the Assyrian Empire", in M. Mori, H. Ogawa, M. Yoshikawa, R. D. Biggs, eds. , *Near Eastern Studies Dedicated to H. I. H. Prince Takahito Mikasa on the Occation of His Seventy-fifth Birthday*, Wiesbaden: Otto Harrasowitz, 1991, pp. 419 – 426。

[②] 腓尼基字母文字,应该是腓尼基人在埃及象形文字和两河流域楔形文字基础上,出于商业活动对简便文字的迫切需求,于公元前15世纪将原来的几十个简单的象形文字字母化后发明的。目前已知的最早大规模使用腓尼基字母文字的,正是本书前面提到的叙巴地区城邦乌加里特。腓尼基是地中海东岸地区一系列古代城邦的总称。腓尼基人如何用自己的语言称呼自己已不可考,也许他们自称 "Kena'ani" (阿卡德语音译为"克纳赫纳")。在希伯来语中,"Kena'ani" 的第一个释意为"商人",这充分体现了腓尼基人的职业特征。还有一种说法认为"腓尼基"源自古希腊语,意为"紫红色的人"或"紫红色的国度",据说是因为希腊人注意到居住在地中海东岸的人们总是身穿紫红色的衣服。参见朱寰主编《世界古代史》,高等教育出版社2016年版,第94页。

[③] 北方塞姆语字母文字分迦南字母文字和阿拉米语字母文字两支,其中迦南语字母文字又分为早期希伯来语字母文字和腓尼基语字母文字两支。参见孙宝国《十八世纪以前的欧洲文字传媒研究》,黑龙江人民出版社2005年版,第24—25页。

[④] C. H. Gordon, "Recovering Canaan and Ancient Israel", *CANE*, p. 2785.

[⑤] 与苏美尔语楔形文字相比,阿卡德语楔形文字已大为简化,且增加了表音成分。其中阿卡德语巴比伦方言楔形文字符号再度大幅减少,仅有640余个,不到苏美尔语楔形文字符号的三分之一,虽仍是表意兼表音,但表音功能得到强化。而阿卡德语亚述方言楔形文字在巴比伦方言楔形文字的基础上,进一步简化,基本字符减少至570余个,其中常用的约30个,另外出现了一批表音符号。后期的阿卡德语亚述方言楔形文字已接近音节文字,而后期的埃兰语楔形文字则实际上已经发展成为比较典型的音节文字。

系都很复杂，学习和使用均耗时费力。另外，由于巴比伦方言楔形文字、阿卡德语亚述方言楔形文字和埃兰语楔形文字都机械地借用苏美尔语楔形文字，以音节符号为主，这就阻碍了楔形文字向字母文字的进化。楔形文字这种应用上的复杂性，越来越不适应当时东地中海世界日益紧密的物质交往和精神交往的大势，以字母文字取而代之已经成为时代的要求。

从公元前15世纪中期开始，字母文字与楔形文字的使用在东地中海世界就已呈并驾齐驱之势。可资佐证的是，考古学家在一块公元前15世纪的石碑上发现了楔形文字和字母文字两种图案。公元前10世纪前期，亚述帝国处于鼎盛时期，字母文字和楔形文字共用的图案更是不胜枚举。在提格拉特帕拉沙尔三世、萨尔贡二世、辛那赫里布统治时期，登记战利品一般都分别用字母文字和楔形文字。在已经发现的历史文物中有一幅图案，上面画着一名手执芦苇笔的书吏正在羊皮纸或纸草上书写字母文字，另一名书吏则手持楔形笔在泥板上压制楔形文字。[①]

公元前6世纪中期，波斯人从伊朗高原进入两河流域。波斯人尽管一度模仿阿卡德语巴比伦方言楔形文字创制了波斯语楔形文字，但不久就借鉴阿拉米语字母文字创制了波斯语字母文字。公元前4世纪后期，随着希腊人和罗马人相继成为东地中海世界的执牛耳者，由腓尼基语字母文字派生的希腊语字母文字和拉丁语字母文字先后成为国际通用语言文字，而阿卡德语等各种楔形文字的应用范围越来越小，最后仅作为学术或宗教语言残存于两河流域等地的一些神庙中。[②] 迄今发现的最后一块楔形文字泥板文书写于公元75年，所用语言为巴比伦方言阿卡德语，内容为天文年历。[③] 又过了六七百年的漫长岁月，阿拉伯人成为原东地中海世界楔形文字文化圈的主人，并与当时居民不断融合，而阿卡德语等各种楔形文字成为死文字，直到19世纪才陆续被成功破译。

---

① F. M. Fales, J. N. Postate, *Imperial Administrative Records*, Helsinki: Helsinki University Press, 1988, p. 20.

② 在塞琉古王朝的塞琉西亚城遗址出土的楔形文字泥板文书数量很少，在密歇根大学的考古发掘中毫无所获，而在都灵大学1964—1970年的发掘中共出土了49件，但相比刻有希腊语铭文的器物，数量仍微不足道。参见 G. Pettinato, "Cuneiform Inscriptions Discovered from Seliucia on the Tigris 1964 – 1970", *Mesopotamia* 5 – 6 (1970 – 1971), pp. 49 – 66。

③ J. Bottero, *Mesopotamia: Writing, Reasoning, and the Gods*, Chicago: University of Chicago Press, 1992, p. 55; J. Huehnergard, C. Woods, "Akkadian and Eblaite", in R. D. Woodard, ed., *The Cambridge Encyclopedia of the World's Ancient Languages*, Cambridge: Cambridge University Press, 2004, p. 218.

三 楔形文字的释读

自公元7世纪阿拉伯人的征服战争至19世纪考古学诞生之前，两河流域的居民由于不是古代两河流域文明创造者的直接后裔，所以并不知道当地曾存在过人类历史上的一个伟大文明。他们只能把偶尔发现的古代碑铭文字当作神奇之物。当时的世界从《旧约圣经》和几位古典作家的书中零星听到些有关巴比伦和亚述的记载，其中许多被视为荒诞不经的神话传说。被西方学者尊称为"历史之父"的、活跃在公元前5世纪的古希腊历史学家希罗多德，是目前所知的第一位提到两河流域古代城市和传说的古典作家，但他对巴比伦城的描述是不准确的。希罗多德之后，当古希腊历史学家色诺芬于公元前401年率领万余名希腊雇佣军经过尼尼微废墟时，他已无从判断这里就是亚述帝国的伟大都城。而当4个世纪后的古罗马历史学家斯特里波再次提到巴比伦城时，该城也早已化为一片废墟。公元299年，古罗马皇帝塞维鲁从帕提亚帝国手中夺取两河流域并见到了巴比伦城的废墟。而此时，两河流域文明的灵魂——楔形文字已经完全被阿拉米语字母文字和希腊语字母文字所取代，世上已经无人能读写了。

两河流域的很多古代著名城市由于战争或其他灾害被摧毁后，泥沙不久就积满残垣断壁。当新居民来到废墟重建城市时，就将残残垣断壁连同种种废弃物品一并用泥沙夯平，城市地平线于是不断抬升。这样的过程反复经历了数百年甚至数千年，及至这些城市完全废弃时，其遗址已经大大高出周围地面。风沙尘土最后完全覆盖了废墟，遂成为座台形土墩。随着时间的流逝和居民的更迭，这些土墩的名字完全被人们所遗忘，更不必说它们的历史了。在东地中海世界，这样的土墩成百上千，考古学上称其为"丘"（tell），其中的沧海桑田和百般奥秘只有经过考古发掘才能略窥一斑。

早在中世纪的欧洲，就已经有学者开始关注两河流域的这些古代遗址。最早的一位是西班牙的犹太教士、图戴拉城的本杰明。他在其游记中提到，当他于1160—1173年在近东旅行时，曾看到亚述首都尼尼微的遗址就在摩苏尔城的对面。

1616—1621年间，意大利人瓦莱（Pietro della Valle）游历了两河流域和波斯，他不但认出了距希拉镇60千米的巴比伦遗址，而且将他在巴比伦城和乌尔城遗址发现的楔形文字铭文砖带回了欧洲。随后，又有不少欧洲探险家和学者考察过游历过两河流域和波斯的古代遗址，并且发现了不少楔形文字文物。当然，当时世界上尚无人能破译这种神秘的古代文字。1700年，德国东方学家海德（Thomas Hyde）将这种文字命名为"Cuneiform"或"ductuli pyramidales seu Cuneiformes",即"楔形文字",它源于两个拉丁语单词"cuneus"(楔子)和"forma"(形状)。

潜心研究楔形文字的第一人是精通阿拉伯语的丹麦学者尼布尔(Karsten Niebuhr)。1761年,丹麦国王派出一支考察队前往近东收集和发掘古代文物。1761—1767年间,作为队长的尼布尔在古波斯首都遗址波斯波利斯①临摹了用楔形文字写成的几篇简短的波斯王铭。1778年,尼布尔终于认出这些铭文是用三种不同语言的楔形符号写成的三种文字对照版铭文②;其中的第一组楔形文字是字母文字,有42个字符,最简单,而且书写方向与西方文字一样,是从左向右的。这一时期,欧洲的伊朗语语言学者已成功释读了《波斯古经》等古波斯语原始文献,知道古波斯国王的王衔格式是"某某,大王,王中王,某某之子"。

在释读楔形文字方面迈出决定性一步的是德国戈廷根的一位27岁的希腊文中学教师格罗特芬德(G. F. Grotefed)。1802年的某一天,他借助手头的几张劣质波斯波利斯楔形文字铭文的拓本,找到了释读楔形文字的关键。格罗特芬德猜想三文对照铭文中的符号很少的第一组楔形文字应是波斯语的拼音文字,而铭文内容是某王的名字和王衔。于是他以波斯王薛西斯的"薛西斯、王中王、国王大流士之子、某某之子"的王衔句式,成功释读了波斯波利斯第一组楔形文字中各个楔形符号的音值。构成三个波斯国王的名字和"王""儿子"等词的楔形文字符号的辅音和元音值被解读出来了,由此确定这种楔形文字为波斯语拼音文字。波斯语楔形文字释读成功的消息轰动了国际学术界,各国学者纷纷加入释读楔形文字的行列。1838—1851年,英国学者诺里斯(Edwin Norris)在格罗特芬德研究的基础上,又成功释读了埃兰语楔形文字。

1835年,英国军官罗林森(Henry Creswicke Rawlinson)被任命为波斯库尔迪斯坦省总督的军事顾问。年仅25岁的罗林森不但是一个古典语言学家和历史学家,而且还正在学习包括波斯语在内的各种语言。刚到近东,对古代未知楔形文字感兴趣的罗林森,在几乎不知道格罗特芬德的研

---

① 波斯波利斯,为希腊语的音译,意为波斯都城,是波斯阿黑门尼德王朝的第二个都城,位于伊朗扎格罗斯山区的一盆地中,建于国王大流士一世统治时期,其遗址发现于设拉子东北52千米的塔赫特贾姆希德附近。城址东面依山,其余三面有围墙。主要遗迹有大流士一世的接见厅、百柱宫等。1979年,联合国教科文组织将波斯波利斯列入世界文化遗产名录。

② 后来确认这三种文字分别是阿卡德语巴比伦方言楔形文字、埃兰语楔形文字、波斯语楔形文字。

究成果的情况下，独立释读了米底首都埃克巴塔那的一个用波斯语楔形文字书写的波斯王名。随后他又考察了位于伊朗西札格罗斯山中的贝希斯敦小镇贝希斯敦山崖壁上的楔形文字铭文，也即著名的贝希斯敦铭文。铭文所在位置比小镇高 520 米，而且从崖壁脚下到铭文顶端是 104 米高的人工铲平的陡峭光滑的立面，如果没有辅助手段，根据无法近距离临摹铭文。由于贝希斯敦铭文长达数百行，且与波斯波利斯铭文一样，也是用三种语言的楔形文字写成的同一版本的三组铭文，摹绘这三组铭文并释读其中相对简单的波斯语楔形文字，无疑是解开楔形文字之谜的钥匙，因为利用波斯语楔形文字可以释读另外两种更为复杂的楔形文字。

1835—1847 年，罗林森多次到贝希斯敦摹写和拓制岩铭复本。他做的这项工作常常是有生命危险的，特别是铭文所在的人工平面还涂有一层类似清漆的保护层，使悬壁十分光滑。罗林森设法爬到了铭文岩面最底部，开始临摹。对于最难达到的顶部区的铭文，他把梯子架在铭文区狭窄的底部边缘，爬上梯子临摹；梯子够不到时则从崖顶放下绳子，用绳子捆好自己，吊悬在空中临摹。就这样，他在 1835—1837 年期间完成了 200 行波斯语楔形文字铭文的临摹，并通过对其中几百个地名的研究，成功地释读了波斯语楔形文字的全部 40 余个音节符号。他发现这是波斯国王大流士记述自己平息叛乱的记功岩铭。1844 年，罗林森临摹了岩刻上的第二种楔形文字共 263 行。1847 年，罗林森再次回到贝希斯敦，临摹了岩铭面上最难靠近的第三种楔形文字铭文共 112 行。

在对贝希斯敦岩刻的大流士铭文的研究中，罗林森利用他读懂的波斯语楔形文字逐步地对照研究另外两种楔形文字。他发现第二种楔形文字有一百多个字符，而第三种楔形文字的字符多达数百个。他又发现第三种楔形文字的一些特点，即一个符号可以有两个以上的音节值，许多符号既表意，又表音。罗林森的释读证明了两河流域古代居民的阿卡德语与两河流域现代居民的阿拉伯语同属于塞姆语系。1851 年，罗林森发表了第三种楔形文字也即阿卡德语楔形文字的读音和译文以及 246 个符号的音节值和语义，基本上读懂了塞姆语系的阿卡德语楔形文字。

1857 年，英国学者塔尔博特[①]将最新发现的楔形文字铭文《提格拉特帕拉萨尔一世编年史》译出，随后将译文寄给位于伦敦的英国皇家亚洲学会，同时建议学会邀请罗林森和爱尔兰学者辛克斯（Edward Hincks）各自

---

① 塔尔博特（William Henry Fox Talbot），英国化学家、数学家、发明家。在遭遇专利权保护官司败诉后，他重拾语源学研究，为释读楔形文字做出重要贡献。

独立翻译此铭文,以便进行比较。因当时法国学者奥佩特(Jules Oppert)也在伦敦,于是学会向这三位楔形文字专家各发了一封邀请密函,并附寄了《提格拉特帕拉萨尔一世编年史》楔形文字铭文。1857年5月25日,学会组织专门委员会对四篇译文进行了鉴定,结果表明,尽管每人所用方法有所不同,但译文基本一致。这一事件被视为亚述学[①]正式诞生的标志。罗林森、辛克斯、奥佩特被尊称为"楔形文字三杰",其中贡献最大者罗林森被誉为"亚述学之父"。

第三节 书吏学校

"有组织的等级社会根本无法离开文书工作。"[②]考古发掘证明,早在公元前3千纪的苏美尔城邦和阿卡德王国时代,就出现了经过受过专门训练的泥板文书刻写人。[③]这些书写员或书记员博闻强记、技艺精湛,国内学术界一般将其译为书吏。[④]"书写难,需要特殊的技艺,要学很久。"[⑤]培训书吏的场所,苏美尔语写作"E. DUB. BA. A",阿卡德语写作"BIT TUPPI",直译为"泥板房",引申为"书吏学校",校长则被称为"学校之父"。

一 学校生活

1902—1903年,考古学家在伊拉克南部的舒鲁帕克遗址发掘了公

[①] 由于早期的考古发掘主要集中在两河流域的亚述地区,发掘的楔形文字被称为"亚述语"(现称阿卡德语),因此将这门新兴科学命名为亚述学。尽管亚述学现在研究的空间范围远远超过亚述地区,包括整个两河流域和楔形文字文化圈,但学术界仍习惯沿用旧称。19世纪末,苏美尔城邦遗址和楔形文字泥板文书被发现。在释读苏美尔语楔形文字的基础上,亚述学产生了一个重要分支——苏美尔学。进入20世纪以来,随着赫梯语、埃伯拉语、乌加里特语等楔形文字文献的成功释读,亚述学又出现了赫梯学、埃伯拉学、乌加里特学等分支。

[②] 〔英〕安德鲁·玛尔:《世界史》,邢科、汪辉译,天津人民出版社2016年版,第31—32页。

[③] G. Contenau, *Everyday Life in Babylon and Assyria*, New York: Norton Library, 1966, p. 173. "书吏",苏美尔语写作"DUB. SAR",其中女性书吏则需加上表示性别的词缀,写作"SAL. DUB. SAR",有少数文献也写作"DUB. SAR. SAL"。

[④] L. H. Lesko, ed., *A Dictionary of Late Egyptian*, Vol. III, Berkeley: B. C. Scribe Publications, 1984, pp. 96 – 97.

[⑤] 〔加〕哈罗德·伊尼斯:《帝国与传播》,何道宽译,中国人民大学出版社2003年版,第19页。

元前 25 世纪的苏美尔语象形文字泥板，经考证应该是当时学生上课的"练习本"或者说作业。19 世纪 30 年代，考古学家在两河流域幼发拉底河畔南部的马瑞城挖掘出一所公元前 21 世纪的学校遗址，被认为是根据考古发掘所知的最古老的学校。它包括一条通道和两间房屋，大间房屋长约 13 米，宽约 8 米；小间面积为大间的三分之一。大间排列着四排石凳，每条可坐一人、两人或四人，最多可容纳 45 人；小房排着三排石凳，共可容纳 23 人；很似学校课室。两房四壁无窗，从房顶射入光线。房中没有讲课的讲台或讲桌，却放着许多学生的作业泥板。墙壁四周的底部安放着盛有泥土的浅浅水槽，好似是准备制作书写用的泥板的。附近摆着一个椭圆形的陶盆，可能是储放清水以便和泥制造泥板的，或是放置书写用具的。地面上装点了很多贝壳，好似是教授计算的教具。

学校所处位置大多紧邻王宫，而距离寺庙则比较远。公元前 20 世纪的一篇苏美尔文献描述了当时学校的日常学习生活。该文后来被多次抄写，所以可以推断出它的描述是具有一定代表性的。从文中多处使用了阿卡德语来推测，该文献是由一名讲阿卡德语的学生抄写的，但文献主体是用苏美尔文，因为当时苏美尔文是学术语言，其地位相当于后来欧洲的拉丁文。

古代两河流域书吏学校的学生一般在 5 岁左右入学，学习历时 9—12 年不等。每天早晨，学生自带午饭来到学校，开始了一天的学习。一般来说，古代两河流域的学校教育大致分为基础知识教学和专业知识教学两个阶段。学生在第一阶段主要以学习掌握苏美尔语和阿卡德语为主，包括楔形文字符号、音节、语法、单词、句子、篇章等内容。入校新生通过反复抄写符号和单词来握楔形文字知识。教师在泥板正面书写标准文本，学生在泥板背面临摹。接下来开始学习动物、地名、矿石、植物、河道等专有名词。学校非常重视基础知识的教学，避免揠苗助长。[1] 在专业知识教育阶段，学生开始文学、数学、法律、音乐等高深知识的学习。但与后来的古代希腊学校有所不同，古代两河流域的所谓高深知识更加注重应用价值，而不是面向理论探索。以数学为例，理论推演并未得到充分发展，大量古代巴比伦数学论文涉及的是具体问题。

为了保证学生在校期间正常的学习生活，学校还配备负责纪律和管理

---

[1] C. J. Lucas, "The Scribal Tablet-House in Ancient Mesopotamia", *History of Education Quarterly* 19/3 (1980), pp. 305 – 332.

的教辅人员，对学生实行严格管理。譬如，对那些不按时完成作业、不遵守课堂纪律、仪容举止不雅、无故迟到早退的学生通常实施藤条抽打的体罚。直到晚上，身心俱疲学生才能放学回家，但要向通常为官吏、使节、军官、祭司、税务官、档案员、会计师等社会中上层人士的父亲汇报自己全天的学习情况。晚饭后要按时上床睡觉，以保证第二天有充分的精力继续学业。[1] 有时候，教师还会被家长请到家里殷勤款待，希望儿子能得到教师的特别关照和悉心培养。[2]

作为"跻身统治阶级的一个令人尊敬的有学问的职业"[3]，苏美尔国王舒勒吉就自称是个博学严谨的书吏。新亚述国王亚述巴尼拔也自诩为识文断字的大师。埃及希克索斯王朝国王阿坡菲斯自诩为"拉神之书吏，受教于图特神……能够准确读出所有艰深文字，勋绩如滔滔尼罗河水"[4]。由于书吏学校学费不菲和书吏职业的特殊性，书吏职位往往具有世袭的特点，基本上为家境殷实的中上层家庭所垄断，而像农夫、渔夫、工匠等社会底层人家的子弟则很少有机会进入书吏学校学习。[5]

除了书吏学校，古代两河流域的图书馆事业也取得很大发展。譬如，在两河流域南部的吉尔苏图书馆和尼普尔图书馆所藏泥板文书分别达到3万件和2万件，在两河流域北部的亚述阿舒尔巴尼拔图书馆所藏泥板文书亦达3万余件。这些泥板文书的内容涵盖了政治、经济、军事、外交、宗教、文学、法律、数学等方方面面的内容，为不同类型的未来官吏和学者提供了比较完备的教育和研究平台。

二　职业生涯

苏美尔时期书吏的保护神是知识和收获女神尼萨巴，到古巴比伦时期变为智慧之神那布，两位神灵的符号是用来刻写泥板的尖笔。

在古代东地中海世界的原始文献中，真正提及书吏名字的，大多是在

---

[1] S. N. Kramer, "Schoolday: A Sumerian Composition Relating to the Education of a Scribe", *JAOS* 69/4 (1949), pp. 199–205.

[2] S. N. Kramer, *Histroy Begins at Sumer: Thirty-nine Firsts in Recorded History*, Philadelphia: University of Pennsylvania Press, 1981, p. 5.

[3] 〔加〕哈罗德·伊尼斯：《帝国与传播》，何道宽译，中国人民大学出版社2003年版，第19页。

[4] D. B. Redford, *Egypt, Canaan, and Israel in Ancient Times*, Princeton: Princeton University Press, 1992, p. 122.

[5] G. Visicato, *The Power and the Writing: The Early Scribes of Mesopotamia*, Bethesda: CDL Press, 2000, p. 243.

契约文书中：契约最后的见证人往往由编纂文本的书吏担任。目前仍无法获知这些书吏取得薪酬的具体方式。所以只能推断，那些需要持有契约文书以证实其权益的人很可能向书吏支付了报酬。①

赫梯人早在古王国初期已从叙巴地区北部初步学会了楔形文字的书写方法。② 进入帝国时代后，在来赫梯从事楔形文字教学工作的巴比伦书吏和亚述书吏的指导下，赫梯的书吏教育进入一个新的阶段，学生们在楔形文字符号的书写方法和技巧上更为熟练，完全掌握了这一外来文字符号的书写方法。楔形文字因而成为赫梯人表达本民族语言和记载国王功德、历史传统、宗教仪式、神话传说、经济活动等的主要文字。

与古代两河流域一样，书吏往往一种世袭的职业，而且人数众多，几乎所有埃及行政机构中都曾出现他们的身影。③ 在早在古王国时期，埃及就出现了直接对王室负责的"国王私人档案管理书吏"这一官衔。④ 在新王国时期，书吏官衔更是大量出现，其中一半左右的书吏官衔都与统计有关。如前所述，埃及书吏的头衔通常被冠以其所属人员或机构的名称，如"国王书吏""维吉尔书吏""国库书吏""底比斯西部营房书吏""姆特神庙书吏""书信书吏""坟墓书吏""牲畜书吏"等。不同名衔的书吏，承担的日常工作也不同。如维吉尔书吏的日常工作是为维吉尔起草文书或传达命令。维吉尔书吏有时还作为法官审理案件，如《维吉尔履新》就记载道："看！人们对维吉尔的书吏长说：'公正的书吏！'你用于审判的办公室是一间宽敞厅堂，里面贮着全部审判卷宗。"⑤ 而坟墓书吏的日常工作则是记录大墓地工匠的出席率或清点、记录大墓地的工具数目或检查工具质量。⑥ 拉美西斯二世统治时期阿蒙神庙专门设有牲畜书吏岗位，曾担任这一职务的斯姆特在其位于底比斯的墓室铭文中记录了其将个人全

---

① G. Visicato, *The Power and the Writing: The Early Scribes of Mesopotamia*, Bethesda: CDL Press, 2000, p. 243.
② 李政：《论美索不达米亚文明对赫梯文明的影响》，《北京大学学报》（哲学社会科学版）1996 年第 1 期，第 85 页。
③ J. Cerny, *A Community of Workmen at Thebes in the Ramesside Period*, Le Caire: Institut Francais d'Aarcheologie Orientale du Caire, 1973, p. 191.
④ W. A. Ward, "Old Kingdom sŠ a n nsw n xft-Hr, 'Personal Scribe of Royal Records', and Middle Kingdom sŠ an nsw n xft-Hr, 'Scribe of the Royal Tablet of the Court'", *Orientalia* 51 (1982), p. 388.
⑤ Urk Ⅳ, pp. 1085 – 1093, 1103 – 1175.
⑥ J. Cerny, *A Community of Workmen at Thebes in the Ramesside Period*, Le Caire: Institut Francais d'Aarcheologie Orientale du Caire, 1973, pp. 226 – 227.

部财产捐赠给姆特神庙的事迹。① 除了头衔，一些埃及书吏的名字也被保存了下来②。

第四节 阿卡德语

"语言是存在之家。语言的融汇说明东部地中海之家正在形成。"③ 历史事实正是如此。在苏美尔人在创立楔形文字之后，塞姆人从公元前3千纪开始借用楔形文字和一些苏美尔语词汇来书写自己的语言，成为东地中海世界语言跨文化交流的最早例证。④ 在众多塞姆语言文字中，阿卡德语是目前已知的最早的一种，语言学家用公元前23—前21世纪阿卡德王国首都阿卡德城——当时两河流域文明的中心——来命名这种语言文字。⑤

阿卡德语有四种语干，这点与同为塞姆语的希伯来语和阿拉伯语非常相像。阿卡德语是一种屈折语，并且相当屈折——由于全部可以用人称前缀或后缀加在动词上解决，阿卡德语里极少出现人称代词。所以一个词的作用可以等于一句话。这可能与阿卡德语的主要书写材料泥板有关：在泥板上刻写不易，修改更难，因而形成了高度屈折的文字结构形态，以期实现文字表达的最大灵活性。

阿卡德语专有名词首次出现在公元前30世纪的苏美尔语文献中。⑥ 从公元前25世纪以后开始出现完全用阿卡德语书写的文献。⑦ 根据地理位置

---

① J. A. Wilson, "The Theban Tomb (No. 409) of Si-Mut, Called Kiki", *JNES* 29 (1970), pp. 187 - 192; E. Frood, *Biographical Texts form Ramesside Egypt*, Atlanta: Society of Biblical Leterature, 2007, pp. 84 - 91.

② A. G. Mcdowell, *Jurisdiction in the Workmen's Community of Deir El-Medina*, Ann Arbor: University Microfilms International, 1987, p. 140.

③ 陈村富：《地中海文化圈概念的界定及其意义》,《中国社会科学》2007年第1期，第59页。

④ G. Deutscher, *Syntactic Change in Akkadian: The Evolution of Sentential Complementation*, Oxford: Oxford University Press, pp. 20 - 21.

⑤ J. Huehnergard, W. Christopher, "Akkadian and Eblaite", in R. D. Woodard, ed., *The Ancient Languages of Mesopotamia, Egypt and Aksum*, Cambrdge: Cambridge University Press, 2008, p. 83.

⑥ A. George, "Babylonian and Assyrian: A History of Akkadian", in J. N. Postgate, eds., *Languages of Iraq, Ancient and Modern*, London: British School of Archaeology in Iraq, 2007, pp. 37.

⑦ S. Bertman, *Handbook to Life in Ancient Mesopotamia*, Oxford: Oxford University Press, 2003, p. 94.

和历史时期,阿卡德语大致分为古阿卡德语(公元前 30—前 19 世纪)、古巴比伦方言阿卡德语和古亚述方言阿卡德语(公元前 19—前 15 世纪)、中巴比伦方言阿卡德语和中亚述方言阿卡德语(公元前 15—前 10 世纪)、新巴比伦方言阿卡德语和新亚述方言阿卡德语(公元前 10—前 6 世纪)、晚期巴比伦方言阿卡德语(公元前 6—前 1 世纪)。

阿卡德语创立后,一直是阿卡德王国、古巴比伦王国、中巴比伦王国、古亚述王国、中亚述王国等两河流域强国的母语,因而也很自然地成为当时东地中海世界的国际通用语言。[1] 直至公元前 8 世纪开始才逐渐被阿拉米语所取代。特别是在阿玛纳时代,阿卡德语成为东地中海世界各国各地区进行大规模物质交往和精神交往不可或缺的媒介。

为了实现跨文化交流的目标,阿卡德语与赫梯语、埃及语等不同语言之间的意义转换或者说翻译就成为一项不可或缺的重要工作。

阿卡德王国灭亡后,苏美尔人建立的乌尔第三王朝兴起,苏美尔语出现了历时约一个世纪的短暂复兴。随着乌尔第三王朝的瓦解,两河流域进入巴比伦文明和亚述文明主导的历史时期,阿卡德语成为常用语言,苏美尔语则退化为宗教和文学语言。为了学习苏美尔语,当时的书吏学校用阿卡德语编撰和翻译了大量苏美尔语—阿卡德语双语词典以及附有苏美尔语原文的苏美尔神话、史诗、地理等领域的经典文献,不仅为学生提供了双语工具书和教材,客观上也保护和传承了苏美尔语言和文化。双语词典信息丰富,既有人名和地名,也有动植物名和山川河流名等。双语教材更是弥足珍贵,因为乌尔第三王朝乃至更早的苏美尔文学作品的原件绝大多数已不可考。

在两河流域之外的小亚等地区,阿卡德语也得到了广泛传播和应用。譬如,早在公元前 19—前 18 世纪,古亚述人就通过在安纳托利亚半岛的中部和东部地区建立了的一系列商栈,并通过这些商栈将阿卡德语亚述方言带到了当地。[2] 随着赫梯国家在安纳托利亚半岛的兴起,阿卡德语很自然地成为除母语赫梯语外,赫梯人书写自己文献的另一重要语言,赫梯的重要文献多为赫梯语—阿卡德语双语文献,或分别有阿卡德语和赫梯语两个版本。譬如,赫梯古王国国王——首都哈图沙的创建者——哈图什里一世的所谓政治遗诏,就是一篇书写在一块泥板的正反两面的阿卡德语—赫

---

[1] J. Garstang, *The Land of the Hittites: An Account of Recent Explorations and Discoveries in Asia Minor, with Descriptions of the Hittite Monuments*, New York: E. P. Dutton, 1910, p. 325.

[2] G. M. Beckman, "Mesopotamians and Mesopotamian Learning at Hattusa", *JCS* 35/1 (1983), pp. 100 – 102.

梯语双语文献，其中第一栏和第四栏是阿卡德语文本，第二栏和第三栏是赫梯语文本。①

随着阿玛纳时代各国各地区国际交往的日益活跃，政治、军事、贸易、司法等涉外事务越来越多，对掌握相应外国语言和文字的相关机构人员需求也开始不断增加，于是各国各地区的书吏学校开设培养阿卡德语翻译人才的课程就成为一种必然。譬如，据一封阿玛纳书信记载：一位名叫赫里的埃及书吏在致另一位名叫阿蒙尼姆普的埃及书吏的信中，列举了很多地名，并认为阿蒙尼姆普肯定没去过这些地方。根据这封书信，有学者推断当时的埃及书吏学校很可能开设了阿卡德语语法和口语课程，教师通过让学生们拼写这些外国地名来掌握外语的听说读写技能和历史地理常识。② 有了这样的双语人才，当一国的书信送达另一国后，才能够及时转译，实现双方顺利交流信息的目的。譬如，米坦尼在致埃及国的王的书信中就提到了埃及的使臣和翻译："我对我的兄弟的使臣马奈和我的兄弟的翻译哈奈敬若神明，奉为上宾，赏赐有加。"③

一般来说，对于赫梯和埃及这类母语不是阿卡德语的国家，首先要将收到的阿卡德语书信译成本国语言，这样国王和群臣才能理解信中的内容，而复信时仍要采用阿卡德语，而不是用本国语言。至于到底是那些人在做这类翻译工作，目前仍未有确凿的史料可考，不过其来源可能有两个：一个是本国书吏学校培养的本土双语人才；另一个是聘用母语为阿卡德语的外国双语人才。

语言翻译其实就是信息解码和编码的过程。由于操不同语言的各文明单元之间在文化背景、思维方式、政治制度、治理体系等方面的差异，翻译实践中难免会出现一些误读和误解。譬如，叙巴地区各国的书吏在起草给埃及国王、王后、宰相、将军等书信的过程中，当遇到某些埃及语埃及

---

① 这篇文献由 KUB I 16 + KUB XL 65 两块残片组成。KUB 即 Keilschrifturkunden aus Boghazkoi。该泥板出土于赫梯都城哈图沙遗址王室档案库，成文于哈图什里一世在位期间。由该泥板的楔形文字符号书写特征推断，现存文本很可能是赫梯新王国时期的抄本。这篇文献的阿卡德语题记（很可能没有赫梯语题记）显示，赫梯人自己并未赋予其"政治遗诏""临终遗言""告别演说""双语文献""双语敕令"这类西方学者基于文献内容而引申出的特定术语或名称，只不过称其为"塔巴尔那大王的泥板"，其中"塔巴尔那"为赫梯国王的头衔之一。

② T. G. H. James, *An Introduction to Ancient Egypt*, London: Harper and Row Publishers, 1979, p. 117.

③ H. Winckler, L. Abel, *Der Thontafelfund von El-Amarna*, Teil I, Berlin: W. Spemann, 1889, p. 17.

官名时，往往找不到完全与之对应的阿卡德语官名，于是他们只能从阿卡德语中找出与这些埃及官名职责相近的词汇。① 埃及第十八王朝中后期，被派往叙巴地区的埃及官员拥有不同的官名，但由于目前只知道这些头衔的阿卡德语语义，而阿卡德语官名与埃及语官名并非完全对等，所以阿卡德语官名的含义并不一定能完全反映埃及语官名的本义。更有甚者，阿卡德语书吏有时还错误地把埃及官职名称翻译成了埃及官员的名字。当然也存在相反的情形，即一些词汇是人名，而非官名，尽管这些人名本含有某一官名的词素。同时需要说明和强调的是，在日益频繁和广泛的跨文化语言交流过程中，各国各地区本土语言中的外来词汇明显增多，特别是一些政治、军事、外交术语日趋统一。

---

① EA 51, EA 356, EA 317, EA 234, EA 292, EA 151, EA 149.

第三章 阿玛纳时代东地中海世界跨文化交流主体

纵观人类文明史，最早有文字记载的大规模跨文化交流至少可追溯至阿玛纳时代的东地中海世界。楔形文字、阿卡德语、泥板文书等当时东地中海世界通用文字介质的发明与使用，虽然使以书信传递为主要方式的跨文化交流的开展成为可能，但真正将跨文化交流的可能变成现实的，则是那个时代的一个个活生生的具体的人。在阿玛纳时代东地中海世界的陆路和海路上，行色匆匆、风尘仆仆的各国各地区信使、商人、医生、教师、工匠、难民、政治流亡者、战俘、雇佣兵和武装移民等络绎于途，他们身份地位不同，往来目的使命各异，但却都不可避免地要同沿途各国各地区的各色人等进行物质交往和精神交往，这就很自然地互通了信息，交流了文化，不自觉地成了跨文化交流的使者。

第一节 信使与商人

信使是人类最古老的职业之一，每个人都是天然的综合性的文化交流载体，人的移动过程即是文化交流的过程。阿玛纳时代东地中海世界国别众多，大到幅员辽阔的帝国，小到以城池为中心的邦国，各居一地，各占一隅。各国之间互派信使，保持及时而顺畅的沟通，实属必要和必然。而通过对阿玛纳书信等文献的研究，学者们得出大体一致的结论：既在阿玛纳时代，东地中海世界各国各地区的"外交和贸易往往是密不可分的，多数外交工作是由商人完成的"[1]，因为"委托商人传递官方书信是较为经济

---

[1] G. Berridge, "Amarna Diplomacy: A Full-fledged Diplomacy System?", in R. Cohen, R. Westbrook, eds., *Amarna Diplomacy: The Beginning of International Relations*, Baltimore and London: Johns Hopkins University Press, 2000, p. 218.

的办法"①,甚至可以说,"商人就是信使,信使就是商人"②。

书信有别于口信,是在文字产生之后出现的。与口信一样,书信是人类跨文化交流的基本媒介之一。书信是一种向特定对象传递信息、交流思想感情的应用文书,包括公私书信。书信交流,必须具备三个条件:一是有运用语言文字表情达意的能力;二是具备相应的书写材料和工具;三是有第三方居中传递。而在阿玛纳时代的东地中海世界,以传递书信和口信为主要目的信使,则是一种典型的跨文化交流者。

在古代东地中海世界,早在史诗时代,也即前王朝时代,就有信使往来穿梭于各个城邦之间,如苏美尔史诗《吉尔伽美什与阿伽》中,就间接印证了强大的基什城邦国王阿伽派遣信使到以吉尔伽美什为国王的相对弱小的乌鲁克城邦从事国际交往活动的历史痕迹。③

在阿玛纳书信中,送信的人通常写作"mar sipri"。这是个合成词,其中"mar"是指"社会群体的成员、雇佣者、宗教团体成员"④,"sipri"本意为报告、信息,两者组合起来,直译为"送信之人"或"信使"。在古亚述语中,通常只写作"sipri",一般不与mar组合,如"si-ip-ru sa alim u karum Kanis",意为"城市和卡尼什港的信使"⑤。在古阿卡德语中,"信使"除了写作"sipri"外,还可写作"maru si-ip-ri-a"等。⑥

在古亚述时期,提及最多是的"si-ip-ru sa alim"(城市的信使)和"si-ip-ru sa karim PN"(某某港口的信使),说明信使主要活跃于经贸领域。此时也开始出现"si-ip-ru ekallim"(宫廷的信使),表明信使的作用由经济贸易领域向政治和外交领域拓展。在古巴比伦时期,"sipri"一词更加频繁地出现在文献中,如马瑞泥板文书曾提及"maru si-ip-ri qa-ta-na-yu"(卡塔纳的信使们)⑦,这显示信使在政治生活中的作用在古巴比伦时

---

① M. Liverani, "The Great Power's Club", in R. Cohen, R. Westbrook, eds., *Amarna Diplomacy: The Beginning of International Relations*, Baltimore and London: Johns Hopkins University Press, 2000, p. 22.

② R. Cohen, "The Great Tradition: The Spread of Diplomacy in theAncient World", *DS* 1 (2001), p. 35.

③ 吴宇虹:《记述争夺文明命脉——水利资源的远古篇章:对苏美尔史诗〈吉勒旮美什和阿旮〉的最新解释》,《东北师大学报》(哲学社会科学版)2003年第5期,第5—6页。《吉尔伽美什与阿伽》原文系用苏美尔文楔形文字刻写在11块泥板上,共115行,大约成形于公元前20世纪初,一定程度上反映了公元前28世纪苏美尔城邦时期的社会状况。

④ CAD M, pp. 314 – 315.

⑤ CAD S, p. 74.

⑥ CAD S, pp. 73 – 77.

⑦ ARMT IV, No. 10: 20.

期已有所增强。及至阿玛纳时代,东地中海世界各国物质交往和精神交往范围和频率不断扩展,作为跨文化交流者的信使的作用已变得越来越不可或缺。这也正是"sipri"(信使)一词频频出现在阿玛纳书信中的原因之一。

学术界通常认为,与阿卡德语"sipri"(信使)对应的埃及语为"wp-wty",该词出现在阿玛纳书信中,由名词"wpwt"和后缀 y 构成,其名词义为"信息、任务、使者、使节、吩咐、要求",如《埃及语词典》中的释义即为"送信人、信差、使者、使节,它既可指人的使节,也可指神的使者"①。其中国王的使者(wpwty nsw)地位最尊贵,一般由国王亲自派遣出使他国执行特殊使命。②

但无论是阿卡德语,还是埃及语,"信使"一词都属于一个泛称。正如有学者所指出的:"信使这一称谓(巴比伦语'mar sipri',埃及语'wpwty')通常没有什么不同,只是其级别和作用往往随着其所携书信不同而有别而已。"③

一般来说,阿玛纳时代东地中海世界的信使,大致可分为低级的信差、中级的使节和高级的特使三个等级,往往是等级越高,所传递的信息越重要。信差是通常意义上的信使,他们对所传递的书信内容一无所知,他们所要做的就是把这些书信从一地送达另一地。使节除了与信差一样传递书信之外,可能还有其他使命。如埃及的使节除了向属邦王公送达埃及国王的书信外,还承担着向属邦征收贡赋和处理彼此间的商贸事务等使命。作为国王的代表,把埃及王国的统治延伸到附属国和殖民地。而特使通常由王国政要或王室成员出任,通常对所传递书信内容及需要磋商的相关事务了如指掌。他们获授权对书信内容做出解释,甚至直接参与有关协议的谈判。而如果从遣派者身份的角度来划分,可将信使分为至少四类,即国王的信使、太后的信使、王子的信使、地方大员的信使。如果从出使国地位的角度来划分,可将信使分为两类:一类是出使大国的信使,如出使埃及、米坦尼、赫梯、巴比伦、亚述的信使;一类是出使各城邦的信使,如出使阿尔扎瓦和阿拉西亚的信使。

---

① Wb II, p. 304.
② G. Steindorff, "The Statuette of an Egyptian Commissioner in Syria", *JEA* 25 (1939), pp. 31 – 32.
③ M. Liverani, *International Relations in the Ancient Near East, 1600 – 1100 B. C.*, New York and Basingstoke: Palgrave Macmillan, 2001, p. 71.

阿玛纳时代的东地中海世界已经初步形成了一个国际交往体系。[1] 而作为这一体系的重要组成部分的信使，具有多重的职责。

信使的首要职责就是传递书信。为了面对共同的威胁和维护共同的利益，阿玛纳时代东地中海世界各国经常通过书信往来就共同关心的国际事务及时进行沟通。[2] 如米坦尼国王图什拉塔在击退赫梯的进攻后，很快向埃及国王阿蒙霍特普三世通报了形势和战况。[3] 米坦尼和埃及都不希望小亚崛起一个新的强大对手，对于时局和战况的沟通就显得十分必要。在当时的东地中海世界，有许多半游牧部落散居于各国各地区之间，他们对信使的人身安全构成严重威胁。为避免由此可能导致的不测事件，各国之间就相关事宜进行了沟通协调。如亚述国王阿舒尔乌巴里特一世在书信中向埃及国王埃赫那吞通报了埃及信使被苏图人所阻一事。[4] 往返于巴比伦与埃及之间的信使的安全保障也是一个令人头痛的问题。巴比伦国王伯纳伯拉阿什二世的信使卡勒莫就遭到了大马士革统治者比尔亚马扎和另一个小邦统治者帕马胡的抢劫，布尔那布瑞阿什二世在书信中向埃赫那吞通报了这两个事件。[5] 此后，伯纳伯拉阿什二世还就巴比伦信使在埃及所属的叙巴地区遇害事件，专门致信埃赫那吞，强调埃及如不及时采取措施，这类事件还会重演，结果可能会两国之间沟通渠道的阻断。[6] 此外，由于各国各地区相距遥远，文化迥异，加之敌人的挑拨离间，彼此间的猜疑和误解在所难免，而就日常事项的经常性的书信往来就显得很有必要。这类日常事项主要包括对国王健康的问候、对远方亲人情况的询问和对工程建设情况的关注等。如巴比伦国王卡达什曼恩里勒一世与埃及国王阿蒙霍特普三世交流了外交礼仪事宜。[7] 再如由于巴比伦信使在埃及没有见到远嫁埃及的巴比伦公主，巴比伦国王不断致信埃及国王，对这件事表示严重关注，甚至怀疑公主是否已经不再人世。[8] 阿拉西亚国王在致埃及国王的书信中，

---

[1] B. Lafont, "International Relations in the Ancient Near East: The Birth of Complete Diplomatic System", *DS* 12 (2001), p. 39.

[2] R. Cohen, "Intelligence in the Amarna Letters", in R. Cohen, R. Westbrook, eds., *Amarna Diplomacy: The Beginning of International Relations*, Baltimore and London: Johns Hopkins University Press, 2000, p. 85.

[3] EA 17.

[4] EA 16.

[5] EA 7.

[6] EA 8.

[7] EA 3.

[8] EA 1.

在通报了发生在国内的疫情后，专门恳请埃及国王对他未让埃及信使及时回国给予谅解。①

为了减少信使往来的劳顿，提高信息交流效率，阿玛纳时代东地中海世界各国都力争在每次信使往来中传递更多的信息和解决更多的问题。于是，信使又被赋予了书信内容的解释权。他要现场当面回答对方提问，说明和阐释书信实质内容，以便能够完整准确地转达书信字面信息和背后的意图。譬如，为争夺对阿姆如的宗主国地位，埃及与赫梯信使几乎同时抵达阿姆如，他们分别使出浑身解数与阿姆如当局展开谈判。② 再譬如，拉美西斯二世时期担任埃及国库总管的奈提尔维麦斯曾多次出使哈图什里三世治下的赫梯，为两国最终签订《银板条约》立下了汗马功劳。③

在处理王室联姻的具体事务和细节方面，信使还会以国王特使或国家使节的身份被赋予较大的相机行事的权限。④ 当然，在涉及某些重大问题时，信使则须返回本国向国王禀报和请示，在米坦尼与埃及的王室联姻协商中，埃及特使马奈和米坦尼特使柯里亚就在埃及与米坦尼之间往返多次。⑤ 除了商讨王室联姻相关事务外，信使还要在出使国以国王特使或国家使节的身份主持迎娶仪式，将油倒在所迎娶的公主头上，并将公主护送回本国。⑥ 而如果信使的角色与其实际身份不符，就有可能造成国家间严重的信任危机和外交纷争。譬如，当巴比伦国王依据巴比伦信使的禀报而指责埃及国王未给予巴比伦公主应有的礼遇时，埃及国王反唇相讥，认为一个信使是无权会见巴比伦公主的，因而其禀报不足采信。⑦ 同样，一个称职的信使，不仅受到派出国的信任，也会赢得出使国的礼遇和赞许。如一封阿玛纳书信写道："马奈，我的兄弟的特使，还有哈纳，我的兄弟的翻译，令我感觉到像神一般的荣耀。我赠予他们诸多礼物，热情友好地款待他们，因其行为举止甚为妥当。我还从未遇到如此容仪俱佳的人。愿神和我的兄弟保佑他们！"⑧ 在实际上也的确有个别信使未能真正领会国王意

---

① EA 35.
② EA 161.
③ E. Edel, *Agyptische Arzte und Agyptische Medizin am Hethitischen Konigshof*, Opladen: Westdeutscher Verlag, 1976, p. 79.
④ M. Liverani, *International Relations in the Ancient Near East, 1600 – 1100 B. C.*, New York and Basingstoke: Palgrave Macmillan, 2001, p. 72.
⑤ EA 20.
⑥ EA 31, EA 29.
⑦ EA 21.
⑧ EA 21.

图的案例，如一封阿玛纳书信写道："我的答复都写在信使转交给你的泥板书信中，而不是信使当面所传之口信。如果信使的口信与书信内容相符，就请相信信使所言；如果使信的口信与书信不符，那么就请你不要再相信信使所言，不必将其错误的转达放在心上。"①

此外，信使还有以国家使节身份向出使国送达派出国所赠礼物的任务。礼品通常是随信使一起运到出使国。一封阿玛纳书信写道："与此同时，我将让舒特提给你送去装饰新房的礼物。"② 巴比伦国王致埃及国王的一封书信中则提到信使带来的黄金礼物。③ 而另一封阿玛纳书信提到："我的兄弟的信使哈马西来到我这里时，没给我带来你的任何礼物。"④

对于一名信使来说，首先需要面对的就是长途旅行的危险。从阿玛纳时代东地中海世界各国各地区的地理位置来看，埃及位于北非，赫梯位于小亚，米坦尼位于幼发拉底河上游、巴比伦位于两河之间，亚述位于哈布河流域，中间是茫茫沙漠，交通不便，气候炎热。其中横亘于五大强国之间的叙巴地区地理和人文环境尤其严峻。埃及文学作品《对美利卡拉王的教谕》形容这一地区"甘泉难觅，树木鲜见，山峦阻隔，道路崎岖"⑤；巴比伦国王布尔那布瑞阿什在致埃及国王埃赫那吞的书信中也描述这一地区"路远难行，江阻河隔，天气酷热"⑥。此外，一到冬季，进入小亚的山路便被大雪所封，使赫梯几乎处于与世隔绝的状态；与陆路相比，东地中海世界的水手只在每年5月初至10月底扬帆起航，因为地中海在这段时间相对风平浪静。⑦

对于那些需要穿越空旷偏远地区的信差来说，而上述恶劣的自然环境和交通不便更可怕的是沿途经常会遭到半游牧部落的袭击和抢劫。譬如，由于担心半游牧部落苏提人的强盗行为，埃及信使不得不长期滞留亚述，无法及时回国复命。⑧ 旅途令信使们担惊受怕，身心俱疲，乃至在出发之前，往往"把其财产移交给他的孩子们，因为旅途中他将面临狮子等野兽

---

① HDT, p. 20.
② EA 5.
③ EA 10.
④ EA 27.
⑤ AEL I, p. 104.
⑥ EA 7.
⑦ F. Braudel, *The Mediterranean and the Mediterranean World in the Age of Philip II*, New York: Harper and Row, 1972, p. 248.
⑧ EA 16.

的袭击和苏提、阿赫拉木等亚洲人的掠夺"①。

未携带贵重礼物的信使在旅途中相对安全一些。在出发前，派出国会为其开具一个类似通关文牒或国书一类的凭证。米坦尼的一份文献反映了这类凭证的大致内容："到迦南诸王公，我兄弟的仆人们：我特遣我的特使阿吉亚尽快赶到埃及国王、我的兄弟处。请不要拦截和扣留他。请保障他得以安全进入埃及境内，并顺利抵达埃及军事要塞将军处。让他立即启程！其身上未带任何贵重之物。"② 对于强盗和土匪来说，信使的所谓通关文牒或国书形同无物。这些凭证对沿途国家的不端想法和行为还是有一定约束力的。如果信使所携书信的内容高度敏感，特别是被怀疑事关沿途第三国国家利益时，那么被截留和扣押的可能性就变得极大，譬如埃及第十七王朝国王卡摩斯就扣留过一名希克索斯王朝派往库什的信使。③

对于那些携带国礼等珍贵物品的信使来说，其在旅程中遭遇抢劫的风险明显增大。为保证信使的人身安全，以及信使率领的运送物品的商队的安全，通常配备一支人数不等的护送卫队。然而，商队的规模越大，遭遇劫掠的概率越大，护送卫队的人数不得不随之增加，而结果是行进的速度越来越慢。正是根据信息传递速度的快慢，阿玛纳书信的研究者大致可以推测出：哪些信使可能是独自旅行的，因为其行进速度相对较快；哪些信使可能是随商队或卫队行进的，因为其行进速度相对较慢。信使的卫队有时是由途经的属邦提供的。例如，叙巴地区诸邦就担负起了东地中海世界五大强国之间官方商队的护送任务，维护商贸安全，一个邦国宣称道："我护送所有国王的商队远达布斯鲁那"④。官员哈阿亚命令属邦统治者穆特巴禾鲁护送商旅到哈尼谷勒巴特。⑤ 一般来说，信使驾车或与使用骡子的商队同行，一天能走约 35 千米，这样推算，如果信使从埃及首都阿玛纳出发，前往米坦尼需要走至少一个月，前往巴比伦或赫梯的则需要走 45 天左右。⑥

---

① ANET, p. 16；HDT, p. 134.
② EA 30.
③ 在古代埃及历史上的第二中间期，国家处于分裂状态。希克索斯王朝地处埃及北部尼罗河三角洲地区，第十七王朝，也即底比斯王朝偏安于埃及南部地区，位于底比斯王朝南部库什地区的科尔玛王国则为底比斯王朝属邦。如果希克索斯王朝一旦与科尔玛王国结盟，底比斯王朝势必处于腹背受敌的被动局面。
④ EA 199.
⑤ EA 24.
⑥ M. Van de Mieroop, *The Eastern Mediterranean in the Age Romesses II*, Malden and Oxford：Blackwell Pulishing, 2007, p. 108.

当信使克服千难万险抵达目的地后，无论他们所传递的信息是什么，也无论两国关系好坏，按照惯例，信使们的饮食起居和人身安全都会得到周到地安排和保证。他们通常还要应邀参加出使国王公举办的正式宴会和相关仪式。出使国王公甚至还会邀请信使到其家中座客，并馈赠礼品："阿库国王的信使受到的礼遇超超过了我的信使，他们甚至送给他一匹马！"① 而实际情况是，信使要想踏上返程之旅，绝非易事。因为同样按照惯例，不经主人同意，作为客人的信使不得擅自离开。

从派出国的角度看，当然希望信使在完成任务后尽快回国，但信使被迫滞留出使国的情况在当时并不稀奇。亚述国王曾对滞留其信使的埃及国王质问道："为何长期扣留我的信使们，甚至直到他们去世为止？如果这样对阁下您有好处，那么就让他们一直呆在您哪儿好了！但问题是您何必终生扣留他们呢？他们不过是信使而已！"② 巴比伦国王也曾向埃及国王抱怨："此前，我父亲向贵国派出了一名信使，您没有扣留他多长时间，很快让他回来了。……可现在，您扣留我向您派出的信使的时间已经长达6年。"③ 另一封书信也反映了类似情况："您已经扣留我的信使两年了。"④ 对于埃及扣留他国信使这种伎俩，东地中海世界其他各国不以为然，一再提醒和告诫埃及国王："对于我派往贵国考察的信使，请勿扣留！""我派信使吉里亚和图尼普伊卜瑞送信给您。请尽快让他们回来！""与此同时，我派信使吉里亚到我的兄弟您处，愿我的兄弟您不要扣留他！""请我的兄弟您不要扣留他们，让他们马上回来！"⑤

对埃及扣留信使的行为反映最为强烈的是米坦尼。面对内忧外患，米坦尼国王图什拉塔迫切希望得到埃及的支持，但埃及一再扣留信使的行径严重干扰了图什拉塔的谋划，他在对埃及表达谴责的同时，还采取了相应的报复措施："我将扣留我的兄弟的信使马奈，直到我的兄弟释放我的信使，并让他们回到我这里来。"⑥ 出使国扣留派出国信使，主要出于向派出国讨价还价和施加压力的考虑："我的兄弟，我本想尽快送回你的信使，但由于我的信使仍滞留贵国，我不得不请你的信使暂缓回国了。只要你让我的信使回来，我马上让你的信使马奈回去。我会向此前将你的信使克里

---

① EA 88.
② EA 16.
③ EA 3.
④ EA 7.
⑤ EA 15，EA 17，EA 19，EA 27.
⑥ EA 28.

亚送回去一样，也把马奈送回去。如果你坚持扣留我的信使，我也只好让你的信使继续滞留一段时间。"①

而事实上，阿玛纳时代东地中海世界国家和地区间的交往并未因互扣留信使这类事件而完全中断，其中一个重要原因是被迫滞留下来的信使，都是特使级别的，数量并不是很多，而那些职级较低的信差和使节大都可以往返自如，因为扣留他们没有太大的政治意义和经济价值。诚然，扣留对方信使本身即是一个外交信号，是复杂的国际纷争的一种策略和手段。但这种行径为当时的国际社会所不齿，被普遍认为是一种欺诈行为，是对无辜的信使和派出国的无礼之举："信使是什么？他们只是一群飞来飞去的鸟吗？"②

信使滞留他国的原因不一，时间不等，个人境遇亦大相径庭。第一种原因是被出使国扣压，被迫滞留下来，时间一般为一年左右，直到派出国新派出的信使前来替换，他才能脱身回国。如果两国因相关谈判中止而导致或双方关系恶化，那么信使的滞留时间有更长甚至遥遥无期，甚至被派出国所遗忘。第二种原因是有些信使有可能在滞留期间，习惯了他国的生活，这样他就有可能主动地长期留下来，直至客死他乡。当埃及信使维纳蒙在信中谈道他滞留巴比罗斯已经很久了时，巴比罗斯国王回复道："说真的，你的境况比信使哈姆瓦斯好多了，他们在我这里生活了17年，直至病故。"③ 滞留他国的信使往往与当时的教师、医生、流亡者等交往密切。

自古代东地中海世界进入迈入文明的门槛，特别是进入阿玛纳时代以后，在以荷鲁斯之路为代表的陆路和海路上，为了赚取商业利润，成群结队的来自各国的商人长年累月地往来奔走。因为职业的关系，他们见多识广、消息灵通、博闻强记、能言善辩。前面所介绍的信使，其中很多人很可能专职的，但越来越多的证据显示，他们中的一些人可能还有另外一个身份，那就是商人。譬如，从巴比伦国王至埃及国王的一封书信中，可以明显看出巴比伦的信使卡勒穆，同时也是一名商人。④ 而阿拉西亚国王在致埃及国王埃赫那吞的书信中介绍他的信使时直接写道："他们是我的商人。"⑤

---

① EA 29.
② EA 28.
③ AEL I, p. 228.
④ EA 7.
⑤ EA 39.

古代东地中海世界各国各地区间很早就有着密切的经济联系。苏美尔人一切必需品几乎都是通过商贸活动交换而来的。苏美尔史诗《恩梅卡和阿拉塔之主》浓墨重彩地描写了对乌鲁克大祭司兼首领与伊朗高原上的阿拉塔城邦国王开始贸易活动的情景，其中乌鲁克出口的粮食，而阿拉塔出口的则是金、银、铜、锡、宝石等。公元前 2 千纪的阿卡德史诗《战斗中的国王》就讲述了萨尔贡率大军前往小亚保护其在普鲁汉达从事贸易的商队的故事。

古代东地中海世界各国各地区早期的国际贸易多半是由各城邦的神庙主持，这是因为神庙拥有大量的土地、农民和工匠，所生产的粮食、手工艺品等的分配都是由神职人员负责，分配后的剩余产品就可作为贸易的商品。随着王权的加强，王室领地上的剩余产品也越来越多，王室成员于是也参与到贸易活动中来。从事国际贸易的商人受神庙或王室委托，将神庙或王室的剩余产品运到国外并售出，再从国外购入神庙和王室所需的产品。

古代东地中海世界各国各地区的商业投资可以分为被动投资和积极投资两类。被动投资是由商人自己出本金，但能确保收回本金并获得利润，并受有关法律保护；积极投资是首先设立一笔共同基金，然后交由商业团体经营，商人甚至王室成员、神职人员和其他富人都可以持有股份并分享利润。商人或商业团体在经济上自担风险，自行管理。运输业务由专业人员或团体组织的商队负责。

公元前 20 世纪的亚述商业文献，反映了亚述乃至东地中海世界各国各地区商人从事贸易活动的一些细节：商业团体为商队提供无息贷款用于沿途食宿等所有开销；商队可在沿途任何地点购买和装载其他商品并进行转卖；商队途经他国时可能需要向当地官员交纳各种捐税或送上"礼物"；到达目的地后，商队还要向当地统治者上缴相当数量的手续费，这是向纺织品等所有外国商品征收的关税；为了避税，商队有时会利用走私者来帮助他们安排相关商品入境。①

阿舒尔城位于两河流域腹地，扼守古代东地中海世界的交通要冲，具有发展对外贸易的优越地理条件。阿舒尔城邦商人运输商品的基本形式是由以驴子为驮运畜力的商队。每头驴驮运 130 米那锡或 30 件纺织品，到达小亚需要 5—6 周。② 到达目的地后，阿舒尔商人不但卖掉锡、织物等商

---

① 马克垚主编：《世界文明史》，北京大学出版社 2004 年版，第 29 页。
② H. Oguche, "Trade Routes in the Old Assyrian Period", *Al-Rafidan* 20 (1999), pp. 85 – 106.

品，而且卖掉驮运商品的驴子。锡是冶炼青铜的必备原材料，是阿舒尔城邦向小亚输出的重要商品。锡的具体来源并不能确定，可能来自今天乌兹别克斯坦或塔吉克斯坦，甚至是泰国一带。① 阿舒尔向小亚输出的大部分织物来自巴比伦尼亚，其余来自阿舒尔城邦本地。② 尽管巴比伦尼亚的羊毛和织物是阿舒尔城邦商人转运至小亚的重要商品，阿舒尔城邦输往巴比伦尼亚的商品种类却不得而知，但阿舒尔城邦当局十分鼓励两地开展贸易活动，如阿舒尔城邦国王伊鲁舒马就曾豁免了乌尔、尼普尔、阿瓦尔、基斯马尔、多尔等与阿舒尔城邦做生意的巴比伦尼亚各城邦商人的债务。③

及至中亚述时期，随着版图的扩大，亚述的贸易对象呈现多元化，北面的纳伊得利地区诸邦、西北的哈梯地区、西面的埃玛尔地区、南面的巴比伦尼亚都与亚述建立了贸易关系。据文献记载，商人乌帕尔苏马尔都克从纳伊利地区贩运了一匹2岁的母马；④ 商人萨里姆图在卡塔拉从苏图部落买了一头3岁的驴；⑤ 提格拉特帕拉沙尔一世统治时期，国王供奉神明的雪松树脂来自哈梯地区；⑥ 阿舒尔神庙的铜来自哈梯地区和埃玛尔地区；⑦ 特玛和萨巴的商队曾到达幼发拉底河中游的辛达努地区；⑧ 一些巴比伦商人因从事间谍活动而被亚述当局逮捕。⑨

除了民间商人的贸易活动，亚述等阿玛纳时代东地中海世界国家和地区开始以官方名义开辟商路，确保商路畅通和商队安全。位于埃及中王国时期阿瓦利斯城的一幅墓室壁画显示，早在埃及第十二王朝时期，就有亚洲属邦王子克努姆霍特普率领的一支由37名亚洲人组成的商队来到埃及，大宗货物是眼影颜料，此外还有山羊、羚羊以及由驴驮运的其他货物。⑩

---

① J. G. Dercksen, *Old Assyrian Institutions*, Leiden: NINO, 2004, p. 17.
② K. R. Veenhof, *Aspects of Old Assyrian Trade and Its Terminology*, Leiden: E. J. Brill, 1972, pp. 98 – 102.
③ RIMA I A. 0. 32. 2.
④ D. J. Wiseman, "The Tell al-Rimah Tablets, 1966", *Iraq* 30/2 (1968), tr. 3019.
⑤ H. W. F. Saggs, "The Tell al-Rimah Tablets, 1965", *Iraq* 30/2 (1968), tr. 2059.
⑥ C. M. Monroe, *Scales of Fate: Trade, Tradition, and Transformation in the Eastern Mediterranean ca. 1350 – 1175 B. C. E.*, PhD Dissertation, Ann Arbor: University of Michigan, 2000, p. 236.
⑦ MARV 3. 19.
⑧ J. N. Postgate, "Some Latter Days Merchant Assur", in M. Dietrich, O. Loretz, W. Von Soden, eds., *Vom Alten Orient zum Alten Testament: Festschrift fur Wolfram Freiherrn von Soden zum 85 Geburtstag am 19 Juni*, 1993, Butzon und Bercker: Neukirchener Verlag, 1995, p. 405.
⑨ B. R. Foster, *From Distant Days: Myths, Tales, and Poetry of Ancient Mesopotamia*, Bethesda: CDL Press, 1995, p. 182.
⑩ P. E. Newberry, *Beni Hasan*, Vol. I, London: Kegan Paul/Trench and Trubner, 1893, pls. 28, 30 – 31.

而在中亚述王国,从事外贸的商人与官员关系密切。一些商人本身就是官员,甚至是国王的近臣。中亚述王沙尔马纳赛尔一世统治时期,巴布阿哈伊狄纳是国王重臣,他雇用了大量人员处理贸易事务,其档案记录了西奇伊拉尼、阿胡塔伯、乌巴里苏马尔都克等商人为他运输或购买铜、锡、青铜、木材、织物的情况。中亚述国王阿达德尼拉瑞一世统治时期,一个北方行省的总督阿舒尔—阿哈—伊迪纳的多份文献记录了数量可观的锡。中亚述国王图库尔提尼努尔塔一世统治时期,阿舒尔阿哈伊迪纳的孙子乌拉德—舍鲁阿的身份可能也是总督,他曾购买了大麦和锡。[1] 提格拉特帕拉沙尔一世曾通过商人购进哈梯地区的雪松树脂。[2]

在埃及第十八王朝女王哈特舍普苏特向蓬特派遣官方武装商队之前,蓬特的物产已经流入埃及。没药、熏香等当地特产成为埃及人宗教仪式上必备的大宗物品,但其获取渠道主要是民间贸易。私人商队沿着尼罗河长途跋涉到蓬特,再把贸易来的物品千辛万苦地运回埃及。对此,哈特舍普苏特神庙铭文描述道:"埃及人从未踏上过没药遍野的蓬特的土地,他们只从前辈口里听说过这个国度。这个国度在下埃及无人不知。而在上埃及,除了个别商队,从没有官方人员到过那里。"[3] 哈特舍普苏特女王认为自己的丰功伟绩就是绕过了中间商,打通了一条穿越红海直达蓬特的贸易路线,从而节约了成本,提高了效率。自此,蓬特作为埃及官方文献中的属邦,被正式纳入埃及的朝贡体系。而为了维护本国商人的基本权益,诸如在国外经商而遭遇不测后的赔偿问题,各国官方甚至国王往往亲自出面解决。譬如,公元前1270年,赫梯国王哈图什里三世用阿卡德文致信巴比伦国王卡达什曼恩里勒二世,就巴比伦商人在赫梯被杀这一事件向卡达什曼恩里勒二世道歉,并通报说他已经对死者亲属进行了赔偿。[4]

一般来说,在阿玛纳时代的东地中海世界,各国间官方物品的流通和礼物的交换都是为了政治上的需要,是一种外交方式和手段。当然,个人之间的物物交换也是存在的,如有关文献曾载:"我熔化了铜。我熔化铜的目的是为了与阿加里鲁的儿子交换驴。你必须提供驴,我将提供铜。让巴阿拉鲁来,让他确定驴的价格,并让他带来铜。""起草人奈菲

---

[1] J. N. Postgate, ed., *The Archive of Urad-Serua and His Family: A Middle Assyrian Household in Government Service*, Roma: Roberto Denicola, 1988, pp. viii – xiii.

[2] C. M. Monroe, *Scales of Fate: Trade, Tradition, and Transformation in the Eastern Mediterranean ca. 1350 – 1175 B. C. E.*, PhD Dissertation, Ann Arbor: University of Michigan, 2000, p. 236.

[3] ARE II, p. 287.

[4] 马克垚主编:《世界文明史》,北京大学出版社2004年版,第30页。

尔霍特普给予哈瑞姆维阿的东西：奈弗瑞泰瑞的一个木制的碑；为了交换它，他给我一只箱子。而我在河岸给他制了两口棺，他则为我造了一张床。"①

第二节　医生与教师

除了信使和商人，在东地中海世界，医生和教师这种有一技之长的专业人士受到各国各地区的广泛欢迎，他们或往来穿梭游走于东地中海世界各国各地区之间，有的长期在国外逗留，有的干脆定居他国，成为名副其实的跨文化交流的使者。

古代东地中海世界许多国家和地区一直都对埃及医生的医术推崇备至。② 古希腊盲诗人荷马称赞埃及到处是草药，人人是医生，其他地方望尘莫及。③ 古希腊历史学家希罗多德指出，在埃及人那里，"医生分工很细，一个医生通常只看一种病，而不是包治百病。医生数量众多，有治眼的，有治牙的，有治胃的，还是治各种隐疾的"④。亚历山大的克雷芒⑤认为，在埃及人所编纂的42卷本典籍注疏中，至少有6卷是关于医学和药学的。⑥ 有很多著名医学纸草文献流传至今，如长达4.7米的《史密斯纸草》、长达20米的《埃贝斯纸草》等。其中，《史密斯纸草》对医生的从业行为进行了详细的规范：如治愈的可能性很大，就向病人通报说"这是一种我能治的病"；如仅有治愈的可能，就向病人通报说"这是一种我会尽力对付的病"；如根本没有治愈的可能，就向病人通报说"这是一种我

---

① J. J. Janssen, *Commodity Prices from the Ramesside Period*, Leiden: E. J. Brill, 1975, p. 510.
② C. Zaccagnini, "Patterns of Mibiligy among Ancient Near Eastern Craftmen", *JNES* 42 (1983), pp. 249–256.
③ Odyssey IV, pp. 231–232; T. R. Bryce, *Life and Society in the Hittite World*, Oxford and New York: Oxford Unviersity Press, 2002, pp. 171–172.
④ E. Edel, *Agyptische Arzte und Agyptische Medizin am Hethitischen Kooningshof*, Oplanden: Westdeutscher Verlag, 1976, p. 39；〔古希腊〕希罗多德：《历史》，王以铸译，商务印书馆1959年版，第145页。
⑤ 亚历山大的克雷芒（Clemens Alexandrinus），基督教希腊教父，生于雅典的异教徒家庭，曾加入神秘宗教，后到处游学，在亚历山大接受基督教学者潘塔努斯（Pantaenus）的影响而皈依基督教，并在潘塔努斯之后继任亚历山大教理学校校长。
⑥ E. Edel, *Agyptische Arzte und Agyptische Medizin am Hethitischen Koönigshof*, Oplanden: Westdeutscher Verlag, 1976, p. 40.

无法对付的病"①。

希罗多德还讲述了一个与埃及医生有关的历史故事，说波斯国王居鲁士曾致信埃及第二十六王朝国王阿马希斯二世，请后者在全国遴选最好的眼科医生到波斯宫廷服务。被选中的医生对阿马希斯二世怀恨在心，因为这意味着他不得不别妻离子并长期滞留异邦。波斯新王冈比西斯登基后，这位埃及医生巧言怂恿冈比西斯向阿马希斯二世之女求婚。既舍不得送出宝贝女儿，又不敢得罪骄横的波斯国王，阿马希斯二世于是采取了偷梁换柱的方法，用前任国王之女顶替自己的女儿嫁到波斯。很快获知真相的冈比西斯恼羞成怒，以报复埃及国王不守信用之名，举兵攻打埃及。②

乌加里特国王曾致信埃及第十八王朝国王埃赫那吞，请求他派遣埃及医生长驻乌加里特宫廷担任御医。③ 赫梯国王哈图什里三世一直为姐姐玛莎纳姬婚后一直未能生育而操心，于是特地给埃及第十九王朝国王拉美西斯二世写信求助。拉美西斯二世在回信中写道："我的兄弟就他年纪不轻的姐姐玛莎纳姬的事情写信给我：'让我的兄弟给她派出贵国的名医，帮助她顺利怀孕。'所以我的兄弟写信给我。但我写信给我的兄弟：'看，玛莎纳姬，我兄弟的姐姐，你的兄弟知道她，据说已经50岁了，甚至有60岁了。你瞧，一个50岁的女人已过了生育年龄，更不要说60岁的女人了。谁又能担保一定能配制出令她成功怀孕的药方呢？无论如何，祈愿太阳神沙马什和风暴神阿达德赐福于她，而我们定会谨遵两位神明的旨意行事。我——你的兄弟——会派一位神通广大的诵经祭司和一位医术高明的妇科医生前往贵国，齐心协力，对症下药，帮助她成功怀孕。"④ 正如拉美西斯二世所分析的那样，因为年纪等的原因，玛莎纳姬最终未能如愿。⑤ 步入中老年的哈图什里三世本人也是病魔缠身。⑥ 他

---

① E. Edel, *Agyptische Arzte und Agyptische Medizin am Hethitischen Koonigshof*, Opladen: Westdeutscher Verlag, 1976, pp. 39–40; J. H. Breasted, *The Edwin Smith Surgical Papyrus*, Chicago: The Oriental Institute of the University of Chicago, 1930, pp. 46–47.

② E. Edel, *Agyptische Arzte und Agyptische Medizin am Hethitischen Koonigshof*, Opladen: Westdeutscher Verlag, 1976, p. 44.

③ EA 49.

④ EA 49; HDT, p. 132; E. Edel, *Agyptische Arzte und Agyptische Medizin am Hethitischen Konigshof*, Opladen: Westdeutscher Verlag, 1976, pp. 31–32, 67–70.

⑤ B. J. Collins, *The Hittites and Their World*, Atlanta: Society of Biblical Literature, 2007, pp. 61–62.

⑥ 拉美西斯二世在位的第五年，哈图什里三世作为赫梯军队的主要将领参加了卡代什战役，当时他的年纪为20岁左右。拉美西斯二世在位的第三十四年，哈图什里三世将女儿嫁给拉美西斯二世，哈图什里三世的年纪为50岁上下。参见 E. Edel, *Agyptische Arzte Agyptische Medizin am Hethischen Konigshof*, Opladen: Westdeutscher Verlag, 1976, p. 35。

本就患有足疾，后又得了眼疾。拉美西斯二世曾派使臣给他送一种消炎止痛的药膏。①

不只是埃及医生，巴比伦医生的高超医术在古代东地中海世界也是闻名遐迩。赫梯国王穆瓦塔里二世为使王后顺利怀上儿子，曾专门从巴比伦请了一位医生。② 一份文献显示，在赫梯有两个巴比伦医生，一个在赫梯自然死亡，另一个也没有回国的打算。这位医生不仅拥有宅第，而且还娶了赫梯王族之女为妻。实际上已经没有谁再限制其返回故国，但他却选择了在赫梯永久居留。

教师是游走东地中海世界各国各地区的又一个活跃的群体。来自亚述的老师和来自巴比伦的教师在哈图沙的活动也得到赫梯文献的证实。那拉姆辛神话的题记清楚地载明该文献赫梯文本译者的名字，即书吏哈尼库伊里，其父的名字阿努沙尔伊拉尼也出现在这里。可以确认，阿努沙尔伊拉尼是一个真正的两河流域人名，而他很可能来自巴比伦。学者们认为，阿努沙尔伊拉尼很可能受巴比伦国王派遣来到赫梯，其最初的使命是帮助赫梯国王采用阿卡德语起草外交书信等文件，后来他在赫梯王国安居乐业，并在哈图沙城创建了一个书吏学校，讲授阿卡德语和楔形文字。在一篇赫梯文雷雨之神赞美诗文献中明确写有"DUB. SAR Pabilili"，意为"巴比伦书吏"，这一记载亦见于其题记部分，遗憾的是，书吏名字不存。可以确认，这篇文献的赫梯语文本是这位巴比伦书吏在哈图沙城由阿卡德文本译过来的。此外，在赫梯王室供职的至少还有两位亚述书吏，即那普纳沙尔和玛尔赛路亚。③

总之，对异邦某些行业水准的认可，使阿玛纳时代东地中海世界各国各地区之间专业人才的流动及其所承载的人类文明成果的共享具有了跨文化交流的特征。技艺和知识的交流，使一些国家和地区认识到陌生和遥远的异域同样也可能拥有先进的文化，在某些特殊的领域甚至比自己做得更好。为了更方便而直接地受益于这些技艺，最便捷的路径就是想方设法请拥有这些技艺和知识的医生和教师来到本国本地区现场操作讲解，因为毕竟有些技能和知识是无法通过贸易等其他方式获得的。

---

① E. Edel, *Agyptische Arzte Agyptische Medizin am Hethitischen Konigshof*, Oplanden: Westdeutscher Verlag, 1976, pp. 47–50.
② T. R. Bryce, *Life and Society in the Hittite World*, Oxford and New York: Oxford Unviersity Press, 2002, p. 172.
③ 李政：《论赫梯文明的创造者》，《史学月刊》2015年第8期，第83页。

第三节　难民与流亡者

在古代东地中海世界，由于饥荒、疫病和战乱等天灾人祸以及王位继承等内部政治斗争，以难民与流亡者身份跨越国界的且以定居为目的迁徙活动史不绝书。

从中央集权制的中心国家的角度来看，从文明程度较低的边缘地区向中心国家迁徙是必然的趋势。对于迁徙来的人口，中心国家将给予他们食物，否则他们是无法生存的。因此，只要这些外来人口能够臣服，那么他们是能够被接纳的："我们从伊多姆到沙苏的穿越，通过了美楞普塔·霍特普·霍尔·玛阿特在索孔的军事要塞，直至皮尔阿蒙在索孔的圣湖，为了让他们和他们的牲畜能够在陛下、所有国家的慈善的太阳神的土地上生存。"①"对于一些外国人来说，他们不知道如何生存，他们从他们的土地迁徙而来，因为饥饿异常，所以被迫像沙漠中的动物那样生活。"② 中心国家的优越感使他们往往能够包容和接受有秩序的难民迁徙。

埃及社会中的难民大多是经常遭遇旱灾的利比亚人、迦南人、沙苏人、阿皮如人、希伯来人。当因干旱而导致的饥荒发生时，他们被迫举家迁徙，而离他们较近的埃及成为首选目的地，因为仰赖尼罗河水的滋养而食物相对充足。文献显示，驻扎在埃及东北部边境的军队曾允许亚洲人成群地进入三角洲东部寻找水源。但由于某种原因，埃及人决定不再执行这一政策："我们不再为了使伊多姆的沙苏人和他们的牲畜生存下去，而再允许他们通过位于柴库的'美楞普塔·霍特普·霍尔·玛阿特'要塞，前往'美楞普塔·霍特普·霍尔·玛阿特的派尔·阿图姆'的池塘。"③

有时上述难民也将被驱逐出境。譬如，埃及第十二王朝国王阿蒙纳姆赫特三世统治时期，一名驻扎在埃立芬提尼的边境指挥官呈送了如下报告："希望你的心愿能够被了解，希望你健康，一切都好！在你统治的第三年的收获季的第三个月的第二十七天，从沙漠那边过来两名迈扎伊男人、两名迈扎伊女人和两个孩子。他们说：'我们是来为国王服务的，祝

---

① LEM, p. 293.
② ANET, p. 251.
③ ANET, p. 259.

他长寿、富足和健康！'当被问及沙漠那边的情况时，他们回答：'我们一无所知，只知道沙漠能让人因饥饿而死。'情况就是这样。作为你的仆人，我将在这一天将他们驱逐回沙漠。"①

为了防止作为他者的外国难民的无序渗透，东地中海世界各国各地区大都在边境构筑了军事防御工事。譬如，为了阻断从西奈半岛涌入埃及的亚洲人，早在第十王朝时期，埃及就已在尼罗河三角洲地区东部修筑了堡垒、屏障、壕沟等防御工事。埃及第十二王朝第一位国王阿蒙纳姆赫特一世又在上述工事的基础上，修建了带有众多敌楼的"统治者之墙"。"统治者之墙"的防御功能也并非无懈可击，如阿蒙纳姆赫特一世的大臣辛努西在听到国王突然驾崩的消息后，马上逃到尼罗河三角洲东部地区，然后穿越"统治者之墙"和西奈沙漠进入叙巴地区南部定居下来。辛努西是有文献记载的唯一一位通过"统治者之墙"流亡境外的埃及人，他对这次终生难忘的冒险经历回忆道："我踏上流亡之路后，首先向北走，到达用于抵御亚洲人和沙漠入侵者的统治者之墙。为了不让城楼上的守卫发现我，我整个白天都蜷缩着藏匿于一片灌木丛中。随着夜幕降临，我重新上路，终于在破晓时分抵达帕顿。然而走到凯姆—威尔岛时，我不得不停下来，因为难以忍受的口渴令我寸步难行。我口干舌燥，喉咙里满是尘土，我猜想死亡的味道也莫过于此吧！然而，我很快就打起精神，镇定下来，因为我听到了牛叫，看到了亚洲人。他们的酋长曾去过埃及，一眼就认出了我。这位酋长不仅给我水喝，还亲自为我煮牛奶。随后他把我带到他的部落，那里的人们对我非常友善。"② 除了辛努西，图特霍特普是另一位著名的埃及流亡者。据图特霍特普位于叙巴地区米格都城的黑色花岗岩雕像③上所刻的自传体铭文所载，他成长于阿蒙纳姆赫特一世的王宫，曾服侍过阿蒙纳姆赫特一世和塞索斯特里斯三世两位国王，先后担任野兔州州长和赫尔摩坡利斯城托特福庙高级祭司等要职。④ 然而风云突变，图特霍特普在塞索斯特里斯三世国王发动的政治改革⑤中失势，不得不到米格都政治避难，

---

① P. C. Smither, "The SemnahDespatches", *JEA* 31 (1945), p. 9.
② AEL I, pp. 222 ff. 凯姆—威尔岛，位于比特湖地区。
③ 现存雕像呈坐姿，高约24厘米，长约17厘米，宽约13.5厘米。雕像背部中轴线上有铭文一列基座，左右侧各有铭文四列。
④ ANET, pp. 228 – 229; Y. Yadin, "Megiddo", in M. Avi-Yonah, E. Stern, eds., *Encyclopedia of Archaeological Excavations in the Holy Land*, Vol. III, Jerusalem: Israel Exploration Society, 1977, pp. 830 – 856; J. A. Wilson, "The Egyptian Middle Kingdom at Megiddo", *AJSLL* 58/3 (1941), pp. 225 – 236.
⑤ OHAE, p. 167.

好在如同辛努西一样,他在叙巴地区也受到了礼遇。①

除了辛努西和图特霍特普这两位著名的埃及流亡者,出土于孟斐斯的阿纳斯塔西 5 号纸草也以书信的形式记录了埃及第十九王朝官兵追捕两名逃往亚洲的奴隶的事件。信的全文如下:"特杰库的弓箭长卡克姆威尔致弓箭长安尼和弓箭长巴克恩普塔:愿你长寿、平安、健康!敬祝众神之王阿蒙·拉神所钟爱之人、上下埃及之王卡所钟爱之人——乌塞尔赫派尔如拉·塞泰普恩拉、我们的伟大国王,身体健康!我们衷心爱戴他,并无数次为他祈福!另一件事,即在第三季的 3 月 9 日夜,在王宫大厅中我被派遣前去追捕两名奴隶。当我于第二天抵达特杰库的城墙时,我被告知他们已于今日经由该地逃往南方。当我赶到要塞时,又被告知,据刚从沙漠回来的侦探的情报,这两名奴隶已穿越塞特神所钟爱之人——塞提·美楞普塔的米格都的北部城墙。收到此信后,请告诉我有关这两名奴隶的情况,以及是谁发现了他们的踪迹?哪些人在调查他们的踪迹?什么人在追捕他们?请写信告诉我整个事件的来龙去脉,以及你现在派遣了多少人手在追捕他们?祝你身体健康!"②

除了在北部边境布防,从第十二王朝国王塞索斯特里斯三世统治时期开始,埃及在南部边境陆续构筑了塞姆纳、乌如纳提、米尔格萨、阿斯库特等四座军事防御工事,以阻止努比亚难民入境放牧或定居。

及至阿玛纳时代,东地中海世界进入大国并起的国际化时代,跨国跨境难民问题往往会演变为国际问题,引发国际争端。譬如,如果难民的移出国和移入国是两个在国力和文化上相当的国家,特别是这些难民对于两国经济发展来说具有同等的价值,那么,这样的难民对于移入国来说是有积极意义的,但显然损害了移出国的利益。因此,在这样的人口流动中,每个国家都希望接纳难民而不愿将他们遣返回家或是让他们移入第三国。但是无论对于移入国而言,还是对于移出国来说,因难民问题而导致的社会不稳定时有发生。因为,如果一个国家收留了他国的难民,特别是如果其中有与他国执政当局持不同政见的流亡者,那么往往会引发他国国内的政治危机;而如果一个国家收留了他国无力偿还债务的人,那么也很可能引起他国的经济动荡。为了解决这类棘手问题,阿玛纳时代东地中海世界各国各地区普遍在双方所签条约中加入相关引渡条款。譬如,赫梯在与属

---

① W. A. Ward, "Egypt and the East Mediterranean in the Early Second Millennium B. C.", *Or. NS* 30 (1961), pp. 38 – 44.

② A. H. Gardiner, *Late-Egyptian Miscellanies*, Bruxelles: Edition de la Fondation Egyptologique Reine Elisabeth, 1937, pp. 66 – 67.

邦库祖瓦特纳签订的宗藩条约中就明确规定接受对方难民是非法的，应依法遣返："如果伟大国王的人民和他们的女人和牛羊迁徙到了库祖瓦特纳的国界，帕达提舒将抓获他们并将他们送还到伟大国王的身边。如果帕达提舒的女人和牛羊进入赫梯国界，赫梯国王也应该抓获他们并将他们送还给帕达提舒。"①

这样的引渡条款揭示了双方在确保国家政治和经济稳定原则下甘愿放弃因接受对方的难民而可能获得的好处。然而，在条约的实际执行中，双方并不总是受这类引渡条款的约束：如果他们认为接受难民对己有利，就会毫不犹豫地予以接纳；如果他们认定这些人毫无价值，就会心安理得地拒之于国门之外。而且，在赫梯等宗主国与属邦所签订的相关引渡条约中规定：属邦有义务无条件引渡来自宗主国的难民，而不会得到任何补偿或回报；但宗主国却可以接纳来自属邦的难民，而属邦则没有引渡其回国的权利。②

在阿玛纳时代的东地中海世界，引渡还与所谓道义关系密切，但在引渡的问题上，道义标准却没有一定之规，有时甚至出现自相矛盾或双重标准的状况，因为出于自身利益，道义标准的制定者往往同时拥有解释权。譬如，如果赫梯国王不想遣返他国难民，他就会把"从赫梯国土上遣返移民是不正当的"作为道义上的依据。而当他要求他国遣返赫梯的移民时，又会背弃这一标准，辩称："或许将一个移民遣返是不正义的，我们真的曾在天神脚下制定过'移民将永远不会被遣返'这样的准则吗？"③ 另外，按照东地中海世界的风俗习惯，难民同样被看作客人，应该遵循基本的待客之道，而这与引渡条款相矛盾。而这因为如此，签订书面的引渡条约并写明相关条款是非常必要的，只有如此，引渡才至少有可能成为一个外交准则。

有时，难民的身份决定了他是否被引渡。通常，诸如手工业者或农民这样的平民百姓或所谓"无名小卒"会被引渡，而那些名门望族或所谓"重要人物"则往往被认定为"没有暴力倾向的客人"而被移入国所接纳。④ 如果名门望族也被引渡回国，那么他将和平民百姓一样受到惩罚。所不同的是，平民百姓面临的可能是失去自由的结局；而名门望族则很可能被视为危险的政治反对派而从肉体上被消灭。也正因为如此，为了保证

---

① HDT, pp. 12–13.
② HDT, pp. 145–151.
③ HDT, p. 66.
④ HDT, p. 66.

双方的被引渡人员，包括他们的亲属不被处死或伤害，当事国双方会签订专门的条约或在有关条约中附加特别条款加以约束。① 譬如，在埃及第十九王朝国王拉美西斯二世和赫梯国王哈图什里三世签订的《银板条约》的补充条款中就规定："如果有一个人、两个人或三个人从埃及逃到伟大的赫梯统治者的土地上，那么，伟大的赫梯统治者应予以逮捕，并遣送给伟大的埃及统治者乌斯玛拉·塞泰普恩拉。伟大的埃及统治者拉美西斯二世·迈瑞阿蒙不会对其予以制裁；不会毁坏其房屋，杀害其妻儿；不会将其处死，不会伤及其双眼、耳朵、嘴、脚。同样，如果有一个人、两个人或三个人从赫梯逃到伟大的埃及统治者乌斯玛拉·塞泰普恩拉的土地上，那么，就让伟大的埃及统治者拉美西斯二世·迈瑞阿蒙予以逮捕，并遣送给伟大的赫梯之主。伟大的赫梯统治者将不会对其予以制裁，其房子不会被损毁，妻儿不会被惩处，本人不会被处死，其双眼、耳朵、嘴、脚不会受到伤害，不会被判处有罪。"②

赫梯与埃及缔结上述《银板条约》的一个直接而重要的原因，正是赫梯前国王乌尔西·泰述布流亡埃及寻求政治避难，只是该条约在表述有关人员引渡的条款时，没有提及这位前国王。但应该说，在阿玛纳时代的东地中海世界，最著名的流亡者莫过于被废黜的这位赫梯国王乌尔西·泰述布了。乌尔西·泰述布为赫梯国王穆瓦塔里二世与一个王妃所生，既是符合赫梯王位继承法的继承人，也是穆瓦塔里二世生前明确指定的继承人。穆瓦塔里二世驾崩后，乌尔西·泰述布顺利继承王位，王名为穆尔西里三世。登基后不久，乌尔西·泰述布就将首都连同神像从毗邻叙巴地区的达尔胡塔萨迁回哈图沙，并似乎得到了在协助父王治国将兵过程中崭露头角的叔叔哈图什里三世的默许乃至支持。③ 然而，早已觊觎国王宝座的哈图什里三世以乌尔西·泰述布不是王后所生④和对国家元勋不恭⑤为借口，在旧部和赫梯属邦国王们的拥戴下发动政变，自立为王，并将遭废黜的乌尔西·泰述布流放至毗邻叙巴地区的努哈希什。乌尔西·泰述布甫到流放

---

① A. Spalinger, "Considerations on the Hittite Treaty between Egypt and Hatti", *SAK* 9 (1981), pp. 342-354.
② KRI Ⅱ, pp. 227-232; KRIT Ⅱ, pp. 81-85.
③ B. J. Collins, *The Hittites and Their World*, Atlanta: Society of Biblical Literature, 2007, pp. 56-57.
④ M. Liverani, *The Ancient Near East: History, Society, and Economy*, London and New York: Routledge, 2014, p. 307.
⑤ T. R. Bryce, *The Kingdom of the Hittites*, Oxford and New York: Oxford University Press, 2005, p. 259.

第三章　阿玛纳时代东地中海世界跨文化交流主体　131

地,就与巴比伦国王和亚述国王建立了沟通管道。① 不久,乌尔西·泰述布就试图出走巴比伦,但因策划不周,功败垂成,被哈图什里三世转移至地中海沿岸的赫梯军营中严加看管。不甘失败的乌尔西·泰述布竟神奇地再次成功脱身潜往埃及寻求政治避难,拉美西斯二世接纳了他。② 拉美西斯二世与乌尔西·泰述布的父亲穆瓦塔里二世曾是不共戴天的仇敌,谁又能想到拉美西斯二世会戏剧性地成为穆瓦塔里二世之子的保护人!③ 这正是国际关系中的吊诡之处。而乌尔西·泰述布之所以能够被埃及收留,一方面可能是因为拉美西斯二世把这位被赶下一台的赫梯合法国王视为客人,另一方面可能是因为哈图什里三世并不真心想引渡这位前国王回国。《银板条约》签订后,哈图什里三世却曾要求埃及引渡乌尔西·泰述布④,但拉美西斯二世在回信中声称乌尔西·泰述布可能在卡代什、阿勒颇或爱琴海上的某个岛屿,总之不在埃及⑤,此事也就不了了之了。实际上,通过与拉美西斯二世签订《银板条约》,哈图什里三世取得了埃及对其赫梯合法国王身份的官方承认,这也就等于埃及变相地承认了乌尔西·泰述布不再拥有赫梯国王的政治身份。

　　但通常情况下,难民的命运并不掌握在自己的手中。对于逃亡的奴隶来说,由于他们没有人身自由,因此他们逃亡后的命运基本上取决于他们的所有者的意愿。而政治流亡者,作为两个国王之间的一个交换筹码,他们的命运取决于双方在自身利益上的考虑。当移入国国王意欲报复移出国曾给予他的伤害的时候,他往往会接受难民提出的政治避难请求。在这种情况下,两国以往的交恶就会被重新提起:"泰特,我的一个仆人,他在给阿尔玛的信中写道:'从埃及派些军队和马匹,我会启程,并来到埃及。'他从埃及派遣了军队和马匹,泰特便启程前来埃及。我给阿尔马写道:'因为泰特是我的仆人,那么为什么你要派遣军队和马匹将他从我这儿带走?把他还给我!'但他并没有把泰特还给我,甚至没有答复。之后,他的仆人吉尔塔亚写信给我:'给我军队和马匹,我回赫梯去。'我派遣了军队和马匹希望能够将吉尔塔亚迎回赫梯,阿尔马却致信于我:'吉尔塔亚是我的仆人,请你把他还给我。'但我回复道:'那你为何不把特泰还给

---

① T. R. Bryce, *The Kingdom of the Hittites*, Oxford and New York: Oxford University Press, 2005, p. 264.
② G. D. Mumford, "Mediterranean Area", *OEAE* II, p. 365.
③ T. R. Bryce, "The 'Eternal Treaty' from the Hittite Perspective", *BMSAES* 6 (2006), p. 5.
④ B. J. Collins, *The Hittites and Their World*, Atlanta: Society of Biblical Literature, 2007, p. 62.
⑤ B. J. Collins, *The Hittites and Their World*, Atlanta: Society of Biblical Literature, 2007, p. 61.

我?'阿尔马无言以对,因为他无话可说。"①

如果作为流亡者的难民能够证明其身份对投奔国有利用价值,那么,他将会受到接纳和保护。所以,尽管从难民的角度看,一个从阿卡德地区投奔到努兹的衣冠楚楚的阿皮如人与一个跪倒在赫梯国王苏皮路里乌马一世脚下的衣衫褴褛的米坦尼人沙提瓦扎看起来并没有什么区别,但由于两者身份不同,他们的命运迥然不同。阿皮如人只不过是被排斥在主流社会之外的边缘人群,利用价值不大,因此受到冷遇,等待他的很可能是被遣返回籍的前景;而沙提瓦扎却是米坦尼王室成员,有可能成为赫梯与米坦尼在谈判桌上讨价还价的一个重要筹码,因此被奉为上宾,殷勤款待。而同一篇文献还记述了另一位米坦尼政治流亡者阿基·泰述布的迥异的命运。这位米坦尼人带着200辆战车逃到了巴比伦,但巴比伦国王留下的战车,却杀死了阿基·泰述布及其随从。② 阿基·泰述布和前面提到的沙提瓦扎应该有着同样的重要身份和利用价值,但他选择的流亡时机和国度却是错误的。在当时,赫梯人对潜在敌国亚述支持的米坦尼来的政治流亡者持欢迎态度,而巴比伦人对米坦尼政治流亡者却不感兴趣,特别是阿基·泰述布到来之时,正值巴比伦与亚述正就巴比伦国王迎娶亚述公主一事进行热络协商之际,杀死阿基·泰述布便成为巴比伦国王送给亚述国王的一个顺水人情。

第四节 战俘与雇佣兵

在阿玛纳时代的东地中海世界,战俘与雇佣兵作为被动和主动的军事移民群体,基本实现了由移入国家和地区的他者向我者的转化,从而成为移入国家和地区文明共同体的有机组成部分。

在阿玛纳时代,真正被动进入埃及的异邦人只有战俘。埃及在努比亚和叙巴地区的扩张,导致了异邦战俘大量涌入埃及。这些战俘或成为奴隶,被迫永久定居在埃及,或成为士兵,如舍尔登人等海上民族各支。这些以奴隶身份定居在埃及的异邦人,经过一代或者两代人之后,逐渐融入埃及文明共同体之中。

在埃及第十八王朝国王图特摩斯三世卡尔纳克年代记表明,在近20年间,共有多达7300名战俘被掠至埃及,其中有1588名献给了阿

---

① T. R. Bryce, "Tette and the Rebellions in Nuhass", *AS* 38 (1988), pp. 21–28.
② HDT, p. 45.

蒙神庙。① 在国王阿蒙霍特普二世统治的第九年，他一次就将 89600 名叙巴地区战俘押回埃及。阿玛纳书信显示，国王埃赫那吞曾在给大马士革统治者的书信中这样写道："将阿皮如人送到埃及来，我会把他们安置在库什，以便于管理。"② 埃及第十八王朝国王图坦卡蒙和执政哈莱姆哈布的卡尔纳克神庙铭文显示，甚至叙巴地区等地的高官也被作为劳力送到埃及，并被安置到限定的区域内。在卡尔纳克神庙浮雕描绘塞提一世正率埃及大军向叙巴地区的塞勒进发，而五花大绑的沙苏人走在塞提一世的战车前。本特·山碑铭将阿皮如人俘虏称为活的贡赋。有文献记载，拉美西斯二世在远征叙巴地区过程，埃及曾一次把 85000 名叙巴地区城邦居民全部迁徙至埃及本土。即使在埃及国力衰微的第二十王朝时期，亚洲人仍源源不断地移入埃及并活跃在埃及社会的各个领域。哈里斯大纸草显示，拉美西斯三世时期，几乎每个埃及神庙中都有亚洲籍劳工的身影：阿蒙神庙有 2607 名，普塔神庙有 205 名，赫里奥波里斯的拉神神庙有 2093 名，其中包括了战车兵、王室成员和阿皮如人。③

第十八王朝时期的埃及各大神庙"都接收了包括男人、女人、孩子在内的大量亚洲不同国家和地区的战俘"④，他们所从事的主要劳役是织布和耕田。⑤ 第十九王朝国王拉美西斯一世统治时期，埃及的"手工作坊里挤满了原为战俘的男女劳力"⑥。一些受过良好教育的亚洲战俘还来自其他行业，如第十八王朝早期的一个亚洲人的职业是守卫，⑦ 而另一个则是工程师，还有一个不仅在埃及宫廷中服务，而且还与国王御用理发师之女结了婚。⑧ 图特摩斯三世统治时期，一个亚洲人担任了阿蒙神庙首席装潢设计师，其子嗣则世袭了这一职位。⑨ 图特摩斯三世统治时期，在戴尔—埃尔—巴赫瑞从事各项工作的人员中有四分之三是亚洲人，而同一时期营造墓地的工匠几乎全部来自亚洲。⑩

在两河流域的北部的中亚述王国历代国王多次把俘虏和被征服地区人

---

① Urk IV, p. 753.
② Wb II, pp. 32 ff.
③ Urk IV, p. 950.
④ Urk IV, p. 1649.
⑤ Urk IV, pp. 742–743.
⑥ KRIT I, p. 16.
⑦ Urk IV, p. 1069.
⑧ Urk IV, p. 1369.
⑨ Urk IV, p. 1468.
⑩ W. C. Hayes, "A Selection of Thutmoside Ostraca from Deir-el-Bahri", *JEA* 46 (1960), p. 112.

口掳到亚述。譬如，击败哈尼加尔巴特、赫梯和阿赫拉姆联军以后，沙尔玛纳沙尔一世掠走了 14400 名士兵；① 图库尔提尼努尔塔一世把卡特姆胡的五个叛乱城邦劫掠的俘虏和财物带到阿舒尔城；② 而且还将幼发拉底河以北的 28800 名赫梯人迁移到亚述。③ 提格拉特帕拉沙尔一世把 4000 名乌鲁姆、阿贝什鲁、赫梯俘虏归化为亚述人；④ 提格拉特帕拉沙尔一世把两万名库玛努俘虏掠到了亚述。⑤ 仅以上述数字统计，以战俘身份进入中亚述王国的人口应在 10 万以上。

如果说战俘属于被动型的移民群体，那么雇佣兵无疑属于主动型的移民群体。作为是一个特殊的移民群体，雇佣兵很早便出现在古代东地中海世界。而纵观整个阿玛纳时代，越来越多的雇佣兵军队出现在包括东地中海世界各国各地区的军队中，如埃及第十九王朝国王拉美西斯三世在抵御利比亚人和海上民族的武装入侵的过程中，由沙苏人、舍尔登人、努比亚人组成的雇佣兵成为一支举足轻重的军事力量。⑥

为了战胜希克索斯人，埃及第十七王朝国王卡摩斯招募来自努比亚人中的一个部族迈扎伊人组成雇佣兵团。⑦ 在一次拦截希克索斯外交使者前往努比亚的行动中，骁勇善战的迈扎伊人协助国王卡摩斯成功地完成了拦截行动，大挫希克索斯人的锐气，迈扎伊人也因此赢得了埃及人的信任，并逐步融入埃及社会。⑧ 埃及第二十王朝国王拉美西斯四世登基以后，来自西部的利比亚部落开始不断渗入并定居在底比斯附近地区，盗掘王室陵墓事件屡有发生。⑨ 保护王室墓地和维护地方治安的重任便落在了迈扎伊人的肩上。于是，大多数迈扎伊人成为职业警察，而"迈扎伊"一词也因此成为埃及语中指代"警察"的专有名词。⑩

---

① RIMA I A. 0. 76. 1.
② RIMA I A. 0. 78. 1.
③ RIMA I A. 0. 78. 23.
④ RIMA II A. 0. 87. 2.
⑤ RIMA II A. 0. 87. 2.
⑥ KRIT V, pp. 24 – 25.
⑦ B. G. Trigger, *Nubia under the Pharaohs*, Boulder: Westview Press, 1976, p. 104.
⑧ R. S. Bianchi, *Daily Life of the Nubians*, Westport, Connecticut and London: Greenwood Press, 2004, p. 103.
⑨ J. Cerny, *A Community of Workmen at Thebes in the Ramesside Period*, Le Caire: Institut Francais d'Aarcheologie Orientale du Caire, 1973, pp. 277 – 278.
⑩ "迈扎伊"（mjaw）一词，原指生活在埃及古王国时期尼罗河第二瀑布北部的一支努比亚部落。从埃及第十一王朝至第十七王朝期间，该词已经泛指居住在尼罗河第二瀑布以远的所有努比亚人。而自埃及第十八王朝始，该词逐渐衍生出"警察"或"沙漠骑兵"的含义。参见 ADLE I, p. 259；AEO I, pp. 73, 88 – 89。

第五节　和平移民与武装移民

在阿玛纳时代的东地中海世界，和平移民和武装移民往往很难截然分开，往往互为表里，相伴相生。总体来看，大致可划分为希克索斯人和海上民族引发的先后两次大的和平移民与武装移民浪潮，对东地中海世界的历史产生了深远影响。

一般来说，和平移民是常态，持续时间长，形式较温和，往往不见于文献记载。而武装移民通常是在和平移民无法实现的情况下而采取的一种激烈的和暴力的移民方式。根据卡摩斯石碑记载："亚洲人摧毁了埃及"；哈特舍普苏特女王的斯皮欧斯·阿特米迪斯铭文称"亚洲人摧毁了埃及人的所创造的一切"[①]。这两个文献中所说的"亚洲人"正是希克索斯人。希克索斯人对埃及三角洲地区的渗透与征服，反映了从和平移民演变为武装移民的历史过程。

希克索斯人作为来自叙巴地区南部的异邦人，在埃及北部地区建立了埃及历史上的第一个外族政权希克索斯王朝，也即埃及第十五王朝，并与位于埃及南部的埃及原住民王朝，也称第十六王朝和第十七王朝形成南北对峙局面。一篇名为希克索斯王朝国王阿坡菲斯与底比斯王朝国王塞肯奈拉之争的文献写道："亚洲的统治者阿坡菲斯就在阿瓦利斯，整个埃及都要向他缴纳赋税，要把埃及人的所有税收和所有品质上乘的产品献给他。阿坡菲斯把塞特作为国家的主神，同时禁止整个国家崇拜其他神。在王宫附近的工匠村他建造了一座雄伟的神庙，每天黎明时分他都出现在……向塞特神献祭，王宫中的官员手持花环伴其左右。在帕拉赫拉赫提神庙，献祭仪式被严格地执行着。"[②] 塞肯奈拉发出了驱逐希克索斯人的战争檄文："在阿坡斐斯统治区，赋税繁重，民不聊生。我将与他作战，撕碎他的身体。我将拯救埃及人，痛击亚洲人。"[③] 希克索斯人被驱逐后，埃及人毁掉了诸如宫殿、石碑、雕像等几乎所有希克索斯王朝的建筑和纪念物。

可以说，从跨文化交流的角度来看，希克索斯人似乎没有成功地实现从埃及方面的他者向我者的转化，尽管希克索斯人为底蕴深厚的埃及文化

[①] A. H. Gardner, "Davies's Copy of the Great Speos Artemidos Incription", *JEA* 32（1946）, pp. 43–46.

[②] ANET, p. 231; T. Säve-Soderbergh, "The Hyksos Rule in Egypt", *JEA* 37（51）, p. 64.

[③] 郭丹彤译著：《古代埃及象形文字文献译注》，东北师范大学出版社2015年版，第65页。

所折服，并有选择地接受了埃及文化，如将与其的原有主神同质的埃及的塞特神认同为希克索斯王朝的国家主神，同时按照埃及传统采用了"上下埃及之王"这一王衔并建立了一套埃及化的行政管理机构等。

古代东地中海世界另一个典型的武装移民事例，就是利比亚人和海上民族的入侵。古代文献对海上民族①记载极为有限，相关铭文资料亦语焉不详。即便辅之以考古学研究成果，也较难再现利比亚人和海上民族的历史全貌。目前较为主流的看法是利比亚人和海上民族应该不是单一的民族和种族，而很可能是由来自利比亚、爱琴诸岛、塞浦路斯岛、小亚沿海的来源不明的擅长航海的多个民族和种族构成的。

公元前13世纪末，因农作物歉收，东地中海世界的利比亚东部地区、小亚沿海、爱琴诸岛经历了一次涵盖范围广、持续时间长的饥馑和疫病，这迫使当地居民挈妇将雏，背井离乡，铤而走险，而相对富庶的小亚内陆、黎凡特②、埃及尼罗河三角洲就成为海上民族和利比亚人移民的主要方向和目的地。③ 这些利比亚人和海上民族顶盔披甲，执剑持盾，大多训练有素，船速很快，灵活机动，进退自如，战斗力完全可以媲美同时期赫梯和埃及的常备军。④

概括来说，埃及文献记载的海上民族对埃及的武装移民分为两个阶段，一个发生于埃及第十九王朝国王拉美西斯二世和美楞普塔统治时期。

埃及第十九王朝创立伊始，地处地中海南岸的利比亚部落⑤就开始袭

---

① 1881年，法国学者马斯佩罗（G. C. C. Maspero）通过参考古代埃及文献，将这个迁徙人群称为"海上民族"（"the Sea Peoples"）。学术界至今仍沿用这一称谓。

② 黎凡特，亦称迦南，是一个不甚精确的历史地理名词，通常是指托罗斯山脉以南、阿拉伯沙漠以北、上两河流域以西的地中海东岸地区，包括今叙利亚、黎巴嫩、约旦、以色列、巴勒斯坦等。

③ ARE III, pp. 242 – 252; N. K. Sandars, *The Sea Peoples*: *Warriors of the Ancient Mediterranean 1250 – 1150 B. C.*, London: Thames and Hudson, 1978, pp. 84 – 97; M. C. Astour, "New Evidence on the Last Days of Ugarit", *AJA* 69 (1965), p. 255.

④ N. K. Sandars, *The Sea Peoples*: *Warriors of the Ancient Mediterranean 1250 – 1150 B. C.*, London: Thames and Hudson, 1978, pp. 84 – 97.

⑤ 在埃及语中，利比亚通常被称为泰赫努或泰姆胡，前者通常指与埃及尼罗河三角洲接壤地区，后者指距埃及较远地区。关于利比亚人的起源，有学者认为他们有可能是爱琴文明创造者的后裔。爱琴诸岛各城邦在远征特洛伊时，就熟悉了前往利比亚地区的海上航道。希腊诗人品达曾把利比亚人描述为从特洛伊移民到塞林纳——即利比亚的安特尼——的后代。作为埃及西邻，自埃及文明开启以降，利比亚诸部落就不断在西北部边境制造麻烦，甚至直接武装进犯尼罗河三角洲地区，成为埃及的心腹之患，不过其中的一些利比亚人被招募到埃及军队之中，而且所占比例越来越大。埃及新王国时期结束后，利比亚人更是建立了埃及第二十二王朝和第二十三王朝，统治埃及逾200年，成为古代埃及文明不可分割的有机组成部分。

扰尼罗河三角洲和尼罗河河谷,不仅打破了埃及边境地区的安宁,而且时常进抵埃及都城底比斯郊区。① 为了对付利比亚人,塞提一世在其统治的第二年一整年都驻留在尼罗河三角洲。② 更糟糕的是,除了利比亚人,海上民族也挈妇将雏不断移民到地中海沿岸的叙巴地区和尼罗河三角洲东部地区,并逐渐定居下来。③ 其中一支被埃及人称为舍尔登人④的海上民族,还在拉美西斯二世统治时期成为埃及军团中的雇佣兵并参加了著名的卡代什战役。《卡代什战役颂诗》记载道:"还有陛下俘获的舍尔登人也准备妥当,这些人是被国王强有力的双臂所战胜的,他们已全副武装,并被授予了作战机宜。"⑤ 而在埃及有关这次战役的浮雕中,舍尔登人头戴有角头盔,手持短剑、圆盾,形象明显不同于埃及士兵。⑥

海上民族与利比亚人是天然盟友。⑦ 公元前1207年4月15日,也即美楞普塔⑧统治第五年夏季的"第三个月的第三天",在赫梯的支持下,艾克外什⑨、特莱什、卢卡、舍尔登、舍克莱什等5支海上民族与利布⑩、迈什外什⑪等利比亚部落这两股势力结成被埃及人称为"九弓"的同盟,在

---

① T. R. Bryce, "The 'Eternal Treaty' from the Hittite Perspective", *BMSAES* 6 (2006), p. 3.
② ARE III, §§ 82, 2.
③ ARE III, pp. 242 – 252.
④ 舍尔登人,海上民族的一支,可能来自爱琴诸岛。舍尔登人曾被拉美西斯二世降服,并作为雇佣兵被编入埃及常备军序列。
⑤ 这是海上民族首次出现在古代埃及文献中。参见郭丹彤译著《古代埃及象形文字文献译注》,东北师范大学出版社2015年版,第243页。
⑥ 《拉美西斯二世卡代什战役铭文》,参见郭丹彤译著《古代埃及象形文字文献译注》,东北师范大学出版社2015年版,第243页。
⑦ 海上民族与利比亚人之间的交往早在埃及新王国之前就已经开始了,这一点从埃及人所缴获迈什外什战利品中有爱琴文明风格的匕首就可见一斑。参见 D. B. Redford, *Egypt, Canaan, and Israel in Ancient Times*, Princeton: Princeton University Press, 1992, pp. 248 ff.
⑧ 美楞普塔为拉美西斯二世第十三子。拉美西斯二世在位长达67年,驾崩时,美楞普塔已逾中年,但因自年轻时即在埃及军队中服役,所以军事素养还是非常高的。
⑨ 艾克外什,海上民族的一支,主要居住在小亚西部沿海的阿黑亚瓦城邦。阿黑亚瓦当时是地中海东岸地区最为强盛的城邦之一,一度成为赫梯在小亚的主要对手,并对埃及的叙巴属地乃至本土构成了直接的威胁。参见刘健《赫梯文献中的阿黑亚瓦问题——小亚与希腊早期关系新探》,《世界历史》1998年第4期,第97—104页。
⑩ 利布,利比亚部落之一,后来的"利比亚"一词就源于此。
⑪ 迈什外什,利比亚部落之一,位于利布以东,在地理上与埃及本土和叙巴地区更为接近。该部落名称首次出现于埃及第十八王朝国王阿蒙霍特普三世统治第三十四年的文献中。古希腊历史学家希罗多德在其著作《历史》中对迈什外什进行过生动细致的描绘:"利比亚人生活在部落中,居住在普通房舍里,主要从事农业生产。首先来到这里的是迈什外什人,他们只在头的右边蓄发,而将左边的头发刮掉。他们将身体涂成红色,并自称是特洛伊人的后代。"参见 Herodous, *The Hisrories*, New York: Penguin Books, 1972, p. 334.

利比亚酋长莫耶伊的率领下向东攻到赫利奥坡里斯①,向南攻到法尤姆地区,甚至一度进抵孟斐斯城下。美楞普塔组织大军在尼罗河三角洲西部的佩雷尔与联军展开决战。《美楞普塔对外战争铭文》描述道:"他们之中没有人能逃脱。看啊,陛下的弓箭手用了3个时辰去毁灭他们。"②战役以6000余名联军战士被杀、9000余名联军战士被俘而告结束。③《美楞普塔以色列石碑》铭文亦用史诗般的语言,对这次战役进行了生动描述:铭文开篇即将美楞普塔赞誉为将埃及从利比亚人和海上民族入侵中拯救出来的解放者,而在尾章则进一步称颂他为赫塔等小亚和叙巴地区诸邦的征服者,而在所有被征服之地的名单中,首次出现了"以色列"这一名词,具体的表述为"以色列成为一片废墟,亡国灭种"④。

第二个阶段发生在埃及第二十王朝国王拉美西斯三世统治时期。

有证据表明,在埃及第二十王朝拉美西斯三世统治的前8年里,已经有越来越多的海上民族定居于叙巴地区沿海一带。⑤而从公元前1176年开始,也即拉美西斯三世统治的第八年,强度更大的利比亚人和海上民族武装移民浪潮再次席卷整个东地中海世界,赫梯、埃及、塞浦路斯、叙巴地区都未能幸免。

公元前12世纪,海上民族和利比亚人的舰船广布塞浦路斯和叙巴地区附近海域,并对阿拉西亚⑥等塞浦路斯城邦和乌加里特等叙巴地区城邦发起一波又一波的冲击。面对海上民族和利比亚人的围攻,阿拉西亚摄政埃舒瓦纳向乌加里特年轻的末代国王阿姆拉庇发出预警:"注意!20艘敌

---

① 赫利奥坡里斯,古代埃及城市名,位于今开罗附近,是古代埃及阿图姆神和阿蒙·拉神的崇拜中心。
② 参见郭丹彤译著《古代埃及象形文字文献译注》,东北师范大学出版社2015年版,第295页。
③ ARE II, pp. 567–617.
④ 《美楞普塔以色列石碑》,或称《美楞普塔诗体碑》,是目前所能见到的最早提到"以色列"一词的埃及古代文献,一些学者由此将其命名为"以色列石碑"。而有研究者认为,《圣经》中记载的以色列人出埃及这一事件应该就发生在拉美西斯二世的继任者美楞普塔统治时期。参见 M. Noth, *The History of Israel*, 2nd edition, London: Adam and Charles Black, 1996, p. 3;〔英〕J. R. 哈里斯编:《埃及的遗产》,田明等译,刘文鹏、田明校,上海人民出版社2006年版,第209页。
⑤ W. F. Albright, "Syria, the Pilistines, and Phoenicia", *CAH* II/2, p. 522.
⑥ 阿拉西亚,即塞浦路斯岛。该岛位于地中海东北部、扼亚非欧三洲海上交通要冲,面积9251平方千米,为地中海第三大岛,北距小亚40千米,东距叙巴地区96.55千米,南距埃及尼罗河三角洲402.3千米。在阿玛纳时代的东地中海世界,该岛以盛产铜闻名遐迩。"塞浦路斯"的希腊语意即为"产铜之岛"。现今的塞浦路斯是亚洲国家,从地理位置上属于西亚,但在政治、经济、文化上与欧洲密不可分。

舰曾集结在此,但现在突然不知所踪。它们很可能正驶向贵国海岸。请加紧构筑城防工事,并将步兵和战车兵撤至城中。严密监视敌人动向,保存实力,以逸待劳。"① 面对海上民族和利比亚人的凌厉攻势,乌加里特一边固守,一边向宗主国赫梯驻卡开迈什总督紧急求援:"我的父亲,看啊,敌人已乘舰入侵我国,他们火烧城池,无恶不作。我的父亲,难道你不知我所有的部队都在赫梯,我所有的舰船都在利西亚吗?……但愿我的父亲知晓,敌舰多达7艘,我们损失巨大。"② 卡开迈什总督回信要求他们坚定信心,固守待援。但实际上,在海上民族潮水般的冲击下,赫梯人连本土都已经难以保全了。

刻写在拉美西斯三世位于底比斯的神庙墙壁上的迈迪奈特·哈布铭文是关于这次利比亚人和海上民族入侵的唯一证据。该铭文对以利布、塞普德、迈什外什等三个利比亚部落和派莱塞特人、柴克如人③等海上民族主导的这次入侵浪潮描述道:"许多国家成为他们的攻击目标,并几乎在同一时间惨遭灭国之灾。从哈梯开始,接下来是靠德④、卡开迈什、阿尔扎瓦和阿拉西亚,没有谁能够幸免。他们在阿姆如安营扎寨,屠戮居民,焚烧屋舍,将整座城市夷为平地,好似这座城市从未存在过。"⑤ 乌加里特、苏穆尔等叙巴地区著名城邦的文化发展因此中断,考古发掘印证了上述埃及文献所载不虚。⑥ "此后,他们从位于叙巴地区的阿姆如营地出发,调遣战船,驱动牛车,挈妇将雏,沿地中海海岸水陆并进,向埃及席卷而来,一路焚掠,庐舍为墟。"⑦ 这些海上民族"踏上这个远在天边的国度,自信

---

① V. R. d'A. Desborough, "The End of Mycenaean Civilization and the Dark Age", *CAH* II/2, pp. 659–662.
② M. C. Astour, "New Evidence on the Last Days of Ugrit", *AJA* 69 (1965), pp. 253–258.
③ 派莱塞特和柴克如分别为海上民族的一支。他们身披甲胄,头戴饰有羽毛的头盔,手持长剑、长矛、圆盾等攻防武器。而这种装束与爱琴诸岛的居民非常相似,两者可能有一定的关联。参见 N. K. Sandars, *The Sea Peoples: Warriors of the Ancient Mediterranean 1250–1150 B. C.*, London: Thames and Hudson, 1978, pp. 88–95。而派莱塞特人,即是《圣经》所载的腓力斯丁人。作为海上民族的一支,腓力斯丁人的铁器制造技术高于其他民族,他们建立了加沙、阿什克龙、阿什多德、迦特、埃克伦等5个重要城邦。柴克如人也与以色列有着千丝万缕的联系。
④ 靠德,即西西里亚。
⑤ ANET, p. 362.
⑥ H. Klengel, *Syria, 3000 to 300 B. C.: A Handbook of Political History*, Berlin: Akademie Verlag, 1992, pp. 183–184.
⑦ ANET, p. 362; A. Kuhrt, *The Ancient Near East, ca. 3000–330 B. C.*, London and New York: Routledge, 1995, p. 387.

满满，雄心勃勃"①，宣称："我们定能成功!"② 随后，他们兵分两路，一路从陆路沿着黎巴嫩海岸向尼罗河三角洲进发，一路从海上直接涌向尼罗河三角洲东部。

获悉海上民族将至，拉美西斯三世亲临埃及设置在扎赫③的前沿要塞和尼罗河三角洲地区视察军事准备情况，严阵以待，他宣称："我将我的防线设置在扎赫，那里驻扎着我的军队。我在尼罗河入海口构筑防御工事，那里驻扎着我的水师，战船从首至尾都布满了手持武器的勇敢水兵。"④ 迈迪奈特·哈布铭文宣称拉美西斯三世一举歼灭了海上民族与利比亚部落盟军："那些到达我国边境之人，子嗣不存，形神俱灭。"⑤ 有关此次战役的浮雕显示拉美西斯三世至少杀死了 28000 名利比亚人，即便减去拉美西斯三世自我夸大的成分，被杀利比亚人数也应该在 12000—13000 名之间。在拉美西斯三世统治的第十一年，埃及再一次成功阻止了迈什外什的进攻，杀敌 2175 名，俘敌 2050 名。⑥ 然而，由于移民而来的海上民族和利比亚部落人数众多，拉美西斯三世不得不默许他们首先在埃及所属叙巴地区南部和埃及本土尼罗河三角洲西部边境地带安顿下来⑦，正如迈迪奈特·哈布铭文所暗示的："众首领和所属部族被有组织地安置于各聚居地，或各个要塞，他们将陛下的英名牢记在心。"⑧ 在这种结局，则意味着埃及统治者被迫或者说被动地接受了这些他们眼中的他者向我者转化的过程和结果。

海上民族和利比亚人的大规模武装移民浪潮影响深远：曾经傲视群雄的赫梯国家及其文化逐渐被人们所淡忘，仅存留于《圣经》的只言片语中；阿拉西亚、阿拉拉赫、乌加里特等众多在人类文明史上留下鲜明文化印记的著名城邦成为一片片废墟；埃及尽管举全国之力抵挡住了海上民族对本土的武装入侵，但却永久地丧失了在叙巴地区的所有属地，加之不断

---

① ARE II, p. 64.
② HRR, pp. 53 – 56.
③ 扎赫，古代叙巴地区城邦之一，地处乌加里特以东。在埃及新王国文献中，扎赫有时也用来指代叙巴地区。
④ HRR, pp. 53 – 56.
⑤ ARE II, p. 66; ANET, p. 362.
⑥ HRR, p. 95.
⑦ A. Rowe, "A Contribution to the Archaeology of the Western Desert II", *BJRL* 36 (1952), pp. 484 – 500.
⑧ ARE II, p. 403.

积累的国内问题①,元气大伤,辉煌不再。② 总之,作为亚历山大征服活动之前东地中海世界最大一次动荡的始作俑者,海上民族和利比亚人的武装移民浪潮标志着以和平稳定为基调的东地中海世界的阿玛纳时代的落幕,正如费尔南·布罗代尔概括的那样:"公元前 12 世纪遭遇如此重重灾难,以至于此前的几百年与之相比都可谓幸福平静了。"③

---

① A. De Buck, "The Judicial papyrus of Twrin", *JEA* 23 (1937), pp. 153 – 156; T. G. H. James, *Pharaoh's People: Scenes from Life in Imperial Egypt*, London: Tauris Parke Paperbacks, 2007, pp. 44 – 45.

② R. O. Faulkner, "Egypt: From the Inception of the Nineteenth Dynasty to the Death of Ramesses III", *CAH* II/2, pp. 217 – 251.

③ 〔法〕费尔南·布罗代尔:《地中海考古——史前史和古代史》,蒋明炜、吕华等译,社会科学文献出版社 2005 年版,第 126 页。

第四章 阿玛纳时代东地中海世界跨文化交流渠道

跨文化交流渠道是用来衡量文化交流效率的一个特殊指标，其特殊性在于文化信息并非通过一般贸易就能完成从我者到他者的传递，而是需要借助相应的渠道才能实现。跨文化交流总是存在着时空距离，跨越时空的文化交流必须仰仗交流工具。交流工具的便捷程度直接影响跨文化交流的效果。而在阿玛纳时代的东地中海世界，跨文化交流很大程度上依赖于道路系统以及车辆马匹等交通工具和运力。

第一节 车的发明

车是人类发明的最早的带有轮子的陆上交通工具和大型军事装备。车起源于原始运输工具——橇。橇最初为在地面上用人力或畜力拖动的木板，人们后来在木板下安放了圆木，以滚动代替滑动，从而减少摩擦阻力。这方面最早的证据之一来自两河流域南部的远古岩画，苏美尔文明的创造者苏美尔人就曾生活在这一地区。[①] 在岩画中有一个木橇底下加上两个圆点的运载工具图形，这两个圆点所代表的圆木，正是作为脚的延伸的车轮的雏形。

由于圆木触地面积仍较大，滚动时要以人或畜为原动力，靠杠杆撬动，仍然费力费时，于是人们便缩小车轴直径，减少圆木触地面积。最初的车轮与轴是固定在一起的，轴与车轮之间有一个滑槽，轴在槽中转动，

[①] 学者们普遍认为最早的有轮运载工具最早出现在两河流域。但最近的考古证据显示，"制作车轮和车轴所需要的技术既存在于欧洲又存在于近东地区"。参见〔美〕大卫·安东尼《马、车轮和语言：欧亚草原青铜时代的骑马者如何塑造了现代世界》，张礼艳、胡保华、洪猛、艾露露译，中国社会科学出版社2016年版，第73页；C. Fowler, J. Harding, D. Hofmann, eds., *The Oxford Handbook of Neolithic Europe*, Oxford: Oxford University Press, 2015, p. 113。

车轮就着轴滚动前行。最早的车轮是一对用圆木制成的没有轮辐的圆盘，后为不受圆木直径大小的限制，改用木板拼接。利用车轮滚动前行，既省人力畜力，又可多载重物，还可以长途运输。

就目前的考古资料来看，发现于两河流域乌鲁克文化泥板上的象形文字——车，距今至少有6000—5500年的历史，在这一地区发现的描绘在彩陶钵上的双轮车图形及陶土制作的车模，也都有5000年左右的历史。而在距今约4600年的一些苏美尔文明遗址中，已经可以看到车的基本形制和初步应用。[1] 其中出土于两河流域南部的制作于公元前26世纪的乌尔军旗[2]显示，苏美尔的车为双轮或四轮，车轮为木盘式，轮径较小，没有轮辐；辕是一根隆起的圆木，自舆厢的中间向前伸出，辕端两侧可能设有小钩直接挂在牛或家驴与亚洲野驴杂交的挽畜[3]的颈带上。[4] 公元前20世纪，两河流域出现了直径在1米左右的有辐车轮，从而使车辆转弯半径更小，机动性更强。一般来说，四轮车较双轮车更适合运输大宗货物，而双轮车较四轮车更为轻巧和易于牵引，即使路面凸凹不平亦可畅行无阻。

第二节　马的驯化

车在两河流域出现后，如乌尔军旗所显示的，最初的挽畜是牛和驴。然而，牛的形体和耐力尚可，但行走速度有限；驴行走速度较快，但形体偏小且耐力不足。随着马的驯化和引进，这种状况才得以改观。

---

[1] 参见〔美〕林恩·桑戴克《世界文化史》，陈廷璠译，上海三联书店2005年版，第77—78页。

[2] 乌尔军旗，也称乌尔军标，系用贝壳、天青石、石灰石在木板上镶嵌而成，长约40厘米，高约18厘米，在有限空间内刻画了百余个人物和动物形象，栩栩如生地呈现了苏美尔人的生活场景。该作品于19世纪20年代出土于乌尔城址第779号墓，英文名为"The Standard of Ur"，其真正用途仍是个谜，大部分学者认为是为乌尔国王庆功而做，但有人认为是一件乐器的组成部分，因其是中空的，有扩音效果。乌尔军旗被公认为是两河流域艺术的典型代表之一，现藏于伦敦大英博物馆。

[3] 这种由家驴与野驴杂交的混血挽畜广泛应用于叙利亚的埃伯拉王国、两河流域的早期苏美尔城邦、阿卡德王国和乌尔第三王朝的军队中。参见 P. Matthiae, N. Marchetti, eds., *Ebla and Its Landscape: Early State Formation in the Ancient Near East*, Walnut Creek: Left Coast Press, 2013, p.436; D. W. Anthony, *The Horse, the Wheel, and Language: How Bronze-Age Riders from the Eurasian Steppes Shaped the Modern World*, Princeton: Princeton University Press, 2010, p.403。

[4] 〔美〕大卫·安东尼:《马、车轮和语言：欧亚草原青铜时代的骑马者如何塑造了现代世界》，张礼艳、胡保华、洪猛、艾露露译，中国社会科学出版社2016年版，第65页。

马的驯化经历了一个漫长的历史过程。早在距今6000—4000万年的新生代第三纪始新世，海水退去，地表覆盖着茂密的灌木林，马的祖先始祖马生活在北美树林中，以嫩叶为食。到新生代第三纪中新世（距今2500—1200万年）时，随着自然界发生地形、气候、生态的变化，出现了开阔的内陆草原。为适应这种变化，马经历了由始祖马向中马、原马、上新马、真马的进化过程。其进化特点一是体躯增大，体高增高；二是由三趾或四趾进化为单趾，以利于奔跑；三是牙齿由低冠阜头结构向高冠、齿质坚硬、齿面宽且多皱的结构演化，以利于采食干草；四是脑容量增大。新生代第三季上新世（距今1200—250万年）和新生代第四季更新世（距今250—1万年）时，马从北美扩展到南美，但其在南美的种类不久绝灭。

到新生代第四季全新世（距今1万年前）时，马在北美趋于灭绝，只在欧亚大草原繁衍生息至今。[1] 而居住在这一地带的游牧部落近距离地观察野马，了解了野马的习性，逐渐将其驯化为家马。学术界一般认为，世界上最早的家马可能起源于公元前40—前35世纪的乌克兰地区[2]或哈萨克斯坦地区[3]。公元前30世纪，马完全被驯化。从公元前20世纪开始，家马开始通过同样源自欧亚大草原的"在原住地已是骑马民族"[4]的操印欧语的赫梯人、加喜特人、米坦尼人等的大迁徙而向欧亚大陆东西两侧迅速扩散。[5]

就东地中海世界而言，马于公元前21世纪从伊朗高原西部和安纳托利亚半岛东部传入两河流域，表示"马"的术语最早出现在乌尔第三王朝时期的苏美尔语文献中，本义为"高山上的驴"[6]，乌尔第三王朝的国王起初也只是把马用作犒赏将士的异域美食，尚未将马用作牵引车辆的畜力，

---

[1] 〔美〕杰里·本特利、赫伯特·齐格勒：《新全球史：文明的传承与交流（公元1000年之前）》，魏凤莲译，北京大学出版社2014年版，第62页。

[2] A. K. Outram, N. A. Stear, R. Bendrey, S. Olsen, A. Kasparov, V. Zaibert, N. Thorpe, R. P. Evershed, "The Earliest Horse Harnessing and Milking", *Science* 323/2009 (5919), pp. 1332 – 1335；尹铁超：《"马"一词在阿尔泰语群扩散研究》，《黑龙江民族丛刊》2015年第1期，第138页。

[3] 〔比利时〕埃里克·范豪特：《世界史导论》，沈贤元译，新华出版社2015年版，第86页；
〔美〕大卫·安东尼：《马、车轮和语言：欧亚草原青铜时代的骑马者如何塑造了现代世界》，张礼艳、胡保华、洪猛、艾露露译，中国社会科学出版社2016年版，第210页。

[4] 〔日〕杉勇：《古代东方世界形成期的诸民族》，赵晨译，《民族译丛》1982年第3期，第45页。

[5] J. W. Evans, *Horse Breeding and Management*. Amsterdam: Elsevier Health Sciences, 1992, p. 56.

[6] 〔美〕大卫·安东尼：《马、车轮和语言：欧亚草原青铜时代的骑马者如何塑造了现代世界》，张礼艳、胡保华、洪猛、艾露露译，中国社会科学出版社2016年版，第425页；任乐乐、董广辉：《"六畜"的起源和传播历史》，《自然杂志》2016年第4期，第260页；韩国才：《马的起源驯化、种质资源与产业模式》，《生物学通报》2014年第2期，第1页。

尽管当时的东地中海世界早已开始使用由当地原产和牛或驴作为挽畜。而随着马的引进并成为骑乘和驾辕的工具,古代东地中海世界各国各地区不仅"对空间的控制就更加有效了"[1],而且相继引进并广泛采用了马拉战车这一全新的军事装备。

第三节 战车的应用

哈罗德·伊尼斯在《传播的偏向》一书中提到:"公元前15世纪,马拉车取代了人力车。公元前14世纪,叙利亚北部开始驯化并使用马。"[2]但有考古资料显示,早在来自扎格罗斯山区的游牧民族加喜特人建立的中巴比伦王国兴起之前,东地中海世界各国各地区的文献中已经提到了马。出土于叙利亚地区的公元前18世纪或前17世纪的滚筒印章则显示,公元前20世纪早期,在东地中海世界已经出现了将马与辐轮车结合起来的马拉战车。[3] 伴随着由赫梯人、加喜特人、米坦尼人、希克索斯人等主导的大规模民族迁徙浪潮,马拉战车也相继被引进和传播到两河流域、小亚、叙利亚、埃及东地中海世界各国各地区。[4]

赫梯人使用马拉战车的历史可追溯至公元前18世纪的萨拉提瓦拉围城战,在由库萨拉国王阿尼塔指挥的围城部队中,除了1400名步兵,还可能有40组马匹牵引的战车。赫梯人的两马双轮战车的主要功能为冲击敌方阵地,防护和引导己方步兵。赫梯战车厢高可及乘员腰际,双轮位置靠近车厢中部,一般载有三人作战小组,其中一人为驭手,一人为射手,一个持盾、矛或剑防护自己或同伴或阻拦敌人箭雨。[5] 加喜特人的战车形

---

[1] 〔加〕哈罗德·伊尼斯:《传播的偏向》,何道宽译,中国传媒大学出版社2015年版,第137页。

[2] 〔加〕哈罗德·伊尼斯:《传播的偏向》,何道宽译,中国传媒大学出版社2015年版,第141—142页。

[3] J. Crouwel, "Studying the Six Chariots from the Tomb of Tutankhamun-An Update", in A. J. Veldmeijer, S. Ikram, *Chasing Chariots*: *Proceedings of the First International Chariot Conference* (*Cairo 2012*), Leiden: Sidestone Press, 2013, p. 74.

[4] J. Garstang, *The Land of the Hittites*: *An Account of Recent Explorations and Discoveries in Asia Minor*, *with Descriptions of the Hittite Monuments*, New York: E. P. Dutton, 1910, p. 330.

[5] J. Garstang, *The Land of the Hittites*: *An Account of Recent Explorations and Discoveries in Asia Minor*, *with Descriptions of the Hittite Monuments*, New York: E. P. Dutton, 1910, p. 364;〔美〕斯塔夫里阿诺斯:《全球通史:从史前史至21世纪》,吴象婴、梁赤民、董书慧、王昶译,吴象婴审校,北京大学出版社2006年版,第51页。

制和功能与赫梯战车大致相同。在实战中,赫梯人和加喜特人更倚重战车,步兵的任务主要是配合战车作战并拱卫主帅。与赫梯人和加喜特人毗邻而居的米坦尼也以擅驭战车闻名,其战车的轮径增至 152 厘米,轮辐增至 6—8 根,舆厢也更为宽大。① 而亚述人的战车更像是加强版的赫梯战车,马的数量达到 3 匹甚至更多,乘员亦增至 4 人,或驭车,或射箭,或执盾,或持剑,这样的战车堪比移动的微型堡垒,攻防兼备,所向披靡。②

与平坦的两河流域平原,以及作为陆路通道的叙巴地区相比,埃及的地理环境并不适合战车作战。③ 而埃及本土只有驴和牛,没有马。④ 驴一般用来驮运,基本不用于驾车。在军事上,埃及在希克索斯王朝建立之前,也只有轻装步兵一个军种,且不设常备军。随着公元前 1720 年一支被称作希克索斯人的叙巴地区游牧部落在埃及北部建立了希克索斯王朝,马和战车开始传入埃及。⑤ 在一个多世纪后的记载驱逐希克索斯人战争的阿赫摩斯铭文中,古埃及文献中首次提到了"马"(htr)一词,有关马和战车的记载由此才开始大量出现在埃及的历史文献中。⑥ 譬如,在有关图特摩斯三世 17 次远征叙巴地区的战争的记功碑铭中,一再提到作为战利品和贡赋的车和战车:第一次远征缴获马 2238 匹、战车 92 辆;第五次远征收缴贡赋马 32 匹;第六次远征收缴贡赋马 188 匹、战车 40 辆;第七次远征缴获马 26 匹、战车 13 辆;第八次远征收缴贡赋马 260 匹和战车若干辆;第九次远征缴获马 40 匹、战车 15 辆,收缴贡赋马 30 余匹、战车 90 辆;第十次远征缴获马 180 匹、战车 60 辆,收缴贡赋马 226 匹、战车 11 辆、马缰绳 15 根;第十三次远征缴获马若干匹、战车若干辆,收缴贡赋马 328

---

① 〔美〕杰里·本特利、赫伯特·齐格勒:《新全球史:文明的传承与交流(公元 1000 年之前)》,魏凤莲译,北京大学出版社 2014 年版,第 43 页。
② 中国古代的战车,亦称兵车,一般为木质结构的 2 匹马或 4 匹马牵引的机动作战平台,独辕、两轮、方形车厢。车上一般有甲士 3 人,中间 1 人负责驾车称为御者,左边 1 人负责远距离射击称为射或多射,右边 1 人负责近距离的短兵格斗称为戎右。
③ 〔加〕安德鲁·玛尔:《世界史》,邢科、汪辉译,天津人民出版社 2016 年版,第 41 页。
④ 〔美〕戈尔德施密特、戴维森等:《中东史》,哈全安、刘志华译,东方出版中心 2015 年版,第 15 页。
⑤ W. Helck, *Der Einfluβ der Militar fuhrer in der 18. Agyptischen Dynastie*, Leipzig: J. C. Hinrichs, 1939, pp. 54 – 67;〔美〕林恩·桑戴克:《世界文化史》,陈廷璠译,上海三联书店 2005 年版,第 78 页。也有学者认为马在埃及的出现可前溯至中王国时期,依据是考古学家 1959 年在埃及南部的一个中王国时期遗址中出土过马的骨骸。
⑥ W. G. Dever, "Relations between Syria-Palestine and Egypt in the 'Hyksos' Period", in J. N. Tubb, ed., *Palestine in the Bronze and Iron Ages: Papers in Honours of Olga Tufnell*, Walnut Creek: Left Coast Press, 1985, pp. 69 – 87.

匹、战车 70 辆；第十四次远征收缴贡赋马 229 匹、战车若干辆；第十五次远征收缴贡赋马 125 匹、战车 10 辆、金饰马缰绳 1 根；第十七次远征缴获马 48 匹，收缴贡赋马 68 匹。图特摩斯三世之子阿蒙霍特普二世在其所发动的首次叙巴地区远征中，更是一举缴获了 820 匹马和 730 辆战车，他的第二次叙巴地区远征也缴纳了 54 匹马和 92 辆战车。①

除了文献记载，马和战车的形象还一再出现在浮雕、壁画等艺术作品中。如在阿拜多斯发现的一块浮雕，就描绘了英姿勃发的埃及第十九王朝国王拉美西斯二世立于战车之上挽弓搭箭，破阵杀敌，身穿条纹服装的赫梯人纷纷倒在其马蹄之下的生动场景。通过这些浮雕和壁画可以看出，与亚洲人高大威猛的两马或三马重型战车不同，埃及战车主要为两马轻型战车，车轴相对靠后，车厢重心较低，乘员只有驭者和射手两人，攻击力相对有限，但机动性比较强。在实战中，埃及军队更强调战车兵与步兵之间灵活机动的战术协同。可以说，正是马的引进和轻型战车的使用，使埃及原住民不仅以其人之道还治其人之身，成功驱逐了希克索斯人，而且"征服了大量的领地，建成了一个庞大的帝国"②。

总之，在阿玛纳时代的东地中海世界，战车已经成为无可置疑的主战兵器，并且很大程度上主导了当时的战争形态。古代战车的威力，靠的是超越步行的速度和庞大坚固的体量，以及同时期步兵战法的落后。战车统治世界古代战场长达千余年，往往是仅凭车轮辗压而过的隆隆声，就有可能导致步兵惊慌溃败。随着阿玛纳时代的结束，特别是公元前 10 世纪以后东地中海世界帝国时代的来临，轻装步兵、重装步兵、轻装骑兵、重装骑兵等兵种的不断涌现，以及包括情报战在内的战略战术的进步，战车昂贵、脆弱、笨拙的弱点暴露无遗，曾经作为战争之王的战车逐渐退出世界战争舞台。③

第四节 路网的形成

对于古代世界来说，交通几乎是人员、物资、信息得以传播的唯一渠道，可以说，在电报发明之前，人类的交流问题基本上等同于交通问题，

---

① Urk IV, p. 89, EA 99, EA 266.
② 〔加〕哈罗德·伊尼斯：《传播的偏向》，何道宽译，中国传媒大学出版社 2015 年版，第 29 页；《帝国与传播》，何道宽译，中国人民大学出版社 2003 年版，第 15 页。
③ 〔美〕斯塔夫里阿诺斯：《全球通史：从史前史至 21 世纪》，吴象婴、梁赤民、董书慧、王昶译，吴象婴审校，北京大学出版社 2006 年版，第 75 页。

道路不通,既意味着人员流和物资流的阻断,也意味着信息流的隔绝。经过以前上千年的文明发展历程,阿玛纳时代东地中海世界各国各地区之间的交通问题得到了初步解决。

从两河流域的楔形文字文献和进口的商品看,早在公元前3—前2千纪的苏美尔城邦和阿卡德王国时期,东中海世界至少有两条海上商路已经开通:

一是经波斯湾通往狄勒蒙①、马干②、麦鲁哈③等阿拉伯半岛和印度河流域的海上商路。④ 譬如,苏美尔作品《吉尔伽美什和胡巴巴》就反映了公元前26世纪之后两河流域与地中海东岸木材贸易的盛况。该作品记载,恩美卡尔之孙吉尔伽美什和他的亲密伙伴恩基都长途跋涉来到位于今黎巴嫩雪松山,杀死守林怪胡巴巴,砍伐雪松并用船运回乌鲁克。⑤ 公元前2350年,阿卡德王国国王萨尔贡声称其控制区域东至印度河流域的麦鲁哈,经马干、狄勒蒙、马瑞、亚尔姆提、埃伯拉,西至东地中海沿岸今黎巴嫩地区的"雪松林""银山"(今阿玛努斯山)。⑥

二是沿幼发拉底河向上到达叙巴地区,再由沿海港口跨海驶向塞浦路斯岛和克里特岛等爱琴诸岛以及埃及三角洲沿岸地区的海上商路。

从公元前2千纪开始,盛产绵羊毛的两河流域开辟了经埃伯拉、乌加里特等叙巴地区各邦,从陆路向北到达小亚的赫梯,再从海路跨越塞浦路斯岛到达克里特等爱琴诸岛的羊毛商路,以换取雪松等木材,闪长岩、黑

---

① 狄勒蒙,大致相当于今之巴林岛。在两河流域和狄勒蒙出土的30余件印度河流域文明风格的印章印证了两个古老文明之间的物质交往和精神交往。参见 W. W. Hallo, B. A. Buchanan, "'Persian Gulf' Seal on an Old Babylonian Mercantile Agreement", *AS* 6 (1965), p. 204; D. T. Potts, "Dilmun:'Where and When?'", *Dilmun* 11 (1983), pp. 15 – 19; B. Alster, *Dilmun, Bahrain, and Alleged Paradise in Sumerian Myths and Literature*, Berlin: Dietrich Reimer Verlag, 1983, p. 39; R. Carter, *Restructuring Bronze Age Trade: Bahrain, Southeast Arabia, and the Copper Question*, Oxford: Archaeopress, 2003, pp. 31 – 42。
② 马干,位于今阿曼。参见 J. J. Glassner, *Mesopotamian Textual Evidence on Magan/Makan in the Late 3rd Millennium B. C.*, Rome: Istituto Italiano per il Medio ed Estremo Oriente, 1989, pp. 181 – 192; D. T. Potts, *Ancient Magan: The Secrets of Tell Abraq*, London: Trident Press, 2000, pp. 53 – 58; L. R. Weeks, *Early Metallurgy of the Persian Gulf: Technology, Trade and the Bronze Age World*, Leiden: Brill Academic Publishers, 2004, pp. 15 – 16。
③ 麦鲁哈,为印度河流域与古代两河流域跨文化交流的商贸中心,大致相当于今巴基斯坦俾路支省和信德省以及印度古吉拉特邦沿岸一带。
④ 国洪更、吴宇虹:《古代两河流域和巴林的海上国际贸易——楔形文字文献和考古发现中的狄勒蒙》,《东北师大学报》(哲学社会科学版) 2004年第5期,第82—88页。
⑤ A. George, *The Epic of Gilgamesh: The Babylonia Epic Poem and Other Texts in Akkadian and Sumerian*, Harmondsworth: Allen Lane the Penguin Press, 1999, pp. 149 – 165.
⑥ H. Hirsch, "Die Inschriften der Könige von Agade", *Archiv fur Orientforschung* 20 (1963), pp. 37 – 38.

曜石、青金石等石料，铜、银、锡等金属。① 公元前18世纪50年代，两河流域又开通了一条从马瑞出发，途经塔德玛尔或帕尔米拉到达地中海沿岸叙巴地区卡特纳的荒漠商路。②

两河流域与埃及之间跨文化交流的陆上路线是一个争议颇多的话题。目前主要有三种观点：第一种是南部陆上路线，即两河流域的商旅沿阿拉伯湾前进，然后穿越埃及东部的哈麦麦特干涸河道，到达埃及的中心地带尼罗河河谷；③ 第二种是以位于尼罗河三角洲的布托为中转站的北部陆上路线。即从两河流域经由叙巴地区、西奈半岛至尼罗河三角洲；第三种是以布托为中转站的北部海上路线，即从两河流域先横穿叙巴地区北部后到达地中海东岸，然后乘船沿地中海东岸向西南航行，最后到达尼罗河三角洲。前两种观点尚处于假说阶段，而第三种观点已被考古发现所证实。④

一篇古埃及人文献生动记载了埃及人对"不幸的"亚洲人的看法："瞧，可怜的亚洲人，他们住在没有甘泉和林木之地，重峦叠嶂，道路艰险"，由于生存恶劣环境，他们居无定所，到处游荡，"自从荷鲁斯时代起，就不停地战斗，从未宣布过哪天结束战争"⑤。的确，古代东地中海世界各国各地区的人们对对方的地理位置和地理环境以及彼此之间的实际距离和交通状况开始有了一定的认知。譬如，中巴比伦王国国王伯纳伯拉阿什二世曾在致埃及第十八王朝国王埃赫那吞的信中抱怨道："当我生病之时我的兄弟对我漠不关心，我十分气恼，因此写道：'难道我的兄弟没有听说我生病了吗？为何他对此置若罔闻？为何不派遣使节前来慰问？'我兄弟的使节在信中说：'由于我们两国相隔甚远，因此你的兄弟没有得到贵体欠安的消息，也就没有向你表示慰问。我们两国相距太遥远了。有谁能够去通知你的兄弟你生病了，好让他立即把慰问带给你呢？难道是你的兄弟已经获悉你生病了，但却一直没给你相应的慰问吗？'于是我在给他的回信中写道：'对于我的兄弟，一位伟大的国王而言，难道还有因山高

---

① C. Breniquet, C. Michel, eds., *Wool Economy in the Ancient Near East and the Aegean: From the Beginnings of Sheep Husbandary to Institutional Textile Industry*, Oxford and Philadelphia: Oxbow Books, 2014, pp. 1 – 11.

② S. Delley, *Mari and Karana*, New Jersey: Gorgias Press, 2002, p. 45.

③ J. Majer, "The Eastern Desert and Egyptian Prehistory", in R. Friedman, B. Adam, eds., *Followers of Horus: Studies Dedicated to M. Hoffman*, Oxford: Oxbow Books, 1992, pp. 227 – 234.

④ P. Moorey, "From Gulf to Elta in the Fourth Millennium B. C.: The Syrian Connection", *Erezt-Israel* 21 (1990), pp. 62 – 69.

⑤ AEL I, pp. 103 – 104; H. Frankfort, *Intellectual Adventure of Ancient Man: An Essay on Speculative Thought in the Ancient Near East*, Chicago: University of Chicago Press, 1977, p. 39.

路远而无法到达的国家吗？'他在回信中写道：'问问你自己的使臣是不是因为山高路远而无法使你的兄弟获悉你生病的消息，因而没有派遣使节前往贵国向你表示慰问的。'现在我询问了我的使臣，他说两国相距实在太遥远了，因此，我不再生我的兄弟的气了，也不再抱怨什么了。"[1] 尽管学者们对这封信的弦外之音有着政治、经济、外交等不同角度的解读，但也从一个侧面揭示了当时东地中海世界的地理环境和交通状况。

亚述国家的诞生，最初并非以军事立国，而是以贸易立国，所以亚述人开辟的商路成为东地中海世界路网的重要组成部分。

公元前20世纪的古亚述城邦时期，亚述人是以商业和贸易发达著称，这一时期亚述地区是东地中海世界各国东西方贸易的重要中转站。亚述最重要的商路自尼尼微向西，穿过哈布尔河上游的各个城镇，由舒巴特恩利尔到古扎纳；在巴里赫河上游的哈兰城休整后，继续向西在埃马尔城或卡尔赫美什城渡过幼发拉底河，继续前行可到达叙利亚北部的重镇阿勒颇。由阿勒颇向西可到达奥伦特斯河流域和地中海沿岸的乌加里特城，南下可经哈马城到达叙巴地区北部的大马士革；向北过阿马努斯山进入小亚的奇里乞亚地区，由此可达小亚半岛西部[2]。据保存下来的泥板书信显示，公元前1810—前1765年，亚述商队从亚述境内至少运出10万件纺织品和80吨锡，而从小亚的卡尼什[3]进口了至少10吨白银。[4]

亚述还有一条商路通向巴比伦尼亚，该路自尼尼微出发，沿底格里斯河南下，经阿舒尔城，到达西帕尔城，再到达南方其他地区。此外，亚述商人还可以经过三条商路穿过扎格罗斯山的关口到达东方，其中间的商路自下扎布河南岸的苏莱曼尼亚市通向迪亚拉河上游南岸的哈拉比亚[5]。哈布尔河流域的商路自哈布尔河与幼发拉底河交汇处开始，沿哈布尔河延伸到该河上游，与尼尼微向西的商路联结[6]。

---

[1] EA 7.

[2] G. Roux, *Ancient Iraq*, 3rd edition, London: Penguin Books, 1992, pp. 13 – 15; A. T. Okse, "Ancient Mountain Routes Connecting Central Anatolia to the Upper Euphrates Region", *AnSt* 57 (2007), pp. 35 – 45; M. G. Astour, "Overland Trade Routes in Ancient Western Asia", *CANE* III, pp. 1411 – 1412.

[3] 卡尼什，即今土耳其的库什特普。

[4] 〔美〕杰里·本特利、赫伯特·齐格勒：《新全球史：文明的传承与交流（公元1000年之前）》，魏凤莲译，北京大学出版社2014年版，第47页。

[5] D. Oates, *Studies in the Ancient History of Northern Iraq*, London: Oxford University Press for the British Academy, 1968, p. 7.

[6] M. G. Astour, "Overland Trade Routes in Ancient Western Asia", *CANE* III, p. 1414.

在叙巴地区，也存在东西两条主要商路，即沿地中海的商路和穿过外约旦的"国王大道"，还有众多的次要商路从四面八方通向主商路。为控制这种商路，阿玛纳时代东地中海世界各国展开了激烈的军事斗争和外交博弈。

叙巴地区北部各邦与埃及的贸易主要通过海路，而叙巴地区南部各邦与埃及的贸易则以主要通过陆路。[1] 为了保护从埃及到亚洲商路的畅通，埃及第十八王朝第四代国王图特摩斯二世曾对叙巴地区的古代贝都因人游牧部落沙苏人用兵。[2]

第五节 驿站的设置

驿站是古代世界各国各地区供传递官府文书和军事情报的人或来往官员途中食宿和换马的场所。早在公元前35—前32世纪的埃及前王朝的涅伽达文化二期，两河流域与埃及之间叙巴地区南部就出现了供往来商旅驻留休息的驿站，以及适合长途旅行的车和驴等交通工具和牵引牲畜。[3] 在中亚述文献中，驿站"bet marditi"就已出现，其中"bet"意为"屋舍、居所和建筑"，"marditu"又作"merditu"，源于动词"redu"，意为"驱赶牲畜，运输物资、战利品和神像、旅行、前进、追赶"[4]，指"一段路程、两个休息地点之间的距离"[5]。

而在新王国时期的埃及，除"首都和帝国都市之间建立了邮路"[6]，还沿着从埃及本土经西奈半岛一直到叙巴地区的著名的"荷鲁斯之路"[7] 建

---

[1] A. Cohen-Weinberger, Y. Goren, "Leventine-Egyptian Interactions during the 12th to the 15th Dynasties based on the Petrography of the Canaanite Pottery from Tell el-Dab'a", *Egypt and the Levant* 14 (2004), pp. 69–100.

[2] D. B. Redford, "A Gate Inscription from Karnak and Egyptian Involvement in Western Asia during the Early 18th Dynasty", *JAOS* 99 (1979), pp. 270–287.

[3] R. Gophna, "The Early Bronze I Settlement at 'En Besor Oasis'", *IEJ* 40 (1990), pp. 1–11.

[4] CAD R, pp. 226–245.

[5] CAD M, p. 278.

[6] 〔加〕哈罗德·伊尼斯：《帝国与传播》，何道宽译，中国人民大学出版社2003年版，第16页。

[7] "荷鲁斯之路"，是古代埃及人对东地中海沿岸狭长地带的称谓。荷鲁斯原是赫拉康坡利斯的地方神，埃及统一的国家建立以后便成为王权的保护神。这条埃及与叙巴地区之间文化交流和贸易往来之路早在史前时期就已形成，考古人员在沿线发现和发掘了约40个遗址。

立了一系列驿站。这些驿站大多位于水源充足的地方，所以被称为"hn-mt"，意为"盆地"或"水井"。通常情况下，这种驿站是由地方行政官员管理的，其中有重要军事价值的，则改为军事人员管理。而对于那些具有较高军事价值的驿站，通常配备一名专职的要塞监督长。在各军事据点之间，建设有便利的交通设施。

而在努比亚，埃及第十八王朝国王阿赫摩斯和图特摩斯二世在成功驱逐希克索斯人并吞并了偏安南方的科尔玛王国之后，就将埃及的军政管理模式移植到努比亚，并沿尼罗河两岸建立了一系列的驿站，以确保对黄金等矿产资源丰富的努比亚的有效控制和已经运河化了的尼罗河水上运输通道的安全顺畅。

第五章　阿玛纳时代东地中海世界跨文化交流内容

从跨文化交流传受双方来看，阿玛纳时代东地中海世界各国各地区或文明单元之间互为我者与他者。而从跨文化交流的内容来划分，则包括宗藩体系、朝贡贸易、王室联姻、战争形态、宗教思想和艺术风格，基本涵盖了政治、经济、军事、外交、宗教、艺术等领域。

第一节　宗藩体系

本书的宗藩体系概念，特指普遍地存在于阿玛纳时代东地中海世界的以埃及、米坦尼、赫梯、巴比伦、亚述等五大中心国家为核心的等级制网状国际政治秩序体系。这一体系的特征可以概括为历史传统语境下的宗藩观念与现实政治语境下的宗藩体制。

一　历史传统语境下的宗藩观念

在阿玛纳时代的东地中海世界，"各文明地区普遍有中心—边缘的政治观"[1]。埃及、赫梯、米坦尼、亚述、巴比伦五大强国均要求周边大小城邦朝贡，其中一些城邦往往同时向多个大国朝贡，更有一些较大的城邦一边向大国朝贡，一边又接受较小城邦的朝贡，这都使得当时的朝贡体系呈现出多元一体的网状特征。

从两河流域到小亚，再到埃及，阿玛纳时代东地中海世界各国各地区都程度不同地存在着中心与边缘的思想，或者说宗藩观念。两河流域的居民将自己生活的平原地区称作土地，视为我者的开化之地，而将周边山区

---

[1] M. Liverani, *International Relations in the Ancient Near East, 1600 – 1100 B. C.*, New York and Basingstoke: Palgrave Macmillan, 2001, p. 18.

称作山地，视为他者的蛮荒之地，并以两河流域为中心来确定方位，形成了"天下四方"①的概念。在泥板文献《萨尔贡的地理》中有这样的话："无论是阿克里图、阿姆如等南方人，还是鲁鲁布等北方人，他们都既不懂筑房工艺，也不懂丧葬习俗。"②泥板文献《阿卡德的诅咒》中也有类似表述："山区的阿摩利人，也就是那些不知稼穑之人，送来了上好的牛羊。"③ 而赫梯人则将其在哈里什河畔的居住地视为天下的中心，而将哈里什河以东的安纳托利亚高原东部地区称为"上地"，将哈里什西南的安纳托利亚高原中部地区称为"下地"④。

较之两河流域和赫梯，古代埃及人更是将自己的国度视为我者的神眷之地和世界中心，而国界之外则被视为他者的化外之地和世界边缘。因此，埃及人将本土称为"kmt"（黑土地），将外邦称为"dsrt"（红土地）；将尼罗河河谷称为"t3"（土地），将周边区域称为"hast"（山地）。"黑土地"和"土地"土肥水美，祥和幸福；"红土地"和"山地"贫瘠荒凉，"自荷鲁斯时代起，就战乱纷仍，永无宁日"⑤。新王国时期的一名埃及信使曾自信满满地对叙利亚地区的一位王子讲道："阿蒙神创造了世界，但他首先创造了埃及，你们的土地是由埃及伸展出来的。技艺源自埃及，然而传到你们这里；知识亦源自埃及，然而传到你们这里。"⑥ 埃及人用单词"rmt"（瑞迈特）专指埃及人，而将非埃及人统称为"hasutiu"（哈苏提乌），也即"外国人"。对于"外国人"，埃及文献中经常能看到"可怜的亚洲人""可悲的努比亚人""邪恶的库什人"等表述，《阿吞颂诗》甚至将"外国人"与动物相提并论，称"他们都匍匐于被阿吞所爱的乌恩拉的脚下"⑦。

---

① 阿卡德语写作 "kibratum arbaum"，参见 W. Horowitz, *Mesopotamian Cosmic Geography*, Winona Lake: Eisenbrauns, 1998, pp. 20 – 42。
② W. Horowitz, *Mesopotamian Cosmic Geography*, Winona Lake: Eisenbrauns, 1998, pp. 73 – 75.
③ ANET, p. 648.
④ M. Liverani, *International Relations in the Ancient Near East, 1600 – 1100 B. C.*, New York and Basingstoke: Palgrave Macmillan, 2001, p. 18.
⑤ AEL I, pp. 103 – 104.
⑥ W. K. Simpson, ed., *The Literature of Ancient Egypt: An Anthology of Stories, Instructions, and Poetry*, New Haven: Yale University Press, 1973, p. 148.
⑦ 参见郭丹彤、王亮《〈阿吞颂诗〉译注》，《古代文明》2010 年第 3 期，第 22 页；M. Sandman, ed., *Texts from the Time of Akhenaton*, Brussel: Edition de la Fondation Egyptologique Reine Elisabeth, 1938, p. 31. 引文中的"乌拉恩"为埃赫那吞第四王名，也即登基名，而"埃赫那吞"是其出生名，也即第五王名。一般来说，古代埃及国王登基后的王名包括五部分，即荷鲁斯名、两女神名、金荷鲁斯名、登基名和出生名。譬如，第十二王朝国王塞索斯特里斯二世的王名为 "Hr anh mswt, nbty anh mswt, Hr nbw anh mswt, n-sw-bit Hpr-ka-Ra, sa Ra S-n-Wsrt, di anh djdt was mi Ra djt" 即"荷鲁斯，生命之源；（转下页）

这些"外国人"只有在被中心之国埃及眷顾时才有机会进入"神祇创造的世界"①。埃及人的文化优越感表现在他们总是以"我者"心态和标准来判断已知世界的一切事物。②譬如,由于尼罗河从南向北流入地中海,因此当埃及人看到由北向南流入波斯湾的幼发拉底河时,他们便想当然地将其命名为"倒流之河"③。

二 现实政治语境下的宗藩体制

阿玛纳时代东地中海世界既有实力大致相当的埃及、米坦尼、赫梯、巴比伦、亚述等五大强国,也有乌加里特、巴比罗斯、阿姆如、卡代什等尽管无法与五大强国平起平坐但彼此实力或势均力敌或参差不齐的众多城邦。如何处理地位和实力对等或不对等国家之间的关系,就成为时代命题。以五大强国为代表的东地中海世界各国各地区给出的方案是采用兄弟模式或保护模式来协调彼此之间的利益和关切。④

(一) 兄弟模式

兄弟模式以家族成员的范式出现,因而非常具有亲和力和凝聚力,充分体现了阿玛纳时代东地中海世界国际关系的现实,成为主导当时大国关系的主导模式。而且各国王室之间的政治联姻进一步强化了这一模式:"为了兄弟之情和友好的关系,为了让我们的关系更密切,为了联姻我致信予你。"⑤ 通过以王室联姻为纽带的兄弟模式,东地中海世界各国遂成为一个彼此有着血缘关系的大家庭,从而进一步促进了彼此的团结。各国国王在往来书信中互称兄弟,并明确两国的关系是兄弟关系和最佳关系,是

(接上页) 两女神,生命之源;金荷鲁斯,生命之源;上下埃及之王,赫珀尔卡瑞(意为"拉神之灵的诞生")。参见 A. H. Gardiner, *Egyptian Grammar*: *Being an Introduction to the Study of Hieroglyphs*, 3rd revised edition, Oxford: Griffith Institute, 1957, pp. 72 – 76。

① M. Liverani, *International Relations in the Ancient Near East*, 1600 – 1100 B. C., New York and Basingstoke: Palgrave Macmillan, 2001, p. 19.

② D. O'Connor, "Egypt's Views of 'others'", in J. Tait, ed., "*Never Had the Like Occurred*": *Egypt's View of Its Past*, London: UCL Press, 2003, pp. 155 – 156。

③ 参见〔荷〕H. 法兰克弗特等《人类思想发展史——关于古代近东思辨思想的讨论》,郭丹彤译,黑龙江人民出版社 2005 年版,第 36—37 页。有学者认为,古代埃及人早期有关外族的观念主要受地理和气候影响,而"王权产生以后,统治者把外族问题政治化和仪式化,试图借此来强调手中权力的合法性和中央集权制度的必要性"。参见金寿福《古代埃及人的外族观念》,《世界历史》2008 年第 4 期,第 13—23、159 页。

④ M. Liverani, *International Relations in the Ancient Near East*, 1600 – 1100 B. C., New York and Basingstoke: Palgrave Macmillan, 2001, p. 136.

⑤ EA 4.

友谊和爱。①

赫梯国王哈图什里三世和埃及国王拉美西斯二世是这一模式的推崇者。两国通过签订和平条约而成为兄弟之国后，两个王室成员，如国王与国王之间、王后与王后之间、王子与王子之间频繁的书信往来，把带有浓厚家庭氛围的兄弟模式发挥到极致。这些书信着重强调两国之间亲如一家的兄弟般情谊，如"两位国王结为友好联盟，他们永远是兄弟"，"两个伟大的国家亲如一家，两个伟大的国王永远亲如兄弟"等。② 顺理成章，为了表达这种亲密关系，在数封这一时期的双方王室成员往来书信中，埃及王子甚至称呼赫梯国王哈图什里三世为"父亲"③。

如果结盟的、地位对等的两国国王年龄相差悬殊，那么他们也会用父子关系来代替兄弟关系。这里的父子称谓可能并不带有任何政治色彩，它只是年龄小的国王对年龄大的国王的尊称。譬如，当乌加里特国王称某位赫梯高官为父亲时，这很可能并不意味着乌加里特对这位赫梯高官的服从，不过是前者表达对后者的尊敬而已。同样，当埃及希克索斯王朝国王阿坡菲斯称新即位的库什国王为儿子时，这也很可能并不表示希克索斯王朝凌驾于库什王朝之上，阿坡菲斯只是把自己视为一个更有权威的年长国王而已。因为按照当时的外交惯例，宗主国与属邦之间的宗藩关系，通常是用"主人"和"仆人"来表述的。④

在所有表达家庭关系的术语中，兄弟关系尤其适合国家关系，因为兄弟之间的不睦和争吵是在所难免的。阿玛纳时代东地中海世界各国充满了兄弟间的敌对和争吵，兄弟间的争斗大多是为了争夺父辈留下的遗产，而各国王室尤甚。由于这一时期的嫡长子继承制度遭到了破坏，因此，这一时期的历史文献和文学作品中充满了年纪较轻的王子们因争夺继承权而争吵不休，甚至杀死长兄的事情，因为王权是不能平分的。

兄弟模式充分体现了这一时期国际关系的主导格局。一方面，至少在外交场合以兄弟相称的双方大都能做到彼此尊重。譬如，当亚述使节向亚述国王抱怨埃及国王埃赫那吞让所有的外国使节与他所有的官员一起长时

---

① W. L. Moran, "A Note on the Treaty Terminology of the Sefire Stales", *JNES* 22 (1963), pp. 173–176.
② HDT, p. 122; E. Edel, "Der Geplante Besuch Hattusilis III in Agypten", *Mitteilungen der Deutschen Orient-Gesellschaft* 92 (1960), p. 20.
③ HDT, p. 128–138.
④ L. Habachi, *The Second Stela of Kamose and His Struggle against the Hyksos Ruler and His Capital*, Gluckstadt: J. J. Augustin, 1972, p. 39.

第五章　阿玛纳时代东地中海世界跨文化交流内容　　157

间地站在烈日下一事,亚述国王致信埃赫那吞,委婉小心地询问道:"为什么使节要长时间站在太阳底下?他们可能会因暴晒而死。如果使节站在太阳下对你有利,那么就让他们站在太阳底下暴晒至死好了。我想这一定对你有利,否则他们为什么会死在烈日之下呢?"① 埃赫那吞的这一举动很可能是其所推行的阿吞崇拜仪式的一部分,而亚述国王向埃赫那吞小心求证的正是有关对方国内宗教事务的敏感问题。②

另一方面,根据现实政治需要,兄弟关系既可被奉为圭臬,亦可被弃如敝屣。譬如,阿姆如国王称他与乌加里特国王是兄弟,这可能并非外交辞令,而是确实有血缘关系:"我的兄弟,瞧:我和你,我们是兄弟。我们是同一父亲的兄弟。为什么我们不能彼此友好相处呢?无论你需要什么,你只管写信给我,我将满足你;你也将满足我的需要。我们是一个整体。"③ 而一旦不需要维持这种关系时,即使是亲兄弟,这一模式也会自然失效,更何况没有任何血缘关系的所谓"兄弟"呢:"为什么我应该以兄弟关系给你写信?我们可能是同一母亲所生吗?因为我的父亲和祖父没有以兄弟关系给亚述国王写信,所以你也不要以兄弟关系给我写信。"④ 相反,如果需要这种兄弟关系,那么也可以无中生有。譬如,由于亚述势力悄然崛起,赫梯国王必须承认亚述国王是"伟大的国王",但却曾明确拒绝与亚述国王互称兄弟,而随着数十年后亚述成长为真正的对等大国,赫梯国王图德哈里亚四世不得不顺应时势,主动改变态度,表示愿与亚述国王结为兄弟。⑤

(二) 保护模式

在程度不同的宗藩观念框架下,阿玛纳时代东地中海世界各国各地区,特别是以埃及、赫梯、亚述为代表的五大强国,在采用兄弟模式处理地位相对平等的国家间的事务的同时,对与自身地位明显不对等的属邦则分别采用了适合本国历史传统和现实需要且各具特色的保护模式。

保护模式的基本含义是在军事、贸易、王位继承等国是上,实行互惠互助的模式。这一模式主要适用于大国与小国、强国与弱国之间,但也适

---

① EA 16.
② D. B. Redford, *Akhenaten: The Heretic King*, Princeton: Princeton University Press, 1984, p. 235.
③ PRU, p. 133.
④ A. Hagenbuchner, *Die Korrespondenz der Hethiter*, Heidelberg: Universitatsverlag Winter, 1989, pp. 191 – 192.
⑤ T. R. Bryce, "The 'Eternal Treaty' from the Hittite Perspective", *BMSAES* 6 (2006), p. 6.

用于大国与大国、强国与强国之间。如同对于兄弟模式的理解和实践一样，对于以互助互惠为前提的保护模式，埃及与赫梯、亚述等亚洲国家和地区明显不同并鲜有使用。在埃及人的传统观念中，世界上所有的土地和人民都归埃及国王所有，正所谓"普天之下，莫非王土；率土之滨，莫非王臣"[1]。所以埃及本土之外的任何异邦是不可能与埃及平起平坐的。同时由于被认为具有无所不能的神性，埃及国王被比喻为埃及军队的铜墙铁壁和国家安全不知疲倦的守护者，有能力保护任何人，但却不需要任何人的帮助，仰仗他的守护和保护，国家得以和平，人民得以安宁。这就是拥有神性的埃及国王和埃及民众之间最本质的区别，他不会像赫梯国王、巴比伦国王、亚述国王等西亚国家统治者那样通过与他国签订责任和义务对等的互助签订条约以寻求他人和他国在自己处于危难之际伸出援手，他只尽义务，不求回报。所以，埃及国王既是一个孤独的进攻者，也是一个孤单的抵御者。基于以上传统观念，埃及主要通过以下三种方式对属邦进行管控。

一是通过行政手段。埃及把努比亚、叙巴地区等属地分为三个层级。一级统治区包括努比亚以及叙巴地区的苏木尔、库米底、加沙、亚瑞姆塔，埃及在这些地区委任总督进行直接治理，并在本特山等交通要地驻军拱卫。二级统治区包括巴比罗斯、贝卡中部和其他定居点，埃及通过其认可的当地王公实施间接治理，这些地区无权自行任命行政长官。三级统治区包括外约旦的大部分地区，埃及对这些地区的控制方式更为灵活和宽松。[2] 对于破坏宗藩体制的行为，埃及人认为加以干预理所当然。譬如，埃及新王国时期，包括埃及部分属地在内的叙巴地区诸邦彼此争战不休，这种情况被呈报给埃及国王："被你征服的沙苏人意欲叛乱，各部落首领联合起来反抗哈如人的统治，他们已经开始诅咒和谩骂哈如人，攻击和杀戮哈如人，完全无视埃及中央政府的法令。"[3] 埃及国王还被告知："居于雅姆图山区的阿皮如人发动叛乱，他们正联合塔亚如部落攻击拉哈姆人。"对于这种破坏现有宗藩体制的行为，埃及中央政府派兵进行了残酷镇压，"埃及国王大肆屠戮沙苏的居民，掠夺沙苏的财富，并在统治过程中对该

---

[1] M. Sandman, ed., *Texts from the Time of Akhenaton*, Brussel: Edition de la Fondation Egyptologique Reine Elisabeth, 1938, p. 81.

[2] J. M. Weinstein, "The Egyptian Empire in Palestine: A Reassessment", *BASOR* 241 (1981), pp. 1 – 28.

[3] EA 106, EA 287; KRIT I, p. 1; K. Kitchen, *Pharaoh Triumphant: The Life and Times of Ramesses II*, Warminster: Aris and Phillips, 1982, pp. 20 – 21.

第五章 阿玛纳时代东地中海世界跨文化交流内容　159

地区重新命名"①。而对于米格都这类时附时叛的不稳定地区，埃及中央政府则往往课以重税，以示惩戒，"至于米格都上缴的租税，除充作军粮的部分外，比原规定多征了四倍"②。而对于新归顺的城邦，埃及则要求他们承诺绝对服从："我是国王忠诚的仆人，我不做任何作奸犯科之事，我不保留我的部落，我不拒绝国王的任何要求。"③ 不过需要说明的是，由于埃及人的天朝上国观念根深蒂固，所以即使是在一级统治区，埃及人的数量也不是很多，因为埃及人视这些地方为遥远而荒凉的蛮夷之地，不愿长期逗留，更不用说定居，他们渴望回到本土，叶落归根。④ 在埃及官员间的往来书信中，彼此规劝尽职尽责的语句比比皆是。在埃及国王看来，埃及国内官员和属邦国王的地位几近相等，因此，尽职尽责同样也是这些属邦国王的义务。然而在把以彼此规劝对方小心谨慎恪尽职守为主要内容的埃及语词句翻译成阿卡德语时，却出现了理解上的偏差。比如，规劝性质的埃及语句"注意你现在正在做的事"被译成阿卡德语"保护你自己"，进而又被引申为"我怎么保护我自己？你必须把我从我的敌人手中拯救出来"等诸如此类的话。标准的规劝性质的埃及语"保持秩序和履职尽责"，被阿卡德语译成"你必须提供必需的储备，并派来部队保障城市的安全"等。阿玛纳书信和埃及的其他文献可以证明，埃及在叙巴地区城邦设有临时营地。

二是通过军事手段。埃及的常备军主要驻扎在埃及北部的尼罗河三角洲边境地区、南部的尼罗河谷边境地区、叙巴地区的各大军事要塞。埃及第十八王朝建立伊始，就在叙巴地区南部的沙如罕和加沙先后驻军守卫，亦曾在乌拉萨和乌加里特短时间驻军。图特摩斯三世曾在今黎巴嫩沿海一带建了一座军事要塞。阿蒙霍特普三世登基后，苏穆尔取代乌拉萨成为埃及在叙巴地区的驻军大本营。⑤ 而巴比罗斯国王瑞布阿达写给埃及国王埃赫那吞的报告表明，他对埃及军队驻扎该邦已经习以为常。埃及第十九王

---

① ARE IV, § 141.
② ARE II, § 437.
③ EA 254, EA 156, EA 157.
④ B. Kemp, "Imperialism and Empire in New Kingdom Egypt (ca. 1575 – 1087 B. C.)", in P. D. A. Grnsey, C. R. Whittaker, eds., *Imperialism in Ancient World*: *The Cambridge University Research Seminar in Ancient History*, Cambridge: Cambridge University Press, 1978, pp. 7 – 57; W. J. Murmane, "Imperial Egypt and the Limits of Power", in R. Cohen, R. Westbrook, eds., *Amarna Diplomacy*: *The Beginning of International Relations*, Baltimore and London: Johns Hopkins University Press, 2000, pp. 101 – 111.
⑤ Urk IV, pp. 1237, 1313.

朝时期，埃及的一个官员拥有推罗市长和驻军司令两个头衔，表明埃及在推罗也可能驻有军队。从第十八王朝至第二十王朝，埃及在本特山和耶路撒冷一直派有驻军，保障经过这些地区的陆路和海路交通，但埃及在库米德可能没有驻军，因为当地行政长官曾向埃及国王抱怨其生命安全受到了威胁。① 在内陆，埃及在人烟稀少的荒漠地区设置了许多据点，以防止被反叛势力所控制。

三是通过情感笼络。作为属邦的另一项义务，就是要向宗主国汇报属邦的情报。有学者认为，很多阿玛纳书信实际上都是属邦向宗主国呈送的情报。② 埃及国王常常给叙巴地区属邦下达指令，要求他们报告当地发生的大事小情，如"你把从那里听到的一切必须向我报告"，"将你所见所闻写信告诉国王"，"把你在迦南所见所闻的一切写信告诉我"③。为了取悦埃及国王，属邦统治者经常在信中表示："不管我了解或听到什么，我都会写信向国王汇报"，"我听到什么都将写信告诉我的主人"④。在一封埃及国王致阿尔扎瓦国王的信中也提到了赫梯被米坦尼击败这一重大事件。⑤ 有学者认为，从书信的语气来看，埃及国王早已知道这一消息，他之所以重提此事，是想表明他对阿尔扎瓦提供情报的做法高度重视和赞许。⑥ 除了情报，有多达12封阿玛纳书信显示，埃及还要求叙巴地区属邦为埃及军队供给马匹、战车、船只、粮食等给养，甚至要求属邦派兵随埃及军队共同作战，如卡代什国王就向埃及国王承诺："不管何处发生反对陛下的战争，我与我之军队、战车和兄弟都会与你并肩作战。"⑦ 大马士革国王亦向埃及国王保证："不管国王陛下，我的主人命令我去哪里，我与我的军队、战车、兄弟、弓箭手，都会马上启程。"⑧

如前所述，关于"保护"这一概念，埃及人与亚洲人有着完全不同的理解。属邦国王不需要保护埃及国王，因为埃及国王不需要任何帮助；另

---

① EA 81, EA 286, EA 289, EA 132.
② R. Cohen, "Intelligence in the Amarna Letter", in R. Cohen, R. Westbrook, eds., *Amarna Diplomacy: The Beginning of International Relations*, Baltimore and London: Johns Hopkins University Press, 2000, pp. 85 – 100.
③ EA 145, EA 149, EA 151.
④ EA 108, EA 116.
⑤ EA 31.
⑥ R. Cohen, "Intelligence in the Amarna Letters", in R. Cohen, R. Westbrook, eds., *Amarna Diplomacy: The Beginning of International Relations*, Baltimore and London: Johns Hopkins University Press, 2000, pp. 86 – 87.
⑦ EA 189.
⑧ EA 195.

一方面，埃及国王也不热衷于保护属邦国王。属邦国王们的主要任务是履行好他们对埃及国王应尽的义务，即管理好他们各自的属地。正如埃及国内臣属与埃及国王的关系：臣属不必为王位继承操心，他们的主要任务是履职尽责，确保国家机器正常运转。

而对于兄弟模式的运用，埃及与赫梯等亚洲国家也呈现了明显的差异。埃及人认为，如果想要让属邦甘心归附，就应让属邦国王的后代在埃及接受教育。"注意，首领的孩子和他们的兄弟们都被带到埃及的要塞。现在，无论这些首领中谁去世了，陛下都会让他的儿子代替他的位置。"①不能外嫁女儿的埃及国王更喜欢教化亚洲王子。② 而在赫梯人看来，如果用血缘作纽带把属邦王室和宗主国王室联系起来，属邦就会自然而然地效忠宗主国。换言之，赫梯人通过血缘来维系属邦，而埃及则通过文化来凝聚属邦。

对于保护这一概念，阿玛纳时代东地中海世界的亚洲各国各地区与埃及的理解和运用有所不同。亚洲国家将保护视为互惠的概念。因此，亚洲各国之间经常结成联盟，联盟成员间的保护与被保护关系是天经地义和顺理成章的。同时，与埃及人心目中"保护"只能来自埃及国王这种单向思维不同，在亚洲人的观念中，保护可以来自联盟中的任何成员，而赫梯、亚述等大国是这个互惠式保护体系的当然核心，他们有责任和义务保护联盟中的其他相对弱势的成员，而所有相对弱势的成员都有责任和义务为他们提供保护。依托这一模式，保护人与被保护人亦步亦趋，同进同退。正如赫梯国王图德哈里亚四世在写给属邦阿姆如国王沙乌什加姆瓦的信中所表述的："如果埃及国王与我交好，他亦会与你交好；如果埃及国王与我交恶，他亦会与你交恶。如果巴比伦国王与我亲善，他亦会与你亲善；如果巴比伦国王与我敌对，他亦会与你敌对。亚述国王正在与我交战，他亦会与你交战。"③ 作为宗主国国王有义务保护属邦甚至献出自己的生命；作为属邦国王自然也有义务为保护宗主国甚至献出自己的生命，正如一篇赫梯文献所写的："为马都瓦塔而战的赫梯国王们，他们甚至可能因为马都瓦塔而被杀死。"④ 除了提供军事援助，提供物资援助也是保护模式的应有之义，而且无论是大国和大国之间、大国和小国之间，抑或是小国和小国之间。

---

① ARE II, p. 467.
② S. Ahituv, "Economic Factors in the Egyptian Conguest of Canaan", *IEJ* 28 (1978), p. 93.
③ HDT, p. 106.
④ HDT, p. 147.

"我们是人，无法永生。如果有谁走到生命的尽头，活着的人要保护逝者的儿子们。"① 赫梯与属邦所签宗藩条约中的这句话，道出了除了彼此提供军事支援和物资援助之外，亚洲国家间的保护模式的另一个最核心的内容，那就是彼此要郑重承诺支持对方保有王位宝座并世袭罔替。② 赫梯国王穆尔西里二世与属邦哈拉波国王塔勒米沙如马所签条约对此有比较具体的表述："塔勒米沙如马的儿子们，应该保护我的太阳、伟大的赫梯国王穆尔西里二世的儿子们；我的太阳穆尔西里的儿子们不应该废除塔勒米沙如马的儿子们的王位。我的太阳、伟大的赫梯国王应该援助哈拉波国王塔勒米沙如马；哈拉波国王塔勒米沙如马也应该援助我的太阳、伟大的赫梯国王。我的太阳穆尔西里二世的儿子们应该援助塔勒米沙如马的儿子们；塔勒米沙如马的儿子们也应该援助我的太阳穆尔西里二世的儿子们。我们所有的人，我们是伟大国王苏皮路里乌马一世的后代：让我们成为一家人！……哈拉波国王塔勒米沙如马应该保护我的太阳穆尔西里二世、伟大的赫梯国王；我的太阳穆尔西里二世应该保护塔勒米沙如马。没有人将从塔勒米沙如马的手中和他的子孙的手中拿走任何东西，塔勒米沙如马的子孙将继续拥有哈拉波的王权。"③ 赫梯人不仅是这么说的，也是这么做的，如赫梯将属邦王子尼克梅帕送回国内继承王位："至于你，尼克梅帕，我把你带回你自己的土地，并把你扶上你父亲的王位。我带你返回你的土地，尼克梅帕和你的臣民都是我的仆人。从现在直至将来，你必须保护你的主人赫梯国王和他的土地。至于你，尼克梅帕，你本人、你的后宫、你的军队、你的土地都是弥足珍贵的，赫梯国王本人、赫梯国王的儿子们、赫梯的土地对你也将是弥足珍贵的。"④

赫梯国王图德哈里亚四世举出了一个反面事例，警告后人不要效仿，尽管这个事例无意中承认他的父亲实际是篡位者，从而说明他本人的王位

---

① HDT, p. 133.
② 赫梯首都哈图沙出土的 20 余篇宗藩条约（公元前 14—前 12 世纪）显示，曾附属于赫梯的城邦主要有小亚半岛西部的维鲁萨、赛哈河、米拉—库瓦里亚、哈帕拉，北部的卡什卡，东北部的阿兹—哈亚沙，南部的乌拉以及东南部的伊什麦里卡；位于叙利亚地区的图尼普、米坦尼、穆基什、乌加里特、努哈塞、阿姆如，以及位于今天塞浦路斯的阿拉西亚。另外还有一些条约文本残缺严重，可考内容极为有限，无法判定签约者的确切身份。参见 HDT, p. 130; G. Beckman, "International Law in the Second Millennium: Late Bronze Age", in R. Westbrook, ed., *A History of Ancient Near Eastern Law*, Leiden: E. J. Brill, 2003, p. 753.
③ HDT, p. 90.
④ HDT, p. 60.

第五章　阿玛纳时代东地中海世界跨文化交流内容　　163

也是不合法的："不要像马什图瑞那样做！马什图瑞是塞哈河流域地区的国王。穆瓦塔里通过把妹妹嫁给他，从而成为塞哈河流域的国王。当穆瓦塔里二世驾崩后，其子乌尔西·泰述布继位。但我的父亲从乌尔西·泰述布手里夺走了王权。马什图瑞参与了这次宫廷政变，但他却是穆瓦塔里二世的妹夫，他没有保护穆瓦塔里二世之子乌尔西·泰述布，却站在我的父亲一边，并说：'我应该保护一个私生子吗？我应该站在私生子一边吗？'现在，你会像马什图瑞那样做吗？"①

　　在大国与大国之间，王位的传承是保护概念被充分利用的最佳时机，但在很多情况下并不受欢迎。当米坦尼国王图什拉塔去世后，赫梯国王苏皮路里乌马一世计划拥立图什拉塔的一个可能的继承人——即他自己的女婿沙提瓦扎——来干预和控制米坦尼的内政外交。巴比伦国王卡达什曼图尔古驾崩后，赫梯国王哈图什里三世致信巴比伦当局，回忆了自己对已故巴比伦国王许下的关于保护其继承人的承诺，随后郑重表明立场："如果你们不能保证让我兄弟的后代成为国王，我将成为你们的敌人。但如果有人反对你，或你有困难，写信告诉我，我将帮助你。"② 巴比伦当局对这一来自异邦的所谓保护一口回绝："你不是因兄弟之情而写信，你是企图像压迫你的仆人一样来压迫我们！"③ 在亚述国王沙尔马纳赛尔一世驾崩后，赫梯国王哈图什里三世同样致信亚述摄政者，建议亚述人接受他的保护。④ 亚述国王阿舒尔乌巴里特一世亦曾以为哗变的巴比伦士兵杀死的自己的女婿和外孙——巴比伦国王卡拉因达什及其子——复仇为借口，出兵巴比伦，拥立年少的库瑞伽勒祖二世登上王位，以便以太上皇的身份继续操纵巴比伦朝政，只是事与愿违，随着库瑞伽勒祖二世长大成人，他最后设法摆脱了阿舒尔乌巴里特一世的操控。

　　与埃及和赫梯的保护模式都有所不同，亚述的保护模式，与其说是保护，不如说是征服。在阿玛纳时代晚期，地处两河流域北部的中亚述王国拓土开疆的主要方向，是两河流域的西部和南部，通过修筑道路、建立驿站、发展经济、驻扎军队等策略，基本实现了对新征服地区的有效控制，正如一篇亚述王铭所载："我看到泰都大片被遗弃和撂荒的土地……我丈量土地，兴建殿宇，并树碑以纪之。"⑤ 譬如，从中亚述王国时期开始，亚

---

① HDT, p. 100.
② HDT, p. 133.
③ HDT, p. 133.
④ HDT, pp. 141–142.
⑤ RIMA I, p. 158.

述人就在新征服地区实施了扣留人质、迁移居民以及征收"biltu"①"maddattu"②"namurtu"③贡赋等政策。中亚述王国国王阿舒尔纳西尔帕二世的一篇铭文写道："他是众神护佑的伟大国王，征服了所有国家，获得了所有山区的统治权，收到了他们的"biltu"贡赋。"④阿达德尼拉里一世统治期间将哈尼加尔巴特城邦国王沙图阿拉押解到阿舒尔城，强迫后者发誓效忠并缴纳"namurtu"贡赋。俘获纳伊利地区 30 个城邦的国王后，提格拉特帕拉沙尔一世宣称："我用绳索像捆牛一般将他们捆牢，然后将他们带到我的城市阿舒尔。我从他们中间挑选了人质，并把'maddattu'贡赋和'namurtu'贡赋摊派到他们身上。"⑤ 征服西北部和北部地区诸邦后，提格拉特帕拉沙尔一世同样把"maddattu"贡赋和"namurtu"贡赋摊派到当地居民身上。⑥ 阿达德尼拉里二世征服纳伊利后，也从他们当中挑选了人质，接受了当时居民的"maddattu"贡赋，并把严苛的"namurtu"贡赋摊派到他们头上。⑦ 阿达德尼拉里二世攻取萨帕努和西库尔后，接受了当地居民的"maddattu"贡赋和"namurtu"贡赋。⑧ 征服哈布尔河流域以后，阿舒尔纳西尔帕二世宣布："当我在苏鲁时，我把巨额'maddattu'贡赋和'namurtu'贡赋摊派到拉库诸王头上，其中包括银、金、锡、青铜、青铜盘、牛、绵羊以及饰有多彩流苏的衣物和亚麻衣物。"⑨

需要强调的是，在以保护之名干预和影响他国内政外交方面，埃及与赫梯、亚述等西亚国家有所不同，赫梯国王哈图什里三世和埃及国王拉美

---

① "biltu"贡赋的征收对象主要是属邦和从被征服地区强制移民到亚述的人口。缴纳 biltu 贡赋象征着被征服地区承认亚述的宗主国地位，亚述国王每年在都城举行隆重的接收仪式。"biltu"贡赋的物品种类尚不完全清楚，但一般包含属邦的方物。参见 RIMA I A. 0. 78. 1。

② "maddattu"贡赋是从中亚述时期开始亚述向属邦征收的一种贡赋，它们往往是各地方物和贵金属。

③ 阿卡德语"namurtu"一词出现很早，既可以指向神明奉献的礼物，也可以指人与人之间交换或家庭成员之间馈赠的礼物，并没有强制性，也与贡赋没有关系。但到了中亚述时期，该词不再是一种自愿交换或馈赠的礼物，而开始具有了强制缴纳的贡赋之意。"namurtu"贡赋所涉及的物品与"maddattu"贡赋并不明显区别，既可以是黄金、白银，亦可以是衣物、食品、牲畜。参见 W. H. Van Soldt, *Letters in the British Musuem*, Leiden: E. J. Brill, 1990, 59, 60; EA 99。

④ RIMA II A. 0. 101. 28.

⑤ RIMA II A. 0. 87. 2; RIMA II A. 0. 87. 3.

⑥ RIMA II A. 0. 87. 2.

⑦ RIMA II A. 0. 99. 2.

⑧ RIMA II A. 0. 99. 2.

⑨ RIMA II A. 0. 101. 1.

西斯二世签订的《银板条约》充分展示了这种差异。该条约基本上采取了西亚各国之间业已存在的互惠原则，但是在论及对双方继承人的保护上，该条约由互惠转变成单边："赫梯国王哈图什里三世的儿子，应该继承他的父亲哈图什里三世的王位，成为赫梯的国王。如果赫梯人发动叛乱反对他，那么埃及国王拉美西斯二世将派出步兵和车兵前往赫梯镇压叛乱，保护他继承王位。"① 该条款到此为止，没有提及如果埃及国内因为王位继承而发生叛乱时，赫梯是否也应该出兵干涉。这也是完全可以理解的：对于哈图什里三世来说，他篡夺了本该属于侄子乌尔西·泰述布的王位，致使后者逃到埃及政治避难，因而非常担心国内拥戴乌尔西·泰述布的势力的复辟图谋，通过在条约中写明埃及承诺保护其继承人这一条款，也就意味着埃及事实上承认了他是赫梯的合法国王；与哈图什里三世的想法相反，拉美西斯二世似乎不必为王位继承这类事情操心，而且即使他有这类考虑，出于埃及天朝上国的优越感，他也断然不会借助外国势力来解决王位继承这样的内政问题。

赫梯与属邦之间保护模式中的互惠原则，同样也不适用于埃及与属邦之间的关系。埃及在叙巴地区的属邦是用效忠，而不是提供互惠性质的保护，来回报埃及国王的保护。阿玛纳书信中充满了属邦向埃及请求保护的字句，这表明属邦有权利要求宗主国埃及提供保护。然而，对于这些请求，目前已知的文献显示时任埃及国王埃赫那吞的态度并不积极，至少没有及时采取强有力的应对之策，因为在他来看，埃及与属邦之间的责任与义务不仅是不对等的，也是没有刚性约束的，所以他没有必须做出反应的责任和义务，尽管这客观上极大地弱化了埃及对属邦的凝聚力，离心离德、阳奉阴违，甚至举兵反叛等现象在属邦中屡见不鲜，而且愈演愈烈。

相较而言，赫梯对于属邦的统治，较之埃及和亚述更为务实而灵活，通常不改变属邦的原有政体，亦不派军驻扎，而是主要采取如下三种方式进行有效管控：

一是要求属邦正式宣誓效忠。如穆尔西里二世年代纪中所载的一篇属邦誓言写道："我们的主人，不要毁灭我们！我们的主人，让我们为你服务！"②

二是按照"以我的朋友为朋友，以我的敌人为敌人"③ 原则，陆续与

---

① HDT, p. 93.
② EA 74.
③ HDT, p. 33.

属邦正式缔结宗藩条约。① 而且对这类条款的宣示和执行做出具体的规定。譬如在这类条约中，会以赫梯国王谕令属邦国王的口气写道："至于你，胡卡纳，承认我是你的主人，并承认做我的王子。你要结识我其他的王子，你们要像兄弟和好友一样和睦相处"②；"至于你，绍什伽姆瓦，我，太阳，已经接纳了你，并使你成为我的女婿"③；"至于你，尼克梅帕，我把你带回你自己的土地，并将你扶上你父亲的王位"④；"至于你，都庇·泰述布，阿兹如是你的祖父，他服从我的父亲"⑤；"阿拉克珊都，我已为你制作了这块泥板，它将每年三次向你当面宣读，以便你牢记上面的文字，它们完全是由赫梯国王钦定的"⑥。签订宗藩条约，"成为赫梯国王统治附属国统治者的一项重要国策"，从而"建立起了一个比较庞大的附属国统治体系"⑦。

三是直接任命赫梯王室成员为属地总督。如赫梯国王苏皮路里乌马一世在征服卡开迈什后，"未让任何赫梯人出现在当地女神库巴巴和男神卡勒面前，他也未进入任何一座当地神庙……但他将当地居民和金器、银器、铜器带回赫梯首都哈图沙……然后任命其子沙如库舒统治卡开迈什，继而成为该邦国王"⑧。

综上所述，与埃及、赫梯、亚述等阿玛纳时代东地中海世界列强的保护模式各有特点：埃及更多的依赖观念；赫梯更多地根据条约；亚述更多地仰仗强权。

第二节　朝贡贸易

阿玛纳时代东地中海世界国家和地区经过激烈博弈，基本上构建了一个以埃及、赫梯、米坦尼、巴比伦、亚述等五大强国为中心的宗藩体系。

---

① M. Liverani, *The Ancient Near East: History, Society, and Economy*, London and New York: Routledge, 2014, p. 281.
② HDT, p. 23.
③ HDT, p. 55.
④ HDT, p. 60.
⑤ HDT, p. 99.
⑥ HDT, p. 86.
⑦ 李政：《论赫梯国王的对外政策》，《世界历史》2007 年第 2 期，第 44 页。
⑧ H. G. Guterbock, "The Deeds of Suppiluliuma as Told by His, Mursili II", *JCS* 10 (1956), pp. 95 – 96.

与这一国际政治秩序体系相适应,在国际经济交往领域,以兄弟之国相称的五大国均要求周边大小城市国家朝贡,其中一些城邦不得不同时向多个大国朝贡,也有一些较大的城邦一边向大国朝贡,一边又接受较小城邦的朝贡。然而,尽管五大强国都不同程度地存着以我为中心的天朝上国的宗藩观念,但大都能在既有宗藩体制的框架下,适时制定和实施内外有别、灵活多样的务实策略:一是在外交语境下,用所谓礼物交换的表象掩饰了朝贡贸易之实质;二是在经济语境下,将所谓朝贡贸易还原为真正意义上的互惠贸易。

一 外交语境下的礼物交换

在阿玛纳时代,礼物交换在国际交往中扮演着重要角色,而几乎每一封阿玛纳书信都直接或间接与礼物交换有关,换言之,这些书信"主要处理的是商贸问题"[1]。也正因如此,阿玛纳时代东地中海世界各国信使或者说使节、使臣在传书送信的同时,往往率领着人数不等的随员或商队,携带着以进献的贡品或赏予的赐品为名的大量礼物,这被认为是当时的国际惯例。[2]

在两河流域、小亚、埃及等古代东中海世界几大文明单元中心区的国家和地区中,从君臣到百姓,传统的天朝上国和宗藩观念一直不同程度地存在着,他们视自己的国度为当然的世界中心和开化之地,而周边的国家和地区则是世界边缘和蛮荒之地,因此,只有边缘向中心称臣纳贡的道理和义务,而不应该是边缘与中心平起平坐的兄弟式的礼尚往来。[3]

在两河流域,早在阿卡德王国时期,国王纳拉姆辛就宣示首都的繁荣是南边的苏美尔、北边的苏巴图、东边的迈鲁纳、西边的阿姆如贡献方物的结果。[4] 在亚述地区,中亚述国王图库里提尼努尔塔一世的王衔反映了亚述人君临天下、万国来朝的朝贡观念,王衔的全称为"在都城阿舒尔接受八方贡赋之人"和"接受来自日升之地到日落之地所有土地上的贡赋的人"。

---

[1] G. Beckman, "International Law in the Second Millennium: Late Bronze Age", in R. Westbrook, *A History of Ancient Near Eastern Law*, Vol. I, Leiden and Boston: E. J. Brill, 2003, p.765.

[2] T. Bryce, *Letters of the Great Kings of the Ancient Near East: The Royal Correspondence of the Late Bronze Age*, London and New York: Routledge, 2003, pp.89-92.

[3] AEL I, pp.103-104.

[4] J. Cooper, *The Curse of Agade*, Baltimore and London: Johns Hopkins University Press, 1983, pp.52-53.

在赫梯，国王铁列平的一篇庆祝神庙落成的铭文体现了赫梯人集天下精华为我所用的天朝上国的优越感，铭文中写道："看啊，我们已为你建造了这个神庙。……金子是从庇如杜马运来的，银子是从库扎运来的，天青石是从塔克尼亚运来的，大理石是从卡尼沙运来的，玉石是从埃兰运来的。"①

在埃及，国王拉美西斯二世曾列举了给埃及送来铜、天青石、白银、孔雀石等方物的阿斯、阿拉西亚、赫梯、巴比伦、西奈等27个国家。② 而最典型的宗藩观念，集中体现在阿蒙霍特普三世的庆功铭文中："当我面朝南方，我为你显示奇迹，库什的酋长们谦卑地转向你，背着他们全部的贡赋；当我面朝北方，我为你显示奇迹，亚洲最边远属邦的国王走向你，背着他们全部的贡赋；当我面朝西方，我为你显示奇迹，你所征服的泰赫努人，把本邦的各种特产带来了；当我面朝东方，我为你显示奇迹，蓬特的首领们带着上好的木材来了，以换取渴望已久的和平。"③ 贸易是自愿的货品或服务交换。但在古代埃及人看来，即使是通过公平的等价交换而来的商品，也被视为贡赋，甚至是战利品。这也解释了为什么在古代埃及语中没有一个可以被译为"商品"或"贸易品"的单词。因此也可以说，在古代埃及，内容明晰的对外贸易文献几乎是不存在的。

埃及王室文献记载的只进不出的贡品收入，在阿玛纳书信中则是以互惠的形式呈现出来的。换言之，埃及王室文献所记载并大力炫耀的所谓贡品，实际大都是其他国家送来的礼物。④ 而埃及在收到一些所谓贡品的同时，还必须遵循当时的国际交往惯例和规矩回赠礼物，其中最常见的是所谓问候礼物，如"与此同时，我给你送去……作为我的兄弟的问候礼物"⑤，"作为问候礼物，我给你送去了三米纳斯上好天青石、十匹良马、五辆木质战车"⑥，"作为礼物，我给你送去一辆双驾优质马车，以及你要的纯正天青石"⑦。另一种是祝贺所谓乔迁之喜，如"我送给你25名男仆和25名女仆共50人恭贺乔迁之喜"⑧。许多阿玛纳书信的主要内容和篇

---

① ANET, p. 356.
② KRIT IV, p. 234.
③ KRIT IV, p. 4.
④ M. Liverani, *The Ancient Near East: History, Society, and Economy*, London and New York: Routledge, 2014, p. 286.
⑤ EA 19.
⑥ EA 9.
⑦ EA 15.
⑧ EA 3.

幅，往往是巴比伦、亚述、赫梯等这些兄弟之国以各种名目向埃及索要礼物，书信的末尾往往列出索要礼物的冗长清单，更有甚者，整封书信就是一份索要礼物的清单。

而在阿玛纳书信中，凡致信埃及国王的，言必及黄金。黄金因此也成为他国索要最多和埃及送出最多的礼物。巴比伦国王卡达什曼恩里勒一世和伯纳伯拉阿什二世都曾以营建王宫之名，向埃及索要巨额黄金。[1] 米坦尼王图什拉塔则以修建神庙为由向埃及索要黄金。[2] 亚述国王阿舒尔乌巴里特一世致信埃及国王埃赫那吞说："我正在营建新王宫，请送给我用于装饰和其他用途的黄金。"[3] 为了达到既定的政治和外交意图，埃及遂以黄金作为外交赠品，展开了所谓"黄金外交"[4]，如"为祝贺贵国新王宫的落成，我将通过舒提给你送去一张用象牙和黄金镶嵌的檀木床、三张用黄金镶嵌的檀木床、一个用黄金镶嵌的檀木枕头、一把用黄金镶嵌的大檀木椅、九张用黄金镶嵌的普通檀木椅"[5]。

当然，埃及送出黄金等礼物绝不是无原则和无条件的，其背后有着地缘政治和国家安全等方面的精心算计。譬如，为警告巴比伦支持以迦南为首的叙巴城邦的叛乱，埃及国王埃赫那吞大幅削减了送给巴比伦的黄金，并在接到亚述国王阿舒尔乌巴里特一世的来信后，按其要求向巴比伦的劲敌亚述提供黄金。埃及所送黄金锐减，特别埃及与亚述的接近，令巴比伦国王伯纳伯拉阿什二世非常不安，他立刻致信埃赫那吞，提醒他："因为先父和令尊建立了彼此间的友好关系，他们互赠丰厚礼物，从来不拒绝另一方的要求。我的兄弟你送给我两米纳斯黄金的礼物。现在，如果黄金足够多的话，给我的要像令尊给的一样多，但如果没有那些多，只给我令尊的一半就可以了。为什么只给两米纳斯呢？目前我的神庙工程开支浩繁，我正以倾力营建。所以请多给我些黄金吧。作为回报，无论你想从我国要

---

[1] EA 4, EA 7, EA 9.
[2] EA 19, EA 29.
[3] EA 16.
[4] 埃及之所以能维持这种代价高昂的黄金外交，是因为埃及曾是古代东地中海世界最早和最大的产金国，其金矿的分布区一是东部沙漠的山区和干涸的河谷，二是新王国时期新征服的属地努比亚。据统计，新王国时期埃及的黄金年产量约为1000磅。除了作为外交赠品，黄金还成为换取埃及缺乏的木材、铜、铁、香料、象牙、蓖麻油等物资的主要外贸商品。及至新王国末期，埃及的黄金矿藏开采殆尽，粮食取代黄金成为主要出口商品。参见马克垚主编《世界文明史》，北京大学出版社2004年版，第51页。
[5] EA 5.

什么，写信告诉我，我都可以给你。"① 接着，伯纳伯拉阿什二世又致信埃及国王，重提巴比伦曾拒绝与迦南结盟对抗埃及一事："在先王库瑞伽勒祖时代，迦南人写信建议他'让我们沿着边界攻击它，让我们与你们结盟！'但是我的先王说：'不要再企图与我结盟。如果你与埃及国王为敌，并与其他任何国家结盟——就不怕我来征伐你吗？怎能与我结盟呢？！'我的先王因你的先王，没有接受他们的请求。现在，不是我派亚述人——我的臣属——去你那里的，他们是自行其是。他们为什么去你的国家？如果你还尊重我的话，别让他们从你那里得到任何东西！把他们赶走，让他们空手而归！"② 在不断写信的同时，为了促使埃及改变支持亚述的政策，伯纳伯拉阿什二世还给埃赫那吞送去了三米纳斯天青石、五匹良马、五辆战车。正如黄金之于埃及一样，天青石和马匹是巴比伦的特产和主要出口商品，这反映了巴比伦对与埃及重修旧好的良苦用心。

为了彰显天朝上国的恢宏气度和经济实力，新王国时期的埃及一直奉行厚往薄来的黄金外交政策，这无形中给国家带来沉重的经济负担。即便如此，针对埃及赠送黄金的数量和成色，埃及的所谓"兄弟之国"仍多有怨言。米坦尼的大臣们发现埃及国王没有送来所要黄金："他们十分悲哀：'他们获得的所有的东西仅是这些吗！？没有金子！'他们说：'在埃及，金子比尘土还要多，况且你的兄弟非常爱你。他是怎样的人啊，尽管他爱你，但除了这些物品外，他什么也没送给你！？'"③ 巴比伦国王卡达什曼恩里勒一世指责埃及所送黄金质量有问题，为证明黄金成色不足，他竟当着埃及使节的面熔化了埃及送来的三十米纳斯黄金。④ 亚述国王阿舒尔乌巴里特一世认为埃及送来的黄金数量太少，于是挖苦地形容其价值还不够支付亚述使节往返的路费。⑤ 争端还表现在是否践诺方面，如埃及国王阿蒙霍特普三世曾答应送给米坦尼国王图什拉塔黄金，但未及付诸实施就驾崩了，而继位的埃赫那吞拒不履行先王的承诺，这种爽约之举招致米坦尼国王图什拉塔的强烈抗议。⑥

此外，按照当时的国际交往惯例，出使国要赏赐派出国使节适当的礼物，特别是兄弟之国之间，否则即被认为有违外交礼仪和规矩，如巴比伦

---

① EA 9，EA 41.
② EA 9.
③ EA 20.
④ EA 3，EA 7.
⑤ EA 16.
⑥ EA 26，EA 27，EA 29.

国王曾向埃及国王抱怨巴比伦使节没有获赐应得的礼物①，米坦尼国王图什拉塔在致埃及国王的书信中特别提到他曾赏赐礼物给埃及使节。②

礼物交换被认为是一种国际惯例，否则就被认为不符合外交礼仪，从而引发两国的矛盾、纠纷甚至战争。"你的使节来了三次，你都未让他们给我带来任何礼物。因此，我也未让我的使节给你带去任何礼物。如果你没有珍贵的东西给我，那我也没有珍贵的东西给你。"③

二 经济语境下的互利互惠

而从经济语境来观照朝贡贸易，外交语境下以礼物交换形式出现的这种经济交往，在很多情况下，也可以理解为一种变相的互惠贸易。而对这种互惠贸易，可以借助犹太裔美国经济人类学家卡尔·波兰尼的互惠（reciprocity）和再分配（redistribution）理论来分析："互惠系指地位对等的主体之间的利益交换，再分配系指地位不对等主体之间的利益分配……互惠的前提是对等主体的存在，再分配的前提是中心主体的存在。"④

参照上述理论，阿玛纳时代东地中海世界各国各地区的经济交往，主要是由互惠模式和再分配模式共同构成的，换言之，任何一个交往个案都是两种模式的复合体：依据互惠模式，交往双方是对等的；而依据再分配模式，交往双方又是不平等的。具体而言，传统宗藩观念最为强烈的埃及在对外经济交往活动中，更倾向于采用再分配模式，至少是名义上的；而传统宗藩观念相对淡化的巴比伦、亚述、赫梯、米坦尼等大国，特别是在大国夹缝中求生存求发展的叙巴地区、塞浦路斯、爱琴诸岛，更倾向于采用互惠模式。当然，各国各地区之间关系的变化和彼此实力的消长，最终决定了两种利益分配模式在具体的对外经济交往活动中所占权重的增减。譬如，埃及第十八王朝国王图特摩斯三世统治时期奉行再分配模式，而在第十九王朝国王拉美西斯二世统治时期开始调整为以互惠模式为主，以适应赫梯强势崛起的国际环境。同理，随着自身国力的提升，赫梯和亚述的

---

① EA 1.
② EA 21.
③ EA10.
④ 参见 K. Polanyi, "The Economy as an Instituted Process", in G. Dalton, ed., *Primitive, Archaic, and Modern Economies: Essays of Karl Polanyi*, Garden City: Anchor Books, 1968, pp. 153 – 154; A. Rotstein, "Karl Polanyi's Concept of Non-Market Trade", *The Journal of Economic History* 30/1 (1970), pp. 117 – 126; J. J. Janssen, *An Economic Study of the Village of Necropolis Workmen at Thebes*, Leiden: E. J. Brill, 1975, pp. 558 – 562; J. J. Janssen, "Prolegomena to the Study of Egypt's Economic History during the New Kingdom", *SAK* 3 (1975), pp. 127 – 185。

对外经济交往也逐渐由互惠模式向再分配模式过渡。

与此同时，出于不同文化传统和政治现实的考虑，不同国家在不同历史时期的不同类型文献中，对具体的对外经济交往案例的文字表述，自然也是内外有别，微言大义，匠心独具。各国对内文献以国内臣民为受众，体裁上包括王室纪事铭文、王室庆典铭文、私人墓志铭文等，在行文上带有居高临下、以我为主的浓重宣传色彩；对外文献以异邦人为受众，体裁上包括国家间的条约和个人往来信函等，在行文上比较注意淡化意识形态色彩，表达也更为客观平实。譬如，埃及第十八王朝女王哈特舍普苏特神庙大厅南墙上的浮雕展示了埃及和蓬特①开展贸易活动的场景："国王的使节到达神的土地，军队紧随其后，来到蓬特酋长面前，将来自埃及王宫的所有好东西分派给蓬特的哈托尔女神"；"为了得到这个国家的特产，埃及使节和军队在蓬特海边的没药梯田里搭起帐篷，安营扎寨。按照埃及王庭的旨意，他们为蓬特人分发了面包、啤酒、葡萄酒、肉、水果等所有能在埃及找到的东西"②。根据浮雕和所配铭文，埃及官方更愿意将这种实质上的互惠贸易刻意宣传成为作为天朝上国的埃及帝国与远在天边的属邦之间的一种朝贡体系下的再分配模式的经济交往活动。

而埃及第二十王朝末期被派往巴比罗斯采购木材的阿蒙神庙祭司维纳蒙和巴比罗斯国王扎卡巴阿之间的贸易谈判是体现这种互惠贸易的又一案例。③ 埃及第二十王朝的影响力与第十八王朝已不可同日而语。维纳蒙前往巴比罗斯购买雪松的心境，与第十八王朝早期的哈特舍普苏特女王派往蓬特的使节的心境应该是完全不同的，因为此时的埃及祭司，无论是以埃及商人的身份，还是以埃及使节的身份，都无法强迫巴比罗斯做任何赔本买卖。④ 但在维纳蒙的心目中，埃及与巴比罗斯之间的宗藩关系仍然存在，于是他起初仍以宗主国使节的口气对巴比罗斯国王说道："我现在需要雪松原木为伟大高贵的阿蒙拉——众神之王造船，你的祖父和父亲都曾为他造船，你也应该为他造船。"⑤ 但巴比罗斯国王扎卡巴阿却不以为然，他指出，即使在过去，也从未向埃及无偿提供过雪松原木："'真的，他

---

① 蓬特，一个与埃及有着贸易联系的地区，但具体位置尚有争议。这个地名很可能指人们沿着红海顺流而下可以到达的阿拉伯半岛西南部、厄立特里亚、索马里等所有地区。因盛产香木，蓬特被誉为香木之地，而香木主要用于神庙的祭拜。
② ARE II, pp. 255, 260.
③ ARE IV, pp. 563 – 591; ANET, pp. 25 – 29; AEL II, pp. 224 – 230.
④ K. A. Kitchen, *The Third Intermediate Period in Egypt*, Warminster: Alden Press, 1973, pp. 14, 209 – 210.
⑤ AEL II, p. 226.

第五章 阿玛纳时代东地中海世界跨文化交流内容

们是这样做的。如果你有所回报,我也同样会那样做!我的祖先在埃及国王运来六船埃及物品之后才为埃及提供了雪松原木,那些物品都被运往他们的仓库。而你能为我带来什么呢?'他把先前两国交易的账目拿出来,并在我面前宣读。他们发现在账本里有一千德本白银和各种各样的物品。他对我说:'如果埃及是我的宗主国,我是埃及国王的仆人,那么他就不会给我送来白银和黄金',并说:'进行阿蒙神的交易吧。他们给我父亲的并不是王室的礼物!我也一样,我不是你的仆人,也不是埃及国王的仆人!'"[1]

在维纳蒙与扎卡巴阿的谈判中,一直存在着商业和政治两个标准,最终是商业标准占据了上风。整个谈判过程大致如下:维纳蒙要求扎卡巴阿向埃及提供雪松原木,但未提供任何作为交换的货物,甚至对此没有任何暗示;在这种情况下,扎卡巴阿拿出双方早前的交易账目据理力争,并借此拒绝提供任何雪松原木;维纳蒙承诺埃及将送来用于交换的货物;扎卡巴阿以埃及所需雪松原木尚未准备好为由,仅向埃及提供了七根雪松原木作为样品;埃及用来交换的货物运到后,扎卡巴阿交付了数百根雪松原木。

巴比罗斯所表现出来的这种贸易上的独立性,并非始自维纳蒙所生活的时代。这一点不仅从前面提到的巴比罗斯国王关于早前埃及提供购买雪松的账目上可以看出,而且也有其他相关文献证明,甚至处于国力鼎盛时期的埃及同样不是无偿获取雪松原木的。一位名叫塞奈菲尔的图特摩斯三世统治时期的埃及使节曾提到他是通过物品交换的方式从巴比罗斯获取雪松的,只是在这篇埃及文献中,这种正常的互惠贸易被向埃及哈托尔女神敬献贡品之类的陈词滥调所掩盖了,"我进入了森林腹地,……我代表埃及国王将巴比罗斯的百万种物品作为贡品献给哈托尔女神……我把它们送给她以满足她的愿望……我带走六十腕尺长的雪松,我从神之土地的高处带走它们。……我顺风在海上航行,在埃及上岸"[2]。

与上述墓志铭文和庆祝铭文中以哈托尔女神为托词而间接反映出来的当时客观存在着互惠模式的国际经济交往活动不同,埃及和巴比罗斯的外交书信的表述显得更加明确无误:"既然我的主人提到黄杨木,你的使节可到扎赫和乌加里特去,他们那里有。但我不能派船去运,因为阿兹如与我为敌,而且所有哈扎努人都是其同盟者。你的使节如果愿意,他们可派

---

[1] AEL II, p. 226.
[2] ANET, p. 243, n. 99.

船过去运走所需物资。此外,我想知道你为何把所有生活物品都给了哈扎努人,而什么都不给我呢?从前你曾给过我父亲白银和各种关乎生活的物品……为何现在我什么都得不到了呢?"① 巴比罗斯统治者瑞布·阿达在书信中提到了其与阿姆如国王阿兹如的冲突,并把自己与其他国王做了比较,最后表示他承认埃及的宗主国地位,但条件是获得他父辈曾得到的东西。

公元前 14 世纪,在维纳蒙与扎卡巴阿的贸易谈判故事发生前的两三百年,阿拉西亚国王也曾使用过扎卡巴阿的谈判策略。在回应埃及索要铜的请求时,阿拉西亚国王说他无法提供,但同时却向埃及发出了一些铜的样品:"敬请注意,我已作为礼物给你送出你 500 舍克尔铜。我的兄弟,请不要因量少而不快。这是因为在我的土地上,瘟疫几乎要了大多数人的性命,已经无人冶铜了……你是我的兄弟,多给我些白银吧,让我把白银献给神明,那么我就会送出全部你所需之物……啊,我的兄弟,请给我所需之白银吧,我的兄弟!我所要之物,我的兄弟会给我,如我的兄弟遂我所愿,我亦会遂我的兄弟所愿。"② 而除了追讨货款,阿拉西亚国王还向埃及提出归还亡故在埃及的塞浦路斯商人财产的要求,显然,瘟疫流行只是借口,当埃及支付了白银货款之后,这一托词也就不再提及了。而如果埃及国王愿意支付货款,他就可能得到更多的铜,这 500 舍克尔铜只不过是样品而已。公元前 13 世纪,相似的情形也出现在赫梯与亚述的贸易谈判中。在回复亚述国王关于提供铁的要求时,赫梯国王因不是冶铁季节而婉拒,但同时也送给亚述人一把铁制的匕首。③

但是,维纳蒙的贸易谈判与公元前 14—前 13 世纪的类似谈判还是有所不同。当时的阿拉西亚国王和赫梯国王分别以瘟疫流行和时令不宜为托词,拒绝向埃及提供纯原料,而在与维纳蒙的贸易谈判中,巴比罗斯国王直截了当地回绝了埃及的供货要求,没有使用任何外交辞令。这可能与巴比罗斯国王面对的谈判对手是维纳蒙这样一个埃及国王的使节,而非埃及国王本人有关。

贸易谈判的本质是实现利益最大化。然而,这却被维纳蒙用充满政治色彩的语言所掩饰了。他强调了巴比罗斯的作用是为埃及和埃及的阿蒙拉神提供原材料,同时以埃及和阿蒙拉神延长他们的生命作为回报。巴比罗

---

① EA 126.
② EA 35.
③ HDT, p. 140.

斯国王扎卡巴阿对此不予理睬，并直接拿出证据说明埃及以前获取雪松原木就是有偿的。维纳蒙墓志铭文的指导思想是基于迎合埃及国内臣民的心理和顾及国家的尊严而预设的。如果他把这一理念付诸实际的贸易谈判，无疑是迂腐可笑的，因为这几乎不可能说服对方，谈判的破裂也是在所难免的。

需要指出的是，维纳蒙这套充满埃及天朝上国思想和思辨色彩的高谈阔论，对于个人墓志铭文这一体裁的文献而言又是合情合理的，如他对巴比罗斯讲道："至于你所讲的先前的埃及国王以白银和黄金为报酬之事，那是因为：如果你的父辈拥有生命和健康，埃及国王就不用付出白银和黄金。埃及国王正是用白银和黄金来代替生命和健康，付给你的父辈的！阿蒙拉——众神之王，他才是生命和健康的赐予者！"① 维纳蒙的逻辑是：黄金和白银要比生命和健康的价值低得多；如果巴比罗斯国王不要求埃及立即付款，那么他就有可能赢得阿蒙拉神的欢心，从而通过赐予他健康和更长的寿命的方式来补偿他，而这远比他用木材直接交换物品更划得来："难道你不高兴为自己树碑立传吗？上面会写着：'阿蒙拉——众神之王，把维纳蒙，他神圣的人类使者派到我的面前。维纳蒙需要木材来制造众神之王——阿蒙拉的太阳船。我装备这条船，为其提供人员和物资。我派船员去埃及，代我请求阿蒙拉赐予我另外五十年的生命。'"② 比维纳蒙的故事晚约一个世纪的巴比罗斯王室铭文陈述的事例与维纳蒙的事例十分相似："巴比罗斯国王阿比巴阿，巴比罗斯国王……的儿子，从埃及为巴比罗斯的巴阿拉特——他的女神——带来雕像。愿巴阿拉特延长阿比巴阿的生命和他的统治。"两个事例都把"延长生命"作为以神的名义回报对方的最佳礼物。

第三节　王室联姻

如果说宗藩体系和朝贡贸易主要是政治和经济的层面将不同文化联系起来，那么王室联姻则主要是从人的角度将不同文化联结了起来。阿玛纳时代东地中海世界各国各地区所奉行了王室联姻政策，将"各种各样的文

---

① AEL II, p. 227. 古代埃及人认为，神明主宰人类命运，而命运首先表现为生命的长短，神明可以使人延年益寿，也可以使人中道夭折。

② AEL II, p. 228.

化联结在一起"①,成为有确凿文献记录的人类最早的大规模跨文化交流实例之一。②

一 王室联姻的历史和传统

在阿玛纳时代之前东地中海世界各国各地区的历史上,王室联姻现象并不罕见,早在公元前25—前23世纪,叙巴地区北部的埃伯拉城邦③与埃玛尔城邦、基什城邦之间就曾进行过王室联姻。④ 哈布尔流域的乌尔凯什城邦国王至少迎娶了两位阿卡德王国公主。⑤ 乌尔第三王朝的乌尔那姆、舒尔吉、阿玛尔辛、舒辛、伊比辛等历代国王都曾施行王室联姻政策,以缓解与西北部的阿摩利人和东部的埃兰人之间的边界纷争,如:乌尔纳姆娶了马瑞国王阿庇尔金之女塔拉姆乌拉姆为后,生子舒尔吉,有效巩固了两国邦交;⑥ 舒尔吉在其统治的第十八年和第三十年,先后将两个女儿远嫁埃兰地区两个城邦的统治者;⑦ 伊比辛在其统治的第五年,将女儿嫁给埃兰地区一个城邦的统治者。⑧ 马瑞城邦最后一任国王金瑞林曾派出使节阿斯库杜姆和里什亚携带聘礼前往延哈德城邦迎娶公主什布图,而在此

---

① S. A. Meier, "Diplomacy and International Marriages", in R. Cohen, R. Westbrook, eds., *Amarna Diplomacy: The Beginning of International Relations*, Baltimore and London: Johns Hopkins University Press, 2000, pp. 165 – 166.

② W. Rollig, "Politische Heiraten im Alten Orient", *Saeculum* 25 (1974), pp. 11 – 23.

③ 埃伯拉城邦位于乌加里特城邦东北约60千米处,考古遗址名为马蒂赫丘,繁荣于阿卡德国王萨尔贡统治时期,在萨尔贡的继任者纳拉姆辛在位期间一度亡国。复国后的埃伯拉又于公元前17世纪与马瑞等城邦一道,毁灭于古巴比伦王国第六代国王汉穆拉比发动的西进战争。

④ H. Klengel, *Syria, 3000 to 300 B. C. : A Handbook of Political History*, Berlin: Akademie Verlag, 1992, p. 29; A. H. Podany, *Brotherhood of Kings: How International Relations Shaped the Ancient Near East*, Oxford: Oxford University Press, 2010, p. 34.

⑤ G. Buccellati, M. Kelly-Buccellati, "Tar'am-Agade, Daughter of Naram-Sin, at Urkesh", in L. G. Werr, et al., eds., *Of Pots and Plans: Papers on the Archaeology and History of Mesopotamia and Syria Presented to David Oates in Honour of His 75th Birthday*, London: Nabu, 2002, pp. 13 – 14.

⑥ W. Rollig, "Politische Heiraten im Alten Orient", *Saeculum* 25 (1974), pp. 11 – 23; F. Weiershauser, *Die Koniglichen Frauen der III. Dynastie von Ur*, Gottingen: Universitatsverlag Gottingen, 2008, pp. 260 – 270; J. R. Kupper, "La Date des Sakkanakku de Mari", *RA* 65/2 (1971), pp. 113 – 118.

⑦ P. Steinkeller, "New Light on Marhasi and Its Contacts with Makkan and Babylonia", *Journal of Magan Studies* 1 (2006), pp. 1 – 17; W. Sallaberger, *UrIII-Zeit*, Freiburg/Gottingen: Universitatsverlag/Vandenhoeck und Ruprecht, 1999, p. 160.

⑧ W. Sallaberger, *UrIII-Zeit*, Freiburg/Gottingen: Universitatsverlag/Vandenhoeck und Ruprecht, 1999, p. 161.

第五章 阿玛纳时代东地中海世界跨文化交流内容   177

前，金瑞林还曾迎娶了卡特纳城邦公主妲胡拉什为后;① 而在金瑞林在位的 14 年中，他至少将 11 位马瑞公主许配给伊兰苏拉、阿什拉卡、安达瑞格、埃鲁胡特、舒纳等周边小邦统治者，并陪送了丰厚的嫁妆，以确立和巩固彼此的友邦关系。② 在埃及，早在埃及新王国时期开始之前的希克索斯王朝时期，当时的底比斯王朝公主赫里特就嫁给了希克索斯王朝国王阿波丕。③ 而在大致贯穿埃及新王国历史的阿玛纳时代，东地中海世界各国各地区的王室联姻次数更是史无前例④，不仅成为加强各国各地区之间物质交往和精神交往的主要方式之一，而且客观上有力推动了各国各地区的跨文化交流。⑤

在王室联姻方面，埃及可谓特立独行，他们认为埃及是世界的中心，总以天朝上国和文明之邦自居。于是，就形成了单向的只娶不嫁的历史传统，即埃及公主从不外嫁，但嫁到埃及的外国公主则多多益善。⑥ 埃及第十八王朝国王图特摩斯三世可能是首位迎娶外国公主的埃及国王。发现于埃及底比斯公主墓中的一些器物上刻有"王妃玛尼哈特""王妃米努提特""王妃曼努玮"⑦ 等名字和头衔，另一些器物上还刻有图特摩斯三世或哈特舍普苏特女王的名字。有学者认为这些名字都不是纯正的埃及人名，而很有可能是叙巴城邦公主⑧。需要强调的是，这些女性的头衔都是

---

① D. Stephanie, *Mari and Karana: Two Old Babylonia Cities*, New Jersey: Gorgias Press, 2002, p. 45.
② D. Stephanie, *Mari and Karana: Two Old Babylonia Cities*, New Jersey: Gorgias Press, 2002, p. 97.
③ A. R. Schulman, "Diplomatic Marriage in the Egyptian New Kingdom", *JNES* 38/3 (1979), p. 181. 国内有学者认为，因为希克索斯人侵入埃及后，对埃及进行统治，建立了埃及第十五王朝和第十六王朝，希克索斯王朝因此属于古代埃及历史的一部分，而且希克索斯王朝又是在埃及本土进行统治，所以底比斯王朝公主嫁给希克索斯王朝国王，虽然属于王室联姻无疑，但是否属于外交联姻值得商榷。参见王海利《古埃及"只娶不嫁"的外交婚姻》，《历史研究》2002 年第 6 期，第 117 页。
④ T. Bryce, *Letters of the Great Kings of the Ancient Near East: The Royal Correspondence of the Late Bronze Age*, London and New York: Routledge, 2003, p. 107.
⑤ S. A. Meier, "Diplomacy and International Marriages", in R. Cohen, R. Westbrook, eds., *Amarna Diplomacy: The Beginning of International Relations*, Baltimore and London: Johns Hopkins University Press, 2000, pp. 165 – 166.
⑥ A. R. Schulman, "Diplomatic Marriage in the Egyptian New Kingdom", *JNES* 3 (1979), p. 179; M. Liverani, *International Relations in the Ancient Near East, 1600 – 1100 B. C.*, New York and Basingstoke: Palgrave Macmillan, 2001, p. 190.
⑦ H. E. Winlock, *The Treasure of Three Egyptian Princesses*, New York: Metropolitan Museum of Art, 1948, p. 4.
⑧ A. R. Schulman, "Diplomatic Marriage in the Egyptian New Kingdom", *JNES* 3 (1979), p. 182.

王妃，而非王后。埃及国王图特摩斯四世曾迎娶了一位米坦尼公主。阿蒙霍特普三世登基后，埃及与东地中海世界其他国家的交往更为频繁，他至少迎娶了两位米坦尼公主、两位巴比伦公主、一位阿尔扎瓦公主。① 文献资料显示，阿蒙霍特普四世，也即埃赫那吞至少有两位外国妃子，一位是前面提到的米坦尼公主塔度赫帕，曾是阿蒙霍特普三世的王妃，在阿蒙霍特普三世驾崩后转入埃赫那吞的后宫，另一位是巴比伦国王伯纳伯拉阿什二世之女。②

现存巴比伦国王卡达什曼恩里勒一世致埃及国王阿蒙霍特普三世的三封书信和阿蒙霍特普三世致卡达什曼恩里勒一世的两封书信，就王室联姻过程中发生的一些令人不快的事情，特别是埃及固守只娶不嫁的传统进行了沟通甚至争吵。③ 书信内容显示，卡达什曼恩里勒一世的一个妹妹已经嫁给了阿蒙霍特普三世。如在第一封书信中，阿蒙霍特普三世告诉卡达什曼恩里勒一世，他的妹妹，也即库瑞伽勒祖一世的女儿仍然健在，并感谢卡达什曼恩里勒一世又将自己的漂亮女儿嫁给他，同时他还抨击卡达什曼恩里勒一世派来的两位信使像驴一样蠢，建议卡达什曼恩里勒一世"派一名有能力告诉你真实情况的人来探望你的妹妹，我会让他进入我的后宫，参观她的居所，了解她所享有的荣耀"④。实际上这两位信使很可能只是一支巴比伦商队的首领及其随从，由于不熟悉巴比伦王室成员，他们自然无法辨认出巴比伦公主。为巩固两国的友好关系，巴比伦国王只有委曲求全，继续采取与埃及王室联姻的政策。在阿玛纳书信中，卡达什曼恩里勒一世尽管对在应邀参加埃及的一个节日庆典时因受到埃及国王怠慢而不快，但为了维护两国传统友好关系，他仍邀请埃及国王参加巴比伦新王宫的落成大典，他在信中写道："现在我将为我的王宫举办一场落成盛典，兄弟，过来与我痛饮吧！我可不像你从前对我那样失礼！"⑤ 他向阿蒙霍特普三世抱怨："你，我的兄弟，当我因希望迎娶你的女儿而致信于你时，你在回信中重提贵国传统，说'从远古时代起，埃及公主就从不外嫁'。可是为什么就不能外嫁呢？你可是国王，你可以做任何你想做的事情。如果你想把女儿外嫁，谁又能说三道四呢？当我获悉你的这一回复，我又写信给我的兄

---

① W. L. Moran, ed., *The Amarna Letters*, revised edition, Baltimore and London: Johns Hopkins University Press, 1992, p. 101.
② EA 11, EA27, EA28, EA29.
③ EA 1–5.
④ EA 1.
⑤ EA 3.

弟：'给我一个别人的女儿也行，只要她漂亮，我会把她当成你的女儿。谁能说她不是公主呢！'可是你却固执己见，不把任何埃及女子嫁给我。"①

而赫梯文献则揭示国王苏皮路里乌马一世迎娶了一位巴比伦公主塔瓦纳娜。② 赫梯国王哈图什里三世的王后普图赫帕在致埃及第十九王朝国王拉美西斯二世的一封信中谈道了她迎娶巴比伦公主为儿媳的盛事，"我迎娶了一个伟大国王的女儿作为我的儿媳，尽管她是一个外邦人"③，而普图赫帕王后的儿子则为继承哈图什里三世的王位的图德哈里亚四世。④

二 王室联姻的程序和礼仪

阿玛纳时代东地中海世界各国王室联姻要经过以下三个环节：一是倡议国提出动议，对象国给予肯定答复；二是两国特使往来面见公主，协商聘礼和嫁妆，迎娶公主；三是公主前往倡议国并在到达后举行婚礼庆典。⑤

第一个环节，通常是由提议国特使晋见对象国国王并面呈提议国国王书信的方式来完成的。譬如埃及国王阿蒙霍特普三世派特使马奈赴米坦尼求婚："愿我的兄弟送您的女儿来做我的王妃和埃及的女主人。"⑥ 阿蒙霍特普三世在致巴比伦国王卡达什曼恩里勒一世的书信中更是直言不讳地提出："我想娶你的女儿。"⑦ 对于倡议国的动议，对象国的反应因国际国内的具体情势和利益诉求而有所不同。一般而言，阿玛纳时代东地中海世界各大国势均力敌，至少在外交领域处于以兄弟之国相称的平等地位，王室联姻谈判因而也成为外交博弈的一个舞台。为了在谈判中处于上风，对象国往往不是爽快地答应提议国的动议，而是刻意拖延，讨价还价，以体现国家尊严和大国地位。譬如，对于埃及国王阿蒙霍特普三世的联姻倡议，巴比伦国王卡达什曼恩里勒一世先是以早前嫁到埃及的姐妹生死未卜为由拒绝再次联姻："你在写给我的信中说，当你的嫔妃一起站在我的信使面

---

① EA 4; M. Liverani, *The Ancient Near East History, Society, and Economy*, London and New York: Routledge, 2014, p. 285.

② G. Beckman, "Mesopotamians and Mesopotamian Learning at Hattusa", *JCS* 35/1-2 (1983), p. 102.

③ A. Kammenhuber, "Orakelpraxis, Tarume, und Vorzeichenshau bei den Hethitern", *Texte der Hethiter* 7 (1976), pp. 22-23.

④ A. Walther, O. Weber, *Keilshrifturkunden aus Boghazkoe*, Vol. VI, Berlin: Staatlichen Museen, 1923, No. 5, verso 27.

⑤ B. Lafont, "International Relations in the Ancient Near East: The Birth of a Complete Diplomatic System", *DS* 12 (2001), p. 52.

⑥ EA 19.

⑦ EA 2.

前时，你对他说我的妹妹就在其中，但我的信使却没有从她们中间找到我的妹妹。"① 卡达什曼恩里勒一世继而提出要按对等原则迎娶一位埃及公主，在所提条件得到部分满足后，才同意了埃及的动议，表示"我的女儿可以（与你）结婚"②。米坦尼国王图什拉塔在致埃及国王的书信中也回顾了两国王室联姻的历史，"当曼海普瑞③和奈布马瑞④之父致信我的祖父阿塔塔玛一世，向我祖父之女、我父亲的姊妹求婚，他连写五六封信，但我祖父都未置可否。于是，他又写了第七封信，祖父终于应允了"⑤。而图什拉塔的父亲舒塔尔纳二世在同意嫁女前，曾五次拒绝了埃及国王的请求。⑥ 而随着国际和地区形势的变化，一些大国不得不放下身段，主动谋求与其他大国王室联姻。譬如，在埃及国王阿蒙霍特普三世驾崩后，为了得到埃及继任国王埃赫那吞的友谊和支持，制衡正在迅速崛起的北方强邻亚述，巴比伦国王伯纳伯拉阿什二世主动向埃赫那吞提议将一名巴比伦公主许配给他："我派出使臣胡亚⑦和译员……他们没有把公主⑧带给国王——我的兄弟，但他们还会再另带去一个的……多派些车马及侍从来，那么，胡亚会把我们的公主带给埃及国王……您所想要的公主，我不会不送她去的，但你们要尽快派来迎亲的车马和侍从。"⑨ 显然，纳伯拉阿什二世抱怨埃及国王派来的车马和人员太少了。

对象国接受提议国的王室联姻动议后，就进入了程序和礼仪的第二个环节。在这个环节中，两国特使开始在具体嫁娶细节上进行协商，如聘礼多寡、嫁妆厚薄、规格高低等，这个过程往往冗长而烦琐。譬如，米坦尼国王图什拉塔在同意阿蒙霍特普三世的王室联姻倡议后，允许埃及特使马奈面见米坦尼公主，并向埃及索要黄金作聘礼，为此派遣特使柯里亚和马奈到埃及面见阿蒙霍特普三世；不久之后，埃及派遣特使马奈返回米坦尼，传达了阿蒙霍特普三世的旨意，显然两国已就具体事宜达成一致。接

---

① EA 1.
② EA 2.
③ 曼海普瑞，为图特摩斯四世的第四王名。
④ 奈布马瑞，为阿蒙霍特普三世的第四王名。
⑤ A. R. Schulman, "Diplomatic Marriage in the Egyptian New Kingdom", *JNES* 3 (1979), p. 183.
⑥ EA 29.
⑦ 胡亚，为巴比伦国王派往埃及的使节。
⑧ 这位公主很可能不幸死于当时赫梯国内大面积暴发的疫病。参见王海利《古埃及"只娶不嫁"的外交婚姻》，《历史研究》2002 年第 6 期，第 179 页。
⑨ EA 11.

下来，米坦尼开始准备嫁妆①，并致信阿蒙霍特普三世，对其女塔度赫帕所携嫁妆与亦曾远嫁到埃及的姐姐和姑姑的嫁妆进行了对比，信中说："我的兄弟将会满意，我女儿的嫁妆值得期待。关于我的姐姐，这里有一块特殊泥板……关于我的姑姑，这里也有一块特殊泥板；关于嫁妆的泥板……让我的兄弟读一下这个泥板吧！"② 鉴于马奈和柯里亚还有其他事务要处理，图什拉塔委托另一名埃及使节哈马什携带其书信回国复命；随后埃及送来黄金，米坦尼又因为黄金品位不高而向埃及提出严正抗议。③ 经过上述一系列交涉，两国最终达成一致。除在聘礼和嫁妆上进行讨价还价外，联姻双方还会就迎娶公主的仪式等具体事宜展开磋商。譬如，巴比伦曾对埃及仅用五辆战车迎娶巴比伦公主的规格提出异议，认为不符合礼数。④ 再譬如，除了婚期和嫁妆，埃及与赫梯还就赫梯公主嫁到埃及后赫梯王室成员如何被探望她等事宜进行了谈判。⑤

王室联姻程序和礼仪的最后一个环节，是按照两国特使达成的协议，首先交换聘礼清单和嫁妆清单，然后护送公主至对象国并举行婚礼，同时交付聘礼和嫁妆。一封阿玛纳书信详细列举了阿蒙霍特普三世迎娶巴比伦国王卡达什曼恩里勒一世之女的聘礼清单。⑥ 在米坦尼王图什拉塔与埃及国王阿蒙霍特普三世有关王室联姻的通信中，记录了图什拉塔送给女儿塔度赫帕的嫁妆清单，信中写道："这些琳琅满目的嫁妆，皆为米坦尼国王图什拉塔送给其兄弟兼女婿奈布马瑞的。当国王送女儿吉鲁希帕赴埃及做王妃时，一并带去了这些嫁妆。"⑦ 而在巴比伦国王伯纳伯拉阿什二世与埃及国王埃赫那吞的通信中，则记录了彼此交付嫁妆和聘礼清单的情况。⑧ 尽管阿玛纳书信中没有结婚庆典的相关记录和描述，但东地中海世界各国各地区的铭文等其他文献资料提供了这方面的线索。譬如，埃及的一块圣甲虫碑铭描述了吉鲁希帕公主一行抵达埃及后所参加的一场阿蒙霍特普三

---

① 男子娶亲前须向岳父支付聘礼，而新娘出嫁时，通常从娘家带来嫁妆，这是古代东地中海世界的婚俗和惯例。参见〔芬兰〕E. A. 韦斯特马克《人类婚姻史》第 2 卷，李彬译，商务印书馆 2002 年版，第 805 页。
② S. A. B. Mercer, ed., *The Tell El-Amarna Tablets*, Toronto: Macmillan, 1939, p. 117.
③ EA 19，EA 20.
④ EA 11.
⑤ T. R. Bryce, *The Kingdom of the Hittite*, Oxford and New York: Oxford Unversity Press, 2005, p. 282.
⑥ EA 5.
⑦ EA 22，EA 25. 但在现存的阿玛纳书信中，没有发现阿蒙霍特普三世送给图什拉塔的聘礼清单。
⑧ EA 13，EA 14.

世与王后泰伊的结婚大典:"在拉神之子、底比斯的统治者阿蒙霍特普三世陛下统治的第十年……伟大的王后泰伊,她将永生。其父为尤亚,其母为图雅。陛下收到奇异的贡品:那哈林酋长舒塔尔那之女吉鲁希帕连和她的317名侍女。"①

从表面上看,关于王室联姻的谈判比起关于边界或贸易谈判似乎更容易唤起人们的激情,引起人们的注意,而且最终达成共识的过程也更漫长。在赫梯和埃及的王室联姻历史中,还有两个著名案例。

一个案例发生在两国军事对峙时期的公元前1321年或前1320年。这一年,埃及国王图坦哈蒙驾崩。也许是出于维护自身地位和权利的目的,图坦哈蒙的芳龄约二十岁的遗孀艾哈莎蒙②派信使送信给赫梯国王苏皮路里乌马一世,请求他送一位王子到埃及做她的丈夫和埃及国王。③ 面对埃及寡后发来的这样一封信,苏皮路里乌马一世在曾在回信中婉言谢绝,并想确认埃及王后是否对其他人也有这一提议。为了打消赫梯国王的疑虑,艾哈莎蒙再次致信苏皮路里乌马一世:"你为什么说我试图欺骗你们?如果我有一个儿子,我会用一种侮辱自己和自己国家的方式给外国君主写信吗?……我的丈夫去世了,我又没有儿子。我可能让我的一个仆人成为我的丈夫吗?我没有给任何其他国家写信,我只写给了你。人们说你有很多儿子。把你的一个儿子给我吧,这样他会成为我的丈夫和埃及的国王。"④ 将信将疑的苏皮路里乌马一世于是召集众臣商议"他从未遇见的稀罕事儿",最后决定派遣内务大臣图萨吉提前往埃及"把真相搞清楚,因为其中可能有诈,她或许有儿子"⑤。而事实上,如果不是两国处于军事对峙的非常时期,赫梯人对此是不会感到奇怪的。毕竟,他们只是送出一个未来的国王,而且联姻还会使赫梯控制一个与他们地位对等的国家。事实上,这种事情在亚洲早已有之。亚述国王阿舒尔乌巴里特通过嫁女于巴比伦国王来控制巴比伦。苏皮路里乌马一世之所以犹豫不决,主要是因为他怀疑

---

① KRIT IV, p. 37.
② V. Parker, "Zure Chronologie des Suppiluliumas I", *AoF* 29 (2002), pp. 48 – 52; J. Assmann, *Krieg und Frieden in Alten Agypten*: *Ramses II und die Schlacht bei Kadesch*, Mannheim: Boehringer Mannheim GmbH, 1983, pp. 16 – 18. 亦有学者认为给苏皮路里乌马一世写信的不是图坦卡蒙遗孀艾哈莎蒙,而是埃赫那吞的王后涅菲尔提提,但多数学者认为涅菲尔提提先于埃赫那吞去世。参见 V. Parker, "Zur Chronologie des Suppiluliumas I", *AF* 29 (2002), pp. 48 – 52。
③ R. Krauss, *Das Ende der Amarnazeit*, Hildesheim: Gerstenberg, 1978, pp. 17 – 19.
④ ANET, p. 319.
⑤ H. A. Hoffner, "Deeds of Suppiluliuma", in W. H. Hallo, K. L. Younger, eds., *The Context of Scripture*, Vol. I, Leiden: E. J. Brill, 1997, p. 190.

该计划的可行性，而非理论上无法接受。

经过多方了解和全盘考虑，苏皮路里乌马一世最后还是决定送王子吉南扎前往埃及。但正如赫梯国王担心的，吉南扎在途经迦南时被暗杀，幕后推手很可能是已获封"王储"和"国王代表"的埃及将军哈莱姆赫布。[1] 可怜的赫梯王子成为埃及国内政治斗争以及埃赫国际争霸的牺牲品。[2] 因为在埃及人看来，"入赘一个丈夫"被设想为埃及女性国王迎娶外国男性。所以赫梯王子可以入赘，然后他也必须"消失"。与亚洲公主唯一的不同是，公主是通过融入埃及后宫众多的嫔妃中而"消失"，而王子的"消失"则表现在肉体的死亡上。而在埃及最终登上王座的，既非艾哈莎蒙王后，亦非哈莱姆赫布将军，而是另一权臣阿伊。艾哈莎蒙王后此后未见于任何文献记载。[3] 为调查王子死因，苏皮路里乌马一世致信时任埃及最高统治者阿伊，强烈谴责埃及人"恩将仇报"[4]的罪恶行径，但阿伊矢口否认与该事件有任何牵连。[5] 出离愤怒的苏皮路里乌马一世最终拒绝接受阿伊的辩解与和解的建议，派遣长子率大军"攻入埃及境内并杀死埃及步兵和战车兵"[6]。然而，在将大批俘虏徙往赫梯本土的过程中，埃及俘虏中暴发瘟疫，导致赫梯官兵大批死亡。[7]

另一个案例发生在半个世纪之后的拉美西斯二世统治时期。埃及第十

---

[1] 哈莱姆赫布与图坦卡蒙没有血缘关系。哈莱姆赫布位于孟斐斯的墓室壁画和文字记载了其南征努比亚和北伐叙巴地区诸邦并将战俘献给图坦卡蒙的场景，其中一段文字称，哈莱姆赫布率军北伐时，"他的威名在赫梯人中广为传布"。参见 H. D. Schneider, "Horemheb", *OEAE* II, p. 114。

[2] E. H. Cline, "Hittites", *OEAE* II, p. 112. 也有学者认为吉南扎王子顺利抵达埃及并登上王位，埃及名字为斯蒙卡拉。参见 M. Gabolde, *D'Akhenaton a Tout-ânkhamon*, Lyon：Institut d'Archaogie et d'Histoire de l'Antiquite, 1998, pp. 187 – 189。这一观点存在着明显瑕疵或者说悖论：一是斯蒙卡拉在位时间早于图坦卡蒙，按此逻辑，给苏皮路里乌马一世写信的应该是早于埃赫那吞去世的涅菲尔提王后，而不是图坦卡蒙的遗孀艾哈莎蒙王后；二是如果吉南扎王子在赴埃及途中没有遇难，那么其父苏皮路里乌马一世针对埃及的一系列强烈谴责和军事行动就师出无名。

[3] H. Genz, "Foreign Contacts of the Hittites", in H. Genz, D. P. Mielke, eds., *Insights into Hittites History and Archaeology*, Leuven：Peeters, 2011, p. 318.

[4] T. R. Bryce, *The Kingdom of the Hittites*, Oxford and New York：Oxford University Press, 2005, p. 181.

[5] W. J. Murnane, *The Road to Kadesh: A Historical Interpretation of the Battle of King Sety I at Karnak*, Chicago：The Oriental Institute of the University of Chicago, 1990, pp. 25 – 27.

[6] A. Gotze, *Keilschrifturkunden aus Boghazkoi*, Vol. XIV, 2nd edtion, Berlin：Staatliche Museen zu Berlin, 1926, Text Nr. 8, Prayer, obv. Line 23 – 24.

[7] T. R. Bryce, *The Kingdom of the Hittites*, Oxford and New York：Oxford University Press, 2005, p. 183；I. Singer, *Hittite Prayers*, Atlanta：Society of Biblical Literature, 2002, p. 58.

九王朝国王拉美西斯二世在其在位的第三十三年，也即公元前1246年，迎娶了赫梯国王哈图什里三世和王后普图赫帕所生的嫡长女。[1] 两国这次王室联姻，可以说历经波折。在达成联姻意向后，赫梯迟迟不把公主送往埃及。为此，拉美西斯二世致信普图赫帕王后询问原因："我的妹妹[2]写信给我说'我要嫁女于你'。可你不仅没把她送来，而且对我颇有微词。请问这都是因为什么？"[3] 普图赫帕王后在回信中解释说因赫梯王宫最近突发火灾，烧毁了大量财物，特别是被哈图什里三世废黜的前任国王乌尔西·泰述布将国库中仅存的珍宝悉数奉献给了神明，这都导致她无法按时给公主备齐嫁妆。再加上当时已经进入冬季，天气的寒冷和路上的积雪也使送亲队伍无法成行。[4] 可能是担心拉美西斯二世不相信她的解释，她还别有用心地让他当面询问乌尔西·泰述布，因为这位赫梯前国王当时正在埃及政治避难。[5] 普图赫帕最后绵里藏针而又十分谦逊地恭维拉美西斯二世，认为埃及作为泱泱大国，一定不会计较嫁妆多寡这类琐事。[6] 而事实上，这位赫梯王后早把爱女的嫁妆准备齐整，除了黄金、白银、金属器皿、首饰、服装、马、牛、羊一应俱全，还有专门从赫梯喀什坎部族中精心挑选的500名训练有素的男仆。[7]

冬天过后，拉美西斯二世终于从普图赫帕的来信中获悉赫梯公主已经启程前来埃及的喜讯。他在回信中热情洋溢地写道："我收到了我的妹妹的信使带来的信，并拜读了我的妹妹——赫梯王后——情真意切的话语。赫梯国王、我的兄弟在信中谈道：'让婚礼司仪为我的女儿施以涂油之礼，让他们引导她步入埃及国王的寝宫。'我的兄弟的决策十分英明！……我们两个伟大国家从此就是一家人了！"[8] 但埃及官方文献则借用赫梯国王的陈词以一种居高临下的语气写道："我已使赫梯成为贵国的属邦；我已让

---

[1] 这位公主的赫梯名字没有流传下来，但埃及文献中保存了她的埃及名字——玛特·荷尔·奈菲茹瑞，意为"她见到了拉神的美好化身荷鲁斯"。

[2] 这里指赫梯王后普图赫帕。

[3] M. Van De Mieroop, *The Eastern Mediterranean in the Age of Ramesses II*, Malden and Oxford: Blackwell Publishing, 2007, p. 223.

[4] M. Van De Mieroop, *The Eastern Mediterranean in the Age of Ramesses II*, Malden and Oxford: Blackwell Publishing, 2007, p. 225.

[5] HDT, p. 132.

[6] T. R. Bryce, *The Kingdom of the Hittites*, Oxford and New York: Oxford University Press, 2005, p. 286.

[7] I. Singer, *The Calm before the Storm*, Atlanta: Society of Biblical Literature, 2011, p. 480.

[8] K. A. Kitchen, *Pharaoh Triumphant: The Life and Times of Ramesses II*, Warminster: Aris and Phillips, 1982, p. 85.

赫梯人铭记，在陛下面前，务要心存敬畏。"①

为了营造两国间的和平友好氛围并宣传自己地中海霸主的形象，拉美西斯二世举行了婚礼大典。②而对于哈图什里三世国王和普图赫帕王后而言，王室联姻可能给赫梯带来影响埃及政治和外交的机会，这也就是为什么普图赫帕王后在给拉美西斯二世的信中强烈要求她的女儿应该成为埃及王后而不是王妃。但是这要看赫梯公主是否能够成为埃及的王后：显然，拉美西斯二世实现了自己的政治和外交目的；而赫梯则没有如愿以偿，尽管拉美西斯二世也许在回信中没有拒绝，但实际上他并没有照办，因为有证据显示这位公主及其仆从不久就被送到拉美西斯二世的法尤姆行宫③，尽管生活起居得到埃及国库的良好保障，但并未在埃及政治生活中真正产生什么重大影响。④但不管怎样，拉美西斯二世与赫梯公主玛特·荷尔·奈菲茹瑞的婚姻佳话在埃及乃至东地中海世界广为流传，并经过不同时代背景的讲述人和编纂者的文学重构和艺术想象，形成了诸多脍炙人口的故事版本。⑤

赫梯国王哈图什里三世驾崩后，为延续两国传统友好关系，继任国王图德哈里亚四世又将另一位赫梯公主嫁给拉美西斯二世："赫梯国王为上下埃及之主、拉神之子拉美西斯二世送来马、牛、山羊、野兽等方物。赫梯公主走在送亲队伍的后面，她是远嫁到埃及的第二位赫梯公主。"⑥埃及官方文献接下来记述了埃及的迎亲队伍和赫梯送亲队伍在两国边界会合一处，"埃及与赫梯的步兵和车兵你中有我，我中有你，吃饭喝酒，其乐融融"⑦"从那天起，两个伟大国家成为一个国家，两个伟大国王成为一对

---

① KRIT II, p. 68.
② 〔埃及〕G. 莫赫塔尔主编：《非洲通史》第 2 卷，冯世则等译，中国对外翻译出版公司 1984 年版，第 77 页。
③ 该行宫位于法尤姆地区尼罗河支流约瑟夫河汇入莫斯湖之地。考古人员在出土的纸草文献中，发现在一页记录着赫梯公主各类服饰清单的碎片，应该是由埃及国库为这位远嫁的外族女子准备的。参见 B. J. Kemp, "The Harim-Palace at Medinet el-Ghurab", *ZAS* 105 (1978), pp. 122 – 124. 考古人员还发现了赫梯公主仆从的墓群，综合各方面因素，可以看出墓葬习俗仍是赫梯式的，尽管受到了埃及的影响。参见 J. Politi, "Gurob, The Papyri, and the 'Burnt Groups'", *GM* 182 (2001), pp. 108 – 110.
④ H. Genz, "Foreign Contacts of the Hittite", in H. Genz, D. P. Mielke, eds., *Insights into Hittite History and Archaeology*, Leuven: Peeters, 2011, p. 320; T. R. Bryce, *The Kingdom of the Hittites*, Oxford and New York: Oxford University Press, 2005, p. 283.
⑤ J. Wilson, "The Legend of the Possessed Princess", *ANET*, pp. 29 – 31.
⑥ KRIT II, pp. 110 – 112.
⑦ M. Liverani, *International Relations in the Ancient Near East*, 1600 – 1100 B. C., New York and Basingstoke: Palgrave Macmillan, 2001, p. 195.

兄弟"①。随后，埃及迎亲队伍和赫梯送亲队伍合二为一，共同护送赫梯公主前往埃及首都。

总之，通过上述有关王室联姻的书信和其他文献，可以看出，不论是在埃及国王的书信中，还是在埃及官方的文献中，埃及人在某种程度上承认了赫梯与本国平起平坐的兄弟之国的地位。从这个角度来看，赫梯国王哈图什里三世成功地使埃及国王放下了自视为天朝上国之主并君临天下的心态和身段。在描述赫梯与埃及的这次王室联姻时，埃及官方文献写道："赫梯大酋长带来数不胜数的赫梯方物……并将女儿嫁给拉美西斯二世。没有军队迫使他这样做，也没有战车迫使他这样做。是埃及的众神和赫梯的神明谕示他把贡品和仆从敬献给拉美西斯二世。"② 也就是说，赫梯的臣服是心甘情愿的，并不是埃及军事打击的结果，而促成这一秦晋之好的则是两国的神明。在成功联姻之后，埃及与赫梯在交往过程中，都时时处处尊重两国国王和两国之间兄弟般的平等地位。尽管赫梯主动为营造这种和谐氛围进行了不懈努力，但埃及也确实给予了积极的正面回应。王室联姻在确立两国战略同盟关系的同时，也在客观上促成了埃及人唯我独尊的传统观念或者说文化成见的悄然改变。

三 王室联姻的动机和影响

一般说来，阿玛纳时代东地中海世界各国王室的联姻是出于建立或巩固两国邦交的愿望。而从具体国家来说，侧重点又有所不同：埃及迎娶外国公主主要是为了在国际舞台上显示自己作为天朝上国的声威；巴比伦嫁出公主侧重于经济回报；赫梯、米坦尼与他国的王室联姻更多的是出于政治和军事的目的。

埃及与巴比伦、赫梯、米坦尼、叙巴地区部分城邦都曾采用过王室联姻政策。但埃及固执地坚持只娶不嫁的传统，只允许外国公主嫁到埃及，不许埃及公主下嫁他国。而一旦外国公主嫁到埃及，无论是大国公主还是小邦公主，他们都将受到同等的待遇，即被视为一种特殊的贡品，正如一封信显示的那样："酋长的贡品：一位酋长之女和所带的白银、黄金和纯天青石装饰的器物，以及 30 名仆从。"③ 就连前面提到的至少在外交场合与埃及平起平坐的东地中海世界大国之一米坦尼，其远嫁到埃及的公主塔

---

① KRIT II, p. 66; O. R. Gurney, *The Hittites*, revised edition, London: Penguin Books, 1990, p. 24.

② KRIT II, p. 66.

③ ARE II, § 447.

度赫帕连同她从国内带来的 317 名侍女，都在埃及铭文中被描述为米坦尼献给埃及的贡品。这些外国公主只能成为埃及国王的众多妃嫔之一，完全没有成为王后的机会。所以，埃及与其他国家在王室联姻上最大的跨文化冲突就是这些外国公主嫁到埃及后的实际身份和地位。巴比伦、赫梯、米坦尼等大国认为，本国公主与埃及国王在王室联姻中的地位是平等的，也就是说，她们应该成为埃及王后。所以，当他们意识到他们嫁到埃及的尊贵的公主竟然完全"消失"在一群不同出身的妃嫔之中时，常常感到气愤和不安，不断写信进行交涉。①

米坦尼、赫梯两国与埃及的王室联姻，主要出于政治和军事目的。② 图什拉塔通过发动宫廷政变登上米坦尼王位后，面临北方强邻赫梯的巨大压力，尽管米坦尼挫败了赫梯的进攻，但是为了确保国家安全，图什拉塔积极谋求通过与埃及王室联姻，以实现联合埃及抗击赫梯的既定战略；而从埃及方面来说，王室联姻有助于树立其政治大国地位和保障其叙巴地区属邦的安全。阿蒙霍特普三世驾崩后，继位的埃赫那吞为国内宗教改革所困，无法抽身应对亚洲事务，导致埃及与米坦尼曾经的友好关系日益冷淡甚至恶化，这令米坦尼国王图什拉塔十分不安，他多次给仍有影响力的埃赫那吞的母亲泰伊王太后写信，目的是恢复两国的邦交，使"你的信使与那普胡勒亚的信使照例出发……同时也愿我的妻子虞妮的信使也能照例到您那里去"③。图什拉塔强调王太后是他与埃及已故国王阿蒙霍特普三世之间个人友谊和两国友好关系的见证人，对阿蒙霍特普三世的去世深表哀悼，说自己伤心得不吃不喝，接下来他回顾了两国王室的历次联姻，特别是自己的女儿与阿蒙霍特普三世的婚姻。他一一列举了埃赫那吞即位以来两国信使往来中断等无序状况，并与此前的井然有序进行了对比，恳请王太后劝说埃赫那吞珍视两国传统友谊，确保两国沟通渠道的畅通。④ 图什拉塔的不懈努力终于有所收获，泰伊王太后让米坦尼使臣柯利亚转告图什拉塔，说埃及不会忘记两国传统友谊，也不会中断两国间的信使往来，她希望并建议图什拉塔"加深对那普胡勒亚的爱，保持对他的爱"并"持续不断地向埃及派出友好使团"⑤。或许是迫于泰伊王太后的压力，

---

① EA 1.
② J. Garstang, *The Land of the Hittites: An Account of Recent Explorations and Discoveries in Asia Minor, with Descriptions of the Hittite Monuments*, New York: E. P. Dutton, 1910, p. 328.
③ EA 26.
④ EA 28.
⑤ EA 28.

埃赫那吞一度做出改善两国关系的姿态，派遣使臣马奈带着礼物出使米坦尼。图什拉塔立即给予积极回应，表示为了两国的友谊，他不会计较埃赫那吞所曾采取的不友好举措。埃赫那吞也回复图什拉塔说："您可以像早前经常我的父亲奈布马瑞表达的爱那样，来表达对我的爱。"① 然而，尽管有诸如此类的外交辞令，但米坦尼与埃及的关系并未真正回暖，而是渐至冰点。

　　巴比伦与埃及的王室联姻，主要出于经济动机和目的。巴比伦充分利用埃及天朝上国的心态和只娶不嫁的传统，在和亲谈判中争取到了更多的物质回报和经济利益。巴比伦国王卡达什曼恩里勒三世在致埃及国王阿蒙霍特普三世的书信中说他的女儿要嫁给能送他礼物的人，埃及国王反唇相讥："也许，你的邻国首领足够富裕，你把女儿嫁给他们好了……如你需要什么东西，我也会捎给你，就如同你靠把女儿送给邻国的幸运儿一样。"② 卡达什曼恩里勒一世给埃及的最后通牒更为直白，他甚至扬言如果埃及国王在规定期限内送来黄金，就把公主嫁给他，否则就取消婚约："如果在这个收获季节，也即4月或5月，你送来了我在书信中所要的黄金，我就会把女儿许配给你。请你愉快地送来你愿意给我的黄金。如果在4月或5月，你没有送来黄金，我的工程就无法完成。如果我的工程完成了，你还有什么理由送我黄金呢？届时即使你送来3000米纳斯黄金，我也不会接受，并将退还给你，自然也不会再把女儿许配给你。"③

　　埃及迎娶外国公主是为了在世界范围内显示自己的力量，巴比伦人嫁出公主是为换取财富，而赫梯与他国王室联姻则是为政治服务的。赫梯将公主嫁给属邦国王，是为了加强自己的影响，巩固后者对自己的忠诚。与联姻有关的契约多强调了赫梯公主将会成为属邦国王的王后，而她所生之子将是当然的王位继承人："我把公主佳淑丽亚维娅送给了阿姆如国王本特什纳，让她做他的王后。鉴于她是阿姆如王后，那么我的外孙和曾外孙自然应该继承阿姆如的王位。"④ 通过王室联姻，赫梯国王更像是得到一个倒插门的女婿，而不是送走一个女儿。

　　需要注意的是，阿玛纳时代东地中海世界各国友好关系在本质上是两国国王间的友谊，王室联姻巩固的是往往主要是两国国王之间的友谊，

---

① EA 27.
② EA 1.
③ EA 4.
④ HDT, p. 96.

而非两国之间的友好关系。① 这就客观上导致一旦其中一国国王驾崩或遭废黜，两国的友谊也就不得不宣告终结了，因此需要新国王重新与原王室联姻国国王建立新的个人关系，必要时会再次王室联姻以接续传统友谊。譬如，尽管巴比伦公主也即新国王卡达什曼恩里勒二世的姐妹仍健在，但由于卡达什曼恩里勒一世国王已经驾崩，巴比伦与埃及通过王室联姻所确认的联盟关系已经事实上中止了。为接续和巩固两国友好关系，达什曼恩里勒二世遂将其女儿嫁给了阿蒙霍特普三世。米坦尼国王图什拉塔上台后，也将女儿许配给埃及国王阿蒙霍特普三世，以重新确认两国的同盟关系。

第四节　战争形态

"没有冲突就没有和平……没有战争就没有友谊。"② 在人类历史上，战争不仅"比和平发达得早"③，而且"战争本身还是一种经常的交往形式"④，"是政治交往的继续，是政治交往通过另一种手段的实现"⑤。阿玛纳时代东地中海世界的战争形态，大致由战争动机、战争类型、战前宣传、战争规则、战争模式等五个要素构成。

一　战争动机

阿玛纳时代东地中海世界的战争动机，既有征服与反征服，也有争霸与反争霸。

如果战争发生在处于中心地位的强国和处于边缘地位的弱国之间，那么，战争的动机无疑是征服与反征服。这一类战争的结局往往也是不言自明的，因为交战双方的实力是完全不对称的，交战双方所能期待的最好结果是：强势一方能够不战而屈人之兵；弱势一方能够审时度势，甘拜下风，俯首称臣。

---

① T. Bryce, *Letters of the Great Kings of the Ancient Near East: The Royal Correspondence of the Late Bronze Age*, London and New York: Routledge, 2003, p. 113.
② B. R. Foster, ed., *Before the Muses: An Anthology of Akkadian Literature*, Bethesda: CDL Press, 1993, p. 218.
③ 《马克思恩格斯全集》第46卷，人民出版社1979年版，第47页。
④ 《马克思恩格斯全集》第3卷，人民出版社1960年版，第26页。
⑤ 〔德〕克劳塞维茨：《战争论》第1卷，中国人民解放军军事科学院译，解放军出版社2004年版，第26页。

如果战争发生在两个实力相当的强国之间，那么战争的动机主要有争霸与反争霸。

这一类战争的通常是不可预知的，对于交战双方来说胜利和失败的可能是均等的。在赫梯和埃及开战之前，赫梯的属邦是这样认为的："我不知道是赫梯人能战胜敌人，还是敌人将战胜他们。"① 在赫梯与其属邦的盟约中，客观地将取得胜利视为可能取得的最好结果，并把这种可能作为前提，向支持自己的属邦做出某种承诺："如果将来伟大的国王战胜了那些敌酋们，他将给你一份加盖印玺的条约。"② 为了克服心理上的恐惧，鼓励将士的必胜信心，赫梯人会举行各种带有巫术性质的出征仪式：他们会把年轻人分成两部分，其中的一部分扮成赫梯人，另一部分扮成玛沙人，扮演赫梯人的青年人拿着青铜武器，而扮玛沙人的年轻人只能拿着芦苇做的武器，然后他们开始打仗，当然，最终结果肯定是赫梯人赢；赫梯人会用雪松和黏土制成两个小雕像，然后在雪松雕像上刻上敌人的名字，在黏土雕像上刻上本国神明或国王的名字，然后通过巫术从敌人身上"取走男子汉的气魄、勇敢的精神和强健的身体，取走他们的宝剑、战斧、弓、箭、匕首，并把他们带回赫梯；在他们的手中放上女人用的纺锤和镜子，把他们打扮成女人模样，把女人的头巾戴到他们头上，并从他们身上拿走你喜爱的东西"③。当然，埃及人也如法炮制，他们在出征前，会把刻有敌人名字的黏土人摔得粉碎。④

除了举行上述种种古朴而神秘的出征仪式之外，赫梯人还会进行专业而复杂的模拟战争操演，以便全面预判战争的可能进程和结局。而历史事实也表示，由于交战双方旗鼓相当，战争通常演变为两败俱伤的旷日持久的拉锯战和消耗战。卡代什战役的结果充分表现了这一点，尽管赫梯和埃及都宣称己方大获全胜。亚述与巴比伦之间的苏嘎嘎战役亦然，双方都宣称自己是胜利者。一份战报揭示了当时强国争霸战争的实际情形："五个月来，严寒威胁着我们的生命。我的战车破损了，我的马匹死亡了，我的军队溃散了……如果埃及国王很快赶来，我们将会失败。而如果埃及国王

---

① HDT, pp. 35, 50, 56, 98.
② HDT, p. 120.
③ M. Liverani, *International Relations in the Ancient Near East, 1600–1100 B.C.*, New York and Basingstoke: Palgrave Macmillan, 2001, p. 86.
④ 这些带有巫术性质的铭文被称为诅咒铭文。参见 W. Helck, *Die Beziehungen Agyptens zu Vorderasien im 3. und 2. Jahrtausend v. Chr.*, Wiesbaden: Harrassowitz, 1971, pp. 44–63。

没有御驾亲征,仅仅是埃及军队与我们作战,我们将会获胜。"①

而根据当时的意识形态,阿玛纳时代东地中海世界各国之间发生的局部战争都是以神明的名义进行的,而且交战双方都认为只有得到神佑,才有可能赢得胜利。从当时的壁画和浮雕上能够看到,在战斗中,神明始终护佑在国王身旁。人们看不见神明,但神明却影响着战争进程。一般来说,神明对交战双方同样具有佑护作用,但是神明会依据道义和法律以方双方的申辩来决定自己究竟应该支持那一方:正义的或正确的一方将因神佑而获胜,非正义的或不正确的一方将因神弃而失败。然而,在战争结束之前,敌对双方都不能确定自己是否会得到神佑或遭到神弃,因为神明将会根据整个战争进程中交战双方的种种表现,来最终判定自己站在哪一方。所以,早在战争正式爆发之前,争取神佑,避免神弃的论辩就已经上演了。

有关战前的论辩,在赫梯文献中表现得最为明显:赫梯人之所以会理直气壮地向对手发出挑战,是因为己方的正义性和正确性,以及对手的非正义和不正确的。譬如,赫梯国王穆尔西里二世曾在一篇铭文中写道:"我的仆人们来到你那里,当我要求他们回来时,你却扣留了他们,并且像对待小孩子一样轻视我。既然如此,那么就让我们开战吧,我的主人风暴神将决定我们之中谁是正义的和正确的!""我来到这里,但我在你的土地的边境停了下来,我将不侵略你的土地,我也不会掠走你的居民和牛羊。而你却不然,你不仅来到这里,而且侵占了丹库瓦的土地,掠走了那里的居民。因此,神明将与我同在,并判定我是正义的和正确的。"②紧接上文,穆尔西里二世炫耀是他首先采取攻势的,因为采取攻势的一方完全是师出有名,而处于守势的一方则纯属咎由自取。

在论辩过程中,正义的一方通常以回顾历史的形式,来揭露另一方的非正义性是由来已久的,当下战争也是由非正义一方挑起的。这样的论辩自然而然地把挑起战争的责任推给了对一方。一旦战争的合法性得以确立,战争的结果也就基本明了了。有时,甚至在开战之前,上天和神明的倾向性已经有所表现:一些诸如流星、日食等天文现象,以及对手超出常理的愚蠢行径,都预示着正义一方的胜利。

上述充满仪式感的战前论辩,既有人与人的论辩和神明与神明的论

---

① M. Liverani, *International Relations in the Ancient Near East, 1600 – 1100 B.C.*, New York and Basingstoke: Palgrave Macmillan, 2001, p. 101.
② AM, pp. 98 – 99.

辩,也有人与神明之间的论辩,如一篇赫梯铭文写道:"我们已经把喀什卡神传唤来,让你到这里来享用供奉,并倾听我们对你的指控。赫梯的神明从未从你那里拿走任何东西,他们也从未做过任何反对你的事情。但是你,喀什卡神,你确实挑起了战争,你从赫梯的土地上驱逐了赫梯人的神明,你把赫梯人的土地变为私有。喀什卡人内部也开始了争斗:他们从赫梯人那里夺走城市,他们把赫梯人从他们自己的土地上赶走。"

只要是正义的或正确的一方,即使看似弱小甚至是离经叛道的,也有可能战胜貌似强大甚至是名正言顺的不正义或不正确的对手,因为有神明的护佑。哈图什里三世为自己篡夺侄子乌尔西·泰述布王位的行为辩护道:"到底你是国王,还是我是国王,就让我们来到风暴神和沙姆哈的绍什伽神面前,让他们裁决吧。如果你胜出,众神将护佑你;如果我胜出,众神将支持我。""现在,既然你是至高无上的国王,而我是卑微低贱的臣僚,那么出来吧!请沙姆哈的绍什伽神和风暴神奈瑞卡做出公正的裁决。"在这里,双方博弈的结果并非由对敌双方的力量强弱来决定,而在于谁更符合道义:哈图什里三世尽管势单力薄,但他却是正义、虔诚、慷慨的化身;乌尔西·泰述布尽管贵为先王太子,但却是不正义、不虔诚、不慷慨的典型,在这里,道义决定一切,"否则神明怎会让强者屈服于弱者呢?"①

关于战争正义性或正确性等道义方面的事例不仅来自于赫梯文献,它们更多地来自于亚述文献,图库尔提尼努尔塔史诗就是比较典型的案例之一。②作为战胜者,亚述人在攻入巴比伦城后,大肆洗劫了在东地中海世界闻名遐迩的巴比伦王宫和神庙。为了替这种恶劣行径辩护,避免招致天谴,图库尔提尼努尔塔极力表明自己的正义和虔诚,而巴比伦则被推定为违誓者:首先,史诗强调巴比伦国王失信在先,他表面上看是与亚述为敌,但从根本上来说是不敬亚述的公正之神沙马什,因为该神是亚述和巴比伦条约的保卫者;其次,巴比伦国王被巴比伦自己的神明所抛弃,指出"马尔都克抛弃了其在巴比伦的居所,离开了圣城乌尔,怒气冲天的沙马什出走西帕尔和拉尔萨,埃阿也离开了埃利都"③,尽管实际上是亚述人掠走了马尔都克等巴比伦神明的雕像,并把这种渎神行为置换成了受到巴比伦神明佑护的例证;再次,亚述人宣称他们的行动缘于被伤害和激怒,

---

① M. Liverani, *International Relations in the Ancient Near East, 1600 – 1100 B. C.*, New York and Basingstoke: Palgrave Macmillan, 2001, p. 103.

② BM I, pp. 212 ff.

③ B. R. Foster, *From Distant Days: Myths, Tales, and Poetry of Ancient Mesopotamia*, Bethesda: CDL Press, 1995, p. 180.

"当我们的父辈在沙马什神面前签署条约,并以你的名义发誓遵守之……可为什么巴比伦国王对此不屑一顾呢?!他不敬神明,违背神谕,图谋不轨,在你面前犯下滔天罪行;主持正义吧,沙马什神!惩罚巴比伦国王是正义之举……下达谕令吧,把胜利带给守誓者;对于不敬神明的违誓者,应以战争消灭他及其子民。"[1] 这篇文献还补充道,巴比伦国王已经察觉到了自己被神明所抛弃,因为在战争开始之前,他就莫名其妙地突然丧失了战斗力;而当他最后不得不面对亚述大军的进攻时,他已经回天乏术,因为他对抗的是得到神佑的亚述国王和他率领的部队。

关于亚述与巴比伦之间的战争,只见于上述亚述文献,尚未发现同时期的巴比伦文献。这种现象应该是可以解释的,因为历史是由胜利者书写的,作为失败者的巴比伦人的同时代记载,即使有的话,也不可能轻易地保存下来。而后来的巴比伦文献则用大致相同的逻辑,对巴比伦遭到亚述人洗劫这一重要历史进行了以其人之道还治其人之身的追记和阐发,有理有据地将亚述国王阿舒尔尼拉瑞三世刻画成一个不虔诚的人和不敬神的人,并因而受到了神明的严厉惩罚:"阿舒尔尼拉瑞三世,图库尔提尼努尔塔一世之子,在巴比伦的罪恶行径令人发指。亚述的臣僚发动宫廷政变,废黜了图库尔提尼努尔塔一世,然后把他囚禁于牢房中,最后处死了他。"[2] 这篇巴比伦文献反映了图库尔提尼努尔塔一世死于臣属之手这一基本史实。亚述人创作图库尔提尼努尔塔一世史诗的初衷很可能是为亚述人为图库尔提尼努尔塔一世在巴比伦的行为的辩护;而巴比伦文献则要申明:亚述当时战胜巴比伦并非神明的终极裁决,随之而来的亚述国王臣属的弑君行为,才是神明假亚述国王臣属之手,对亚述国王亵渎巴比伦王宫和神庙的罪行的最后审判。

二 战争类型

从文献记录主体的主观视角和交战双方的角色来看,阿玛纳时代东地中海世界的战争类型,大体分为反击联盟者的战争和平定反叛者的战争两种。

(一)反击联盟者的战争

在古代东地中海世界,以埃及、亚述、赫梯等为代表的五大强国的周边多为实力较弱且幅员有限的城邦。它们是强国武力征服和经济掠夺的对

---

[1] BM I, pp. 215–216.
[2] ABC, p. 176.

象,同时也是战争的导火索和策源地。这不仅因为他们有限的综合国力和局促的战略纵深,更由于他们为求生存和发展而不得不采取的随机应变的政策和纵横捭阖的谋略。

亚述人受到的来自周边城邦联盟的压力在亚述国王图库尔提尼努尔塔一世的一次祈祷中被很好地表现出来了:"其他城邦联合起来对抗你,并将包围你的城市阿舒尔,他们已经聚集起来,共同对付你所任命的管理他们的官员。那些曾经得到过你帮助的城邦,现在都试图攻击你。尽管你对他们施以庇护,但他们却并不为此感谢你。这些城邦的国王注定要反叛你,他们将对你亮出他们的武器。他们已经准备就绪来反对你的城市阿舒尔。你的敌人对你怒目而视,他们已经策划用背叛来毁灭你的国家——亚述。这些城邦联合起来去攻击你,试图毁掉你的城镇。"① 这段文字是图库尔提尼努尔塔一世为了向那些拒绝接受亚述统治的城邦发起军事行动的一个借口,尽管很明显是建立在想象基础上的。事实上,扎格罗斯山地各部落受到亚述的武力威胁要远远大于他们对亚述的威胁。

一篇来自赫梯的铭文也提及了处于中心地位的大国对处于边缘地位的小国联盟的恐惧,与上面的铭文不同之处在于亚述人是对未来的忧虑,而这篇铭文却讲述了曾经发生的联合起来的城邦对赫梯的进攻。该铭文形成于哈图什里三世统治时期,铭文提到在赫梯的早期历史中,赫梯曾被敌人劫掠:喀什卡人劫掠了赫梯,并把奈纳沙作为他们的边界。低地国家阿尔扎瓦也劫掠了赫梯,并将图瓦努瓦和乌达作为他们的边界。自此,阿若纳劫掠了伽什亚的土地。阿兹劫掠了所有的高地国家,并把沙姆哈作为他们的边界。伊舒瓦劫掠了泰伽拉马的土地。阿玛塔纳也劫掠了赫梯,并把库祖瓦特纳作为他们的边界。

这种来自对城邦联盟的恐惧同样也发生在阿玛纳时代叙巴地区城邦国王身上:"我知道为了击败我,我的所有的敌人都在集结。在我孤立无援的时候我能做些什么?西顿的兹姆瑞达、阿姆如的阿兹如,以及阿瓦德人已经重新联合起来,他们已经集合战船、战车、士兵,去征服提尔。让我的君主知道已有 30 个城邦开始与我为敌,我现在孤立无援!"② 这样的文献涵盖了城邦联盟的主要特征:数量众多,机动性强,通过誓言随时都可以结盟,目的是去征服某个相对孤立和弱小的城邦。

弱小而恐惧的叙巴地区诸邦的国王们哀叹自己的孤立,因为一旦被进

---

① BM I, pp. 231 – 232.
② EA 91, EA 149, EA 283.

攻，他们就会很容易被消灭。为此，这些小邦统治者往往指望获取埃及的援手，而使自己的国家免遭倾覆的厄运。与其他国家不同，在埃及人的潜在意识中，他们并不惧怕孤立，在他们看来，不必与任何其他国家结盟，只凭埃及国王的力量就足以战胜任何敌人。所以在埃及文献中经常可以看到驾驭战车、弯弓搭箭的国王们被刻画成孤胆英雄式的"万人敌"形象。譬如阿蒙霍特普二世的一篇铭文曾描述他独自一人前往哈沙布，没有带任何随从。国王很快就回来了，16个被其俘获的玛利亚努人绑缚在他的战车旁边。而在描述战场上的国王时，埃及文献常会生动而夸张地写道："他震怒了，他挥舞右臂，冲入敌群，把成百上千的敌人斩于马下。他奋力击打蝗虫般涌上来的敌人并将他们撕成碎片。他仅凭一己之力足以克敌制胜，所以尽管敌人数量众多，但在他眼里却不值一提。"① 经常可以看到这样的场景：一方面，埃及国王，连同他的武器，即被赋予极高象征意义的战车和弓，是孤立的；另一方面埃及国王的敌人，则是由许多国家组成的联盟，他们虽人数占优，但实力很弱，命中注定不是埃及国王的对手。

在古代埃及有关战争的文献中，那些描述埃及面对多国联盟的场景随处可见。正如第十八王朝最伟大的国王图特摩斯三世的第一次远征中埃及的对手是"330个首领，每个人带着他的军队"一样，拉美西斯二世发动卡代什战役时埃及的对手是以赫梯为核心的多国联盟。在有关卡代什战役的描述中，埃及文献通过强调赫梯军队的编制序列，以及埃及国王被行动迟缓的埃及军队拖累，使此次战役成为埃及国王身陷敌阵并力挽狂澜的经典之战，尽管卡代什战役实际上是在旗鼓相当的两支大军之间展开的。而在描写对手时，则极尽贬低之能事，如刻画赫梯国王的巨大恐惧，讽刺赫梯的部队是花钱雇来的②，还故意把赫梯战车上的两名驭手写成三名。这些情节或细节旨在表明赫梯军队虽人数众多，但不过是乌合之众而已。经过上面的演绎，卡代什之战自然也就成了"以一当百"的"勇胜压倒怯懦"的战争。

在拉美西斯二世的神庙浮雕和铭文中，他独自一人摧毁整个赫梯军队成为当仁不让的主题。直至埃及与赫梯通过签订《银板条约》正式宣告双

---

① HRR, p. 33.
② 据埃及文献记载，为了和埃及对抗，赫梯甚至把纳哈瑞纳、阿尔扎瓦、达达纳、喀什卡、玛沙、皮达沙、阿拉瓦纳、卡科沙、路卡、库祖瓦特纳、卡开迈什、乌加里特、靠德、努哈什舍、卡代什等远至大海尽头的国家都联合了起来。这些国家的国王们分别率领本国的将士和战车前来参战，其数量足以覆盖整个大地。为了让这些国家用命，赫梯国王几乎把赫梯全部财富都作为佣金分发给了他们。参见 KRIT II, p. 3.

方将和平相处、永不为敌以后,这一主题的宣传仍在继续。埃及国内的这种反赫梯宣传令赫梯国王哈图什里三世十分不安,并就此向埃及提出交涉。他委婉地指出,埃及的反赫梯宣传与当前两国兄弟般的友好关系是背道而驰的。他还不无讽刺地问道:如果拉美西斯二世在战斗中果真是独自一人在作战,那么他所率领的埃及军队跑到哪里去了呢?拉美西斯二世在回信中申明他会一如既往地遵守两国签订的和平条约,但对于他是否会叫停其凭一己之力击败赫梯联军这类宣传活动则没有给出正面答复。

大约百年以后,埃及第二十王朝国王拉美西斯三世在其铭文中,继续强调敌人的联盟对埃及造成的威胁,以及埃及国王一马当先,挽狂澜于既倒的高大形象,只不过抵御利比亚人和海上民族对埃及的进犯已经是埃及国王的主要使命。铭文写道:"泰赫努人①在行动中:他们正在制造阴谋。他们在大量地聚集,包括拉布、塞普德、迈什外什,他们结成联盟,共同反对埃及。"海上民族"在制造阴谋……他们的同盟是派莱塞特、泽克、舍克莱什、德嫩赫、外舍什"②。这种大规模的陆地和海上的协同作战,共同进犯埃及的场景,如果出现在文学作品中,似乎更恰当一些。然而它确是出现在古代埃及文献中。这样的描绘自然是不符合历史事实的,它们很可能是由一系列规模不等的战役或战斗拼凑起来的。

在上述所有的一对多的战争模式的描述,实质上都是暗示了双方力量的比例是不公正的。一场公正的战争应当是一对一的。尽管数量多且结成联盟的一方声称他们团结在一起,但这却充分暴露了联盟的怯懦以及像埃及这样独自面对众敌的国家的勇敢。中亚述皇室铭文曾记载了亚述的敌人们联合起来,但最终却被亚述国王击败,获胜的亚述国王对这个敌对的联盟进行了分化瓦解。③ 而事实上,由于这些联盟通常都是临时拼凑的,因此一旦遭遇败绩,自然会作鸟兽散。

同理,敌对国家组织的联盟军队往往是由众多小国军队组成的乌合之众,所以战斗力有限。埃及国王图特摩斯三世的铭文曾说反叛的努比亚由三部分组成。赫梯文献在提到赫梯的敌人喀什卡时,总是用"他们的全部"这样的句子,以此暗示喀什卡并不单单只是喀什卡,而是以喀什卡为核心的联盟。"我的父亲在这个国家内部遇到的对手喀什卡联盟是由12个部落组成","他在胡瓦纳遇到并战胜6个部落的联盟,敌人死伤无数。他

---

① 泰赫努人,即利比亚人。
② HRR, pp. 7, 53.
③ ARE I, p. 773.

第五章　阿玛纳时代东地中海世界跨文化交流内容　197

和沙帕然达遇到并战胜另外七个部落的联盟，敌人死伤无数。"①

如果说埃及关于战争的描述青睐"以一当十"的一对多模式，那么赫梯和亚述关于战争的描绘则倾向"以少胜多"一对多模式。按照"以少胜多"的一对多模式，赫梯或亚述国王不是一个人在战斗，而是率领少数精锐部队共同迎敌。一篇描写赫梯国王苏皮路里乌马一世功业的铭文写道："早晨，我的父亲骑马从提万扎纳入城，有六辆战车拱卫着他。父亲在行进途中，与敌人遭遇，他立即投入战斗。在神助之下，他消灭了敌人。"②赫梯国王哈图什里三世的一篇铭文亦曾写道："我的兄弟穆瓦塔里二世派我去攻击喀什卡的主力部队，但却只给了我很少的部队……敌人有800辆战车和不计其数的步兵。我的兄弟穆瓦塔里二世却只给我180辆战车和少得可怜的步兵。但感谢伊什塔尔神的护佑，我以坚韧不拔的意志，大败敌军。"③亚述铭文也有类似描写："骁勇善战的库提人像天上的星星一样多，没人知道他们到底有多少人，他们背信弃义，与我为敌……我离开营地，只率领精锐部队的三分之一，与他们一起作战……我瞬间夺去敌人的生命。"④作为统帅，亚述国王当然可以任意支配所有士兵，但这篇铭文中却有意让国王只带少许士兵迎敌，一方面有利于表现国王的英明果敢，另一方面也嘲讽敌人虽然数量占优但却不堪一击。

从上面的引文，可以看出古代东地中海世界的国王们往往凭借战车来实现他的英雄壮举。这些勇敢的国王们依靠自身力量和他的战车，进行了一系列的军事征服行动。

埃及国王不仅在战斗中以一当百，英勇无敌，而他本人就负有保卫国家安全和抗击外敌侵犯的神圣职责。在埃及中王国时期，国王被喻为铜墙铁壁，这个比喻在新王国时期更为被广泛沿用。例如，图特摩斯三世被称为"他的军队的堡垒，一座铜墙铁壁"；阿蒙霍特普二世是"埃及的城墙，他的军队的保护者"；塞提一世是"伟大的铜墙铁壁，保护着他的军队"；拉美西斯二世是"保护他的军队的坚固的城墙，战争时则是他们的盾牌"；而拉美西斯三世则是"保护埃及的城墙"⑤。拉美西斯三世曾夸耀道："我

---

① H. G. Guterbock, "The Deeds of Suppiluliuma as Told by His, Mursili II", *JCS* 10 (1956), pp. 67, 75.
② H. G. Guterbock, "The Deeds of Suppiluliuma as Told by His, Mursili II", *JCS* 10 (1956), p. 76.
③ AH, pp. 10 – 11, 12 – 13.
④ RIMA I, p. 184.
⑤ HRR, pp. 15, 21, 22, 73; ARE III, p. 224; AEL II, p. 62.

已经拯救了我的军队,我已经保护了我的士兵,我的臂膀已为人们撑起了一片安全之域。"① 从上述引文可以看到,埃及国王不仅保卫着国家安全,甚至还保卫着埃及军队,正如当发现士兵们的畏战情绪后,拉美西斯二世训诫道:"你们应该知道,你们应该牢记,我就是护佑你们的铜墙铁壁!"② 另外,从埃及与叙巴地区诸邦国王们的通信中,也往往称埃及国王为保护他们的"铜墙铁壁"。

正是由于国王的保护,埃及的边境才是安全的。埃及也并不总是遭到外敌的入侵,因而埃及也不会总是笼罩在战争的氛围中。总之,国王的保护是有效的,因此,人们可以在和平安全的环境中生活。国防军可以高枕无忧,边防军亦无须提心吊胆。一切皆因国王的存在而变得宁静祥和。

(二) 平定反叛者的战争

除了在军事上坚信自身的绝对优势外,战争的发动者还必须想方设法证明自己的军事行动符合道德规范,换言之,是正义之举。为此,他们宣称其军事行动的对象是那些背信弃义者,他们咎由自取。③ 一篇赫梯文献写道:"当赫梯国王穆瓦塔里二世,我的叔叔成为国王时,阿姆如人不遵守业已签订的条约,并对他说:'我们曾是你的仆人,现在按照我们自己的意愿,我们不再是你的仆人了'。"④ 而阿姆如之所以敢于这样做,是因为得到了埃及国王拉美西斯二世的支持。在赫梯人眼中,这是不折不扣的背叛行为,出兵平定是理所当然的,从而引发了穆瓦塔里二世治下的赫梯与拉美西斯二世治下的埃及的旷日持久的激烈较量。

埃及人也有类似思想,在古代埃及语中,"敌人"与"反叛者"为同一个词。因此,在埃及文献中,埃及对外采取的所有军事行动的借口,几乎都是因为某个国家的反叛:"有人来告知陛下:'库什已经来到瓦瓦特的土地,开始一次反对埃及的叛乱。他们集合了所有游牧部落和其他土地上的反叛者'。"⑤ 有时,埃及出兵的原因仅仅是因为他们认为那些国家正在计划反叛:"有人来报告陛下:'可怜的被战胜的库什已经在他的心中计划反叛'。"⑥ 在几乎所有军事行动中,埃及出兵的目的都是相同的,即平定叛乱和重建秩序:"陛下派遣庞大的军队前往努比亚去摧毁所有那些反对

---

① HRR, p. 16.
② AEL II, p. 70.
③ ANET, pp. 354 – 355.
④ HDT, pp. 99 – 100.
⑤ KRIT III, p. 251.
⑥ KRIT IV, p. 8.

陛下的人，以及对两块土地的主人怀有敌意的人。"①

同样，亚述的王室铭文也通常把敌人称为反叛者，并进一步把这种反叛行为视为对具有法律约束力的条约的践踏。由于亚述往往会同其属邦签订条约，以明确双方的隶属关系，同时也规定了属邦对亚述应尽的纳贡等义务，因此，属邦一旦反叛，自然践踏了条约，而亚述对其进行惩戒自然是师出有名。与埃及的情形相似，在亚述文献中也有类似的案例，即亚述人以敌人正在谋划叛乱为由而断然采取了军事行动。②

埃及平定叛乱的方略有两种：一是从精神上征服叛乱者；二是从肉体上消灭叛乱者。对叛乱者采取哪种方法，则取决于叛乱对埃及的威胁程度。对那些规模很小，且未对埃及构成重大威胁的叛乱，埃及人通常在他们重新向埃及宣誓效忠后，就很快结束战争。而对于那些规模巨大，影响恶劣，对埃及造成严重威胁的叛乱，埃及人则会采取严厉的惩治措施。这一政策在埃及第二十王朝国王拉美西斯三世对利比亚人入侵的态度上得到了印证。拉美西斯三世统治时期，利比亚人的入侵成为埃及的心腹大患，严重威胁着埃及西北边界安全。拉美西斯三世于是对利比亚人实施了极端政策："利比亚人被铲除净尽，他们几乎不复存在。他们的脚已经永远停止在埃及的土地上行走。对于那些曾侵扰过我国边境之人，子嗣断绝，魂飞魄散。其部众和部众的后代将完全消失，亡族灭种是他们的宿命。"③

为了有效震慑叛乱者，平叛者对经济方面的得失不会考虑太多。因此，在这类平叛战争中，杀戮似乎比抓获俘虏更好，破坏似乎比缴获物资更好，完全毁灭似乎比有效统治更好。平叛者希望一劳永逸地解决问题，使叛乱者完全丧失东山再起的能力，成为"从未存在之人"④，于是，这些叛乱者不仅永远不会再成为平叛者讨伐的对象，甚至被从平叛者的记忆中彻底抹去。

另外，在平叛过程中，敌人，往往是首领，一旦发现大势已去，为保存实力，便会逃之夭夭，以期东山再起。他们通常都逃亡到人迹罕至的洞穴、沙漠、山区或遥远的异邦。对于平叛者而言，这种溜之大吉式的逃亡既非精神的屈服，更非肉体的消灭，只能意味着平叛尚未取得最后的胜利，因此必须"宜将剩勇追穷寇"，直到达到让叛乱者从精神上屈服或从

---

① ARE II, p. 122.
② BM I, p. 236.
③ HRR, pp. 13, 55, 72.
④ HRR, pp. 37, 43; E. Hornung, *Conceptions of God in Ancient Egypt*, Ithaca: Cornell University Press, 1982, pp. 180–181.

肉体上消灭的目的。①

从赫梯国王穆尔西里二世的起居注中可见，敌人逃进峰峦叠嶂的山中，是一个俯拾皆是的惯用表述。四面合围和切断补给是赫梯军队惯用的战略战术："我率军挺进阿瑞南达山。阿瑞南达山地势险峻，四面环水，林木茂密，怪石嶙峋。敌人已占据整座大山。由于骑马难以通过，我们只能步行进山。最后我们把他们包围在山上，并阻断了他们的补给。最后，饥饿难忍的敌人走出大山并跪倒在我的面前：'我的主人，不要杀死我们！我的主人，让我们为您效劳，请把我们带到哈图沙！'"②

在处于中心地位的大国看来，战争只是一种消灭破坏世界秩序的叛乱的行为，而那种真正的双方力量对等的战争似乎不曾发生过。因此，维护世界秩序的大国与破坏秩序的他者的力量的对比是非常悬殊的。在这些国家看来，战争犹如狩猎，而他者就相当于猎物。就如国王通过在沙漠或沼泽这类荒野捕杀大型野生动物，来展现其孔武有力一样，他们也必须通过"狩猎"异邦人来展现其威权。埃及的王权思想尤其如此，新国王登基后的规定动作之一，就是亲率大军远征反邦，以向世人昭告谁是天下霸主，从而树威立信。

类似的耀武扬威的情形，在赫梯国王哈图什里三世分别致亚述和巴比伦的年轻国王的信中也有反映。如在给巴比伦新继位国王的信中，这位赫梯国王以长者的口吻告诫亚述国王，发动惩戒性的战争不仅合乎传统，而且十分必要："我听说我的兄弟已经长大成人，并经常狩猎。我非常高兴阿达德神创造了闻名遐迩的卡达什曼·特古，我的已故兄弟之后。所以我说：'现在就行动起来，到敌人的土地上去，我乐见我的兄弟杀敌无数，捷报频传……我的兄弟，你不应久居禁宫，而应走出王城，深入敌境，战而胜之，因为他们比你的国家至少弱上三四倍。'"③

上述引文中的赫梯国王对亚述国王的告诫，极有可能有政治目的，这就是通过劝导亚述国王对其周边小邦进行战争，从而把亚述的军事行动从赫梯的势力范围中转移出去。尽管如此，赫梯国王能够向亚述国王提出这类建议，而亚述国王也予以采纳的原因，就是对边缘国家的惩戒战争是当时东地中海世界每个大国国王继位后展示威权的仪式性传统。于是，新的埃及国王或亚述国王继位之际，往往就是周边小邦被以莫须有的罪名惨遭

---

① ARE III, p. 586.
② AM, pp. 54 – 57.
③ HDT, p. 137.

欺凌甚至屠戮之时。

三 战前宣传

战争中关于正义与否的典型宣传方式，是交战一方向对方发出宣战书，谴责对方的不道德行为，而宣战则是在被侵犯或被激怒的情况下而不得不采取的行动。如一篇赫梯铭文写道："我来反对你：出来！如果你不出来，我将像制服一头熊那样制服你，你将因窒息而死。"亚述文献亦有类似表述："我们应今日作战，就像一个公正之士消灭一个邪恶之徒……愿违誓者无法反叛，愿反叛者死无葬身之地！"①

在宣战书中，战场的选择有两个，或者是对方来到宣战书发出方的领土上作战，或者是宣战书发出方来到对方领土上作战。当战场被选择在宣战书发出方的国土上时，宣战书会写道："走过来，我在这里等你！""你因何而来？如果是来战斗的，来吧！来到伟大国王的土地上。"② 当战场被选择在对方国土上时，宣战书会写道："不要动，我来了！""如果你想来反对我，我将不会在我的国土等你，我将去你的国土与你作战。"③

在很多情况下，是违誓者前往宣战书发出者的领土作战，这样违誓者也就成了进攻者，他就自然而然地失去了道义的制高点。埃兰国王曾向他的敌人发出宣战书："到这里来！让我们在杜尔·舒弗尔吉作战"，但他的对手"虽然到了埃兰，却因心中胆怯而临阵逃走了"④。赫梯国王苏皮路里乌马亦曾多次试图与米坦尼国王在战场上兵戎相见，如其在致米坦尼国王的一封信中写道："过去当我围困卡开迈什时，我袭击了城镇，我致信于你：'出来，让我们战斗！'但你没出来。现在出来吧，让我们一决雌雄！"但后者却始终固守城池，高悬免战牌。⑤

根据上述引文，便可得出战争形态的中的相对固定的宣传模式，这个模式既具有规范性，也不乏灵活性。在战争正式开始之前必须先有一个书面的宣战书，其目的是为了占据战争正义性和合理性的道德制高点，其内容和形式大多是程式化和仪式化的，如表明之所以付诸武力，实在是在没有更好的选项的情况下而不得不采取的最后手段。除去上述这些宣传性文字，这类文书也往往有一些实质内容，如确定了攻守双方、战场位置、开

---

① BM I, p. 218.
② HDT, p. 46.
③ HDT, p. 46.
④ ABC, pp. 174 – 175.
⑤ AH, pp. 22 – 25.

战时间等。需要说明的是，拒绝在开阔地作战的非英雄主义的战术，以及龟缩于堡垒中拒不出战的行为，可能会使其实施者名声变坏，但这并不被判定为破坏规则的行为。如果对手不够文明，他们完全是入侵者，这种看似违反规则的行为就具有合理性了。譬如，阿拉西亚国王就曾建议遭到海上民族入侵的乌加里特国王用坚墙将城池保护起来，将军队和战车撤回城中，加强警戒，固守待援。

宣战书仅仅是一系列外交活动中最后的和最仪式化的行为，而外交活动是为了找到一个缓解双方日趋紧张关系的途径。事实上，在有关贸易和联姻的谈判中，即使是友邦，双方也都以军事实力为后盾并将诉诸武力视为最后的手段。古代埃及也同样遵循着东地中海世界的通行规则。反映埃及第十七王朝末期埃及人和希克索斯人之间争斗的卡摩斯石碑，揭示了这一时期埃及人完全了解亚洲人的战争规则。埃及第十七王朝国王卡摩斯向埃及希克索斯王朝国王阿坡菲斯发出了挑战，但卡摩斯对阿坡菲斯是否会应战表示怀疑，因为他认为自己并没有做出任何激怒阿坡菲斯的事情。①由此可见，在整个东地中海世界，遵循约定俗成的战争规则的观念是普遍存在的。只是由于各国军事实力和道义标准有所不同，所以即使是面对同一个对手，不同国家却有着截然不同的评价，如：赫梯国王认为喀什卡是不文明的野蛮人，米坦尼人是可怕的；赫梯国王被亚述人认为可怕的，被埃及国王认为是不公正的；巴比伦国王把自己描绘成勇敢之人，但却被亚述国王视为愚蠢之人。

如果战争宣传和外交手段仍无法解决问题，双方只能在战场上相见，那么战前誓师就成为战争正式爆发前的最后规定动作。譬如，图特摩斯三世在发起米格都战役前夜谕令他的将士："你们要严阵以待，备好武器，因为明晨我们就将与可怜的敌人一决雌雄。"② 亚述国王沙尔马纳赛尔一世在尼赫瑞亚战役爆发前对其将士说："穿上你的铠甲，登上你的战车！全副武装的赫梯国王就要来了。"③

四 战争规则

与任何社会行为相同，为了使社会政治秩序最终达到稳定而非混乱的状态，战争必须遵从一些业已形成的规则。然而，战争不可避免的破坏性

---

① L. Habachi, *The Second Stela of Kamose and His Struggle against the Hyksos Ruler and His Capital*, Gluckstadt: J. J. Augustin, 1972, pp. 33 – 34, 36, 39 – 40.
② ARE II, pp. 165 – 303.
③ ARE II, p. 429.

会影响到这些规则的执行程度,尽管遵守战争规则的国家或部族被认为是文明的,而不遵守战争规则的国家和部族被认为是野蛮的。而按照当时的思维逻辑,战争的规则与战争的性质有着内在的必然联系。遵守规则的战争才是正义的,而正义的战争必然会取胜。换言之,没有正当理由的战争是不可能获得胜利的。被击败的一方要么是不懂战争规则的野蛮人,要么他们虽名义上是文明人,但在战争中却不愿遵守规则。

战争的规则总是试图把交战双方置于同一水平线上,给双方提供同等的获胜机会。胜利与否往往是由战争参与者的正义、士气、力量决定的,而带有欺骗性的战略战术则为战争规则所不容。一场公正的战争应该发生在固定的时间和确定的空间。也就是说,战争必须发生在双方都知晓的地方,这个地方应该适合军队行动,并且交战双方在彼此观察时都会有开阔的视野,后一个条件意味着战争应发生在白天。战争不应是突然或随机爆发的,而应是交战双方在约定的时间和地点列阵停当后展开的,简言之,战争的形式必须是正面交锋。

通过与不遵循规则的所谓野蛮人的战争相对比,战争规则被更加突显然出来,由此也暗示在同等条件下,不遵守规则的一方必将遭受失败的命运。野蛮人试图通过欺骗的战术来弥补他们的劣势,却越发注定了他们的失败不可避免。因为他们的劣势不是在军事上,而是在观念上,正是他们观念的邪恶导致了他们最终的结局。

与所谓不文明的战争相关联的是那些让人鄙视的不文明行为。譬如,在古代埃及人看来,那些亚洲的游牧民族"不向埃及传达战斗的日期"[①]。喀什卡部落利用暗夜从背后突然向赫梯军队发起进攻;这些喀什卡人更喜欢把山地和丛林作为战场,这给赫梯军队造成巨大困难;如果用正规战来约束他们,他们就会拒绝作战,遁入山林。[②] 与遵守规则的正规战相比,这样的战争只是为时人所不齿的游击战。

在所谓文明人的正规战和所谓野蛮人的游击战之间,还有另一种行为,这就是所谓文明国家明知战争规则但却故意反其道而行之。在青铜时代的东地中海世界,这样的战例比比皆是。譬如:在卡代什战役中赫梯国王没有向埃及传达战争开始的时间和战场的位置,他把军队隐蔽起来,并在埃及军队到来后突然发动袭击;在与赫梯大军对抗中,处于劣势的卡什提里阿什人起初试图偷袭赫梯人,但未成如愿,为避免双方之间的正规

---

① AEL I, p. 104.
② AM, pp. 132 – 133, 152 – 153.

战,卡什提里阿什人进入山区,充分利用崎岖不平的有利地形,节节阻滞赫梯人的进攻;沙图阿拉人在与亚述人的对抗中,首先抢占了水源地,然后在亚述人又渴又累时再向他们发起攻击;① 赫梯国王穆尔西里利用夜色向对手发起进攻,他也曾为了出其不意地在拂晓出击而命令部队整夜行军,只是这往往被解释为对正规战战略战术的灵活运用。②

按照当时的战争规划,战争进程通常以一种仪式化的方式渐次展开。首先,作为统帅的国王会以自己的方式发出战争开始的信号,譬如:埃及国王图特摩斯一世会射出第一箭;③ 亚述国王图库尔提尼努尔塔一世成功射杀了一名敌人,对于亚述人而言,这预示着他们将是最后的胜利者;④ 赫梯国王哈图什里三世则把整个战斗视为他本人与敌方首领之间的一对一决斗。⑤ 接着,伴随着"战斗的呐喊",战争序幕正式开启:在埃及军队中,是国王本人的呐喊;在亚述军队中,则是国王或首领与士兵一起呐喊:"去战斗!""啊,伊什塔尔神,赦免我!"⑥ 在这种"战斗的呐喊"声中,战争犹如"盛宴",统帅和将士的昂扬斗志和牺牲精神交织在一起。⑦

从战争发起方的角度来看,符合规则的战争的结果是显而易见的:进攻者战胜对手,即使对手逃跑,但终将被擒获。如果防御者负隅顽抗,那么战斗将持续一整天甚至延续到第二天,直到进攻者停止进攻。实际伤亡人数的估算是比较困难的,交战中的伤亡只是一小部分,大部分的伤亡发生于对溃逃者的追歼上。所有的伤亡似乎都在失败的一方,而持续的抵抗只能导致更大的伤亡。

关于所谓战争规则的实际运作情形,亚述国王与赫梯国王之间的书信有所揭示。譬如,赫梯国王图德哈里亚四世在致亚述国王沙尔马纳赛尔一世继任者的书信中,试图根据东地中海世界国与国之间的兄弟模式来使两国过去的关系理想化,信中写道:"他进入我的土地,或我进入他的土地,我们共享面包。"然而事情发生了变化,亚述人以并不友好的态度进入赫梯的土地。赫梯国王于是在信中开宗名义地宣称自己受到了伤害:"为什么你夺取我的盟国的土地?出来,让我们一决雌雄!如果不出来,我绝不

---

① RIMA I, p. 184.
② AM, pp. 126–9, 156–159.
③ ARE II, p. 80.
④ BM I, p. 225.
⑤ AH, pp. 12–13.
⑥ BM I, p. 225.
⑦ BM I, pp. 218, 224.

善罢甘休!"亚述国王的回答符合当时的战争逻辑,表明了自己进攻者的角色:"为什么只有你可以进攻?我将向你发起进攻!"[1] 于是,亚述军队向泰都进发。而在战斗开始之前,赫梯国王已经向亚述派出一名使者,向亚述通报他已做好战斗准备,但他准备了内容正好相反的两封书信:如果观察到亚述人战争准备不足,就递上充满敌意的挑战书;如果观察到亚述人战争准备充分,就递上表达善意的和解书。这充分反映了赫梯国王狡诈多变的性格。而赫梯使者观察到的事实是亚述人早已整装待发,随时准备迎战,于是使者呈上了表达善意的那封书信,这场迫在眉睫的战争危机不但暂时得以化解,两者还签订了和平条约,规定双方分别视对方的敌人为敌人,视对方的盟友为盟友。

尽管战争暂时得以避免,但赫梯人和亚述人对和平条约内容的理解却大相径庭。赫梯国王认为既然战火已经熄灭,那么亚述军队就应该撤回国内,但亚述国王的计划却是转而夺取赫梯的属邦尼赫瑞亚。按照赫梯国王的理解,根据刚刚签订的和平条约,既然尼赫瑞亚是赫梯的盟友,那么它也应是亚述的盟友,而不是亚述的敌人,因此,亚述觊觎尼赫瑞亚是违约行为。亚述国王沙尔马纳赛尔一世则不以为然,他在一封类似最后通牒的回信中写道:"尼赫瑞亚是我的敌人,为什么你的军队驻扎在哪里?如果你真是我的朋友,不是我的敌人,为什么你的军队要加强那里的防御?我将包围尼赫瑞亚。命令你的军队撤离尼赫瑞亚吧。"[2] 显然,赫梯人和亚述人签订的所谓和平条约只是一纸空文,因为两国之间原有的争端并未真正解决,签订和平条约不过是双方为避免过早正面对抗而采取的权宜之计。面对亚述的强硬态度,赫梯国王回复道:"我不会那样做,因为亚述的攻城部队会乘机袭击赫梯部队。"[3] 经过讨价还价,亚述国王同意将攻城部队后撤一段距离,以便赫梯军队能够安全地从尼赫瑞亚撤离。但随后沙尔马纳赛尔一世获悉图德哈里亚四世非但没有撤离,反而做好了与亚述军队在城下决一死战的准备。赫梯国王这种言而无信的行径彻底激怒了亚述国王,于是亚述国王亲率大军发起进攻并取得完胜。这封书信并不是亚述国王写给赫梯国王的,而是写给乌加里特等赫梯属邦的,其目的是向赫梯的

---

[1] M. Liverani, *International Relations in the Ancient Near East*, 1600–1100 B.C., New York and Basingstoke: Palgrave Macmillan, 2001, p.114.

[2] L. Habachi, *The Second Stela of Kamose and His Struggle against the Hyksos Ruler and His Capital*, Gluckstadt: J. J. Augustin, 1972, p.33.

[3] M. Liverani, *International Relations in the Ancient Near East*, 1600–1100 B.C., New York and Basingstoke: Palgrave Macmillan, 2001, p.114.

这些属邦宣示赫梯是战争规则的破坏者，通报亚述的胜利，进而说服这些城邦应该弃暗投明，加入亚述人主导的阵营。

五 战争模式

下面结合米格都战役和卡代什战役，大略分析一下当时的战争模式。

（一）米格都战役

哈特舍普苏特女王去世后，重掌权柄的图特摩斯三世将目光投向离心倾向日益严重的卡代什等埃及叙巴地区属邦。公元前1457年，在当时位于奥伦特斯河和约旦河两河上游的米坦尼人和阿姆如人的支持下，以同样拥有坚固城池的卡代什国王和米格都国王为盟主，并以卡代什国王的名义，向原来的宗主国埃及正式递交了挑战书："我将在米格都与你决战。"①面对来自埃及与赫梯两国缓冲地带的所谓"阿姆如之地"的埃及叙巴地区属邦的联合反叛，埃及国王图特摩斯三世决定御驾亲征，统帅10000—20000名由战车兵和步兵组成的大军深入叙巴地区平叛。

面对即将开的大战，卡代什国王联合来自叙利亚、阿拉姆、迦南等地的330个大小城邦共10000—15000人组成反埃及联军进驻米格都城。米格都地处卡梅尔山脊和地中海之间的耶兹雷尔谷地的西南边缘和埃及通往两河流域的主要贸易路线马瑞斯大道附近，军队和商旅从这里启程，向东可达幼发拉底河，向北能抵黎巴嫩，战略地位十分重要。联军判断埃及军队将从地中海低地进入基松谷地，即从埃及进入两河流域的主要路线杜泰姆—塔纳赫大路前来，因此在扼守路线的战略要地塔纳赫水域展开布防，以逸待劳。

公元前1457年，埃及与反埃联军在米格都展开决战，米格都战役也由此成为图特摩斯三世17次对外征服战争的首战，②历时约5个月，大致分为四个阶段。

第一个阶段，图特摩斯三世率部队从特伽如③出发，沿着荷鲁斯之路，经过10天行军，到达埃及在叙巴地区南部的要塞加沙。

第二个阶段，又经过11天行军，埃及大队抵达亚罕，并派出侦察兵了解战场情势。相较第一阶段，这一阶段的行军速度有所放慢，因为大军实际上已经进入反埃联军的控制地区。为确保大军侧翼安全，图特摩斯三

---

① R. O. Faulkner, "The Battle of Megiddo", *JEA* 28 (1942), pp. 2 – 15.
② ARE II, pp. 165 – 303.
③ 希腊语称"特伽如"为"塞勒"（"Sile"）。

世命令翟胡提将军率领一支部队奔袭伽发并攻占了那里的要塞。

第三个阶段，为确定进攻米格都的行军路线，图特摩斯三世在亚罕主持了军事会议，否决了将军们走传统行军路线——途经塔纳赫和耶兹雷尔谷地的南部通道，以及途经泽弗提和尤克纳姆的北部通道——直抵预设战场的建议，① 而是根据侦察兵的报告，决定走悬崖林立且狭窄难行的阿如纳峡谷。② 图特摩斯三世让步兵和轻骑兵沿着山脚行进，以的骑兵，即众所周知的骑兵在山边行进，为迷惑反埃联军可能派出的侦察兵，而他则亲率主力战车部队经过3天的急行军，出其不意地出现在兵力空虚的米格都城下。而反观反埃联军，由于拘泥于当时的传统战争规则，早已将主力部队分别摆在通往米格都的南部通道和北部通道，准备正面迎击本应沿着这两个通道前来的埃及军队，而恰恰忽视了阿如纳峡谷这一通道。面对埃及人的灵活战术，反埃联军不得不重新调整部署，紧急将远在南北两条通道设防的主力部队调回米格都，依托身后的坚固城池以及周边的溪流、山坡重新排兵布阵。③

第四个阶段，图特摩斯三世将埃及大军分成三个军团，北部军队作为后备力量部署在米格都西北部，南部军队部署在耆纳河以南的高地上，他本人则统率中部军团部署的米格都城正面。决战前夜，为防敌人偷袭，埃及大军枕戈待旦。公元前1457年4月16日清晨，头戴蓝色王冠的图特摩斯三世站在金色战车上，指挥埃及大军向反埃联军发起攻击。一篇埃及铭文对此有生动描写："国王披坚执锐，御驾亲征，势如烈焰，横扫敌阵……国王夺取敌人的黄金战车，飞身跃上敌人的战马，让不羁的战马驯服于他手中的缰绳。"④ 首次正面交锋失利后，反埃联军大部退回米格都城内坚守不出。这篇铭文还记载了当时的一些细节：为了活命，距离城池较近的反埃联军士兵争先恐后地退至城内并关上城门，然后通过城墙上垂下来的绳索等将城外的士兵和战车拖拽至城内。与此同时，埃及士兵却只顾着捡拾反埃联军丢弃的战利品，而没有乘胜追歼敌人的有生力量于城前，导致包括卡代什国王和米格都国王在内的反埃联军残余力量在米格都城内重新集结，从而坐失了一鼓作气拿下米格都城的最佳战机。在这种情况

---

① ANET, p. 234.
② ARE II, § 422.
③ R. O. Faulkner, "The Battle of Megiddo", *JEA* 28 (1942), p. 12, map II; A. Spalinger, *Aspects of the Military Documents of the Ancient Egyptians*, New Haven: Yale University Press, 1982, pp. 136 - 137.
④ ARE II, pp. 165 - 303.

下，图特摩斯三世在米格都城外掘壕筑栅，严防城内敌人突围，终于在5个月后迫使敌军缴械投降。

占领米格都后，埃及大军又乘胜向北进军约75英里，深入今黎巴嫩境内，占领三座城池，同时构筑一座堡垒，然后携带大量战利品[①]班师尼罗河三角洲，再溯尼罗河而上凯旋首都底比斯。米格都战役极大地增强了埃及在叙巴地区的影响力和威慑力，在图特摩斯三世接下来的统治时期内，叙巴地区城邦可以是说唯埃及马首是瞻，尽管出于某种原因，图特摩斯三世在其统治的第八年放弃了米格都城。

（二）卡代什战役

在米格都战役结束约两个世纪后，一场在古代东地中海世界战争史更为有名的战役爆发，这便是卡代什战役。[②]

卡代什城沿奥伦特斯河建造，于埃及第十八王朝图特摩斯四世统治时期并入埃及帝国版图，但在埃及第十八王朝末期成为赫梯势力范围的南缘。埃及第十九王朝国王塞提一世继位不久，成功从赫梯手中收复了卡代什，并与赫梯签订了边境条约。[③] 塞提一世统治后期，卡代什再次被赫梯控制，埃及在叙巴地区的势力范围退缩至卡代什之南。[④]

公元前1279年，埃及第十九王朝国王拉美西斯二世甫一继位，即开始着手准备收复卡代什。[⑤] 公元前1275年，拉美西斯二世率领大军经略

[①] 据埃及文献记载，这些战利品包括340名战俘、2041匹马、191匹小马驹、6匹种马、924辆战车、200套盔甲、502把弓、1929头牛、22500只羊，以及米格都国王的御用盔甲、战车和帐篷。参见 E. H. Cline, *The Battles of Armageddon: Megiddo and the Jezreel Valley from the Bronze Age to the Nuclear Age*, Ann Arbor: University of Michigan Press, 2010, p. 22。

[②] 关于卡代什战役的发起时间，也即拉美西斯二世执政的第五年，一般有高时段、中时段、低时段三种观点，分别对应公元前1300年、公元前1286年、公元前1274年。参见 BAR III, p. 317; D. B. Redford, *Egypt, Canaan, and Israel in Ancient Times*, Princeton: Princeton University Press, 1992, p. 104; C. Kuentz, *La Bataille de Qadech: Les Textes*, Cairo: Institut Francais d'Archeologie Orientale, 1928, pp. 57 – 65。本书采用低时段时间，即公元前1274年。

[③] 塞提一世收复卡代什后，曾就地竖立一块花岗岩纪功碑，该碑后被赫梯人作为战利品带回首都哈图沙。参见 G. D. Mumford, "Mediterranean Area", *OEAE* II, p. 365。

[④] R. O. Faulkner, "Egypt: From the Inception of the 19th Dynasty to the Death of Ramesses III", CAH II/2, pp. 217 – 251; A. Spalinger, "The Northern Wars of Seti I: An Integrative Study", *JARCE* 16 (1979), pp. 29 – 47。

[⑤] L. Bell, "Conflict and Reconciliation in the Ancient East: The Clash of Egyptian and Hittite Chariots in Syria, and the World's First Peace Treaty between 'Superpowers'", in K. A. Raaflaub, ed., *War and Peace in the Ancient World*, Malden and Oxford: Blackwell Publishing, 2007, p. 105。

叙巴地区,迫使早前归顺赫梯的阿姆如转而向埃及称臣纳贡。① 这次军事行为可视为卡代什战役的揭幕战,因为对拉美西斯二世而言,其真正目标是彻底战胜赫梯军队,从而收复埃及在叙巴地区的全部失地。② 为此,拉美西斯二世专门在尼罗河三角洲东部营造了新都培·拉美西斯,厉兵秣马。③ 而对于穆瓦塔里二世来说,赫梯对于阿姆如、卡代什等叙巴城邦的宗主地位不容挑战,为了做好迎战埃及军队的各项准备,他甚至把都市迁至毗邻叙巴地区的达尔胡塔萨。④ 两位国王都认为决定两国国运的一场大决战已经在所难免,并将其视为给予对方致命一击的绝佳机会。⑤

公元前1274年夏季第二个月第九天,也即公元前1274年5月12日,拉美西斯二世御驾亲征,誓师北伐,浩浩荡荡的埃及大军从特杰尔要塞启程,越过埃及本土边界,沿地中海东岸向加沙进发,目标锁定战略要地卡代什城。据《卡代什战役颂诗》等文献记载,卡代什战役参战人数多达50000人,其中埃及军队约20000人,分为阿蒙军团、拉军团、普塔军团和塞特军团,每个军团约5000人,由坐镇阿蒙军团的拉美西斯二世统一指挥。⑥ 此外,拉美西斯二世还在阿姆如留下一支可能由埃及人与迦南雇佣军共同组建的奈林军团,任务是前往救援被反埃联军围困的埃及要塞苏穆尔,这支未列入战斗序列的部队后来成为影响整个战争进程和结果的关键因素。再一个需要提及的就是由作为海上民族一支的舍尔登人组成的雇佣兵首次出现在埃及军队中。

赫梯联军由赫梯军队与哈梯、那哈林、阿尔扎瓦、庇塔萨、达丹尼亚、马萨、卡尔基萨、卡开迈什、靠德、卡代什、乌加里特、穆沙纳特、卡什卡、卢卡、库祖瓦特纳、努哈什舍、阿拉瓦纳、哈拉波、伊内萨19个叙利亚北部和小亚城邦军队以及赫梯的沙苏部落雇佣兵组成,共47500

---

① K. A. Kitchen, *Pharaoh Triumphant: The Life and Times of Ramesses II*, Warminster: Aris and Phillips, 1982, pp. 240 – 241.
② A. J. Spalinger, *War in Ancient Egypt: The New Kingdom*, Malden and Oxford: Blackwell Publishing, 2005, p. 209.
③ G. D. Mumford, "Mediterranean Area", *OEAE* II, p. 365; K. A. Kitchen, "Ramesses II", *OEAE* III, p. 116.
④ 达尔胡塔萨的具体位置至今不详。参见 M. Van de Mieroop, *The Eastern Mediterranean in the Age of Ramesses II*, Malden and Oxford: Blackwell Publishing, 2007, p. 38。
⑤ H. Genz, "Foreign Contacts of the Hittites", in H. Henz, D. P. Mielke, eds., *Insights into Hittite History and Archaeology*, Leuven: Peeters, 2011, p. 311; R. Beal, *The Organisation of the Hittite Military*, Heidelberg: Universitatsverlag Winter, 1992, p. 296.
⑥ E. H. Cline, "Hittites", *OEAE* II, p. 113.

人，其中步兵37000人，骑兵3500人，战车2500辆，主要战略目标是收复阿姆如。① 在赫梯国王穆瓦塔里二世统一指挥下，联军部队部署于卡代什城东以逸待劳。

吸取米格都战役失利的惨痛教训，赫梯国王穆瓦塔里二世不再拘泥于两军到达战场次日才能开战、进攻方应采取攻势而防御方应采取守势、交战双方只能正面攻防而不许侧面偷袭等一套传统战争规则，而是以其人之道，还治其人之身，充分地运用了兵不厌诈和先发制人的战略战术。②

据埃及文献《卡代什战役颂诗》记载，经过约一个月的艰苦行军后，埃及部队进抵卡代什城以南地处奥伦特斯河畔的沙布图纳城。在这里，埃及人"俘获"了两名自称是被赫梯人强迫充军的沙苏人，而他们的实际身份是赫梯国王派出的间谍。他们谎称是受沙苏人酋长之命来向埃及国王报告赫梯联军的虚实和位置，说"注定失败的赫梯国王因畏惧埃及国王，所以逗留在图尼普北部的哈拉波，不敢向南进兵"③。根据这一假情报，拉美西斯二世错误地判定赫梯联军尚未抵近卡代什城。为了抓住战机和占据卡代什城西的有利地形，他率领阿蒙军团担任前锋，先行涉渡奥伦特斯河，拉军团紧随其后，但普塔军团和塞特军团却被甩在了后面，距离卡代什城仍有数十千米之遥。阿蒙军团在卡代什城西安营扎寨，但他们很快从新俘虏的赫梯侦察兵口中吃惊地得知，联军的"装备有步兵和战车，人数如海滩上沙子一样多，正在卡代什老城背后严阵以待"④，并非远在哈拉波。意识到了上了赫梯人当的拉美西斯二世一边指挥阿蒙军团准备迎敌，一边派人传令跟进的拉军团以及更后面的普塔军团和塞特军团火速来援。然而就在此时，穆瓦塔里二世亲率赫梯联军的战车和步兵突然从卡代什城东北方向杀出，将正在向阿蒙军团靠拢的以步兵为主体的拉军团拦腰斩断，并分头击破。之后又凭借联军战车良好的机动性，顺势包围了拉美西斯二世所在的阿蒙军团的营寨。埃及王室铭文描述深陷重围的拉美西斯二世"如同塞特神，伟岸强健，冲锋陷阵，右手射箭，左手擒敌"⑤，而敌人则"像鳄

---

① KRIT II, pp. 102 – 124; J. A. Wilson, "The Texts of the Battle of Kadesh", AJSLL 43 (1972), pp. 278 – 281; E. H. Cline, "Hittites", OEAE II, p. 113.
② KRIT II, p. 3; ARE III, §§ 305 – 327; AEL II, pp. 57 – 72.
③ ARE III, p. 144; M. Van De Mieroop, The Eastern Mediterrannean in the Age of Ramesses II, Malden and Oxford: Blackwell Publishing, 2007, p. 40.
④ A. J. Spalinger, War in Ancient Egypt: The New Kingdom, Malden and Oxford: Blackwell Publishing, 2005, pp. 210 – 211.
⑤ ARE III, p. 147.

鱼一般窜入水中逃命"①。

然而,就在两军鏖战正酣之际,原本正在执行拯救苏穆尔任务的奈林军团恰巧途经战场西侧,遂立即加入战斗序列。② 随后,普塔军团也终于赶到战场并对赫梯军队的侧后形成威胁。面对风云突变的战场态势,赫梯联军尽管仍占据着天时地利,但由于一时间无法判断敌方虚实,不得不减弱了进攻强度,随后开始打扫战场,收拢埃及军队遗弃的大量装备和物质。③ 利用这一喘息之机,拉美西斯二世重新集结部队并实施有秩序的撤退,而同样遭受不少人员和物质损失的赫梯军队在跟踪追击至大马士革附近后,也停了下来。④

战役的实际结局是赫梯不仅成功守住了卡代什城,迫使来犯的埃及军队无功而返并被迫放弃了刚刚收复的阿姆如等战略要地,两国在叙巴地区的势力范围重新回到了赫梯国王苏皮路里乌马一世时代的状态。为了掩饰未能达成战略目标的真相,埃及官方的《卡代什战役颂诗》宣称赫梯国王主动求和,表示"和平好于战争,请您赐我生命的气息"⑤,"埃及的土地和赫梯的土地全都属于您,这些土地上的人都臣服于您"⑥。拉美西斯二世还通过刻在卢克索神庙、拉美西尤姆神庙、阿布·辛贝勒神庙的浮雕上对战役场景进行了大肆宣扬和生动描绘。⑦ 如有一组画面显示,哈拉波城邦国王塔勒米沙如马——赫梯国王苏皮路里乌马一世之孙——在仓皇逃命中不慎落入奥伦特河,部下们费了九牛二虎之力才把他救上岸,然后不得不把他倒吊起来,以便将腹中的水控出来。当然,这些浮雕也提供了一些真实的历史信息,如可以非常直观地看出埃及军队编制分为步兵部队与战车部队。步兵部队主要配备有矛、斧、刀、弓箭、盾牌等攻防武器,战车部队主要配备短剑、弓箭、盾牌等攻防装备。而据上述有关文献提供的数据

---

① T. R. Bryce, *The Kingdom of Hittites*, Oxford and New York: Oxford University Press, 2005, p. 238.
② O. R. Gurney, *The Hittites*, Baltimore: Penguin Books, 1966, p. 110.
③ E. H. Cline, "Hittites", *OEAE* II, p. 113.
④ R. Burns, *Damascus: A History*, London: Routledge, 2005, pp. 5 - 6. "大马士革"一词最早出现在公元前15世纪古埃及新王国国王图特摩斯三世的地名册中。参见 J. Simons, *Handbook for the Study of Egyptian Topographical Lists relating to Western Asia*, Leiden: E. J. Brill, 1937, List I, 13; Y. Aharoni, *The Land of the Bible: A Historical Geography*, Philadelphia: Westminster Press, 1967, p. 147, No. 13。
⑤ T. R. Bryce, *The Kingdom of Hittites*, Oxford and New York: Oxford University Press, 2005, p. 238.
⑥ ARE III, p. 184.
⑦ B. G. Ockinga, "On the Interpretation of the Kedesh Record", *Cd'E* 62 (1987), p. 38.

粗略估计，当时埃及战车与步兵的比例约为1∶100，即1辆战车配100名步兵。

最后需要强调的是，情报战成为决定卡代什战役进程和结果的关键因素之一。譬如，赫梯人先是通过沙苏人向埃及提供假情报这一神来之笔，诱使埃及国王轻敌冒进，陷入重围，从而在战役初期赢得了战场的主动权。譬如，埃及奈林军团的意外出现显然超出了赫梯的情报掌控范围，赫梯军队指挥首脑因此迟疑不决，从而丧失了一举全歼阿蒙军团和拉军团甚至生擒埃及国王的最佳时机。再譬如，埃及国王根据关键时刻搜集到的敌方情报所进行的部署调整，使普塔军团的驰援成为可能，该军团与奈林军团东西并进，成功与阿蒙军队和拉军团会师，从而扭转了十分被动的战场格局。

第五节 宗教思想

神话是远古人类表现对自然和文化现象的理解与想象的故事，而宗教是人类社会发展到一定历史阶段出现的一种文化现象，属于特殊意识形态。宗教神话是宗教在发展过程中吸收神话人物故事而形成的传说，也属于特殊意识形态体现方式。公元前4千纪，由苏美尔城邦发端，古代东地中海世界出现了诸多版本的宗教神话。研究各文明单元宗教神话之间的差异与融通，是东地中海世界跨文化交流的不可或缺的重要内容之一。

一 古代两河流域宗教思想及其传播

（一）创世神话

"宗教是古代两河流域人理解自然、社会及其自身的思想纲领；宗教支配着和鼓励着其他的一切文化表现和人类行为。"[①] 而创世神话是人类宗教思想的重要载体之一，通常指关于万物起源的神话，包括天地开辟、人类起源、文明发端、万物肇始等内容。古代两河流域的宗教是一种自然崇拜和多神崇拜的宗教，其宗教思想集中反映在两河流域的创世神话中。而在不同的历史时期，古代两河流域创世神话的主角又有所不同。

现存最早的古代两河流域的神谱是整理于公元前26世纪的版本，其

---

① 〔美〕马文·佩里主编：《西方文明史》上卷，胡万里等译，商务印书馆1993年版，第17页。

第五章　阿玛纳时代东地中海世界跨文化交流内容　213

中共包括560位神明。因为神谱完成时期正处于苏美尔城邦时期，所以神的名字都是苏美尔语。苏美尔人关于开天辟地的神话并没有完整的版本流传下来，但与开天辟地相关的信息片断可以从其他的神话和赞美诗中找到蛛丝马迹。譬如，苏美尔神话《吉尔伽美什、恩吉都与冥府》主要讲述恩吉都下冥府寻找吉尔伽美什的两件礼品的故事，故事开篇即写道："当天空从大地升起、大地与天空分离之际，亦即当人类的名字确定之时，天神安努带走了天空，空气神恩利尔带走了大地。"① 上述神话内容表明，天空和大地最初是合在一起的，在天地分离时，天神安努带走了天空，空气神恩利尔带走了大地。天神安努和空气神恩利尔显然是这一天地开辟神话版本的主角。而在赞颂恩利尔和他那把屡建奇功的锄头的赞美诗《锄之歌》中，开天辟地的主角又换成了恩利尔："他不仅让世界从一开始就五形俱全，而且为了人类的繁衍，马上将天地分开。"②

苏美尔人关于人类起源神话的信息片断也能找到一些。譬如，《锄之歌》写道："在'人类长出的地方'，他挥锄工作，把元初的人类模型放到砖模里，人类于是破土而出，并走向恩利尔。"③ 而苏美尔人的洪水神话中则提到："安努、恩利尔、宁胡尔萨格创造出黑头发的人类后，动物也被创造出来，各种各样的四足动物使大地生机勃勃。"④ 在这个版本的人类起源神话中，人类是由安努、恩利尔、宁胡尔萨格三位大神创造的，尽管没有详细介绍创造人类的方式。苏美尔创世神话主角的多样性和内容的复杂性，是与苏美尔城邦林立的时代背景分不开的。

（二）来世神话

古代两河流域来世神话反映了两河流域宗教思想中的来世观。创世神话与来世神话共同构成了一套较为完整的宗教思想：神明统治着宇宙和宇宙间的一切，率土之滨，莫非神土；人类的生命是由神明创造并为神明服

---

① D. Wolkstein, S. N. Kramer, *Inanna*: *Queen of Heaven and Earth*, New York: Harper and Row, 1983, p. 4.
② M. Civil, "Review of CT 44", *JNES* 28 (1969), p. 70.
③ M. Civil, "Review of CT 44", *JNES* 28 (1969), p. 70.
④ M. Civil, "The Sumerian Flood Story", in W. G. Lambert, A. R. Millard, eds., *Atra-Hasis*: *The Babylonian Story of the Flood*, Winona Lake: Eisenbrauns, 1999, p. 141. "宁胡尔萨格"名字的含义为"森林之山的女主宰"，源自苏美尔语"NIN"（"女主宰或女王"）和"HAR. SAG"（"圣山、山麓"）。她还有很多名字，如"伟大的女王"宁玛赫、"分娩女主宰"宁图、"神母"玛玛或玛米、阿鲁鲁、"众神的女主宰"贝莱特·伊莉等。作为恩基的妻子和配偶，她也被称为"忠诚的妻子"达姆伽尔努娜或达姆金娜。她有很多头衔，包括"沙斯苏鲁"或"子宫女神""众神的接生婆"塔布苏特·伊莉、"所有孩子的母亲"、"众神之母"。

务的；人类无法永生，死亡命中注定；人生的价值在于追求名誉和为神明服务；人类的亡灵都要进入冥界，那里阴森恐怖，不值得向往。

史前以至文明的数千年历史时期，宗教在古代两河流域文明进程中一直占有支配地位，独立的祭司阶层担负着编撰和传播宗教教义的文化使命，他们借助神话、史诗等宗教文学方式深刻回答了生命从何而来以及生命的意义是什么的重大命题，消解了人们的精神困惑。

生命的由来及意义命题是由一系列创世神话和史诗给予解答的，其中反映出来的生命信仰有：人类生命是由神灵创造出来并为神灵服务的；人类与生俱来就没有永生的希望；生命的全部意义在于追求名誉和为神服务。

人类是由神灵创造出来并为神灵服务的，这是古代两河流域宗教中的基本教义，揭示这个生命信仰的神话有苏美尔神话《畜牧神与谷物神的争论》《恩基与宁胡尔萨格》和阿卡德神话《阿特拉哈西斯》。

《畜牧神与谷物神的争论》神话保留在尼普尔书吏学校的文学目录中，编撰时间为公元前20世纪，说明该神话当时已经家喻户晓。神话讲述天神安努创造出"安努那基"众神后，众神日子过得颇为清苦艰辛：他们起初没有衣服穿，没有谷物吃，只能啃树皮饮生水；随着畜牧神拉哈尔、谷物神阿什南被创造出来，吃穿不愁了；但众神应高兴不起来，因为羊圈里的繁重劳作令他们难以忍受，于是他们创造出人类代其服役。[①]

《恩基与宁胡尔萨格》神话刻写在尼普尔出土的6块泥板上，时间为公元前两千纪早期。神话叙述人类被神用泥土混合血创造出来的全过程，目的是用人类代替众神承担劳役。神话开始叙述了神明获取面包的艰辛和不易，尤其是女性神明诞生以后。众神恳求水神也即智慧之神恩基能想出解决之法。恩基之母大瀛海女神手捧众神的眼泪将儿子从床上唤醒，于是恩基和生育女神宁胡尔萨格共同把人类创造出来。[②]

神明创造出人类并为神服务的宗教观念在阿卡德神话《阿特拉哈西斯》中有更生动详细的描写。该神话的古巴比伦版本可上溯至公元前1635年。神话开篇写道："神明负担沉重，工作异常艰苦，麻烦越来越多，安努那基众神让小神负担7倍的重担，他们昼夜不息地背负土筐，开挖运河，清理淤泥。面对这永无止境的繁重劳役，他们痛苦呻吟，怨声载道。终于其中一个神明站出来号召大家向众神之王恩利尔请愿，于是大家销毁

[①] S. N. Kramer, *Sumerian Mythology*, Philadelphia: University of Pennsylvania Press, 1972, p. 53.

[②] S. N. Kramer, *Sumerian Mythology*, Philadelphia: University of Pennsylvania Press, 1972, p. 54.

铲子等工具,进而包围恩利尔的居所";面对诸神的暴动,众神之王恩利尔火速向众神之父天神安努禀报并请求应对之策。在水神也即智慧之神恩基的提议下,安努放弃严惩暴动诸神的念头,转而决定杀死其中一个叫戈什图①的暴动者,然后用他的血和黏土制成人类器官,再由神明们排队向这些部件吐口水,最后由恩基和生育女神贝莱特·伊莉将把其放进"生命之屋",由生育女神在那里进行组装,人类由此诞生。②同时由于人的血管里流淌着神的血液,因而人与神在某种程度上是相通的,有求于神时,神就会出手相助,"这也是为什么占卜在两河流域非常盛行的原因之一"③。

  人类与生俱来就没有永生希望,生命的全部意义在于追求名誉和为神服务,这是古代两河流域宗教中生命信仰的另一个重要内容,反映这种信仰的有史诗《吉尔伽美什》和神话《阿达帕》两部宗教文献。

  史诗《吉尔伽美什》最早是由五篇独立的苏美尔语版本的诗歌组成,在公元前20世纪之后被用阿卡德语整合为一个完整的故事。其中一篇是《吉尔伽美什与胡巴巴》。故事说当吉尔伽美什的朋友恩基都反对他冒险去杉树林杀死魔怪胡巴巴时,吉尔伽美什说:"恩基都啊,哪个人能上天堂?只有神明方能如荣耀的太阳神沙马什一样永生,对我们人而言,生命有限,我们拥有的一切就如阵风那般短促。既然人固有一死,那么我要进山做出留名青史的伟业;能让人永载史册之地,我定要前往;不能让人流芳百世之地,我也定要与神一样无人不晓!"后来,朋友恩基都之死对吉尔伽美什触动极大,在悲伤之余,他决心要找到让人长生不死之药,于是开始了漫长艰辛的旅程。当他到达大海之滨,遇见了一个神奇的卖酒妇人思·杜瑞④,当她得知吉尔伽美什此行的目的时说:"吉尔伽美什,你想到哪里去呢?你是永远不可能找到生命之草的,因为是众神掌握着人类的生死大权,而当众神创造人类的同时,也赋予人类以死亡之宿命。吉尔伽美什,你还是先填饱肚子吧,日复一日,高高兴兴,每天都像过节一样,沐浴更衣,从早到晚,纵情享乐,珍视牵拉你手的孩童,拥抱妻子并让她永远幸福;这就是人生的全部意义。"然而吉尔伽美什不为所动,继续前行,终

---

① "戈什图"的原义为"耳朵"和"智慧"。
② S. Dalley, *Myths from Mesopotamia: Creation, the Flood, Gilgamesh, and Others*, Oxford and New York: Oxford University Press, 1989, p. 8.
③ 欧阳晓莉:《德国慕尼黑大学教授 D. O. Edzard 在北大讲学》,《世界历史》2000 年第 1 期,第 126 页。
④ "思·杜瑞",原义为"她永生"。

于找到祖先——已入神籍的乌特·那皮什提姆①，他告诉吉尔伽美什在大海深处有一种药草，人吃了可长生不死。吉尔伽美什想方设法潜入海底终于拿到药草，然而，当其沐浴时，一条潜入的蛇乘机偷吃了药草并"返老还童"了，绝望的吉尔伽美什只好落寞地返回乌鲁克。② 长篇叙事史诗《吉尔伽美什》通过吉尔伽美什虽历经艰难万险，但终未得到长生不死之药的情节跌宕起伏人悲剧故事，深刻揭示了死亡是不可避免的；永生是无法实现的；名垂青史是生命的最高价值。③

人类虽然对神明尽心尽力，竭诚供奉，但为何不能像神明那样永生，除了上述《吉尔伽美什》史诗给出的神明在创造人类的同时就赋予人类死亡的解释之外，古代两河流域的人们还创作了神话《阿达帕》来寻找答案，那就是并非神明吝啬无情，而是因为人类与生俱来的盲从和愚蠢，结果聪明反被聪明误，使自己痛失了神赐的永生机会。

《阿达帕》神话的主要版本源自阿玛纳泥板文书以及公元前7世纪的亚述巴尼拔图书馆的泥板残片。该神话叙述说，埃利都的贤明国王阿达帕用诅咒折断了南风神的翅膀，一连七天七夜大地不见南风吹拂，这引起了天神安努的惊恐，遂派天使者带阿达帕到天庭受审。为了不让殷勤虔诚的阿达帕遭受天庭的惩罚，阿达帕的保护神——智慧之神恩基面授机宜：在去天庭的途中要身穿麻衣，面带悲伤；当天庭的门神杜姆兹和吉兹达问他为何如此装束时，就说因为人间有两位神明死去了；当他们再问两位神明是谁时，就报出这两个神明的名字；当安努给他拿来死亡之水和死亡之食时，千万不要接受，如果安努拿来袍子和膏油，就一定穿上和涂上。后来，阿达帕首先按照恩基的授意回答了两位天门守护神询问，这两位神明对他的回答非常满意，并在安努责问阿达帕为何折断南风神翅膀时异口同声为阿达帕开脱，从而平息了天神的怒气，安努反而认为阿达帕做得不无道理；为了酬答阿达帕的殷勤和虔诚，天神给阿达帕拿来能够永生的生命之水和生命之食，但阿达帕拒绝接受；天神又给阿达帕拿来袍子和膏油，阿达帕却穿上袍子并把油涂在身上。安努力对阿达帕的举止颇为不解，于

---

① "乌特·那皮什提姆"，原义为"他找到生命"。
② N. K. Sandars, *The Epic of Gilgamesh*, London: Penguin Books, 1972, p. 102.
③ 吉尔伽美什本是公元前3千纪初期乌鲁克城邦的国王，是一个真实的历史人物，后来被演绎成神话和文学作品中的人物形象。吉尔伽美什史诗已被人们遗忘了3000年之久。从19世纪80年代开始，亚述学家从语言学和文字学入手，逐渐使它"复活"了，从这个意义上讲，吉尔伽美什"获得永生的愿望最终实现了"。参见〔德〕狄兹·奥托·爱扎德《吉尔伽美什史诗的流传演变》，拱玉书、欧阳晓莉、毕波译，《国外文学》2000年第1期，第60页。

是问道:"阿达帕,你为何不吃不喝?难道你不想永生吗?"阿达帕告诉安努是恩基教导他这样做的,天神闻毕,忍俊不禁,于是将阿达帕送回大地,阿达帕和人类也因此永远失去了获得永生的机会。①

上述介绍的古代两河流域的神话和史诗,集中反映了由于受不安全的自然和人文环境的影响,两河流域的神明们大多凶险难测,其神话所表现的世界往往充满混乱、冲突和不确定。这正如马克思所言:"宗教里的苦难既是现实的苦难的表现,又是对这种现实的苦难的抗议。宗教是被压迫生灵的叹息。"②

两河流域人们的创世观和来世观决定了他们的人生观。因为不相信有来世,即使相信有冥界的存在,那里也是一个阴森恐怖的地下世界,完全不值得向往。古代两河流域的人们认为一旦人的尸体被土覆盖即是死亡,即是去"吃尘土"。《伊南那下冥府》《冥王与冥后》《吉尔伽美什、恩基都和冥府》《吉尔伽美什》等史诗和神话都对地下世界有着细致的描述。譬如,《吉尔伽美什》史诗叙述了恩基都病重时梦见被一个凶狠的鸟人拖下冥界,他向吉尔伽美什生动描述了其见闻:"人们枯坐于暗无天日的灰尘之房,以尘为食,以泥为肉,浑身覆羽,不见光明。我见到了从前的国王,他们的王冠已被永远没收;我见到了从前的权贵,曾像安努神和恩利尔神一样高高在上,如今却作为仆役运送着泥肉和生水。我见到了来自神庙的高级祭司、念咒和迷幻祭司、仆役,以及从前被鹰带上天庭的基什国王埃塔那。我还见到了牛神萨穆坎、生死簿书记贝莉特·塞瑞、地狱女王埃瑞什基伽尔。贝莉特·塞瑞手持生死簿蹲跪在女王前面。女王读毕怀中的泥板,抬起头向我发问:'是谁把你带到这里来的?'当我从噩梦中醒来时,就如被抽干血的人一样浑身无力,就像被行刑者缚牢时心灵受到强烈刺激的人一样惊惧不已。"③ 所以,古代两河流域的人们不修筑王陵和坟墓,他们将热情和精力投入饰以描绘国王文治武功和享乐生活的石板浮雕的豪华宫殿和精致居所的营建。

(三)传播过程

一般认为,"宗教过去有过,现在仍有三种个体和社会功能:慰藉痛苦和缓解恐惧;对不可解释之物的解释;促进群体合作"④。可以说,宗教

---

① S. Dalley, *Myths from Mesopotamia: Creation, the Flood, Gilgamesh, and Others*, Oxford and New York: Oxford University Press, 1989, p. 182.
② 《马克思恩格斯选集》第1卷,人民出版社1995年版,第2页。
③ N. K. Sandars, *The Epic of Gilgamesh*, London: Penguin Books, 1972, p. 92.
④ 〔比利时〕埃里克·范豪特:《世界史导论》,沈贤元译,新华出版社2015年版,第127页。

神话在古代东地中海世界各国各地区的政治、经济、社会生活中扮演重要角色。王权的合法性需要得到神明的认可，王位继承人的选择需要听取神明的意见。国王以执行神明命令的形式维护国家的公平和正义，神明还以见证者或监督者的身份维护法律的权威。换言之，当人们无法凭借自身力量和智慧来解决某一难题时，往往会求助于神明。

苏美尔人建立的乌尔第三王朝灭亡以后，苏美尔文化为新来的阿摩利人所建立的阿卡德王国和古巴比伦王国所继承，在给苏美尔神明一个阿卡德语名字后，将他们纳入自己的宗教神话体系之中，因此两河流域的神明大都有苏美尔语和阿卡德语两个名字，这也是两河流域神明的突出特点之一。[①] 天神安努成为安努姆，空气之神恩利尔成为埃利尔，风暴之神伊西库尔成为阿达德，水神和智慧之神恩基成为埃阿，爱与战争之神伊南娜成为伊什塔尔，太阳神乌图成为沙马什。因而，在巴比伦创世神话版本中，神话的主角仍是苏美尔神明或改换为阿卡德语名字的苏美尔神明。

由于两河流域城邦的统一，宗教信仰也趋于一致。特别是随着古巴比伦王国统一两河流域，巴比伦城成为王国首都后，为表现王国的统一，出现了许多表现巴比伦保护神——马尔都克和反映国王业绩的颂歌，其代表作品即是史诗《埃努玛·埃立什》[②] 和《吉尔伽美什》[③]。

马尔都克的名字最早出现在苏美尔城邦时代的阿布萨拉比赫神谱中。[④] 从乌尔第三王朝时期开始，马尔都克正式成为巴比伦城主神。随着古巴比伦王国崛起，马尔都克的地位进一步上升。如在古巴比伦王国著名的《汉穆拉比法典》的序言中写道："当至高无上的安努，众神之王，和恩利尔，天地之主，国家命运之主宰，把全人类的统治权授予埃阿的长子马尔都克，使他在众神中显赫，呼巴比伦城崇高的城名，使它在万方出众，并为马尔都克在其中奠定地久天长的王权……命中注定的王，听沙马什话的

---

① 迄今为止，在苏美尔语文献中，尚未发现独立的创世神话。独立的创世史诗最早出现在阿卡德语文献中。参见欧阳晓莉《德国慕尼黑大学教授 D. O. Edzard 在北大讲学》，《世界历史》2000 年第 1 期，第 126 页。

② 《埃努玛·埃利什》又译《天之高兮》。

③ 《吉尔伽美什》的阿卡德语版本由 11 块很大的泥板组成，每块泥板有 50—300 行，整部史诗总计约 3000 行，篇幅相当于《奥德赛》的三分之一。史诗部分章节成文于公元前 18 世纪，也即古巴比伦王国时期，还有许多残存的章节属于公元前 2 千纪后半期。作为人类历史上第一部大型英雄史诗，《吉尔伽美什》表达了古代两河流域的人们对于永生的渴望，但英雄吉尔伽美什虽然历尽千难万险，但最后得到的答案依然是"没有永恒"。参见 A. R. George, *The Ipic of Gilgamesh: A New Translation*, London: Penguin Classics, 2000.

④ J. Black, A. Green, *Gods, Demons, and Symbols of Ancient Mesopotamia*, London: British Museum Press, 1992, p. 128.

第五章　阿玛纳时代东地中海世界跨文化交流内容　219

人，强有力者，为西帕尔奠基的人，给阿雅的吉古努塔庙穿上绿装的人，为埃巴巴尔庙绘制天宫般蓝图的人，宽恕拉尔萨的人。"①

加喜特人所建立的巴比伦第三王朝兴起后，马尔都克的地位继续上升，并开始被尊为众神之王。② 而成型于这一时期的史诗《埃努玛·埃立什》主要汇集了苏美尔民族的创世思想，着重礼赞了地神埃阿之子、主神马尔都克的事迹。《埃努玛·埃立什》长约千行，系学者们从七块泥板中考据整理而成，故又称《七块创世泥板》，它是人类历史上最早的创世神话作品之一。③

据《埃努玛·埃立什》记载，相传太古之初，世界一片混沌，没有天，没有地，只有汪洋一片。洋中有股咸水，名曰提阿玛特，还有一股甜水，叫阿普苏，他们作为众神之母和众神之父分别代表阴阳两性，在汪洋中不断交汇，生出几位神明，之后经不断繁衍，形成了最初的几代神明。及至安沙尔和基沙尔这一代之后，又生出天神安努和地神埃阿。随着神明逐渐增多，彼此开始互相争吵，其中提阿玛特感到自己的权威受到挑战，便与阿普苏商议如何惩戒其他神明。阿普苏虽基本赞同提阿玛特的计划，但又进一步提出索性将其他神明赶尽杀绝。其他神明获悉这一密谋后，在埃阿带领下，先下手为强，杀了阿普苏，埃阿于是成为众神之首。不久，埃阿喜得贵子马尔都克。马尔都克生来便与众不同，浓眉大眼，身强体壮，埃阿又赋予他一切智慧和力量。后来，在提阿玛特的襄助下，阿普苏之子为报父仇，向天神安努和地神埃阿发起挑战。安努初战告负，决定让马尔都克一展身手，马尔都克欣然应允。作为新一代众神之首，马尔都克不负众望，英勇无畏，一举歼灭来犯者，并亲手切断提阿玛特的腰身，用她的上半身筑成苍穹，用她的下半身造出大地。而后他又杀死提阿玛特的辅助神，用他的血造出人类，并规定人的天职便是侍奉众神。④ 这样，马尔都克创立了神圣的巴比伦王国，他自己

---

① 杨炽译：《汉谟拉比法典》，高等教育出版社1992年版，第23页。
② 尽管巴比伦第三王朝早期的历史由于史料缺乏而较为模糊，但据有关文献推断，最迟在巴比伦第三王朝末期，马尔都克已经成为巴比伦人心目中的"众神之王"。参见 G. Leick, *A Dictionary of Ancient Near Eastern Mythology*, London and New York: Routledge, 1991, p. 115; W. G. Lambert, "The Reign of Nebuchadnezzar I: A Turning Point in the History of Ancient Mesopotamian Religion", in W. S. McCullough, ed., *The Seed of Wisdom: Essays in Honour of T. J. Meek*, Toronto: University of Toronto Press, 1964, pp. 6–9。
③ 参见 D. D. Luckbill, "The Ashur Version of the Seven Tablets of Creation", *AJSLL* 38 (1921), pp. 12–35。
④ T. Oshima, *Babylonian Prayers to Marduk*, Tubingen: Mohr Siebeck, 2011, p. 40。

则成为天国之主和众神之王。①

这个神话故事是巴比伦文学中较有代表性的作品，它不仅表现了巴比伦人对创世和人类起源问题的关心，对自然的崇拜，也反映了两河流域国家政治的统一。在诗中，提阿玛特代表了阴性世界，她不满众神的坐大，欲惩治众神，代表阳性世界的埃阿不畏众神之母和众神之父的威权，斩杀阿普苏，夺取王位。埃阿之子马尔都克继承父业，成为阳性世界的首领，他勇猛顽强，不屈不挠，经过殊死搏斗，终于战胜提阿玛特，体现了阳性的刚强和伟大。这个故事与古希腊神话中地母盖亚和神王宙斯的故事颇为相似，反映了古巴比伦王国在两河流域不断统一强大的历史事件，以及中央集权的政治体制和王权神授的宗教观念。

随着巴比伦第四王朝的建立，马尔都克神的地位得到进一步巩固，如国王尼布甲尼萨一世在一篇修复马尔都克神庙的文献中称："众神之王，马尔都克，洞察一切，决定一切。当他发怒时，天空中的伊吉吉②诸神诚惶诚恐；他的身姿令人望而生畏，无人敢直视他的目光。大地因他的踩踏而颤抖，大海为他的咆哮而翻滚，甚至岩石亦无法承受他的双足，宇宙间的神明皆匍匐在他的脚下。"③

亚述的神明崇拜随着政权的演变而发生变化，国家的保护神阿舒尔始终居于万神殿的主导地位。阿舒尔城邦时期，亚述人崇拜的神明众多，阿舒尔城居于首位。中亚述时期，亚述迅速崛起，阿舒尔神取代苏美尔主神恩利尔成为新一代主神，被征服地区的神明成为亚述神的仆役。新亚述时期，阿舒尔神占据了巴比伦尼亚的神王马尔都克的地位，被征服地区的神明也臣服于阿舒尔神。

在中亚述国王阿舒尔乌巴里特一世统治时期，一份私人文献提到了马尔都克在阿舒尔城的神庙，公元前13世纪阿舒尔的一个城门称为马尔都克门。④ 沙尔马纳沙尔一世统治时期，马尔都克之子纳布也被亚述人供奉，

---

① W. G. Lambert, "The Reign of Nebuchadnezzar I: A Turning Point in the History of Ancient Mesopotamian Religion", in W. S. McCullough, ed., *The Seed of Wisdom: Essays in Honour of T. J. Meek*, Toronto: University of Toronto Press, 1964, pp. 6 – 9.
② 伊吉吉，为苏美尔—阿卡德万神殿中天神的总称。
③ B. R. Foster, *From Distant Days: Myths, Tales, and Poetry of Ancient Mesopotamia*, Bethesda: CDL Press, 1995, p. 199.
④ G. Frame, "My Neighbour's God: Assur in Babylonia and Marduk in Assyria", *BCSMS* 34 (1999), p. 13.

第五章　阿玛纳时代东地中海世界跨文化交流内容　221

阿舒尔修建了马尔都克神之子的神庙。①

随着中亚述王国实力的增强，阿舒尔神的地位迅速提高，他不但逐渐同化了苏美尔—巴比伦尼亚的部分神明，而且将相关神明的家属变成自己的家属。亚述征服了众多城邦，亚述国王成为众王之王。亚述国家保护神阿舒尔同化了苏美尔—巴比伦尼亚的神王恩利尔，成为众神之王。图库尔提尼努尔塔一世称阿舒尔为"亚述的恩利尔"②。与此同时，阿舒尔还同化了苏美尔—巴比伦尼亚的众神之父阿努，亦被称为"众神之父"③。此外，恩利尔的配偶宁利尔、儿子尼努尔塔分别成为阿舒尔的配偶与儿子。④

从阿舒尔乌巴里特一世起，战争成为中亚述王国历史发展的重要主题，战神在万神殿占据重要地位。女神伊什塔尔的战神角色日益突出，阿达德尼拉里一世在一篇铭文中称："愿我的女主人伊什塔尔让敌国一败涂地！"⑤图库尔提尼努尔塔一世的一篇铭文写道："在天地间的女主人——走在我的大军前面的女神伊什塔尔——的帮助下，我向卡尔杜尼亚什国王卡什提里亚舒发起进攻。"⑥苏美尔—巴比伦尼亚的战神尼努尔塔也进入亚述万神殿，地位举足轻重。提格拉特帕拉沙尔一世的一篇铭文写道："在阿舒尔和尼努尔塔的指引下，他追击阿舒尔的每个敌人，平息所有王公的叛乱。"⑦提格拉特帕拉沙尔一世的另一篇铭文写道："在他的主人——伟大的阿舒尔神和尼努尔塔神——的襄助下，他杀死了全部敌人。"⑧

在古代东地中海世界，神明往往是一个国家的精神支柱，掠走其神明成为瓦解其民众的斗志的一个策略。譬如，在逃避亚述的打击时，一些国家和地区一般要带走神明："为了逃命，他们带着他们的神明和财物，向鸟一样飞到高山峭壁之上。"⑨因此，随着被征服国家的臣服，相关国家的神明也必须屈服于亚述的神明。譬如，摧毁沙拉乌什和阿马乌什以后，提格拉特帕拉沙尔把两个城邦的神明掠到亚述。⑩占领胡努苏后，提格拉特帕拉沙尔一

---

① F. Pomponio, *Nabu: Il Culto e la Figura di un dio del Pantheon ed Assiro*, Roma: Istituto di Studi del Vicino Oriente, 1978, p. 100.
② RIMA I A. 0. 78. 22.
③ RIMA I A. 0. 78. 26.
④ SAAS XIV, p. 41.
⑤ RIMA I A. 0. 76. 15.
⑥ RIMA I A. 0. 78. 23.
⑦ RIMA II A. 0. 87. 1.
⑧ RIMA II A. 0. 87. 3.
⑨ RIMA II A. 0. 87. 1.
⑩ RIMA II A. 0. 87. 1.

世把该城邦的神明掠到亚述。①征服苏胡后,提格拉特帕拉沙尔一世把该城邦许多神明掠到亚述。②征服鲁鲁迈后,提格拉特帕拉沙尔一世将当地的25位神明献给了宁利尔、阿努、阿达德、伊什塔尔等亚述神明的庙宇。③

中亚述时期,亚述的版图空前扩大,阿舒尔神的地位上升。由于战事频繁,苏美尔—巴比伦尼亚的战神在亚述万神殿中地位上升。随着大片被征服地区并入亚述版图,相关地区的神明也臣服于亚述的神明。新亚述国王图库尔提尼努尔塔一世在平息属邦普鲁里姆祖的叛乱后宣称:"我征服了普鲁里姆祖的宏大祭祀中心。"④

古亚述王国时期,亚述历代国王忙于攻城略地和开辟疆土,除了留下记录其征战的一些王室铭文外,在文化上的建树与巴比伦尼亚亦不可同日而语。随着中亚述王国的兴起和扩张,亚述人接触了越来越多的苏美尔文化和巴比伦文化。特别是中亚述国王图库尔提尼努尔塔一世占领巴比伦城后,曾将该城的大量文献带回亚述,从而促进了亚述文化的发展,如《图库尔提尼努尔塔史诗》就包含了诸多巴比伦传统文化元素。⑤

也正因为文化发展的相对滞后性,古亚述和中亚述时期,亚述人并没有自己的创世神话。亚述创世神话是从巴比伦创世神话改编而来,它的改编在于亚述的保护神阿舒尔地位的提高,而阿舒尔地位的提高依赖于亚述国家的日益强大。⑥从公元前13世纪起,阿舒尔开始被称为恩利尔,成为亚洲人的"天地之主"⑦。恩利尔之妻宁利尔变成了阿舒尔之妻,恩利尔之子尼努尔塔也成了阿舒尔之子。⑧

作为米坦尼王国的主要居民,胡里人并未如阿摩利人和加喜特人那样,在入主两河流域后基本上抛弃了自身的宗教传统。胡里人在宗教上保留了多数胡里人神明的名称,如雷神泰述布以及其配偶赫帕特、日神西米基、女神绍乌斯卡。但其中掺杂了两河流域的宗教成分,如绍乌斯卡女神

---

① RIMA II A. 0. 87. 1.
② RIMA II A. 0. 87. 4.
③ RIMA II A. 0. 87. 2.
④ C. J. Gadd, "The Prism Inscriptions of Sargon", *Iraq* 16/2 (1954), pp. 179 – 182.
⑤ B. R. Foster, *From Distant Days: Myths, Tales, and Poetry of Ancient Mesopotamia*, Bethesda: CDL Press, 1995, p. 178.
⑥ H. W. F. Saggs, *The Might That Was Assyria*, London: Sidgwick and Jackson, 1984, pp. 278 – 279; W. G. Lambert, "The Assyrian Recension of Enuma Eli", in H. Waetzoldt, H. Hauptman, eds., *Assyrien im Wandel der Zeiten*, Heidelberg: Heidelberger Orientverlag, 1977, p. 77.
⑦ J. Black, A. Green, *Gods, Demons, and Symbols of Ancient Mesopotamia*, London: British Museum Press, 1992, pp. 37 – 38.
⑧ W. G. Lambert, "The God Assur", *Iraq* 45 (1983), p. 82.

第五章　阿玛纳时代东地中海世界跨文化交流内容　223

就与两河流域的伊什塔尔女神崇拜合二为一。

两河流域的宗教也自然传播到埃及。在新王国时期以前的第二中间期，即希克索斯王朝统治时期，叙巴地区的暴雨神巴阿与埃及的塞神几乎合二为一。尽管希克索斯人被逐出了埃及，但巴阿神仍继续受到包括国王在内的埃及人的尊崇。除了巴阿神，在埃及官方的倡导下，来自亚洲的瑞塞普神、胡润神、阿纳特女神、阿什塔特女神、卡代什女神等进入埃及的万神殿并逐渐融入埃及人的日常宗教生活之中。① 这与埃及对叙巴地区的统治政策相一致，因为埃及给予北方的亚洲属邦较之南方的努比亚领地以更多的自治权，同时也给予当地的神明以最大限度的宽容和敬重。需要特别指出的是，在融入埃及社会的过程中，进入埃及万神殿的这些外来神明事实上已经程度不等地埃及化了，与原本的神性已经有了或小或大的改变。如埃及国王借用被誉为力量之源的瑞塞普神勇猛强悍的特性，将其与埃及本土战神蒙图融为一体，并经常夸耀自己像瑞塞普神一样攻无不克，战无不胜。② 阿什塔特女神原本是丰饶女神和爱神，但在埃及化后其形象悄然转变为挽弓搭箭的英姿飒爽的女骑手，以适应新王国时期埃及国王需要强有力的战神护佑其持续不断的对外征服战争的需要。③

亚洲神明在埃及的影响并不局限于服务于埃及国王扩张战争的需要，也服务于上至国王、下至庶民的埃及人的日常生活。譬如，在两河流域具有治愈和康复神性的伊什塔尔女神就在受到埃及人的普遍信仰。米坦尼国王图什拉塔就曾将伊什塔尔女神的雕像借给埃及第十八王朝国王阿蒙霍特普三世，以缓解甚至治愈他的病痛。出于对神明的尊重，在出借之前，出借者或借入者往往会说这位神明出现在他的梦中，并表露出意欲出巡的愿望。在神明的出巡上，最让出借国担忧的是借入国会延期送还，甚至故意扣留，特别是那些有治愈疾病神性的神明。为此，当埃及国王向米坦尼国王图什拉塔借用尼尼薇的医药女神伊什塔尔时，图什拉塔在回信中写道："所有国家的女主人、尼尼薇的伊什塔尔说：'我将赴埃及，我热爱那里的土地，我将到达那里'。瞧，我送出了她，她来了……让我的兄弟尊重她，并愿意让她离开；愿她能够顺利返回！对于我来说，伊什塔尔是我的女神；对于我的兄弟来说，伊什塔尔不是他的女神。"④

---

① S. Morenz, *Egyptian Religion*, Ithaca: Cornell University Press, 1973, p. 239.
② W. K. Simpson, "Reshep in Egypt", *Orientalia* 29/1 (1960), pp. 63–67.
③ J. Cerny, "Reference to Blood Brotherhood among Semites in an Egyptian Text of the Ramesside Period", *JNES* 14/3 (1955), pp. 161–163.
④ EA 23.

当然，并不是所有的亚洲神明都在埃及受到欢迎和崇拜。如在埃及人眼中杀掠成性的沙苏人部落的保护神雅赫维，埃及人既没有为其立庙，也没有雕像等形式的艺术品，甚至没有任何文字记载，而埃及新王国时期，阿蒙霍特普三世建造的供奉阿蒙·拉神的索莱布神庙，以及由拉美西斯二世建造的希阿玛拉神庙墙壁上刻写的内容基本相同的地名表[1]显示，埃及人至少在公元前14世纪就知道雅赫维这一亚洲神明。

古代两河流域宗教思想是统治阶级维护其统治的工具之一，其发展演变与不同时期的保护神地位的提升相关，后者的变化又与古代两河流域的历史发展相关。同时，两河流域丰富而复杂的宗教思想对犹太教和基督教影响很大。

两河流域关于水是万物之源的观念，成为《旧约·创世纪》中创造世界的模版；《圣经》也认为人是泥做的，且蕴藏着生命的气息；《圣经》也认为上帝造人主要是为了服务于上帝，而上帝的创造力在于其言辞；灾难是对罪恶的神圣惩罚，必须心平气和地忍受痛苦。所有这些，都与两河流域的创世神话有着惊人的相似之处。

二 古代埃及宗教神话及其传播

（一）创世神话

与两河流域有所不同，在古代埃及人心目中，埃及是世界的中心，这在埃及的创世神话中就有所反映。在古代埃及的创世神话中，土地从原始瀛水努恩中升起，而其中升起的第一块陆地，就是赫利奥坡里斯神庙的所在地，这里住着赋予万物以生机和活力的太阳神阿图姆。所以，埃及人认为，自创世之初，埃及就是世界的中心和太阳神眷顾的土地，而周边的土地则是世界的边缘和不被太阳神眷顾的异邦。可以说，我者与他者的界限很分明。

据神话传说，在原始瀛水努恩中曾居住着八个神秘的生物，即四只公青蛙和四条母蛇。这些青蛙和母蛇互为婚配，共组成四对夫妻。这四对夫妻共同养育了太阳神和人类的创造者阿图姆。根据这八神的名称可以断定，他们不属于阿图姆创造出来的宇宙秩序，而应是宇宙秩序出现前的混沌状态的一部分：四对夫妻的第一对的名字是努恩和纳奈特——原始的无形的海洋和原始物质；第二对的名字是胡和哈海特——无限和无穷；第三

---

[1] J. H. Breasted, *Ancient Records of Egypt: Historical Documents from the Earliest Times to the Persian Conquest*, Vol. II, Chicago: University of Chicago Press, 1906, pp. 893 - 898; K. A. Kitchen, ed., *Ramesside Inscriptions: Translated and Annotated Notes Translations*, Vol. II, Oxford: Blackwell Publishing, 1996, p. 75.

对的名字是库克和卡凯特——黑暗和模糊;第四对的名字是阿蒙和阿蒙奈特——躲藏和隐蔽。

在古代埃及,诞生于原始瀛水的阿图姆神在天地未开混沌之时首创天地宇宙,然后造出空气神舒和湿气神泰弗努特。舒和泰弗努特生了地神盖伯和天神努特。盖伯和努特又生了奥西里斯、塞特两子和伊西丝、奈菲提丝两女。奥西里斯娶伊西丝为妻,并接替父亲盖伯成为上下埃及之王。

埃及有众多神明,而且宗教崇拜物的种类多得惊人。埃及究竟有多少神明,现在也没有一个准确的数字:有人认为有2000余个;[1] 也有人认为易于辨识的有200多个,特性不明显或存在时间不长的几乎数不胜数。[2] 在埃及众神之中,影响比较大的有阿蒙、拉、伊西丝、荷鲁斯、塞特、普塔、阿图姆、阿吞、阿努比斯、哈托尔、托特等12个。

通过与两河流域相比较,可以看出这两个地区不同的创世观。在两河流域,创世是由神明们通过一次集会所选出的勇士马尔都克来执行的,作为创世神,马尔都克击败了所有对手,解除了所面临的黑暗和混乱的威胁。在埃及,创世是全能的神明安排天地万物的一次创举,社会就按神明规范的方式永恒不变地有序运行着。两河流域与埃及的人们观察世界的方式是不同的,这种差别的影响也是深远的。然而,在对世界的总体认知上,两者又是相似的,如认为人是社会的一部分,社会存在于人世间,人的世界不过是神的世界在人间的映射而已。

(二) 来世神话

与古代两河流域一样,古代埃及的人们对大自然的种种力量也充满敬畏,并把它们神圣化。但同样由于所处的自然和人文环境的差异,古代埃及的来世神话呈现出完全不同的色彩和特征,并集中体现在奥西里斯死而复生的神话中。[3]

在前面所述的埃及创世神话中,作为天神盖伯士和地神努特之子奥西里斯在继承父亲成为上下埃及之王后,在人间建立了公正的秩序。在智慧和司书之神托特的建议下,奥西里斯率领臣属巡视全国各地,教导人民耕耘播种之术和器物制作之艺。

---

[1] B. Watterson, *The Gods of Ancient Egypt*, London: B. T. Batsford, 1984, p. 35.

[2] 〔美〕亨利·富兰克弗特:《古代埃及宗教》,郭子林、李凤伟译,上海三联书店2005年版,第2页。

[3] 奥西里斯神话是古代埃及神话中流传最广泛的一个,自古王国时期开始的许多铭文典籍中都有所记载。参见 M. Lichtheim, *Ancient Egyptian Literature*, Vol. II, Berkeley, Los Angeles and London: University of California Press, 1976, pp. 81–85。

然而，天下并不太平。利用奥西里斯出巡之机，早就觊觎王位的奥西里斯之弟塞特开始实施其政变阴谋，在奥西里斯回京后将其诱入一只装饰精美的箱子，然后抛入尼罗河中溺毙，随后篡夺了王位。[1] 闻讯后悲伤欲绝的伊西丝和妹妹奈菲提丝一起到处寻找奥西里斯的尸体，终于在地中海东岸的巴比罗斯找到并带回埃及安葬。但塞特仍不罢休，竟然毁墓分尸，并将尸体肢解成14块，抛于全国各地。忠贞的伊西丝再次开始踏上寻夫遗骸之路，经过千辛万苦，终将找到的13块拼合起来，只是生殖器不幸为一条鱼所吞食。伊西丝于是化为鸟形，伏于拼合后的奥西里斯遗骸之上，"用翼遮出一片荫凉，用翅扇起一阵微风……举起心已沉寂之一无力的肢体，得到他的精液，生下他的嗣子，并在一片不为人知的沼泽地里养育他，以防塞特的追杀"[2]。这个孩子就是鹰头人身的荷鲁斯。[3] 多年后，长大成人的荷鲁斯为父报仇，与塞特展开了残酷的斗争，并为此失去一只眼睛[4]，但他战胜了塞特并将其卑劣行径诉诸众神法庭。[5] 塞特被判有罪，王位复归奥西里斯之子荷鲁斯。同时，奥西里斯得以复活并掌管冥界，成为大地和植物之神。[6]

---

[1] T. Baly, "A Note on the Origin of Osiris", *JEA* 17 (1931), p. 221; AEL II, p. 81.

[2] J. H. Breasted, *Development of Religion and Thought in Ancient Egypt*, Philadelphia: Pennsylvania University Press, 1972, p. 28.

[3] 荷鲁斯为奥西里斯和伊西丝之子，左眼为太阳，右眼为月亮，手中握着象征生命的象形文字符号，为王权的守护神，崇拜埃及的埃德富，他常以头戴太阳圆盘的鹰或戴有王冠的鹰头人身形象出现。作为奥西里斯之妻，荷鲁斯之母，伊西丝头戴象形文字符号"宝座"，是魔法女神和生殖女神，崇拜中心在莱菲岛。在希腊化时代和罗马时代，伊西丝崇拜传播到希腊世界和罗马世界，其怀抱荷鲁斯的形象成为圣母玛利亚怀抱圣子耶稣造型的蓝本。正如有学者指出的："一种新的宗教在被征服者引进或创立并作为宗教改革的成果出现之前，从来不会背离当时的信仰和习俗，这些信仰和习俗根植于现实社会中，在其最终淡出历史舞台之前，仍然是确立新信条的第一助力。"参见 H. Bell, "Popular Religion in Graeco-Roman Egypt: The Pagan Period", *JEA* 34 (1948), p. 82。

[4] 荷鲁斯的眼睛于是成了一切牺牲的象征物，每件礼品或贡品都被视为"荷鲁斯之眼"，尤其是献给逝者之物。

[5] AEL II, p. 214.

[6] 奥西里斯的形象是一具站立的木乃伊，身穿白袍，头戴王冠，双臂交叉于胸前，一只手执权杖，另一只手握连枷，脸部被涂成黑色或绿色，代表丰产和复活。传说中的奥西里斯头颅埋葬地阿拜多斯逐渐成为奥西里斯崇拜的中心。作为古埃及文标志之一的奥西里斯和伊西丝崇拜一直流传到基督教时代，直至公元380年2月27日罗马皇帝狄奥多西一世定正式发布敕令，宣布基督教为帝国的国教，同时取缔一切异教迷信活动，奥西里斯和伊西丝崇拜方告才告结束。但奥西里斯神话中有关来世审判、复活重生、正义永恒的思想仍为基督教所吸纳并成为核心教义。参见 Plutarch, *Plutarch's Moralia: Isis and Osiris*, London: W. Heinemann, 1936; S. Freud, *Moses and Monotheism*, New York: Vintage Books, 1939, p. 20。

由于奥西里斯具有再生能力，古代埃及人因此将其视为尼罗河的化身：他的死亡象征尼罗河河床干涸的枯水期；他的复活则象征了尼罗河河水暴涨的洪水期。而从王权传承的角度来讲，奥西里斯神话宣扬王权的永恒性与合法性，即每位去世的国王都是奥西里斯，每位现世的国王都是奥西里斯之子荷鲁斯。① 换言之，每一位登基的国王在法理上都是子承父位和忠孝两全的荷鲁斯。现任国王以荷鲁斯之名行使王权，去世后即变成奥西里斯。父位子承因此不但具有了政治含义，而且披上了宗教外衣。

除了对冥神奥西里斯的崇拜，古代埃及人对智慧和司书之神托特的崇拜亦早已有之。② 托特是赫尔摩坡里斯的主神。在古代埃及的宗教壁画和文献中托特神以狒狒和朱鹭的形象出现，经常被描绘成一位朱鹭头人身的天神，他头顶月亮，手执笔册。这一形象不仅揭示了他是月亮的化身，同时也提示了他是埃及象形文字的创造者和书吏的守护神。托特神还主司冥界审判、掌管工艺、医药、天文，亦是荷鲁斯之眼的守护者，法力无边。③

古王国时期，托特神的暴力倾向十分明显。作为"外国土地之主"和"征服亚洲的杀戮之主"，他的形象是踏敌人于脚下，并协助国王"杀戮敌人"。在金字塔铭文中他砍掉敌人的头，挖出他们的心。④ 他的经常被提及的"刀"是弯月形的，它同时也是另一位月神宏苏的武器。这一时期，托特也是众神的信使，具有了审判职能，与此同时，他还是荷鲁斯之眼的保护者，并用他的翅膀帮助死人升入天堂。他的出身如他的本质一样模糊不清：按照《荷鲁斯和塞特之争》的记述，他源于荷鲁斯的精子，但是却由塞特所生。于是他便同时拥有了处于敌对状态的荷鲁斯和塞特的特质，这也便是他经常以二者调停者的身份出现的原因。

从中王国时期的棺木铭文中，第一次看到了"托特的神圣之书"⑤，从而也开启了埃及宗教中把托特作为神圣之书作者的传统。与此同时，托特成为智慧之主以及仪式和祭品之主，他还与巫术有着千丝万缕的关系。在《能言善辩的农夫》中，托特的审判职能使其成为律法的保护者。

埃及新王国时期，托特崇拜得到了进一步的发展，他被视为专门负责

---

① J. Assmann, *Death and Salvation in Ancient Egypt*, translated by D. Lorton, New York: Cornell University Press, 2005, pp. 47–48.
② 有学者认为托特崇拜出现于第一王朝之前，也有学者认为出现在早王朝时期。参见 W. B. Emery, *Archaic Egypt*, Harmondsworth: Penguin Books, 1961, p. 126; BMDAE, p. 288。
③ D. B. Redford, ed., *The Ancient Gods Speak: A Guide to Egyptian Religion*, Oxford and New York: Oxford University Press, 2002, p. 353.
④ PT, utt. 962–963.
⑤ CTB III, spell 240 b; CTB VII, spell 118.

文化和发明之神。埃及国王称自己为"托特的化身"①，他自己与这位神明二位一体。神圣的书写体系的发明也被归于托特神，或被宣称发现于托特神雕像底座之上。在亡灵书中托特扮演了重要的角色，在该文献的开篇，死人就被等同于托特神，并用他的知识为他自己辩护。他是所有神圣文献的书写者，他是"神圣语言之主"，负责埃及书写体系，同时，他还监管历法。位于戴尔·艾尔·巴赫瑞的女王哈特普苏特神庙的铭文记录了埃及对蓬特的贸易远征，正是托特记录了从蓬特带回的物品。而在许多神庙浮雕中，都是托特神将国王之名书写在神圣的伊塞德树叶之上。在来世审判中，托特是判词的执笔者，有时他坐上天平的上方，用天平称量逝者的心脏来判明逝者生前是否光明和正直。② 他还经常以狒狒的形象和太阳神的助手的身份出现在太阳船上。在亡灵书的结尾，托特又被赋予新的任务，即登记上下太阳船的乘客。

埃及第十八王朝国王埃赫那吞也托特崇拜的倡导者，这主要是因为他在上埃及的赫尔摩坡里斯营建了新都，而赫尔摩坡里斯是托特神的崇拜中心。也正是从埃赫那吞的新都埃赫塔吞，发现了坐在以狒狒形象出现的托特神的脚下的书吏的雕像，托特正把知识传授给这位书吏，而他正在奋笔疾书。现存于柏林博物馆的涅菲尔提提的半身像的创作者都叫托特摩斯，在象形文字中"托特摩斯"这个名字的定符是朱鹭头人身的托特神。种种迹象表明，在埃赫那吞对埃及传统的神进行大规模清洗之际，托特崇拜却幸运地存活了下来。

埃赫那吞统治时期创作的一首托特神赞美诗，再次把托特描绘成一个无所不能的神明，他懂得秘术，了解神和人的本质，向太阳神禀报大事小情。埃及第二十王朝国王拉美西斯四世夸耀自己深深地沉浸在托特之书中，托特的这些著作都被收藏于"生命之家"，也即神庙图书馆中，正是从这些书籍中，他才了解了奥西里斯的本质。

及至埃及新王国时期，托特神开始有了一位的妻子，名为纳赫马特·阿瓦，含义是"秘术的拥有者"。在希腊罗马征服时期，纳赫马特·阿瓦有了一个叫哈尔奈弗尔的儿子，概因从这时起，男神、女神和他们的孩子组成的三位一体的观念开始在埃及神谱中约定俗成。但更重要的演化是托特和马阿特女神的结合，因为后者正是宇宙秩序的象征。按照埃及第二十

---

① K. Sethe, ed., *Urkunden des Ägyptischen Altertums*, Vol. IV, Leipzig: J. C. Hinrichs, 1903, ff. 1820.

② 天平称量的结果有三种：恶重于善者会被怪兽立即吃掉；善重于恶者将由荷鲁斯引导到奥西里斯面前并成为众神中的一员；恶与善相等者则需戴上避邪物并为奥西里斯服务。

王朝国王拉美西斯六世献给马阿特女神的赞美诗所述，正是托特可以看到托特带来了马阿特。在献给"遥远女神"马阿特的赞美诗中，托特用翠绿的尼罗河谷地勾起马阿特对埃及的思念，从而达到说服这位因愤怒而远走荒芜的努比亚沙漠的女神返回故土的目的。马阿特的回归之旅以宇宙重归和谐而结束，托特杰出的说服能力展露无遗。托特还与荷鲁斯之眼有着某种关联，如在亡灵书中可以看到正是托特在安抚荷鲁斯那只受伤的眼睛，也即荷鲁斯之眼。

奥西里斯的死而复生和对理想秩序的追求，集中反映了古代埃及人宗教思想中独特的来生观：奥西里斯一家所经历的磨难，实际上就是世人正在经历的磨难；荷鲁斯对塞特的胜利预示着光明、智慧、善良终将战胜黑暗、愚昧、邪恶；奥西里斯悲惨的死亡和神奇的复活，证明人们尽管历经磨难，但终将获得永生。因此，古代埃及人生前就着手准备身后之事，倾其所有营造精致的墓穴，同时对亡者的遗体采取周密的保护措施并制成木乃伊，以便长久保存，因为这是亡者灵魂的依托。当然，亡者要想真正复活并进入正义的永恒之国，还需要通过冥王奥西里斯的末日审判。① 正因为古代埃及人期待来世的幸福，因此他们举全国之力为国王修造永恒的金字塔；普通人去世时都要带上《亡灵书》，以便借助智慧和司书之神的托特帮助在冥界受审时证明自己的清白。

（三）传播过程

埃及宗教思想的传播和影响可以说无处不在，突出表现在对努比亚地区和叙巴地区的影响和渗透方面。

在努比亚的埃及神庙中，无论是众神的雕像还是所供奉的祭品，无一不烙上了埃及神学体系的印迹。与埃及在叙巴地区所采取的措施不同，埃及无法从努比亚地方神谱中找到能够将其纳入埃及神系的神明。埃及新王国以前的努比亚原住民没有留下任何神龛存在的痕迹，他们只是将牲畜的雕像作为崇拜的对象。传入努比亚的埃及神有如下三类：

一是传统的埃及神明。这类神明基本保持了原有特性，只是增加了一些努比亚式的称谓，如"阿蒙—拉，努比亚最卓越的神"，"居于阿尼巴岛上的阿蒙·拉"，"玛阿特·拉，努比亚的主人"，"拉，东部海岸的主人"，"伊西斯，努比亚伟大的女主人"，以及"阿蒙·拉，两土地宝座的主人，居于纳帕塔尼山上的伟大的神，天堂之主"。其他传播最广泛的就是克努姆、阿努克斯和萨提斯组成父亲—母亲—女儿的三位一体，他们的

---

① OEAE II, pp. 211–214.

原始崇拜中心在艾里芬提尼和尼罗河第一瀑布地区。

二是"努比亚的荷鲁斯神"。长期以来，不知出于何种原因，埃及人一直将荷鲁斯和哈托尔视为外国神明。有时他们成为地方神明的化身，如哈托尔，被称为巴比罗斯的女主人，代替了原巴比罗斯地方女神巴阿拉特·盖巴尔。可是在大多数情况下，主要在努比亚，这些神明还是埃及的神明，但却被限定了一些特殊的地点，就像哈托尔神那样无所不在。埃及中王国时期，哈托尔还被称为奈罕特的女主人，是位于尼罗河西岸沙漠地区的人烟稀少的矿区的保护神。荷鲁斯对于努比亚尤其重要，他的称谓是"巴克的主人""阿尼巴的主人""布罕的主人"，巴克、阿尼巴、布罕是下努比亚的主要地区。另外，荷鲁斯还有"麦哈的主人"，哈托尔也有"伊布塞克的女主人""伊肯的女主人"等头衔。这些地方全都在下努比亚，反映出埃及宗教在努比亚的传播应始于中王国时期，当时埃及在下努比亚修建了许多军事要塞。

三是埃及的国王。这是埃及文化的一大特色，把国王视为神明这一习惯可以追溯到古王国时期，但在新王国时期的努比亚达到顶峰。早在埃及中王国建立伊始，第十二王朝最伟大的国王塞索斯特里斯三世就在努比亚被视为神明。埃及新王国时期，第十八王朝国王阿蒙霍特普一世在去世后被称为"卡瑞的阿蒙霍特普"，受到纳帕塔地区的努比亚人的崇拜；而此后的埃及新王国国王在世时即被努比亚人被奉为神明，如第十八王朝国王图特摩斯三世的雕像被供奉艾尔·莱斯亚的神庙中，第十八王朝国王阿蒙霍特普三世的雕像被供奉在索莱布的神庙中，第十八王朝国王图坦哈蒙的雕像被供奉在法拉斯的神庙中，第十九王朝国王拉美西斯二世雕像则被广泛供奉在的努比亚各个神庙，第二十王朝国王拉美西斯六世及其王后奈菲尔塔丽的崇拜中心则在阿尼巴。

关于埃及宗教渗透努比亚社会的广度和深度的最有力证据是刻在距东图什卡的赫卡·奈菲尔墓不远的盖拜尔·阿格岩壁上的一个神龛。神龛的岩壁表面刻有图画，描绘了一个努比亚人家庭，其中的两个牧人向三位神献祭，这三位神分别是阿尼巴之主荷鲁斯、第十二王朝国王——努比亚的征服者——塞索特里斯三世以及"伟大的神、天空之主"拉舍普。拉舍普原为叙巴地区的神明，后在埃及神谱中占有一席之地，努比亚人可能并不了解该神明的非埃及血统。图画的下面是一些曾经访问过努比亚的埃及官员刻写的祷文，其中有一位是工匠，很有可能就是上述图画的创作者，而捐献者应是该努比亚家族中的一员。神龛的前面摆放着一些陶器，这源于埃及新王国以前的宗教传统，提示这里的香火曾经很旺。

而有关埃及宗教对叙巴地区渗透的最重要例证，是埃及第二十王朝国

第五章　阿玛纳时代东地中海世界跨文化交流内容　231

王拉美西斯三世在加沙建立的一座简陋的阿蒙神庙，当时居民需定期向其中的阿蒙神像提供祭品。但因埃及与加沙的关系比较特殊，所以不能仅凭这座神庙来推断埃及宗教在整个叙巴地区的传播程度和范围，反倒是埃及宗教思想与叙巴地区当地的思想出现了互相渗透乃至合二为一的现象：譬如，埃及人在本特山要塞中建造的一座砖泥结构的神庙中，建筑风格是叙巴地区的，但却添加了石质草纸浮雕等埃及元素；再譬如，神庙中所供奉神像的雕塑风格是埃及的，但装饰风格却是叙巴地区的。之所以会出现上述变化，其原因很可能是暂时居住或永久移居到叙巴地区的埃及人接受了当地宗教，开始崇拜当地神明。在神庙建筑风格上，阿玛纳时代的叙巴地区神庙完全继承了早期青铜时代的传统，面积都比较小，通常只有一个或两个祭室；而除了规模、结构明显缩小和简化之外，这些神庙与埃及本土神庙更大的不同之处是普遍都没有围墙和库房等附属建筑。

　　总体来看，古代埃及宗教属多神教，但在某一特定历史时期某位神明会上升为国家主神，比如新王国时期的底比斯主神阿蒙就上升为国家主神，这时的阿蒙神崇拜已带有一神教的色彩。[1] 而这种色彩很可能对埃赫那吞的宗教改革产生重大影响。历史事实也许正是如此。因为从文献中可以看到，阿吞是世界的创造者、宇宙的统治者、万物的眷顾者。他即无生，亦无死；他既超凡卓越，又无所不在；他是完全的非人神同性同形的。如果上述所有特性被集中表现在一位神明身上，那么，这位神明应该是无与伦比的唯一存在。尽管阿玛纳神学体系没有阐明阿吞的唯一性，但从埃赫那吞试图铲除既有埃及宗教秩序，以及禁止其他神明崇拜的实践来看，他有着把阿吞视为宇宙间唯一真神的愿望。[2] 总之，就实践层面而言，阿玛纳宗教当属一神教。

　　如果阿玛纳宗教是一神教这一设论成立，那么作为人类历史上首个一神教，其世界宗教史地位是不言而喻的。同样，如果这一设论成立，那么阿玛纳宗教与诞生于叙巴地区的世界公认的一神教——犹太教之间的关系就值得探讨，尽管目前有的学者认为阿玛纳宗教对犹太教影响深远[3]，有

---

[1] J. Assmann, *Re und Amun*: *Die Krise des Polytheistischen Weltbilds im Ägypten der 18. – 20. Dynastie*, Gottingen: Vandenhoeck and Ruprecht, 1983, p. 246.

[2] J. H. Breasted, *A History of Egypt, from the Earliest Times to the Persian Conquest*, 2nd edition, New York: Charles Scribner's Sons, 1946, pp. 356, 359; A. Weigall, *The Life and Times of Akhenaton*, *Pharaoh of Egypt*, London: Thorton Butterworth, 1922, p. 42.

[3] J. Assmann, *Moses the Egyptian*: *The Memory of Egypt in Western Montheism*, Cambridge: Harvard University Press, 1998, pp. 23 – 55; J. H. Breasted, *Development of Religion and Thought in Ancient Egypt*, New York: Charles Scribner's Sons, 1912, pp. 312 – 343.

的学者则不以为然①。本书认为，尽管阿玛纳宗教出现要比犹太教的传播早数百年，而且埃及人在埃赫那吞驾崩后几乎毁弃了所有与其相关文献和纪念物，但这很可能并不能完全阻断阿玛纳宗教思想间接传播到叙巴地区：一是因为自埃及文明开启以来，埃及和叙巴地区就有着千丝万缕的联系，这不仅体现在物质交往方面，也体现在精神交往方面；二是因为以色列人曾作为亚述移民的一支在埃及北部的尼罗河三角洲长期定居，并在埃及第十九王朝统治时期发生了著名的以色列人出走埃及事件，尽管从阿玛纳宗教改革开始至以色列人出走埃及事件发生有约五六十年的间隔，但居留埃及的以色列人曾亲历阿玛纳宗教改革的全过程，并在出走埃及后将阿玛纳宗教思想带回家乡是可能的，阿玛纳宗教的一神教思想为犹太教所吸收也是顺理成章的。

此外，埃赫那吞和《旧约全书》作者有一个显著的相似之处，即都是所处时代的离经叛道者。在统治后期，埃赫那吞被国人视为异端国王，这表明他已完全抛弃埃及传统宗教，换言之，埃赫那吞与《旧约全书》的作者一样，发起了对旧有宗教传统的革命。而在《旧约全书》形成的时代，耶和华崇拜同样被视为异端行为，即使在某些时期耶和华崇拜和传统宗教存在和平共处的现象。因此可以说，不论是埃赫那吞，还是《圣经》作者，都是真正意义上的宗教改革家，只是结果大相径庭，埃赫那吞功败垂成，而《圣经》作者则修成正果。然而从大历史的角度来看，如果将埃赫那吞视为将多神教转化为一神教的宗教改革思想家和实践家，那么他所倡导的这次宗教改革运动并没有彻底失败，因为这一思想至少为犹太教的诞生提供了理论来源和实践案例。

除了两河流域和埃及，小亚的赫梯人宗教信仰的一个重要方面就是多神崇拜，赫梯文献中就有"千位神明"之说。② 赫梯人信奉的神明来源非常广泛，除了印欧赫梯人的太阳神什乌什之外，安纳托利亚半岛的哈梯人、卢维人、帕莱人、胡里人的神明以及两河流域苏美尔人、阿卡德人、巴比伦人、亚述人的神明也进入了赫梯万神殿，譬如，源自哈梯人的神明

---

① D. B. Redford, *Egypt, Canaan, and Israel in Ancient Times*, Princeton: Princeton University Press, 1992, pp. 377–394; C. Aldred, *Akhenaten: King of Egypt*, London: Thomas and Hudson, 1988, p. 113; D. Montserrat, *Akhenaten: History, Fantasy, and Ancient Egypt*, London and New York: Routledge, 2001, p. 98.

② E. Edel, "Der Agyptische-Hethitische Friedensvertrag zwischen Ramses II und Hattusilis III", in R. Borger, et al., eds., *Texts aus der Umwelt des Alten Testaments*, band I, Gutersloh: Gerd Mohn, 1983, pp. 135.

第五章　阿玛纳时代东地中海世界跨文化交流内容　233

有农业神铁列平、铁器神哈撒梅利、印玺神哈尔马斯维特、太阳神埃斯坦等大神以及梅祖拉、皮尔瓦、塔斯蒙特、胡拉、凯特、苏琳卡特等小神；源于胡里人的神明有雷神泰述布和其配偶赫帕特、战神伊什塔尔绍斯卡、月神库苏赫等；源自两河流域的神明有战神马尔都克、雷神埃阿、伊什塔尔、恩利尔等。不仅如此，在赫梯新王国后期，源自外邦的神明甚至在赫梯万神殿中占据了首席之位。

与两河流域相似，但与埃及不同的是，赫梯在任何历史阶段都未曾出现过一神教思想，哪怕是一神教思想的萌芽。在赫梯万神殿中，只有多个地位大抵相同的大神或主神，以及无数各司其职的小神或属神之别，没有哪一位神明真正高高在上。

此外，赫梯神话和宗教对爱琴诸岛的影响也是有迹可寻的。譬如，在古希腊作家赫西俄德的《神谱》对神的等级和特性进行了描述，其中某些内容与赫梯神话和宗教颇为相似。[①] 再譬如，在荷马史诗《伊利亚特》中，希腊战士埋葬被赫克托尔杀死的帕特罗克洛斯的仪式以及《奥德赛》中巫师向地狱之神宣颂的祭辞，这也与赫梯人的火葬仪式和祭辞如出一辙。[②]

[①] 参见 R. D. Barnett, "The Epic of Kumarbi and the Theogony of Hesiod", *Journal of Hellenistic Studies* 65 (1945), pp. 100–101。

[②] M. Popko, *Religions of Asia Minor*, Warsaw: Academic Publications Dialog, 1995, 155.

结　　语

如果说"文明是民族国家之上、全球社会之下的社会组织形式"①，那么两河流域、小亚、埃及、爱琴诸岛、叙巴地区等阿玛纳时代东地中海世界各国各地区的交往过程，亦是不同文明在这里相遇、碰撞乃至冲突，从而最终形成区域性人类文明共同体的过程。在这一过程中，作为我者的各文明单元拓展了自身的时空视野，深化了我者对客观存在的他者的各文明单元的认知。与此同时，我者通过他者确认自身，他者则成为作为主体的我者的映射，也即"我们只有在了解我们不是谁，并常常只有在了解我们反对谁时，才了解我们是谁"②。阿玛纳时代东地中海世界文明共生现象的产生和演进，正是原本处于相对隔绝状态的各文明单元向外部世界传播自己的文化信息，并根据外部世界的反馈来重新审视他者文化和我者文化的双向乃至多向的跨文化交流的过程和结果。在这一过程中，各文明单元的我者观念，以及诸如"中心与边缘"和"我者与他者"的关系想象，在现实的具体交往中得到了检验、反省和校正的契机，从而客观上推动了中心与边缘、我者与他者的平等沟通，良性互动和顺畅汇融。

人的本质是"一切社会关系的总和"③。而在阿玛纳时代的东地中海世界，信使、商人、医生、教师、艺术家、难民、政治流亡者、战俘、雇佣兵、武装移民等作为跨文化交流的主体，穿梭于不同国家和地区之间，扮演着文化差异弥合者或"文化使者"④的角色。这些被移入国家和地区视为异邦人的他者，之所以能在移入国家和地区临时逗留甚至永远定居下

---

① 〔美〕彼得·卡赞斯坦：《多元多维文明构成的世界》，刘伟华译，《世界经济与政治》2010年第11期，第46页。
② 〔美〕萨缪尔·亨廷顿：《文明的冲突与世界秩序的重建》，周琪、刘绯、张立平、王圆译，新华出版社2010年版，第5页。
③ 《马克思恩格斯文集》第1卷，人民出版社2009年版，第501页。
④ 〔美〕迈克尔·H. 普罗瑟：《文化对话：跨文化传播导论》，何道宽译，北京大学出版社2013年版，第60页。

来，从而转换为移入国家和地区眼中的我者中的一员，是因为作为我者的移入国家和地区对曾作为他者的异邦人的一种特殊的认同心理，即如果异邦人能够接受移入国家和地区的生活方式，那么无论他们以前是什么身份，即便是战俘或奴隶，都有可能转换为我者中的一员。反之，如果这些异邦人一直是当地秩序的破坏者，那么他们就不可能顺利实现从他者向我者的转换；同样，如果本地人成为当地秩序的破坏者，那么他们也就由原本的我者转换为他者。而事实上，无论是异邦人，还是当地人，只要已经成为他者，各国各地区都将对他们加以排斥甚至进行无情镇压。[①]

"文字是语言的固定化，它打破了人类用语言交流思想、传递知识所不可免的时空限制"[②]，使人类社会从此"过渡到文明时代"[③]。在跨文化交流中，若参加交流的我者不了解他者的文化，就没有能力恰当地解释他者传递的信息，由此可能导致种种误读。而要了解他者的文化，终南捷径就是学习他者的语言文字。由于语言文字的不同，人们的思维方式也往往不同。一旦有了共同语言文字，思维方式就可能趋同，彼此误读的概率亦会相应减少。在阿玛纳时代的东地中海世界，这种共同语言文字应运而生，即当时的国际通用语言文字——阿卡德语和楔形文字。

"交通是文明交往洪流奔腾向前的大动脉。"[④]而每一个交通工具都是一个流动的文明交往载体。在古代东地中海世界，车的发明在人类文明史和军事史上影响深远。马的驯化和广泛使用，特别是与车的结合，大大缩短了人类跨文化交流的时空，为阿玛纳时代东地中海世界文明共生现象的出现奠定了物质基础和技术条件。随着马拉战车成为不可或缺的重要机动攻防作战平台，东地中海世界各国各地区都从自身基本国情和军队实际出发，把先进的技术运用到制造马拉战车上，并逐渐形成了各具特色的军事编制和全新战法，使得"战争工具更加有效"[⑤]，也以军事科技竞赛这种特殊方式客观上促进了彼此间的跨文化交流。"交通，说到底，就是人员、物资和信息的交换与流通。"[⑥]在阿玛纳时代的东地中海世界，陆上和海上的交通网络基本成型。为了保障交通网络的正常运转，古代世界的驿站系

---

① ARE Ⅲ, p. 243.
② 林志纯：《日知文集》第 5 卷，高等教育出版社 2012 年版，第 118 页。
③ 《马克思恩格斯全集》第 21 卷，人民出版社 1965 年版，第 37 页。
④ 彭树智：《我的文明观》，西北大学出版社 2013 年版，第 15 页。
⑤ 〔加〕哈罗德·伊尼斯：《传播的偏向》，何道宽译，中国传媒大学出版社 2015 年版，第 75 页。
⑥ 陈鸿彝：《中华交通史话》，中华书局 1992 年版，第 44 页。

统应运而生，到阿玛纳时代已经初具规模。

　　由于历史传统和文化心理的不同，对于阿玛纳时代东地中海世界宗藩体系下国际交往的兄弟模式和保护模式，埃及与包括赫梯、米坦尼、巴比伦、亚述等亚洲国家和地区对于通过这两种模式而建立起来的两个国家的联合有着不同解读。一般说来，在赫梯等亚洲国家看来，两个国家的联合自然是发生在责权利完全对等的两个国家之间，联合起来的两个国家如同功能完全相同的一对物品，如一对耳环、一双鞋或一对车轮。① 因此，赫梯人在接受联合这一观念方面不存在任何问题。而在埃及人心目中，联合实际上指的是两块土地，即尼罗河谷地和尼罗河三角洲政治上的统一，而异邦是没有资格与埃及平起平坐和相提并论的。对于埃及人来说，把异邦当作与埃及对等的国家，进而把土地的联合扩展到埃及与异邦的联合，从思想观念和意识形态上转变埃及人对作为他者的外国人的成见和歧视，是很难相像的。所谓的兄弟模式只是埃及在对外交往过程中不得不采用的权宜之计，与其唯我独尊的天朝上国的思想观念和意识形态存在着不可克服的矛盾，从而导致埃及不屑于加以采用，或者认为没必要加以采用。② 所以，尽管宗藩体系下的保护模式在阿玛纳时代东地中海世界国际交往中起到了国际政治秩序稳定器的作用，但各国各地区的实际运用效果却大相径庭：赫梯、亚述等亚洲国家习惯于法律条约的形式将本国与属邦的保护模式固定下来，因而对属邦的约束力和保护力往往比较强；囿于传统观念的埃及放不下身段与属邦签订法律条约，因而对属邦的控制力和保护力都大打折扣，属邦普遍缺乏归属感和安全感，离心离德，动摇观望，甚至朝附夕叛的现象贯穿于整个阿玛纳时代。

　　尽管有着以我为中心的天朝上国或中心国家的宗藩观念，但在具体的对外交往中，以埃及、巴比伦、赫梯、亚述、米坦尼为代表的阿玛纳时代东地中海世界各国各地区都有采取了内外有别的策略：在碑铭石刻等国内宣传方面，继续采用与宗藩观念相对应的宗藩话语体系；在处理国际事务方面，则自觉回避或淡化我者与他者的文化优越感，形成一套兄弟加朋友式的平等话语体系。特别是在对外经济交往这一层面，更是适时采取了有针对性的灵活多样的务实做法：一是将对内宣传语境中的贡品置换为对外交往语境中的礼物；二是将名义上的朝贡贸易还原为实际上的互惠贸易。

---

　　① CAD I/J, p. 282.
　　② Poo, Muchou, ed., *Enemies of Civilization: Attitudes toward Foreigners in Ancient Mesopotamia, Egypt, and China*, Albany: State University of New York Press, 2005, p. 88.

阿玛纳时代东地中海世界各国王室联姻有着悠久的历史传统和相应的程序礼仪，既是一种和平外交活动，也是一种跨文化交流活动，其作用和影响已经超越了政治和外交的范畴，通过由我者对不同文化语境的他者在价值观念、风俗习惯、审美感受、思维方式等方面进行信息编码和解码的过程，推进了东地中海世界各国各地区的物质交往和精神交往，为长达数百年的多元一体的东地中海世界文明共生现象的出现和区域性人类文明共同体的形成做出了独特贡献。[①]

战争除具有显著的破坏性的一面，还具有打破各文明单元彼此隔绝状态的建设性的一面，不失为是跨文化交流的一种重要方式。如果说和平时期的跨文化交流大多是和风细雨般的渐进式的，那么战争期间的跨文化交流就是暴风骤雨般的突发式的。阿玛纳时代东地中海世界的战争形态包括战争目的、战争类型、战争宣传、战争规则、战争样式等要素，集中反映了当地各国在军事思想和实践领域的碰撞和交融。具体而言，战争动机可以概括为征服与反征服、争霸与反争霸，战争类型可以概括为反击联盟者的战争和平定反叛者的战争两个类型，战争宣传、战争规则、战争样式则可以概括为既遵循于约定俗成的传统模式，又不乏随机应变的战略战术创新。

宗教是人类社会发展到一定历史阶段出现的一种文化现象，其主要特点是相信现实世界之外存在着超自然的神秘力量，这种神秘力量统摄万物，拥有绝对权威，主宰自然进化和决定人类命运，使人类对神秘力量产生敬畏和崇拜，并通过人格化将其奉为神明，进而催生信仰认知和宗教仪式。世界历史上的各种宗教不论其信仰的人数多少，都有一定的分布范围，这种特征往往与自然环境和人文环境密切相关。以古代两河流域宗教思想和古代埃及创世神话和来世神话为代表的古代东地中海世界，各国各地区的宗教思想虽因地理和地缘环境的不同而差异明显，而且都比较原始，但仍能通过各自所承载的行为规范和宗教仪式，在统一社会意志、降低社会内耗、稳定社会秩序等方面起着世俗力量无法取代的特殊作用。特别是在阿玛纳时代，东地中海世界各国各地区之间宗教思想交流活跃，对当时乃至后世都产生了深远影响。

回望世界历史和人类文明史，尽管不同宗教、种族、国家、地区之间的割裂、冲突、战争几乎无时不有，无处不在，但人类不懈探索和创造一个和平美好世界的愿望从来就没有泯灭过，而阿玛纳时代东地中海世界各

[①] I. Singer, *The Calm before the Storm*, Atlanta: Society of Biblical Literature, 2011, p.487.

国各地区共同创造的区域性的文明共生现象，无疑是看似久远而实则具象的世界历史和人类文明史上最早也最典型的标本之一，其中所蕴含的宝贵经验和深刻教训值得当代中国学者进行系统的梳理和科学的总结。

  人类文明最重要也是最本质的属性就是多样性，而且"历来如此，一向如此，今后也如此，不会消失"①。以埃及、米坦尼、赫梯、巴比伦、亚述等五大强国为代表的阿玛纳时代东地中海世界各国各地区达成了当时历史条件所允许的跨文化交流介质、跨文化交流主体、跨文化交流渠道和跨文化交流内容的汇聚和融合，成就了长达五百年的相对和平与共同繁荣，而这与中国提出并倡导的"尊重世界文明多样性，以文明交流超越文明隔阂、文明互鉴超越文明冲突、文明共存超越文明优越"的人类命运共同体理念具有跨越历史时空的诸多契合之处。

---

① 钱乘旦：《文明的多样性与现代化的未来》，《北京大学学报》（哲学社会科学版）2016年第1期，第8页。

附录1：古代东地中海世界主要文明对应表

时间（公元前）	两河流域	埃及	爱琴诸岛	叙巴地区
3500—3100	乌鲁克文化时期	涅伽达文化三期	新石器时代	青铜时代早期
3100—2000	苏美尔城邦时期 阿卡德王国 乌尔第三王朝	早王朝 古王国 第一中间期	青铜时代克里特文明早中期	青铜时代早期
2000—1550	巴比伦第一王朝	中王国 第二中间期	青铜时代克里特文明晚期	青铜时代中期
15500—1200	巴比伦第二王朝 巴比伦第三王朝	新王国第十八王朝 新王国第十九王朝	青铜时代迈锡尼文明时期	青铜时代晚期
1200—750	古亚述时期 中亚述时期	新王国第二十王朝 第三中间期早中期	黑暗时代	铁器时代
750—478	亚述帝国时期 巴比伦第十一王朝 波斯帝国早期	第三中间期晚期 后王朝早期	古风时期	铁器时代
478—404	波斯帝国中期	后王朝中期	古典时期	波斯帝国中期

附录2：阿玛纳时代东地中海世界主要文明年代表

一 巴比伦第一至第三王朝国王世系表

王朝	王名		统治年代
巴比伦第一王朝	苏穆阿布	Sumu-abum	1894—1881
	苏穆拉伊鲁	Sumu-la-ilum	1880—1845
	萨比乌	Sabium	1844—1831
	阿庇勒辛	Apil-Sin	1830—1813
	辛穆巴里特	Sin-muballit	1812—1793
	汉穆拉比	Hammurabi	1792—1750
	萨姆苏伊鲁纳	Samsu-iluna	1749—1712
	阿比埃舒赫	Abi-eshuh	1711—1684
	阿米迪塔纳	Ammi-Ditana	1683—1647
	阿米萨杜卡	Ammi-saduqa	1646—1626
	萨姆苏迪塔纳	Samsu-ditana	1625—1595
前加喜特王朝	干达什	Gandash	1730
	阿古姆一世	Agum I	?
	喀什提里阿什一世	Kashtiliash I	?
	乌什什	Ushshi	?
	阿贝拉塔什	Abirattash	?
	喀什提里阿什二世	Kashtiliash II	?
	乌尔兹古如马什	Urzigurumash	?
	哈尔巴什胡	Harbashihu	?
	提庇塔克兹	Tiptakzi	?

续表

王朝	王名		统治年代
巴比伦第二王朝（海国王朝）	伊鲁马伊鲁	Iluma-ilum	1732
	伊提里尼比	Itti-ili-nibi	?
	达米其里舒	Damiq-ilishu	?
	伊什基巴勒	Ishkibal	?
	舒舒什	Shushushi	?
	库尔基沙尔	Gulkishar	?
	培什伽达拉马什	Peshgaldaramash	?
	阿达卡拉马	Adarakalamma	?
	伊库杜恩纳	Ekurduanna	?
	迈拉库库卡	Melamkurukka	?
	?	?	?
	埃阿伽米尔	Ea-gamil	1460
巴比伦第三王朝（加喜特王朝）	阿古姆二世	Agum II	1602—1585
	伯纳伯拉阿什一世	Burna Buriash I	?
	喀什提里阿什三世	Kashtiliash III	?
	乌拉姆布瑞阿什	Ulam Buriash	?
	阿古姆三世	Agum III	?
	卡达什曼哈贝一世	Kadashman-harbe I	?
	卡拉因达什	Karaindash	?
	库瑞伽勒祖一世	Kurigalzu I	?
	卡达什曼恩里勒一世	Kadashman-Enlil I	?
	伯纳伯拉阿什二世	Burna-Buriash II	1375—1347
	卡拉哈尔达什	Karahardash	1347—1345
	库瑞伽勒祖二世	Kurigalzu II	1345—1324
	纳兹马如塔什	Nazi-Maruttash	1323—1298
	卡达什曼图尔古	Kadashman-Turgu	1297—1280
	卡达什曼恩里勒二世	Kadashman-Enlil II	1279—1265
	库杜尔恩里勒	Kudur-Enlil	1265—1255
	沙伽拉基舒瑞阿什	Shagarakti-Shuriash	1255—1243
	喀什提里阿什四世	Kashtiliash IV	1243—1235
	恩里勒纳丁舒米	Enlil-nadin-shumi	?
	阿达德舒马伊迪纳	Adad-shuma-iddina	?
	阿达德舒马乌苏尔	Adad-shuma-usur	1218—1189
	美里什帕克	Melishipak	1188—1174
	马尔都克阿帕伊迪纳一世	Marduk-apal-iddina I	1173—1161
	扎巴巴舒马伊迪纳	Zababa-shuma-iddina	1161—1159
	恩里勒纳丁阿赫	Enlil-nadin-ahhe	1159—1157

注：表中所列前加喜特王朝的国王并未实际统治巴比伦尼亚，但他们的后继者建立了加喜特王朝。海国王朝也并没有实际统治巴比伦尼亚，但由于它实际上统治着巴比伦尼亚的苏美尔地区，所以传统上将其称为巴比伦第三王朝。此表制作参见 G. Roux, *Ancient Iraq*, 1st edition, London: Penguin Books, 1966, pp. 445–457。

二 古亚述和中亚述国王世系表

时期	王名		统治年代
古亚述	埃瑞舒姆一世	Erishum I	1905—1867
	伊库努姆	Ikunum	1867—1860
	萨尔贡一世	Sargon I	?
	普祖尔阿舒尔二世	Puzur-Ashur II	?
	纳拉姆辛	Naram-Suen	?
	埃瑞舒姆二世	Erishum II	?
	沙马什阿达德一世	Shamshi-Adad I	1700
	伊什美达干一世	Ishme-Dagan I	?
	穆特阿什库尔	Mut-Ashkur	?
	瑞姆什	Rimush	?
	阿西努姆	Asinum	?
	阿舒尔杜古尔	Ashur-dugul	?
	阿舒尔阿普拉伊迪	Ashur-apla-idi	?
	纳西尔辛	Nasir-Sin	?
	辛纳米尔	Sin-namir	?
	伊庇其伊什塔尔	Ipqi-Ishtar	?
	阿达德萨鲁鲁	Adad-salulu	?
	阿达西	Adasi	?
	培勒巴尼	Bel-bani	?
	利巴亚	Libaya	?
	沙尔马阿达德一世	Sharma-Adad I	?
	伊庇塔尔辛	Iptar-Sin	?
	巴扎亚	Bazaya	?
	路拉亚	Lullaya	?
	舒尼努亚	Shu-Ninua	?
	沙尔马阿达德二世	Sharma-Adad II	?
	埃瑞舒姆三世	Erishum III	?
	沙马什阿达德二世	Shamshi-Adad II	?
	伊什美达干二世	Ishme-Dagan II	?
	沙尔马阿达德三世	Shamshi-Adad III	?
	阿舒尔尼拉瑞一世	Ashur-nirari I	?
	普祖尔阿舒尔三世	Puzur-Ashur III	?
	恩里勒纳西尔一世	Enlil-nasir I	?
	努尔伊里	Nur-ili	?
	阿舒尔萨杜尼	Ashur-shaduni	?
	阿舒尔拉比一世	Ashur-rabi I	?
	阿舒尔纳丁阿赫一世	Ashur-nadin-ahhe I	?
	恩里勒纳西尔二世	Enlil-nasir II	1420—1415
	阿舒尔尼拉瑞二世	Ashur-nirari II	1414—1408
	阿舒尔贝勒尼舍舒	Ashur-bel-nisheshu	1407—1399
	阿舒尔瑞姆尼舍舒	Ashur-rim-nisheshu	1398—1391
	阿舒尔纳丁阿赫二世	Ashur-nadin-ahhe II	1390—1381

附录2：阿玛纳时代东地中海世界主要文明年代表

续表

时期	王名		统治年代
中亚述	埃瑞布阿达一世	Erib-Adda I	1380—1353
	阿舒尔乌巴里特一世	Assur-uballit I	1353—1318
	恩里勒尼拉瑞	Enlil-nirari	1317—1308
	阿瑞克登伊里	Arik-den-ili	1307—1296
	阿达德尼拉瑞一世	Adad-nirari I	1295—1264
	沙尔马纳赛尔一世	Shalmaneser I	1263—1234
	图库尔提尼努尔塔一世	Tukulti-Ninurta I	1233—1197
	阿舒尔纳丁阿普瑞	Ashur-nadin-apli	1196—1194
	阿舒尔尼拉瑞三世	Assur-nirari III	1193—1188
	恩利勒库杜尔乌苏尔	Enlil-kudurri-usur	1187—1183
	宁努尔塔阿普勒埃库尔	Ninurta-apal-Ekur	1182—1180
	阿舒尔丹一世	Assur-dan I	1179—1133
	宁努尔塔图库尔提阿舒尔	Ninurta-tukulti-Ashur	1133
	穆塔基勒努斯库	Mutakkil-nusku	1133
	阿舒尔莱萨伊什一世	Assur-resha-ishi I	1133—1115
	提格拉特帕拉沙尔一世	Tiglath-Pileser I	1115—1076
	阿萨瑞德阿普勒埃库尔	Asharid-apal-Ekur	1076—1074
	阿舒尔贝勒卡拉	Assur-bel-kala	1074—1056
	埃瑞巴阿达德二世	Eriba-Adad II	1056—1054
	沙马什阿达德五世	Shamshi-Adad IV	1054—1050
	阿舒尔纳西尔帕勒一世	Ashur-nasir-pal I	1050—1031
	沙尔马纳赛尔二世	Shalmaneser II	1031—1019
	阿舒尔尼拉瑞四世	Ashur-nirari IV	1019—1013
	阿舒尔拉比二世	Ashur-rabi II	1013—972
	阿舒尔莱萨伊什二世	Ashur-resh-ishi II	972—967
	提格拉特帕拉沙尔二世	Tiglath-Pileser II	967—935
	阿舒尔丹二世	Ashur-Dan II	935—912

注：此表制作参见 A. Poebel, "The Assyrian King List from Khorsabad", *JNES* 1/3 (1942), pp. 247 – 306; A. Poebel, "The Assyrian King List from Khorsabad (continued)", *JNES* 1/4 (1942), pp. 460 – 492; A. Poebel, "The Assyrian King List from Khorsabad (concluded)", *JNES* 2/1 (1943), pp. 56 – 90; I. J. Gelb, "Two Assyrian King Lists", *JNES* 13 (1954), pp. 209 – 230; G. Roux, *Ancient Iraq*, 1st edition, London: Penguin Books, 1966, pp. 445 – 457。

三 米坦尼国王世系表

王名		统治年代
基尔塔	Kirta	1560
舒塔尔纳一世	Shuttarna I	?
帕萨塔塔/帕拉塔纳/巴拉塔纳	Parshatatar/Parrattarna/Barattarna	?
苏什塔塔	Saushtatar	?
阿塔塔马一世	Artatama I	?
舒塔尔纳二世	Shuttarna II	?
阿塔什马拉	Artashumara (Son of Shuttarna II)	?
图什拉塔	Tushratta	1350
阿塔塔马二世	Artatama II	?
舒塔尔纳三世	Shuttarna III	?
沙提瓦扎/库提瓦扎	Shattiwaza/Kurtiwaza	?
沙图阿拉一世	Shattuara I	?
瓦萨沙塔	Wasashatta	?
沙图阿拉二世	Shattuara II	?

注：此表制作参见 I. J. Gelb, *Hurrians and Subarians*, Chicago: University of Chicago Press, 1944, p. 76。

四 赫梯国王世系表

时期	王名		统治年代
古王国	图德哈里亚一世	Tudhaliyas	?
	普沙如马	PU-Sarruma	?
	拉巴纳一世	Labarna I	1750
	哈图什里一世/拉巴纳二世	Hattusilis I	1650—1620
	穆尔西里一世	Mursilis I	1620—1590
	罕提里一世	Hantilis I	1590—1560
	兹丹塔一世	Zidantas I	1560—1550
	阿姆纳	Ammuna	1550—1530
	胡兹亚一世	Huzziya I	1530—1525
	铁列平	Telepinus	1525—1500
中王国	阿鲁万纳	Alluwamna	?
	塔胡尔瓦伊里	Tahurwaili	?
	罕提里二世	Hantilis II	?
	兹丹塔二世	Zidantas II	?
	胡兹亚二世	Huzziya II	?
	穆瓦塔里一世	Muwatallis I	?

续表

时期	王名		统治年代
新王国（帝国）	图德哈里亚二世	Tudhaliyas I	1430/1420—1410/1400
	阿努万达一世	Arnuwandas I	1390/1370—1380/1355
	哈图什里二世	Hattusillis II	1410/1400—1400/1390
	图德哈里亚三世	Tudhaliyas II	1380/1355—1370/1344
	阿努万达二世	Arnuwandas II	1385—1375
	苏皮路里乌马一世	Suppiluliumas I	1370/1344—1330/1322
	阿努万达三世	Arnuwandas III	1330/1322—1330/1321
	穆尔西里二世	Mursilis II	1330/1321—1295
	穆瓦塔里二世	Muwatallis II	1295—1282/1271
	乌尔西·泰述布/穆尔西里三世	Urhi-Teshub	1282/1271—1275/1264
	哈图什里三世	Hattusilis III	1275/1264—1245/1239
	图德哈里亚四世	Tudhaliyas III	1245/1239—1215/1209
	阿努万达四世	Arnuwandas IV	1215/1209—1210/1205
	苏皮路里乌马二世	Suppiluliumas II	1210/1205—1200

注：关于赫梯中王国，没有任何资料保存下来，本表中所列中的中王国的6位国王也被认为是古王国的最后6位国王，而新王国的前4位统治者的先后顺序无法确定。此表制作参见：R. S. Hardy, "The Old Hittite Kingdom: A Political History", *AJSLL* 58/2 (1941), pp. 177-216; A. Goetze, "The Problem of Chronology and Early Hittite", *BASOR* 122 (1951), pp. 18-25; A. Goetze, "On the Chronology of the Second Millenium B. C.", *JCS* 11 (1957), pp. 53-73; O. R. Gurney, "The Hittite Lines of Kings and Chronology", *FsGuterbock* (1974), pp. 105-111; G. McMahon, "Hittite History", *BA* 52 (1989), pp. 62-77; A. Kuhrt, *The Ancient Near East, ca. 3000-330 B. C.*, London and New York: Routledge, 1995, p. 230。

五　埃及新王国国王世系表

王朝	王名		统治年代
第十八王朝	阿赫摩斯一世	AhmoseI	1550—1525
	阿蒙霍特普一世	AmonhotpeI	1525—1504
	图特摩斯一世	ThutmoseI	1504—1492
	图特摩斯二世	ThutmoseII	1492—1479
	哈特舍普苏特	Hatshepsut	1479—1457
	图特摩斯三世	ThutmoseIII	1479—1425
	哈特舍普苏特女王	Queen Hatshepsut	1473—1458
	阿蒙霍特普二世	AmonhotpeII	1425—1400
	图特摩斯四世	ThutmosisIV	1400—1390
	阿蒙霍特普三世	AmonhotpeIII	1390—1352
	阿蒙霍特普四世/埃赫那吞	AmohotpeIV/Akhenaton	1352—1336
	斯蒙卡拉	Smenkhkare	1338—1336
	图坦卡吞/图坦卡蒙	Tutankhaten/Tutankhamon	1336—1321/1320
	阿伊	Ay	1327—1323
	哈莱姆赫布	Horemheb	1323—1295

续表

王朝	王名		统治年代
第十九王朝	拉美西斯一世	Ramesses I	1295—1294
	塞提一世	Seti I	1294—1279
	拉美西斯二世	Ramesses II	1279—1213
	美楞普塔	Merenptah	1213—1203
	阿蒙美西斯	Amenmesses	1203—1200
	塞提二世	Seti II	1200—1194
	西普塔	Siptah	1194—1188
	泰乌斯里特	Twosret/Tewosret/Tausret	1188—1186
第二十王朝	塞特纳赫特	Setnakhte/Setnakt	1186—1184
	拉美西斯三世	Ramesses III	1184—1153
	拉美西斯四世	Ramesses IV	1153—1147
	拉美西斯五世	Ramesses V	1147—1143
	拉美西斯六世	Ramesses VI	1143—1136
	拉美西斯七世	Ramesses VII	1136—1129
	拉美西斯八世	Ramesses VIII	1129—1126
	拉美西斯九世	Ramesses IX	1126—1108
	拉美西斯十世	Ramesses X	1108—1099
	拉美西斯十一世	Ramesses XI	1099—1069

注：此表制作参见 I. Shaw, ed., *The Oxford History of Ancient Egypt*, Oxford and New York: Oxford University Press, 2000, pp. 479–483。表中第一栏为国王统治时间断限，第二栏为国王名字，第三栏为统治年代。关于古代埃及国王在位或统治年代，埃及学界有多个版本，其中 I. Shaw 的版本得到多数学者的认可。在国际学术界，古代埃及国王在位或统治年代有多个版本，但差异不是很大。

六 克里特文明年代表

分期	年代	陶器编年
前王宫时期	3500—2900	EMI
	2900—2300	EMIIA EMIIB
	2300—2100	EMIII
	2100—1900	MMIA
古王宫时期	1900—1800	MMIB
	1800—1750	MMIIA
新王宫时期	1750—1700	MMIIB
	1700—1650	MMIIIA
	1650—1600	MMIIIB
	1600—1500	LMIA

续表

分期	年代	陶器编年
后王宫时期	1500—1450	LMIB
	1450—1400	LMII
	1400—1350	LMIIIA
	1350—1100	LMIIIB

注:"EM""MM""LM"分别指"Early Minoan"(米诺斯文明早期)、"Middle Minoan"(米诺斯文明中期)和"Late Minoan"(米诺斯文明晚期)。参见 https://en.wikipedia.org/wiki/Helladic_chronology。

七 迈锡尼文明年代表

分期	年代	陶器编年
前王朝时期	3200—2650	EHI
	2650—2200	EHII
	2200—2000	EHIII
	2000—1900	MHI
	1900—1700	MHII
竖井墓王朝时期	1700—1550	MHIII
	1550—1500	LHIA
圆顶墓王朝时期	1500—1450	LHIB
	1450—1400	LHII
	1400—1350	LHIIIA1
	1350—1300	LHIIIA2
	1300—1230	LHIIIB1
	1230—1190	LHIIIB2
	1190—1130	LHIIIC1
	1130—1090	LHIIIC2
	1090—1060	LHIIIC3

注:"EH""MH""LH"分别指"Early Helladic"(迈锡尼文明早期)、"Middle Helladic"(迈锡尼文明中期)和"Late Helladic"(迈锡尼文明晚期)。参见 https://en.wikipedia.org/wiki/Helladic_chronology。

八　乌加里特国王世系表

	王名		统治年代
早期	尼克马都一世 雅卡如姆一世	Niqmaddu I Yaqarum I	1850 1825
晚期	阿米什塔姆如一世 尼克马都二世 阿尔哈布 尼克梅帕 阿米什塔姆如二世 伊比拉努 尼克马都三世 阿姆拉庇	Ammishtamru I/Ammittamru I Niqmaddu II Arhalbu/Arhalba Niqmepa Ammishtamru II/Ammittamru II Ibiranu NiqmadduIII Ammurapi	1360—1349 1349—1315 1315—1313 1313—1260 1260—1235 1235—1220 1220—1215 1215—1185

注：此表制作参见 K. A. Kitchen, "The King List of Ugarit", *UF* 9 (1977), pp. 131 - 142; M. S. Smith, *The Ugaritic Baal Cycle*: Vol. I. *Introduction with Text, Translation and Commentary of KTU 1.1 - 1.2*, Leiden: E. J. Brill, 1994, p. 90. 公元前 1360 年之前的乌加里特王表的依据仅有 KTU 1.113 号一块泥板，但因其损毁严重，所以除两位国王外，其他国王的名字和统治年代无法确定。

九　阿姆如国王世系表

王名		统治年代
阿布迪·阿什塔尔	Abdi-Ashirta	1380—1340
阿兹如	Aziru/Azirou	1340—1315
阿瑞·泰述布	Ari-Teshub	1315—1313
图庇·泰述布	Tuppi-Teshub	1313—1280
本特什纳	Benteshina/Ben-Teshina	1280—1275
沙庇里	Shapili	1275—1260
本特什纳	Benteshina/Ben-Teshina	1260—1230
绍什伽姆瓦	Shaushga-muwa/Shaushkamuwa	1230—1210

注：此表制作参见 B. Benz, *The Land Before the Kingdom of Israel*: *A History of the Southern Levant and the People who Populated It*, Winona Lake, 2006, pp. 141 - 179。

附录3：专有名词中英文对照表

Ab 阿布
Abu Salabikh 阿布·萨拉比赫
Abydos 阿拜多斯
Abdi-Ashirta 阿布迪·阿什尔塔
Abdi-Hepa 阿布迪·赫帕
Achaeans 阿卡亚人
Adad 阿达德
Adapa 阿达帕
Adonis 阿多尼斯
Adriatic Sea 亚得里亚海
Aegeus/The Aegean Sea 爱琴乌斯/爱琴海
Africa 阿非利加
Agade 阿卡德城
Ahhiyawa 阿黑亚瓦
Akhenatun 埃赫那吞
Akkad/Agade 阿卡德人
Alalakh 阿拉拉赫
Aram 阿拉姆
Alashiya 阿拉西亚
Alexandria 亚历山大里亚
Amanappa 阿玛纳帕
Amarna 阿玛纳
Amar-Sin 阿玛尔辛
Amenemhet I 阿蒙纳姆赫特一世
Amenemhet 阿蒙纳姆赫特

Amki 阿姆克
Ammiya 阿弥亚
Amon 阿蒙
Amorites 阿摩利人
Amphipolis 安菲坡利斯
Amud-pi-El 阿姆德皮埃尔
Amurru 阿姆如
Anatolia 安纳托利亚
Andarig 安达瑞格
Anitta 阿尼塔
Anshan 安山
Anu 安努
Anum 安努姆
Apil-kin 阿庇尔金
Apiru/Hapiru/Habiru 阿皮如
Apophis 阿坡菲斯
Aramaeans 阿拉米人
Arawanna 阿拉瓦纳
Ardata 阿尔达塔
Argolis/Argolid 阿尔戈利斯
Arinna 阿瑞娜
Arrapha 阿拉坡哈
Artashumara 阿尔塔舒马拉
Aruna 阿如纳
Aruru 阿鲁鲁
Arvad 阿瓦德

Arzawa 阿尔扎瓦
Ashkelon 阿什克龙
Ashnan 阿什南
Ashur 阿舒尔
Asia Minor 小亚细亚/小亚
Askut 阿斯库特
Aslakka 阿什拉卡
Asqudum 阿斯库杜姆
Aswan 阿斯旺
Assyria 亚述
Atarahasis 阿特拉哈西斯
Attis 阿提斯
Atum 阿图姆
Atun/Aten 阿吞
Avaris 阿瓦利斯
Ay 阿伊
Aziru/Azirou 阿兹如
Azzi-Hayasa 阿兹哈亚萨
Babylon 巴比伦
Babylonia 巴比伦尼亚
Bakhtan 巴赫坦
Batruna 巴特如纳
Beduin 贝都因
Behistun 贝希斯敦
Beirut 贝鲁特
Belet-Ili 贝莱特伊莉
Belit-Sheri 贝莉特塞瑞
Beni Hasan 拜尼哈桑
Benteshina / Ben-Teshina 本特什纳
Bentresh 本特莱什
Beth-shean 本特山
Biryawaza 博亚瓦扎
Boghazkoey 博卡茨科依
Bogazkale 博卡茨卡勒/博阿兹卡莱

Byblos 巴比罗斯
Canaan 迦南
Cape Sounion 苏尼翁海岬
Carchemish 卡开迈什/卡赫美士/迦基米施
Carthage 迦太基
Caucasia 高加索
Chaldaeans 迦勒底人
Canaan 伽南
Cilicia 西里西亚
Cnossos 克诺索斯
Coptic 科普特语
Crete 克里特
Cust 库斯特
Cyclades 塞克拉德斯
Cyprus 塞浦路斯
Daanu 达阿努人
Damascus/Dimasqu/Damas/Dimash/Upe 大马士革/迪马斯库/大马士/阿坡
Damhurasi 妲胡拉什
Damgulanna 妲姆古兰娜
Damkina 妲姆金娜
Danu-Hepa 妲努赫帕
Dapur 达普尔
Dardania/Masa/Mysia 达丹尼亚/马萨/美西亚
Deben 德本
Deir-el-Bahri 戴尔·埃尔巴赫瑞
Denyen 丹尼恩
Digris River 底格里斯河
Dilmun 狄勒蒙
Diyala 迪亚拉河
Dor 多尔

Dothaim-TaanachWay 杜泰姆－塔纳赫大路
Dumuzi 杜姆兹
Ea 埃阿
Ebabbar 埃巴巴尔
Ebla 埃伯拉
Edfu 伊德富
Egpyt 埃及
Ekallatu 埃卡拉图
Ekwesh/Eqwesh 埃克外什
Elam 埃兰
Elamites 埃兰人
Elluhut 埃鲁胡特
Enki 恩基
Enkidu 恩基都
Enlil 恩利尔
Emar 埃玛尔
Enuma Elish 埃努玛·埃利什
Ephesus 以弗所
Ereskigal 埃瑞什基伽尔
Eshuwara 埃舒瓦拉
Esnunna 埃什努那
Estan 埃斯坦
Etana 埃塔纳
Eteocretan 米诺斯语
Euphrates River 幼发拉底河
Fayyum 法尤姆
Ibal-pi-El 伊巴尔皮埃尔
Idrimi 伊德瑞米
Ili-Rapih 伊里·拉庇赫
Inanna 伊南娜
Ipiq-Ishtar 伊庇可·伊什塔尔
Irkab-Damu 伊尔卡布达姆
Irqata 伊尔卡塔

Ishbi-irra 伊什比埃拉
Ishuwa 伊舒瓦
Isin 伊新
Euphrates River 幼发拉底河
Fayum 法尤姆
Gaza 加沙
Geb 盖伯
Geshtue 戈什图
Gezer 吉泽
Gigunu 吉古努
Gilgamesh 吉尔伽美什
Giliya 吉里亚
Gilu-Hepa/Kilu-Hepa/Gilukhipa 姬露赫帕
Giza 吉萨
Gizzida 吉兹达
Griffith 格林菲斯
Gubla/Gebal 古布拉/盖巴尔
Gurob 古罗布
Gutians 库提人
Habur 哈布尔河
Hadad 哈达德
Halab/Halba/Khaleb/Aleppo 哈拉波/阿勒颇
Halmasuit 哈尔马斯维特
Hamashi 哈马什
Hammurabi 汉穆拉比
Hanigalbat/Khanigalbat 哈尼伽尔巴特
Hapalla 哈帕拉
Hasammeli 哈撒梅利
Hathor 哈托尔
Hatshepsut 哈特舍普苏特
Hatti/Khatti/Kheta/Kittim 哈梯
Hattic 哈梯语

Hattusha 哈图沙	Jahweh 耶和华
Haura 哈乌拉	Jebel Bishri 比什里山
Hazor 哈措尔	Jericho 耶利哥/杰里科
Hebat 赫巴特	Jerusalem 耶路撒冷
Hebrew 希伯来人/希伯来语	Jew 犹太人
Heliopolis 赫里奥坡利斯	Jezreel Valley 耶兹雷尔谷地
Hepat 赫帕特	Judah 犹大
Hepit 赫庇特	Kait 凯特
Hermopolis 赫尔摩坡利斯	Kalhu 卡尔胡
Herodotus 希罗多德	Kanesh 卡尼什
Heracleopolis 赫拉克里奥坡利斯	Karkisa 卡尔基萨
Hieroconpolis 赫拉康坡利斯	Karnak 卡尔纳克
Hiritum 赫瑞图	Kaska 卡什卡
Hittite 赫梯	Karnak 卡尔纳克
Horus 荷鲁斯	Kassites/Kassu/Kassi/Kasi/Kashi/
Hulla 胡拉	Galzu 加喜特人/伽勒祖
Humbaba 胡巴巴	Kato Zakros 扎克罗斯
Hurri 胡里	Kazallu 卡扎鲁
Hurrians 胡里人	Kebny 可布内
Hyksos 希克索斯人	Kerma 科尔玛
Ibbi-Sin 伊比辛	KhaburRiver 哈布尔河
Igigi 伊吉吉	Khamudi 哈穆迪
Ilan-sura 伊兰苏拉	Khasekhemwy 哈塞赫姆维
Iraq 伊拉克	Khatip 哈提普
Iran 伊朗	Kheta 赫塔
Irsappa 伊尔萨帕	Khiyan 黑延
Ishtar 伊什塔尔	Kikkuli 基库里
Ishtar-Sauska 伊什塔尔·绍什卡	Kindattu 金达图
Ishkur 伊西库尔	Kirgipa 科尔格帕
Ishuwa 伊舒瓦	Kish 基什
Ismerika 伊什麦里卡	Kishon Valley 基松谷地
Isin 伊新	Kizzuwatna/Cilicia 库祖瓦特纳/西里西亚
Israel 以色列	西亚
Israelite 以色列人	Knossos 克诺索斯

Kom el-Hetan 科姆·艾尔何坦
Kulitta 库丽塔
Kummiya 库米亚
Kurgus 库尔果斯
Kush 库什
Kussara 库萨拉
Kusuh 库苏赫
Kuta 库塔
Kuzzuwatna 库祖瓦特纳
Lachish 拉迟什
Lagash 拉伽什
Lahar 拉哈尔
Latakia 拉塔基亚
Larsa 拉尔萨
Levant 黎凡特
Libu/Rebu/ Lebu 利布
Libya 利比亚
Linear A 线形文字 A
LinearB 线形文字 B
Lugal-zage-si 卢伽尔扎吉西
Lukka 卢卡
Luwian 卢维人
Luxor 卢克索尔
Lycia/Lukka/Caria 吕西亚/卢卡
Lydia 吕底亚
Maat 玛阿特
Maat-Hor-Neferure 玛特·荷尔·奈菲茹瑞
Magan 马干
Malia 马里亚
Malkum 马勒库
Mami 玛米
Mamma 玛玛
Manetho 曼涅托

Mankisum 曼基苏
Mane 马奈
Marda 马尔达
Marduk 马尔都克
Mari 马瑞
Mariyu 马瑞余
Mashkan-shapir 马什干·沙庇尔
Mediterranean 地中海
Medjay 迈扎伊
Meluhha 麦鲁哈
Meryey 莫耶伊
Mesopotamia 美索不达米亚
Medes 米底
Medinet Habu 迈迪奈特·哈布
Megiddo 米格都
Memphis 孟斐斯
Meshwesh 迈什外什
Mezulla 梅祖拉
Miletus 米利都
Milkilu 密尔克鲁
Minetel Beida 米内特贝达
Minos 米诺斯
Minotaur 米诺斯牛
Mira-Kuwaliya 米拉库瓦里亚
Mirgissa 米尔格萨
Mitanni/Mittani 米坦尼
Moses 摩西
Mosul 摩苏尔
MountCarmel 卡梅尔
Mukis/Mushki 穆基什/穆什基
Mursu 穆尔苏
Mushanet 穆沙纳特
Mycenae 迈锡尼
NapLanum 那坡兰努

Naqada 涅伽达
Nahrin/Naharin 那哈林
Nrrn/Ne'arin/Nearin 奈林
Neferhotep I 奈菲尔霍特普一世
Nefertiti 奈菲尔提提
Nihriya 尼赫里亚
Nile 尼罗河
Nineveh 尼尼薇
Ninatta 尼娜塔
Ninkharsag 宁胡尔桑伽
Ninhursag 宁胡尔萨格
Ninmah 宁玛赫
Nintu 宁图
Nippur 尼普尔
Niqmaddu 尼克玛都
Niya 尼亚
Nubia 努比亚
Nugasse 努加舍
Nuhashishe/Nuhhashshi 努哈什舍
Nun 努恩
Nut 努特
Nuzi 奴孜
Orontes 奥伦特斯河
Osiris 奥西里斯
Palaian 帕莱人
Palermo 帕勒摩
Palestine 巴勒斯坦
Palmyra 帕尔米拉
Pamphylia 帕姆菲里亚
Panahate 帕纳哈特
Papadilmah 帕帕迪尔马赫
Parhi 帕尔黑
Peleset 派莱塞特
Peloponnese 伯罗奔尼撒

Pergamum 帕伽马
Perire 佩雷尔
Persepolis 波斯波利斯
Pi-Ramesses/Per-Ramses 培·拉美西斯
Phaistos 法伊斯托斯
Philae Island 菲莱岛
Philistine 腓力斯丁
Phoenicia 腓尼基
Pirwa 庇尔瓦
Pitassa 庇塔萨
Pre-Harakhte 帕拉赫拉赫提
Punt 蓬特
Pusharruma 普沙如马
Putu-Hepa 普图赫帕
Ptah 普塔
Proto-Elamite 原始埃兰文字
Pylos 皮洛斯
Qadesh 卡代什
Qalat Jarmo 恰拉特加莫
Qatina 卡提纳
Qatna 卡特纳
Qd/QodeKode 靠德
Ras Shamrah 拉斯沙姆拉
Re 拉
Rhodes 罗德岛
Rib-Hadda 瑞布·阿达
Rifeh 瑞弗
Rim-Sin 里木辛
Rishiya 里什亚
Rosetta 罗塞达
Rubutu 如布图
Salatiwara 萨拉提瓦拉
Samaria 撒玛利亚/亚玛拔

Samos 萨摩斯
Samuha 撒姆哈
Samuqan 撒穆坎
Sardinian 撒丁人
Satirna 撒提尔那
Sealand 海国王朝
Seha-River Land 塞哈河国
Semite 塞姆人
Semna 塞姆纳
Sesebi 塞斯比
Sesostris 塞索斯特里斯
Seth 塞特
Shabtuna 沙布图纳
Shamash 沙马什
Shapili 沙庇里
Shassuru 沙舒鲁
Shasu 沙苏人
Shatiwaza 沙提瓦扎
Shaushga-muwa/Shaushkamuwa 绍什伽姆瓦
Shaushka 绍什卡
Shbtu 什布图
Shehlali 舍赫拉里
Shekelesh 舍克莱什
Shigata 什伽塔
Shu 舒
Shu-Sin 舒辛
Sherden/Shardana 舍尔登/萨达纳
Shu 舒
Shulgi 舒尔吉
Shuruppak 舒鲁帕克
Shutruk-Nahhunte I 舒特鲁克纳洪特一世
Shutti 舒提

Sicily 西西里
Sidon 西顿
Siduri 西杜瑞
Silli-Sin 西里辛
Simaski 西马什基
Simyra 西迈拉
Sinai 西奈
Sippar 西帕尔
Sneferu 斯尼弗鲁
Sulinkatte 苏琳卡特
Sumer 苏美尔
Sumur 苏穆尔
Suma 舒纳
Susa 苏萨
Syria 叙利亚
Taanach Waters 塔纳赫水域
Tabsut-ili 塔布苏特·伊莉
Tadmar 塔德玛尔
Tadu-Hepa/Tadukhipa 塔度赫帕
Tagu 塔古
Takhsi 塔赫斯
Talmi-Sarruma 塔勒米沙如马
Tjaru/Sile/Tjel 特伽如/特杰尔/塞勒
Tammuz 塔姆兹
Taanach 塔纳赫
Taram-Uram 塔拉姆·乌拉姆
Tarhundaradu 塔尔胡达拉杜
Tasimment 塔斯蒙特
Taurus 陶如斯
Tawananna 塔瓦娜娜
Telipinu 铁列平
Tellel-Amarna 埃勒阿玛纳丘
Tell el-Daba 艾尔达巴丘
Tell Kaburi 卡布瑞丘

Teresh 特莱什
Teshub 泰述布
Teye 泰伊
Theseus 忒修斯
Teresh 泰莱什人
Thebes 底比斯
Thebes/Thivai 忒拜/锡韦（希腊城市）
The Nine Bows 九号
Thera 锡拉岛
Thoth 托特
Thuthotep 图特霍特普
Tiamat 提阿玛特
Tigris 底格里斯河
Tirigan 提瑞干
Tjekru/Tjeker/Tjeku 柴克如/柴库
Tunip 图尼普
Tuppi-Teshup 图庇·泰述布
Troy 特洛伊
Tunip 图尼普
Tutu 图图
Tuya 图雅
Tyre 推罗
Tyrrhenians 第勒尼安人
Ubaid 欧贝德
UD-hi/Uthi 乌德黑
Ugarit 乌加里特
Ullasa 乌拉萨
Umma 乌玛
Upe 乌普
Ur 乌尔
Ura 乌拉
UralMountain 乌拉尔山
Urartu 乌拉尔图
Urkesh 乌尔凯什

Ur-Nammu 乌尔纳姆
Uronarti 乌如纳提
Uruk 乌鲁克
Ur-Zababa 乌尔扎巴巴
Ut-napishtim 乌特那庇什提姆
Utu 乌图
Utu-hengal 乌图赫伽尔
Via Maris 马瑞斯大道
Vizier 维西尔
Wahlia 瓦赫里亚
Wanaxs 瓦纳克斯
Wasashatta 瓦萨沙塔
Washukanni 瓦苏卡尼
Washosh 瓦绍什
Weshesh/Weshwesh/Asher 维舍什/阿什尔
Wilusa 维鲁萨
Yamhad 延哈德
Yapah-Hadda 亚帕赫哈达
Yarim-Lim 雅瑞林
Yarmuti 亚尔姆提
Yatin-Amu 亚吞·阿姆
Yehem 亚罕
Yhw/Yahweh 雅赫维/耶和华
Yokneam 尤克纳姆
Yuya 尤亚
Zab River 扎布河
Zagros 扎格罗斯山脉
Zalhi 扎赫
Zefti 泽弗提
Zeus 宙斯
Zimr-Edda 兹穆尔埃达
Zimri-Lim 金瑞林
Zinzar 泽扎尔

附录4：缩略语对照表

一　著作

ABC　A. K. Grayson, *Assyrian and Babylonian Chronicles*, Locust Valley: Augustin, 1975.

AEL　M. Lichtheim, *Ancient Egyptian Literature*, Vols. I – III, Berkeley, Los Angeles and London: University of California Press, 1973 – 1980.

AEO　A. H. Gardiner, *Ancient Egyptian Onomastica*, Vols. I – III, Oxford and New York: Oxford University Press, 1947.

AH　H. Otten, *Die Apologie Hattusilis III*, Wiesbaden: Harrassowitz, 1981.

AM　A. Gotze, *Die Annalendes Mursilis*, Leipiz: Hinrichs, 1933.

ANEP　J. B. Pritchard, ed., *Ancient Near East in Pictures*, Princeton: Princeton University Press, 1954.

ANET　J. B. Pritchard, ed., *Ancient Near Eastern Texts Relating to the Old Testament*, 2nd edition, Princeton: Princeton University Press, 1955.

ARAB　D. D. Luckenbill, *Ancient Records of Assyria and Babylonia*, Vols. I – II, New York: Greenwood Press, 1926 – 1927.

ARE　J. H. Breasted, *Ancient Records of Egypt: Historical Documents from the Earliest Times to the Persian Conquest*, Vols. I – V, Chicago: University of Chicago Press, 1906.

ARMT　G. Dossin, *Archives Royales de Mari*, Vols. I – VII, Paris: Imprimerie Nationale, 1950 – 1957.

AT　D. J. Wiseman, *The Alalakh Tablets*, London: British Institute of Archaeology at Ankara, 1953.

BMDAEI. Shaw, P. Nicholson, eds., *British Museum Dictionary of Ancient Egypt*, London: British Museum Press, 1995.

CAH　I. E. S. Edwards, C. J. Gadd, N. G. L. Hammond, E. Sollberger, et al. , eds. , *The Cambridge Ancient History*, Vols. I – XIV, Cambridge: Cambridge University Press, 1970 – 2001.

CANE　J. M. Sasson, ed. , *Civilizations of the Ancient Near East*, New York: Simon and Schuster Macmillan, 1995.

CTH　E. Laroche, *Catalogue des Texts Hittites*, 2nd edition, Paris: Klincksieck, 1971.

EA　W. L. Moran, ed. , *The Amarna Letters*, revised edition, Baltimore and London: Johns Hopkins University Press, 1992.

EHRLED　B. Cumming, *Egyptian Historical Records of the Late Eighteen Dynasty*, Vols. I – II, Warminster: Aris and Phillips, 1982 – 1984.

EHRLED　B. G. Davies, *Egyptian Historical Records of the Late Eighteenth Dynasty*, Vols. III – VI, Warminster: Aris and Philips, 1992 – 1995.

HAE　N. Grimal, *A History of Ancient Egypt*, Oxford: Blackwell Publishers, 1992.

HDT　G. Beckman, *Hittite Diplomatic Texts*, 2nd edition, Atlanta: Scholars Press, 1999.

HDM　G. Leick, *Historical Dictionary of Mesopotamia*, New York: Scarecrow Press, 2003.

HRRW. F. Edgerton, J. A. Wilson, *Historical Records of Ramses III: The Texts in Medinet Habu*, Vols. I – II, Chicago: University of Chicago Press, 1936.

KRI　K. A. Kitchen, ed. , *Ramesside Inscriptions Historical and Biographical*, Vols. I – VII, Oxford: Blackwell Publishers, 1975 – 1989.

KRIT　K. A. Kitchen, ed. , *Ramesside Inscriptions: Translated and Annotated Notes Translations*, Vols. I – VI, Oxford: Blackwell Pulishings, 1995 – 2012.

LEM　R. A. Caminos, *Late Egyptian Miscellanies*, London and New York: Oxford University Press, 1954.

MARVB. Feller, *Mittelassyrishe Rechtsurkunden und Verwaltungstexe*, Wiesbaden: Otto Harrasowitz, 2007.

OEAE　D. B. Redford, ed. , *The Oxford Encyclopedia of Ancient Egypt*, Vols. I – III, Oxford and New York: Oxford University Press, 2001.

OHAE　I. Shaw, ed. , *The Oxford History of Ancient Egypt*, Oxford and New York: Oxford University Press, 2000.

RIMA　A. K. Grayson, ed. , *The Royal Inscriptions of Mesopotamia, Assyrian Periods*, Vols. I – III, Toronto: University of Toronto Press, 1991.

RIME   D. Frayne, ed. , *The Royal Inscriptions of Mesopotamia*, *Early Periods*, Vols. I – III, Toronto: University of Toronto Press, 1990.

TTA   M. Sandman, ed. , *Texts from the Time of Akhenaton*, Brussel: Edition de la Fondation Egyptologique Reine Elisabeth, 1938.

Urk   K. H. Sethe, ed. , *Urkunden der 18 Dynastie*, fascicles I – XVI, Leipzig: J. C. Hinrichs'sche Buchhandlung, 1906 – 1909; W. Helck, ed. , *Urkunden der 18. Dynastie*, fascicles XVII – XXII, Berlin: Akademie-Verlag, 1955 – 1968.

Wb   A. Erman, H. Grapow, eds. , *Worterbuch der Agyptischen Sprache im Auftrage der Deutschen Akademien*, Leipzig and Berlin: Akademien-Verlarg, 1926 – 1931.

二　杂志

AA   *American Anthroplogist*

AASOR   *Annual of American Schools of Oriental Research*

AfO   *Archiv für Orientforschung*

AJA   *American Journal of Archaeology*

AJIL   *The American Journal of International Law*

AJSLL   *The American Journal of Semitic Languages and Literatures*

AnOR   *Analecta Orientalia*

AnSt   *Anatolian Studies*

AOAT   *Alter Orient und Altes Testament*

AoF   *Altorientalische Forschungen*

AOS   *American Oriental Series*

ARM   *Archives Royales de Mari*

AS   *Assyriological Studies*

ASAE   *American Society of Agricultural Engineers*

AWE   *Ancient West and East*

BA   *The Biblical Archaoelogist*

BAR   *Biblical Archaoelogy Review*

BASOR   *Bulletin of the American Schools of Oriental Research*

BCSMS   *Bulletin of the Canadian Society for Mesopotamian Studies*

BICS   *Bulletin of the Institute of Classical Studies*

BiOr   *Bibliotheca Orientalis*

BJRL   *Bulletin of John Rylands Library*

BM   *British Museum*

BMSAES   British Museum Studies in Ancient Egypt and Sudan
BSOAS   Bulletin of the School of Oriental and African Studies
CA   Current Archaeology
CAD   The Assyrian Dictionary of the Oriental Institute of the University of Chicago
CAH   The Cambridge Ancient History
CAJ   Cambridge Archaeological Journal
Cd'E   Chronique d'Egypt
DS   Diplomacy and Statecraft
GM   Gottinger Miszellen Beitrage zur Agyptologischen Diskussion
HAB   Hildesheimer Agyptologische Beitrage
HSS   Harvard Semitic Studies
HUCA   Hebrew Union College Annual
IEJ   Israel Exploration Journal
IOS   Israel Oriental Studies
ISQ   International Studies Quarterly
JAAS   Journal of Assyrian Academic Studies
JAC   Journal of Ancient Civilizations
JAOS   Journal of the American Oriental Society
JARCE   Journal of the American Research Center in Egypt
JBL   Journal of Biblical Literature
JCS   Journal of Cuneiform Studies
JEA   Journal of Egyptian Archaeology
JESHO   Journal of the Economic and Social History of the Orient
JFA   Journal of Field Archaeology
JIATAU   Journal of the Institute of Archaeology of Tel Aviv University
JIES   Journal of Indo-European Studies
JMA   Journal of Mediterranean Archaeology
JMAA   Journal of Mediterranean Anthropology and Archaeology
JNES   Journal of Near Eastern Studies
JNSL   Journal of Northwest Semitic Languages
JRAIGBI   The Journal of the Royal Anthropological Institute of Great Britain and Ireland
JSS   Journal of Semitic Studies
JSSEA   Journal of the Society for the Study of Egyptian Antiquities

JWH   *Journal of World History*
MIR   *Management International Review*
MARV   *Mittelassyriche Rechtsurkunden und Verwaltungstexts*
NABU   *Nouvelles Assyriologiques Brieves et Utilitaires*
NsARCE   *American Research Center in Egypt Newsletter*
NSSEA   *Newsletter of the Society for the Study of Egyptian Antiquities*
OBO   *Orbis Biblicus et Orientalis*
OIP   *The University of Chicago Oriental Institute Publications*
Or. NS   *Orientalia Nova Series*
PPAC   *Periodical Publications in Ancient Civilizations*
QR   *Quaternary Research*
RA   *Revue d'Assyriologie et d'Archeologie Orientale*
Rde   *Revue d'Egyptologie*
RHA   *Revue Hittite et Asianique*
RIMA   *The Royal Inscriptions of Mesopotamia Assyrian Periods*
RIMB   *The Royal Inscriptions of Mesopotamia Babylonian Periods*
RINAB   *The Royal Inscriptions of the Neo-Assyrian Periods*
RIA   *Reallexikon der Assyriologie und Vorderasiaticshen Archaologie*
SAA   *State Archives of Assyria*
SAAB   *State Archives of Assyria Bulletin*
SAAS   *State Archives of Assyria Studies*
SMEA   *Studi Micenei ed Egeo-Anatolici*
SAK   *Studien zur Altagyptischen Kultur*
SIMA   *Studies in Mediterranean Archaeology*
SAOC   *Studies in Ancient Oriental Civilization*
TA   *Tel Aviv*
UET   *Ur Excavations Texts*
UF   *Ugarit Forschungen*
VT   *Vetus Testamentum*
WA   *World Archaeology*
ZA   *Zeitschrift für Assyriologie und Vorderasiatishen Archaologie*
ZAR   *Zeitschrift für Altorientalische und Biblishe Rechtsgeschichte*
ZAS   *Zeitschrift für Agyptische Sprache und Altertumskunde*
ZDPV   *Zeitschrift des Deutschen Palastina-Vereins*

参考文献

一 西文论文

Ahituv, S., "Economic Factors in the Egyptian Conguest of Canaan", *IEJ* 28 (1978), pp. 93 – 105.

Albright, W. F., "Northwest-Semitic Names in a List of Egyptian Slaves from the Eighteen Century B. C.", *JAOS* 74 (1954), pp. 222 – 233.

Albright, W. F., "The Date of the Foundation of the Early Egyptian Temple of Byblos", *ZAS* 62 (1926), pp. 62 – 63.

Aldred, C., "Egypt: The Amarna Period and the End of the Eighteenth Dynasty", *CAH* II/2, pp. 49 – 97.

Aldred, C., "The Beginning of the El-Amarna Period", *JEA* 45 (1959), pp. 19 – 33.

Aldred, C., "Two Altered Insrciptions of the Later Amarna Period", *JARCE* 25 (1988), pp. 117 – 126.

Algaze, G., "The Uruk Expansion: Cross-Cultural Exchange in Early Mesopotamian Civilization", *CA* 30 (1989), pp. 571 – 608.

Algright, W. F., "The Eighteenth Century Princes of Byblos and Chronology of the M. B. A.", *BASOR* 176 (1964), pp. 38 – 46.

Aldred, C., "The End of the EL-Amarna Period", *JEA* 43 (1957), pp. 30 – 41.

Aldred, C., "The Beginning of the EL-Amarna Period", *JEA* 45 (1959), pp. 19 – 33.

Allen, T. G., "The Story of an EgyptianPolitician", *AJSL* 38/1 (1921), pp. 55 – 62.

Altman, A., "Rethinking the Hittite System of Subordinate Countries from the Legal Point of View", *JOAS* 123 (2003), pp. 741 – 756.

Altman, A., "The Mittanian Raid of Amurru Reconsidered", *AfO* 30 (2003), pp. 345 – 371.

Archi, A., "The Propaganda of Hattusilis III", *SMEA* 14 (1971), pp. 185 – 215.

Artzi, P., "EA 42, The Eariest Known Case of Parsu, 'Correct Internationa Custom'", in J. Klein, Y. Sefati, *An Experienced Scribe Who Neglects Nothing: Ancient Near Eastern Studies in Honor of Jacob Klein*, Bethesda: CDL Press, 2005, pp. 462 – 479.

Artzi, P., "The Diplomacy: A Full-fledged Doplomatic System?", in R. Cohen, R. Westbrook, eds., *Amarna Diplomacy: The Beginnings of International Relations*, Baltimore and London: Johns Hopkins University Press, 2000, pp. 205 – 211.

Assmann, J., "Death and Initiation in the Funerary Religion of Ancient Egypt", in J. P. Allen, et al., eds., *Religion and Philosophy in Ancient Egypt*, New Haven: Yale University Press, 1989, pp. 135 – 159.

Astour, M. C., "New Evidence on the Last Days of Ugarit", *AJA* 69 (1965), pp. 253 – 258.

Astour, M. C., "Overland Trade Routes in Ancient Western Asia", in J. M. Sasson, ed., *Civilizations of the Ancient Near East*, New York: Charles Scribner's Sons, 1995, pp. 1401 – 1420.

Astour, M. C., "TheHapiru in the Amarna Texts: Basic Points of Controversy", *UF* 31 (1999), pp. 31 – 50.

Astour, M. C., "Ugarit and the Great Powers", in G. D. Young, ed., *Ugarit in Retropect*, Winona Lake: Eisenbrauns, 1981, pp. 3 – 29.

Baines, J., "Interpreting Sinuhe", *JEA* 68 (1982), pp. 31 – 45.

Baines, J., Yoffee, N., "Order, Legitimacy, and Wealth in Ancient Egypt and Mesopotamia", in G. Feinman, J. Marcus, eds., *The Archaic State: A Comparative Perspective*, Santa Fe: School of American Research Press, 1998, pp. 199 – 260.

Bakker, J. A., et al., "The Earliest Evidence of Wheeled Vehicles in Europe and the Near East", *Antiquity* 73 (1999), pp. 778 – 290.

Barnett, R. D., "The Sea Peoples", *CAH* II/2, pp. 359 – 378.

Beckman, G., "International Law in the Second Millennium: Late Bronze Age", in R. Westbrook, *A History of Ancient Near Eastern Law*, Vol. I, Leiden and

Boston: E. J. Brill, 2003.

Beckman, G., "Mesopotamians and Mesopotamian Learning at Hattusa", *JCS* 35/1 (1983), pp. 97 – 114

Beckman, G., "New Joins to Hittite Treaties", *ZA* 87 (1997), pp. 96 – 100.

Beckman, G., "Royal Ideology and State Administration in Hittite Anatolia", in J. M. Sasson, ed., *Civilizations of the Ancient Near East*, Peabody: Hendrickson Publishing, 2000, pp. 529 – 543.

Beckman, G., "Review of International Relations in the Ancient Near East, 1600 – 1100 B. C.", *JAOS* 122 (2002), pp. 873 – 874.

H. Bell, "Popular Religion in Graeco-Roman Egypt: The Pagan Period", *JEA* 34 (1948), pp. 82 – 97.

Benedict, W. C., "Urartians and Hurrians", *JAOS* 80 (1960), pp. 100 – 104.

Bennett, J., "The Restoration Inscription of Tut'ankhamun", *JEA* 25 (1939), pp. 8 – 15.

Ben-Tor, A., "The Relations between Egpyt and the Land of Canaan during the Third Millinnium B. C.", *AJA* 85 (1981), pp. 449 – 452.

Ben-Tor, A., "The Trade Ralations of Palestine in the Early Bronze Age", *JESHO* 29 (1986), pp. 1 – 27.

Berridge, G. R., "Amarna Diplomacy: A Full-Fledged Diplomatic System?", in R. Cohen, R. Westbrook, eds., *Amarna Diplomacy: The Beginnings of International Relations*, Baltimore and London: Johns Hopkins University Press, 2000, pp. 212 – 224.

Betancourt, P. P., "Dating the Aegean Late Bronze Age with Radio-carbon", *Archaeology* 29 (1987), pp. 45 – 49.

Bietak, M., "Canaan and Egypt during the Middle Bronze Age", *BASOR* 281 (1991), pp. 27 – 72.

Bleiberg, E., "Commodity Exchange in the Annals of Tuthmosis III", *JSSEA* 11 (1981), pp. 107 – 110.

Boddens-Hosang, F. J. E., "Akheaten's Year Twelve Reconsidered", *DE* 12 (1988), pp. 7 – 9.

Breasted, J. H., "When did the Hittites Enter Palestine?", *AJSL* 21/3 (1905), pp. 153 – 158.

Brinkman, J. A., "Foreign Relations of Babylonian from 1600 to 625 B. C.:

The Documentary Evidence", *AJA* 76/3 (1972), pp. 271 – 281.

Bryan, B. M., "The 18th Dynasty before the Amarna Period (ca. 1550 – 1352 B. C.)", *OHAE*, pp. 237 – 241.

Bryan, B. M., "The Egyptian Perspective on Mitanni", in R. Cohen, R. Westbrook, eds., *Amarna Diplomacy: The Beginnings of International Relations*, Baltimore and London: Johns Hopkins University Press, 2000, pp. 71 – 84.

Bryce, T. R., "The Boundaries of Hatti and Hittite Border Policy", *TA* 13 (1986), pp. 85 – 102.

Bryce T. R., "The 'Eternal Treaty' from the Hittite Perspective", *BMSAES* 6 (2006), pp. 1 – 11.

Campbell, E. F., "The Amarna Letters and the Amarna Period", *BA* 23 (1960), pp. 2 – 22.

Campbell, E. F., "Shechem in the Amarna Archive", in G. E. Wright, ed., *Shechem: The Biography of a Biblical City*, London: Duckworth, 1965, pp. 191 – 207.

Campbell, E. F., "Shechem in the Amarna Archive", in G. E. Wright, *Shechem: The Biography of a Biblical City*, New York: McGraw-Hill, 1964, pp. 191 – 207.

Cerny, J., "Reference to Blood Brotherhood among Semites in an Egyptian Text of the Ramesside Period", *JNES* 14/3 (1955), pp. 161 – 163.

Chaney, M. L., "Ancient Palestinian Peasant Movements and the Formation of Premonarchic Israel", in D. N. Freedman, D. F. Graf, eds., *Palestine in Transition: The Emergence of Ancient Israel*, Sheffield: Almond Press, 1983, pp. 39 – 90.

Cline, E. H., "Amenhotep III and the Aegean: A Reassessment of Egypto-Aegean Relations in the 14th Century", *Or. NS* 56 /1 (1987), pp. 1 – 36.

Cilingiroglu, A., . "Mass Deportations in the Urartian Kingdom", *AnaAras* 9 (1983), pp. 319 – 323.

Cochavi-Rainey, Z., "Egyptian Influence in the Amarna Texts", *UF* 29 (1997), pp. 95 – 114.

Cochavi-Rainey, Z., "Some Grammatical Notes on EA 14", *IOS* 18 (1998), pp. 207 – 228.

Cohen, R., "On the Diplomacy in the Ancient Near East: The Amarna Letters", *Diplomacy and Statecraft* 7 (1996), pp. 245 – 270.

Cohen, R. , "Intelligence in the Amarna Letters", in R. Cohen, R. Westbrook, eds. , *Amarna Diplomacy*: *The Beginnings of International Relations*, Baltimore and London: Johns Hopkins University Press, 2000, pp. 85 – 100.

Cohen-Weinberger, A. , Goren, Y. , "Leventine-Egyptian Interactions during the 12th to the 15th Dynasties Based on the Petrography of the Canaanite Pottery from Tell el-Dab'a", *Egypt and the Levant* 14 (2004), pp. 69 – 100.

Collins, B. J. , "Hattusili I: The Lion King", *JCS* 50 (1998), pp. 15 – 20.

Costello, S. K. , Image, Memory and Ritual: Reviewing the Antecedents of Writing, *CAJ* 21/2 (2011), pp. 247 – 262.

David, S. R. , "Realism, Contructivism, and the Amarna Letters", in R. Cohen, R. Westbrook, eds. , *Amarna Diplomacy*: *The Beginnings of International Relations*, Baltimore and London: Johns Hopkins University Press, 2000, pp. 54 – 67.

Davies, Norman de Garis, "Akhenaten at Thebes", *JEA* 9 (1923), pp. 132 – 152.

Davies, W. V. , "Kush in Egypt: A New Historical Inscription", *Sudan and Nubia* 7 (2003), pp. 52 – 55.

Dever, W. G. , " 'Hyksos', Egyptian Destructions and the End the Palestinian Middle Bronze Age", *Levant* 22 (1990), pp. 75 – 89.

Dever, W. G. , "Relations between Syria-Palestine and Egypt in the 'Hyksos' Period", in J. N. Tubb, ed. , *Palestine in the Bronze and Iron Ages*: *Papers in Honours of Olga Tufnell*, London: Institute of Archaeology, 1985, pp. 69 – 87.

Dever, W. G. , "The Chronology of Syria-Palestine in the 2nd millennium B. C. : A Review of Current Issues", *BASOR* 288 (1992), pp. 1 – 25.

Dever, W. G. , "The Late Bronze Age-Early Iron I Horizon in Syria-Palestine: Egyptians, Canaanites, 'Sea Peoples', and Proto-Israelites", in W. A. Ward, M. S. Joukowsky, eds. , *The Crisis Years*: *The Twelfth Century B. C. from beyond the Danube to the Tigris*, Dubuque: Kendall/Hunt Publishing Company, 1992, pp. 99 – 110.

Dever, W. G. , "The Middle Bronze Age: The Zenith of the Urban Canaanite", *BA* 50 (1987), pp. 149 – 177.

Dever, W. G. , "The 'Middle Bronze I Period in Syria and Palestine", in J. A. Sanders, ed. , *Near Eastern Archaeology in the Twentieth Century*: *Essays in*

Honor of Nelson Glueck, Garden City: Doubleday, 1970, pp. 152 – 163.

Dion, P. E., "Aramaean Tribes and Nations of First-Millennium Western Asia", *CANE*, pp. 1281 – 1294.

Drower, M. S., "Syria ca. 1550 – 1400 B. C. ", *CAH* II/1, pp. 417 – 525.

Drower, M. S. "Ugarit in the Fourteenth and Thirteenth Centuries B. C. ", *CAH* II/2, pp. 130 – 160.

Eaton-Krauss, M., "Akhenaten versus Akhenaten", *BiOr* 47 (1990), pp. 541 – 559.

Eaton-Krauss, M., "Tutanchamun", *LA* 6 (1985), pp. 812 – 816.

Edens, C., "Dynamics of Trade in the Ancient Mesopotamian 'World System'", *AA* 94/1 (1992) pp. 118 – 139.

Edgerton, W. F., "The Government and the Governed in the Egyptian Empire", *JNES* 6 (1947), pp. 152 – 160.

Edzard, D. O., "Amarna und die Archiv seiner Korrespondenten zwischen Ugarit und Gaza", in J. Amitai, ed., *Biblical Archaeology Today*, Jerusalem: Israel Exploration Society, 1985, pp. 248 – 259.

Engelbach, R. "Material for the Revision of the History of the Heresy Period of the 18th Dynasty", *ASAE* 40 (1940), pp. 133 – 155.

Fairman, H. W., "The Supposed Year 21 of Akhenaten", *JEA* 46 (1960), pp. 108 – 109.

Faulkner, R. O., "Egypt: From the Inception of the 11th Dynasty to the Death of Ramesses III", *CAH* II/1, pp. 217 – 251.

Faulkner, R. O., "Egyptian Military Organization", *JEA* 39 (1953), pp. 32 – 47.

Faulkner, R. O., "The Battle of Megiddo", *JEA* 28 (1942), pp. 2 – 15.

Feldman, M. H., "Luxurious Forms: Refining a Mediterranean 'International Style', 1400 – 1200 B. C. E. ", *Art Bulletin* 84 (2002), pp. 6 – 29.

Fine, A. H., "Studies in Middle Assyrian Chronology and Religion", *HUCA* 24 (1954), pp. 107 – 168, 187 – 273.

Finkelstein, I., Na'Aman, N., "Shechem of the Amarna Period and the Rise of the Northern Kingdom of Israel", *IEJ* 55/2 (2005), pp. 172 – 193.

Finkelstein, I., "Philistine Chronology: High, Middle or Low?", in S. Gitin, A. Mazar, E. Stern, eds., *Mediterranean Peoples in Transition: Thirteenth to Early Tenth Centuries B. C. E.*, Jerusalem: Israel Exploration Society, 1998, pp. 140 – 147.

Finkelstein, I. , "The Stratigraphy and Chronology of Megiddo and Beth-Shan in the 12th – 11th Centuries B. C. E. ", *TA* 23 (1996), pp. 170 – 184.

Finkelstein, I. , "The Territorial-Political System of Canaan in the Late Bronze Age", *UF* 28 (1996), pp. 221 – 255.

Friedrich, W. L. , Kromer, B. , Friedrich, M. , Heinemeier, J. , Pfeiffer, T. , Talamo, S. , "Santorini Eruption Radiocarbon Dated to 1627 – 1600 B. C. ", *Science* 312 (2006), p. 548.

Friedrich, W. L. , Kromer, B. , Friedrich, M. , Heinemeier, J. , Pfeiffer, T. , Talamo, S. , "The Olive Branch Chronology Stands Irrespective of Tree-ring Counting", *Antiquity* 88/339 (2014), pp. 274 – 277.

Galter, H. D. , "Looking down the Tigris: The Interrelations between Assyria and Babylionia", in G. Leick, ed. , *The Babylonian World*, London and New York: Routledge, 2007, pp. 527 – 540.

Gelb, I. J. , "The Early Hisory of the West Semitic Peoples", *JCS* 15/1 (1961), pp. 27 – 47.

Gelb, I. J. , "Two Assyrian King Lists", *JNES* 13 (1954), pp. 209 – 230.

Gilmore, J. , *Mycenaean Trade with the East Mediterranean*, Thesis, Durham: Durham University, 1977, pp. 74 – 84.

Ginsberg, H. L. , "Aramaic Letters", in J. B. Pritchard, ed. , *Ancient Near Eastern Texts Relating to the Old Testament*, Princeton: Princeton University Press, 1969, pp. 491 – 492.

Giveon, R. , "Hyksos Scarabs with Names of Kings and Officials from Canaan", *CdʼE* 49 (1974), pp. 222 – 233.

Giveon, R. , "New Egyptian Seals with Titles and Names from Canaan", *TA* 3 (1976), pp. 127 – 133.

Giveon, R. , "The Impact of Egypt on Canaan in the Middle Bronze Age", in A. F. Raindy, ed. , *Egypt, Israel, Sinai: Archaeological and Historical Relationships in the Biblcal Period*, Tel Aviv: Tel Aviv University Press, 1987, pp. 23 – 40.

Giveon, R. , "Thutmosis IV and Asia", *JNES* 28 (1969), pp. 54 – 59.

Glatz, C. , "Empire as Network: Spheres of Material Interaction in Late Bronze Age Anatolia", *JAA* 28 (2009), pp. 127 – 141.

Goedicke, H. , "Egyptian Military Actions in 'Asia' in the Middle Kingdom",

Rde 42 (1991), pp. 89 – 94.

Goedicke, H., "The Canaanite Illness", *SAK* 11 (1984), pp. 91 – 105.

Goetze, A., "Anatolia from Shuppiluliumash to the Egyptian War of Muwatallish", *CAH* II/2, pp. 117 – 129.

Goetze, A., "A New Letter from Ramesses to Hattusilis", *JCS* 1 (1947), pp. 241 – 252.

Goetze, A., "On the Chronology of the Second Millenium B. C.", *JCS* 11 (1957), pp. 53 – 73.

Goetze, A., "Review of Hurrians and Subarians by Igance J. Gelb", *JNES* 5/2 (1946), pp. 165 – 168.

Goetze, A., "The Hittites and Syria", *CAH* II/2, pp. 252 – 273.

Goetze, A., "The Problem of Chronology and Early Hittite", *BASOR* 122 (1951), pp. 18 – 25.

Goetze, A., "The Struggle for the Domination of Syria (1400 – 1300 B. C.)", *CAH* II/2 pp. 1 – 20.

Goren, Y., Finkelstein, I., Na'aman, N., "Petrographic Investigation of the Amarna Tablets", *NEA* 65 (2002), pp. 196 – 205.

Goren, Y., Finkelstein, I., Na'aman, N., "The Expansion of the Kingdom of Amurruaccording to Petrographic Investigation of the Amarna Tablets", *BASOR* 329 (2003), pp. 1 – 11.

Goren, Y., Finkelstein, I., Na'aman, N., "The Seat of Three Disputed Canaanite Rulersaccording to Petrographic Investigation of the Amarna Tablets", *TA* 29 (2002), pp. 221 – 237.

Gragg, G. B., "Less-Understood Languages of Ancient Western Asia", in J. M. Sasson, ed., *Civilizations of the Ancient Near East*, Vols. I – IV, New York: Charles Scribner's Sons, 1995, pp. 2161 – 2179.

Grayson, A. K., "Histories and Historians of the Ancient Near East: Assyria and Babylonia", *Orientalia* 49/1 (1980), pp. 140 – 194.

Green, M., "The Syrian and Lebanese Topographical Data in the Story of Sinuhe", *Cd' E* 58 (1983), pp. 38 – 59.

Griffith, N., "Akhenaten and Hittites", *JEA* 9 (1923), pp. 78 – 89.

Gunbatti, C., "Kultepe'den Akadli Sargon'a Ait Bir Tablet", *Archivum Anatolicum* 3 (1998), pp. 131 – 155.

Guner, S., Druckman, D., "Identification of a Princess under Incomplete Information: An Amarna Story", *Theory and Decision* 4 (2000), pp. 383 – 407.

Guo, Dantong, "The Relationships of Egypt and the Western Asia during the Middle Kingdom Reflected in the Inscription of Amenemhet II from Memphis", *JAC* 13 (1998), pp. 83 – 90.

Guo, Dantong, "The Relationships of Egypt and Palestine during Early Bronze Age (ca. 3400 – 2000 B. C. E.)", *JAC* 17 (2002), pp. 1 – 6.

Guo, Dantong, "The Relationships of Egypt and Palestine during Late Bronze Age (ca. 1550/ 1500 – 1200 B. C. E.)", *JAC* 18 (2003), pp. 63 – 74.

Guo, Dantong, "The Relationships of Egypt and Palestine during Late Bronze Age (ca. 2000 – 1550/ 500 B. C. E.)", *JAC* 19 (2004), pp. 89 – 110.

Guterbock, H. G. , "The Deeds of Suppiluliuma as Told by His Son, Mursili II", *JCS* 10 (1956), pp. 41 – 68, 75 – 98, 101 – 130.

Guterbock, H. G. , "Carchemish", *JNES* 13 (1954), pp. 102 – 114.

Guterbock, H. G. , "The Hittite Conquest of Cyprus Reconsidered", *JNES* 26 (1967), pp. 73 – 81.

Guterbock, H. G. , "The Hurrian Element in the Hittite Empire", *JWH* 2/2 (1954), pp. 383 – 394.

Guterbock, H. G. , "The Song of Ullikummi Revised Text of the Hittite Version of a Hurrian Myth", *JCS* 5/4 (1951), pp. 135 – 161.

Guterbock, H. G. , "The Song of Ullikummi Revised Text of the Hittite Version of a Hurrian Myth (Continued)", *JCS* 65/1 (1952), pp. 8 – 42.

Hachmann, R. , "DieAgyptische Verwaltung in Syrien wahrend der Amarnazeit", *ZDPV* 98 (1982), pp. 17 – 49.

Hall, H. R. , "Egypt and the External World in the Time of Akhenaten", *JEA* 7 (1921), pp. 39 – 53.

Halligan, J. M. , "The Role of the Peasant in the Amarna Period", in D. N. Freedman, D. F. Graf, eds. , *Palestine in Transition: The Emergence of Ancient Israel*, Sheffield: Almond Press, 1983, pp. 15 – 24.

Hallo, W. W. , "Trade and Traders in the Ancient Near East: Some New Perspectives", in D. Charpin, F. Joannes, eds. , *La Circulation des Biens des Personnes et des Idees dans le Proche-Orient Ancien*, Paris: Editions Recherche sur les Civilisations, 1992, pp. 351 – 356.

Hankey, V. , "Egypt, the Aegean, and the Levant", *Egyptian Archaeology* 3 (1993), pp. 27 – 29.

Hankey, V., "The Aegean Interest in EL-Amarna", *JMAA* 1 (1981), pp. 38 – 49.

Hansman, J., "Gilgamesh, Humbaba, and the Land of the Erin-trees", *Iraq* 38 (1976), pp. 23 – 35.

Hantor, H. J., "The Relative Chronology of Egypt andIts Foreign Correlations before the Late Bronze Age", in R. W. Ehrich, ed., *Chronologies in Old World Archaeology*, Chicago: University of Chicago Press, 1965, pp. 1 – 46.

Hardy, R. S., "The Old Hittite Kingdom: A Political History", *AJSLL* 58/2 (1941), pp. 177 – 216.

Hawkins, J. D., "Assyrians and Hittites", *Iraq* 36 (1974), pp. 67 – 83.

Heidorn, L. A., "The Horses of Kush", *JNES* 56/2 (1997), pp. 105 – 114.

Heltzer, M., "The Trade of Crete and Cyprus with Syria and Mesopotamia and-Their Eastern Tin-Sources in the XVIII – XVII Centuries B. C.", *Minos* 24 (1989), pp. 7 – 28.

Hess, R. S., "Smitten Ant Bites Back: Rhetorical Forms in the Amarna Correspondence from Shechem", in J. C. de Moor, W. G. E. Watson, eds., *Verse in Ancient Near Eastern Prose*, Kevelaer: Butzon and Bercker, Neukirchen-Vluyn: Neukirchener Verlag, 1993, pp. 95 – 111.

Hikade, T., "Expeditions to the Wadi Hammamat during the New Kingdom", *JEA* 92 (2006), pp. 153 – 168.

Hitchcock, L. A., "'Transculturalism' as a Model for Examining Migration to Cyprus and Philistia at the End of the Bronze Age", *AWE* 10 (2011), pp. 267 – 280.

Hoffmeier, J. K., Van Dijk, J, "New Light on the Amarna Period from North Sinai", *JEA* 96 (2010), pp. 191 – 205.

Hoffner, H. A., "The Last Days of Khattusha", in W. A. Ward, M. S. Joukowsky, eds., *The Crisis Years: The 12th Century B. C.*, Dubuque: Kendall/Hunt Publishing, 1992, pp. 46 – 52.

Holmes, Y. L., "The Messengers of the Amarna Letters", *JAOS* 95 (1975), pp. 376 – 381.

Horowitz, W., "The Babylonian Map of the World", *Iraq* 50 (1988), pp. 147 – 165.

Hornblower, G. D., "Some Hyksos Plaques and Scarabs", *JEA* 8 (3 – 4), pp. 201 – 206.

Janssen, J. J., "Prolegomena to the Study of Egypt's Economic History during the New Kingdom", *SAK* 3 (1975), pp. 127 – 185.

Jasink, A. M., "Hittite and Assyrian Routes to Cilicia", *De Anatolia Antiqua* 1 (1991), pp. 253 – 259.

Izre'el, S., "The Amarna Glosses: Who Wrote What for Whom? Some Sociolinguistic Considerations", *IOS* 15 (1995), pp. 101 – 122.

James, A., "Egypt andHer Vassels: The Geopolitical Dimension", in R. Cohen, R. Westbrook, eds., *Amarna Diplomacy: The Beginnings of International Relations*, Baltimore and London: Johns Hopkins University Press, 2000, pp. 112 – 124.

Izre'el, S., "The Amarna Letters from Canaan", *CANE*, pp. 2411 – 2419.

Kahn, D. A., "Geo-Political and Historical Perspective of Merneptah's Policy in Canaan", in G. Galil, A. Gilboa, A. M. Maeir, D. Kahn, eds., *The Ancient Near East in the $12^{th} - 10^{th}$ Centuries B. C. E: Culture and History*, Munster: Ugarit-Verlag, 2012, pp. 255 – 268.

Kahn, D., "One Step Forward, Two Steps Backward: The Relations between Amenhotep III, King of Egypt and Tushratta, King of Mitanni", in S. Bar, D. Kahn, J. J. Shirley, eds., *Egypt, Canaan, and Israel: History, Imperialism, Ideology, and Literature*, Leiden: J. E. Brill, 2011, pp. 136 – 154.

Kemp, B. J., "Imperialism and Empire in New Kingdom Egypt c. 1575 – 1087 B. C.", in P. Garnsey, C. R. Whittaker, eds., *Imperialism in the Ancient World*, Cambridge: Cambridge University Press, 1978, pp. 7 – 57.

Kaniewski, D., Van Campo, E., Van Lerberghe, K., Boiy, T., Vansteenhuyse, K., et al., "The Sea Peoples, from Cuneiform Tablets to Carbon Dating", *PLoS ONE* 6/6 (2011), pp. 1 – 7.

Kantor, H. J., "The Chronology of Egypt andIts Correlation with Other Parts of the Near East in the Periods before the Late Bronze Age", in R. W. Ehrich, ed., *Relative Chronologies in Old World Archaeology*, Chicago: University of Chicago Press, 1954, pp. 3 – 21.

Kantor, H. J., "The Relative Chronology of Egypt and Its Foreign Correlations before the Late Bronze Age", in R. W. Ehrich, ed., *Chronologies in Old World Archaeology*, Chicago: University of Chicago Press, 1965, pp. 1 – 46.

Kantor, H. J., "Ivory Carving in the Mycenaean Period", *Archaeology* 13 (1960), pp. 14 – 25.

Kantor, H. J., "The Early Relations of Egypt with Asia", *JNES* 1 (1942), pp. 174 – 213.

Karageorghis, V., "Exploring Philistine Origins in the Island of Cyprus", *BAR* 10 (1984), pp. 18 – 27.

Kelley, A. L., "The Evidence for Mesopotamian Influence in Predynastic Egypt", *NSSEA* 4/3 (1974), pp. 2 – 11.

Kitchen, K. A., "Aegean Place Names in a List of Amenophis III", *BASOR* 191 (1966), pp. 23 – 24.

Kitchen, K. A., "Byblos, Egypt, and Mari in the Early Second Millennium", *Or. NS* 36 (1967), pp. 39 – 54.

Kitchen, K. A., "Ramesses III and the Ramesside Period", in E. H. Cline, D. O'Connor, eds., *Ramesses III: The Life and Times of Egypt's Last Hero*, Ann Arbor: University of Michigan Press, 2012, pp. 1 – 26.

Kitchen, K. A., "Theban Topographical Lists, Old and New", *Orientalia* 34 (1965), pp. 5 – 6.

Kitchen, K. A., "The King List of Ugarit", *UF* 9 (1977), pp. 131 – 142.

Kaniewski, D., E. Paulissen, E. Van Campo, H. Weiss, T. Otto, J. Bretschneider, K. Van Lerberghe, "Late Second-Early First Millennium B. C. Abrupt Climate Changes in Coastal Syria and Their Possible Significance for the History of the Eastern Mediterranean", *QR* 74 (2010), pp. 207 – 215.

Kantor, H. J., "The Early Relations of Egypt with Asia", *JNES* 1 (1942), pp. 174 – 213.

Klengel, H., "The Political Situation in Palestine and Syria as Reflected in the Amarna Tablets: A Reconsideration", in Sh. Shawqi, ed., *Studies in the History and Archaeology of Palestine*, Damascus: Palestine Archaeological Centre of Aleppo University, 1986, pp. 77 – 84.

Knapp, A. B., "Matter of Fact: Transcultural Contacts in the Late Bronze Age Eastern Mediterranean", in J. Maran, P. W. Stockhammer, eds., *Materiality and Social Practice: Transformative Capacities of Intercultural Encounters*, Oxford: Oxbow Books, 2012, pp. 32 – 50.

Knapp, A. B., "Review of Alashiya, Caphtor/Keftiu, and Eastern Mediterranean Trade: Recent Studies in Cypriote Archaeology and Histroy", *Journal of Field Archaeology* 12/2 (1985), pp. 231 – 250.

Kramer, S. N., "Schoolday: A Sumerian Composition Relating to the Education of a Scribe", *JAOS* 69 /4 (1949), pp. 199 – 215.

Kuhrt, A., "The Old Assyrian Merchants", in H. Parkins, C. Smith, eds., *Trade, Traders, and the Ancient City*, London: Routledge, 1998, pp. 16 – 30.

Kupper, J. R., "Northern Mesopotamia and Syria", *CAH* II/2, pp. 1 – 41.

Lackenbacher, S., "LaCorrespondence International dans les Archives d'Ugarit", *RA* 89 (1995), pp. 67 – 75.

Lackenbacher, S., Malbran-Labat, F., "Ugarit et les Hittites dans lesArchives de la Maison d'Urtenu'", *SMEA* 47 (2005), pp. 227 – 240.

Lafont, B., "International Relations in the Ancient Near East: The Birth of a Complete Diplomatic System", *DS* 12 (2001), pp. 39 – 60.

Lambert, W. G., "The God Assur", *Iraq* 45/1 (1983), pp. 82 – 86.

Lambert, W. G., "The Reign of Nebuchadnezzar I: A Turning Point in the History of Ancient Mesopotamian Religion", in W. S. McCullough, ed., *The Seed of Wisdom: Essays in Honour of T. J. Meek*, Toronto: University of Toronto Press, 1964, pp. 6 – 9.

Langdon, S., Gardiner, A. H., "The Treaty of Alliance between Hattusili, King of the Hittites and the Pharaoh Ramesses II of Egypt", *JEA* 6 (1920), pp. 179 – 205.

Langgut, D., Finkelstein, I., Litta, T., "Climate and the Late Bronze Collapse: New Evidence from the Southern Levant", *TA* 40 (2013), pp. 149 – 175.

Larsen, M. T., "A Revolt against Hattusa", *JCS* 24 (1972), pp. 100 – 101.

Lemche, N. P., "The Amarna Letters and Palestinian Politics", in L. L. Grabbe, ed., *The Land of Canaan in the Late Bronze Age*, London: Bloomsbury T & T Clark, 2017, pp. 133 – 146.

Lemche, N. P., "The History of Ancient Syria and Palestine: An Overview", *CANE*, New York: Charles Scribner's Sons, 1995, pp. 1195 – 1218.

Littauer, M. A., Crouwel, J. H., "The Origin of the True Chariot", *Antiquity* 70 (1996), pp. 934 – 939.

Littauer, M. A., "Chariots in Late Bronze Age Greece", *Antiquity* 57 (1983), pp. 187 – 192.

Liverani, M., "How to Kill Abdi-Ashirta: EA 101, Once Again", *IOS* 18 (1998), pp. 387 – 394.

Liverani, M., "The Collapse of the Near Eastern Regional System at the End of the Bronze Age: The Case of Syria", in M. Rowlands, M. Larsen, K. Kristiansen, eds., *Centre and Periphery in the Ancient World*, Cambridge: Cambridge University Press, 1987, pp. 66 – 73.

Liverani, M., "The Great Power's Club", in R. Cohen, R. Westbrook, eds., *Amarna Diplomacy: The Beginnings of International Relations*, Baltimore and London: Johns Hopkins University Press, 2000, pp. 15 – 27.

Liverani, M., "The Influence of Political Institutions on Trade in the Ancient Near East (Late Bronze to Early Iron Ages)", in C. Zaccagnini, ed., *Mercantie Politica nel Mondo Antico*, Rome: L'Erma di Bretschneider, 2003, pp. 119 – 137.

Lorton, D., "The So-called 'Vile' Enemies of the King of Egypt in the Middle Kingdom and Dyn. XVIII", *JARCE* 10 (1972), pp. 65 – 70.

Lucas, C. J., "The Scribal Tablet-House in Ancient Mesopotamia", *History of Education Quarterly* 19/3 (1980), pp. 305 – 332.

MacDonald, J., "Egyptian Interests in Western Asia to the End of the Middle Kingdom: An Evaluation", *AJBA* 2 (1972), pp. 72 – 98.

Machinist, P. B., "Provincial Governance in Middle Assyrian and Some New Texts from Yale", *Assur* 3/2 (1982), pp. 1 – 39.

Maisler, B., "Palestine at the Time of the Middle Kindom in Egypt", in R. C. Bey, ed., *Revue de L'Histoire Juive en Egypte*, Baltimore: Halgo, 1988, pp. 33 – 68.

Majer, J., "The Eastern Desert and Egyptian Prehistory", in B. Adams, R. Friedman, eds., *Followers of Horus: Studies Dedicated to M. Hoffman*, Oxford: Oxbow Books, 1992, pp. 227 – 234.

Maran, J., "The Spreading of Objects and Ideas in the Late Bronze Age Eastern Mediterranean: Two Case Examples from the Argolid of the 13th and 12th Centuries B. C.", *BASOR* 336 (2004), pp. 11 – 30.

Matthiae, G. S., "The Relations between Ebla and Egypt", in E. D. Oren, ed., *The Hyksos: New Historical and Archaeological Perspectives*, Philadepphia: Pennsylvania University Museum, 1997, pp. 415 – 129.

Mayes, A. D. H., "International Diplomacy in the Amarna Age", in L. L. Grabbe, ed., *The Land of Canaan in the Late Bronze Age*, London: Bloomsbury T & T Clark, 2017, pp. 147 – 158.

Mazar, A. , "Megiddo in the Thirteenth-Eleventh Centuries B. C. E. : A Review of Some Recent Studies", in E. D. Oren, S. Aḥituv, eds. , *Studies in Archaeology and Related Disciplines*: *Aharon Kempinski Memorial Volume*, Beer Sheba: Beer Sheba University, 2002, pp. 264 – 282.

McMahon, G. , "The History of the Hittites", *BA* 52/2 – 3, pp. 62 – 77.

Mazar, B. , "The Middle Bronze Age in Palestine", *IEJ* 18 (1968), pp. 65 – 97.

McMahon, G. , "Hittite History", *BA* 52 (1989), pp. 62 – 77.

Meier, S. A. , "Review of the Role of Messenger and Message in the Ancient Near East", *JAOS* 110 (1990), pp. 752 – 753.

Meier, S. A. , "Diplomacy and International Relational Marriages", in R. Cohen, R. Westbrook, eds. , *Amarna Diplomacy*: *The Beginnings of International Relations*, Baltimore and London: Johns Hopkins University Press, 2000, pp. 165 – 173.

Milliard, A. R. , "Assyria and Arameans", *Iraq* 45/1 (1983), pp. 101 – 108.

Millard, A. R. , "Scripts and Their Uses in the 12th – 10th Centuries B. C. E. ", in G. Galil, A. Gilboa, A. M. Maeir, D. Kahn, eds. , *The Ancient Near East in the 12th – 10th Centuries B. C. E*: *Culture and History*, Munster: Ugarit-Verlag, 2012, pp. 405 – 412.

Millard, A. R. , "The Last Tablets of Ugarit", in M. Yon, M. Sznycer, P. Bordreuil, eds. , *Le Pays d'Ougarit autour de 1200 av. J. -C. *: *Historie et Archeologie*, Paris: Editions Recherche sur les Civilisations, 1995, pp. 119 – 124.

Moore, K. , Lewis, D. , "The First Multinationals: Assyria circa 2000 B. C. ", *MIR* 38/2 (1998), pp. 95 – 107.

Moorey, P. R. S. , "From Gulf to Elta in the Fourth Millennium B. C. : The Syrian Connection", *Erezt-Israel* 21 (1990), pp. 62 – 69.

Moorey, P. R. S. , "The Emergence of the Light, Horse-drawn Chariot in the Near East, c. 2000 – 1500 B. C. ", *World Archaeology* 18/2 (1986), pp. 196 – 215.

Moorey, P. R. S. , "The Mobility of Artisans and Opportunities for Technology Transfer between Western Asia and Egypt in the Late Bronze Age", in A. J. Shortland, ed. , *The Social Context of Technological Change*: *Egypt and the Near East, 1650 – 1550 B. C. *, Oxford: Oxbow Books, 2001, pp. 1 – 14.

Moran, W. L. , "The Syrian Scribe of the Jerusalem Amarna Letters", in H. Goedicke, J. J. M. Roberts, eds. , *In Unity and Diversity: Essays in the History, Literature, and Religion of the Ancient Near East*, Baltimore and London: Johns Hopkins University Press, 1975, pp. 146 – 166.

Muhly, J. D. , "Mining and Metalwork in Ancient Western Asia", *CANE*, pp. 1501 – 1519.

Muhly, J. D. , "The Crisis Years in the Mediterranean World: Transition or Cultural Disintegration?", in W. A. Ward, M. S. Joukowsky, eds. , *The Crisis Years: The 12th Century B. C.* , Dubuque: Kendall/Hunt Publishing, 1992, pp. 10 – 22.

Muilenburg, J. , "A Hyksos Scarab Jar Handle from Bethel", *BASOR* 136 (1954), pp. 20 – 21.

Munn-Rankin, J. M. , "Diplomacy in Western Asia in the Early Second Milliennium B. C. ", *Iraq* 18/1 (1956), pp. 68 – 110.

Muntingh, L. M. , "Syro-Palestinian Problems in the Light of the Amarna Letters", in H. I. H. Prince Takahito Mikasa, ed. , *Essays on Ancient Anatolian and Syrian Studies in the 2nd and 1st Millennium B. C.* , Wiesbaden: Harrassowitz, 1991, pp. 155 – 194.

Murnane, W. L. , "Imperial Egypt and the Limits of Power", in R. Cohen, R. Westbrook, eds. , *Amarna Diplomacy: The Beginnings of International Relations*, Baltimore and London: Johns Hopkins University Press, 2000, pp. 101 – 111.

Na'aman, N. , "Amarna Letters", *ABD* 1 (1992), pp. 174 – 181.

Na'aman, N. , "Canaanite Jerusalem andIts Central Hill Country Neighbours in the Second Millennium B. C. E. ", *UF* 24 (1992), pp. 275 – 291.

Na'aman, N. , "The Contribution of the Amarna Letters to the Debate on Jerusalem's Political Position in the10th Century B. C. E", *BASOR* 304 (1996), pp. 17 – 27.

Na'aman, N. , "The Egyptian-Canaanite Correspondence", in R. Cohen, R. Westbrook, eds. , *Amarna Diplomacy: The Beginnings of International Relations*, Baltimore and London: Johns Hopkins University Press, 2000, pp. 125 – 138.

Na'aman, N. , "The Historical Introduction of the Aleppo Treaty Reconsidered", *JCS* 32 (1980), pp. 34 – 42.

Na'aman, N. , "The Hurrians and the End of the Middle Bronze Age in Palestine", *Levant* 26 (1994), pp. 175 – 187.

Na'aman, N. , "The Network of Canaanite Late Bronze Kingdoms and the City of Ashdod", *UF* 29 (1997), pp. 599 – 626.

Na'aman, N. , "The Shephelah according to the Amarna Letters", in I. Finkelstein, N. Na'aman eds. , *The Fire Signals of Lachish: Studies in the Archaeology and History of Israel in the Late Bronze Age, Iron Age, and Persian Period in Honor of David Ussishkin*, Winona Lake: Eisenbrauns, 2011, pp. 281 – 299.

Neuman, J. and Parpola, S. , "Climatic Change and the Eleventh-Tenth Century Eclipse of Assyria and Babylonia", *JNES* 46/3 (1987), pp. 161 – 182.

Noble, D. , "Assyrian Chariotry and Cavalry", *SAAB* 4/2 (1990), pp. 61 – 68.

Oates, J. , "Early Writing in Sumer: A Review", *CAJ* 4 (1994), pp. 149 – 153.

Oller, G. H. , "Messengers and Ambassadors in Ancient Western Asia", *CANE*, New York: Charles Scribner's Sons, 1995, pp. 1465 – 1473.

Okse, A. T. , "Ancient Mountain Routes Connecting Central Anatolia to the Upper Euphrates Region", *AnSt* 57 (2007), pp. 35 – 45.

Olmstead, A. T. , "Kashshites, Assyrians, and the Balance of Power", *AJSLL* 36 (1920), pp. 120 – 153.

Otten, H. , "Hethiter, Hurriter, und Mitanni", in E. Cassin, et al. , eds. , *Die Altorientalischen Reiche*, Vol. II, Frankfurt: Fischer Weltgeschichte, 1966, pp. 102 – 176.

Outram, A. K. , Stear, N. A. , Bendrey, R. , Olsen, S. , Kasparov, A. , Zaibert, V. , Thorpe, N. , Evershed, R. P. , "The Earliest Horse Harnessing and Milking", *Science* 323/5919 (2009), pp. 1332 – 1335.

Owen, D. I. , "Ugarit, Canaan, and Egypt", in G. D. Young, ed. , *Ugarit in Retrospect*, Winona Lake: Eisenbrauns, 1982, pp. 49 – 53.

Pardee, D. , "A New Ugaritic Letter", *BiOr* 34 (1977), pp. 3 – 20.

Parkinson, R. , Schofield, L. , "Akhenaten's Army?", *Egyptian Archaeology* 3 (1993), pp. 34 – 35.

Pettinato, G. , "Cuneiform Inscriptions Discovered from Seliucia on the Tigris 1964 – 1970", *Mesopotamia* 5 – 6 (1970 – 1971), pp. 49 – 66.

Pettinato, G. , "Cuneiform Inscriptions Discovered from Seliucia on the Tigris

1964 – 1970", *Mesopotamia* 5 – 6 (1970 – 1971), pp. 49 – 66.

Pfalzner, P., "Levantine Kingdoms of the Late Bronze Age", in D. T. Potts, ed. , *A Companion to the Archaeology of the Ancient Near East*, Malden: Wiley-Blackwell, 2012, pp. 770 – 796.

Poebel, A. , "The Assyrian King List from Khorsabad", *JNES* 1/3 (1942), pp. 247 – 306.

Poebel, A. , "The Assyrian King List from Khorsabad (continued)", *JNES* 1/4 (1942), pp. 460 – 492.

Poebel, A. , "The Assyrian King List from Khorsabad (concluded)", *JNES* 2/1 (1943), pp. 56 – 90.

Pongratz-Leisten, B. , "The Other and the Enemy in the Mesopotamian Conception of the World" in R. M. Whiting, ed. , *Mythology and Mythologies: Methodological Approaches to Intercultural Influences*, Helsinki: The Neo-Assyrian Text Corpus Project, 2001, pp. 195 – 231.

Porter, N. B. , "Feeding Dinner to a Bed: Reflections on the Nature of Gods in Ancient Mesopotamia", *SAAB* 15 (2006), pp. 307 – 331.

Posener, G. , "Syria and Palestine ca. 2160 – 1780 B. C. ", in I. E. S. Edwards, C. J. Gadd, N. G. L. Hammond, eds. , *The Cambridge Ancient History: Early History of the Middle East*, 3rd edition, Cambridge: Cambridge University Press, 1971, pp. 535 – 594.

Postgate, J. N. , "Assyrian Texts and Fragment", *Iraq* 35/1 (1973), pp. 13 – 36.

Potts, D. T. , "Elamites and Kassites in the Persian Gulf", *JNES* 65/2 (2006), pp. 111 – 119.

Ragionieri, R. , "The Amarna Age: An International Society in the Making", in R. Cohen, R. Westbrook, eds. , *Amarna Diplomacy: The Beginning of International Relations*, Baltimore and London: Johns Hopkins University Press, 2000, pp. 42 – 53.

Rainey, A. F. , "Amarna and Later: Aspects of Social History", in W. G. Dever, S. Gitin, eds. , *Symbiosis, Symbolism, and the Power of the Past: Canaan, Ancient Israel, and Their Neighbors from the Late Bronze Age Through Roman Palaestina*, Winona Lake: Eisenbrauns, 2003, pp. 169 – 187.

Rainey, A. F. , "Amenophis II's Campaign to Takhsi", *JARCE* 10 (1972), pp. 71 – 75.

Rainey, A. F., "A New English Translation of the Amarna Letters", *AFO* 42 – 43 (1995), pp. 109 – 121.

Rainey, A. F., "Egyptian Military Inscriptions and Some Historical Implications", *JAOS* 107/1 (1987), pp. 89 – 92.

Rainey, A. F., "The Kingdom of Ugarit", *BA* 38 (1965), pp. 102 – 25.

Rainey, A. F., "The Amarnah Texts a Century after Flinders Petrie", *ANES* 39 (2002), pp. 44 – 75.

Rainey, A. F., "The World of Sinuhe", *IOS* 2 (1972), pp. 369 – 408.

Rainey, A. F., "Topic and Comment in the Amarna Texts from Canaan", in R. Chazan, W. W. Hallo, L. H. Schiffman, eds., *Ki Baruch Hu: Ancient Near Eastern, Biblical, and Judaic Studies in Honor of Baruch A. Levine*, Winona Lake: Eisenbrauns, 1999, pp. 63 – 87.

Rainey, A. F., "Who Were the Early Israelites?", *BAR* 34/6 (2008), pp. 51 – 55.

Reade, J., "Assyrian King-lists, the Royal tombs of Ur, and Indus Origins", *JNES* 60/1 (2001), pp. 1 – 29.

Redford, D. B., "A Bronze Age Itierary in Transjordan", *JSSEA* 12 (1982), pp. 55 – 74.

Redford, D. B., "A Gate Inscription from Karnak and Egyptian Involvement in Western Asia during the Early 18th Dynasty", *JAOS* 99 (1979), pp. 270 – 287.

Redford, D. B., "Amarna, Tell el-", *ABD* 1 (1992), pp. 181 – 182.

Redford, D. B., "Hyksos: History", in D. N. Freedman, ed., *The Anchor Bible Dictionary*, Vol. III, New York: Doubleday, 1992, pp. 341 – 344.

Redford, D. B., "The Concept of Kingship during the Eighteenth Dynasty", in D. O'Connor, D. P. Silverman, eds, *Ancient Egyptian Kingship*, Leiden: E. J. Brill, 1995, pp. 157 – 184.

Reford, D. B., "The Hyksos Invasion in History and Tradition", *Oriesstalia* 39 (1971), pp. 1 – 51.

Revez, J., "The Metaphorical Use of the Kingship Term on 'Brother'", *JARCE* 40 (2003), pp. 123 – 131.

Reviv, H., "The Government of Shechem in the El-Amarna Period and in the Days of Abimelech", *IEJ* 16 (1966), pp. 252 – 257.

Richardsin, S., "Libya Domestic: Libyan Trade and Society on the Eve of the Invasions of Egypt", *JARCE* 36 (1999), pp. 149 – 164.

Rollig, W. , "Politische Heiraten im Alten Orient", *Saeculum* 25 (1974), pp. 11 – 23.

Rotstein, A. , "Karl Polanyi's Concept of Non-Market Trade", *The Journal of Economic History* 30/1 (1970), pp. 117 – 126.

Rowton, M. B. , "The Background of the Treaty between Ramesses II and Hattusili III", *JCS* 13 (1959), pp. 1 – 11.

Rowe, A. , "A Contribution to the Archaeology of the Western Desert II", *BJRL* 36 (1952), pp. 484 – 500.

Russel, J. M. , "The Historical Geography of the Euphrates and Habur according to the Middle-and New-Assyrian Source", *Iraq* 47 (1985), pp. 57 – 74.

Saggs, H. W. F. , "The Tell al-Rimah Tablets, 1965", *Iraq* 30/2 (1968), pp. 154 – 174.

Save-Soderbergh, T. , "The Hyksos Rule in Egypt", *JEA* 37 (1951), pp. 53 – 71.

Scheil, J. V. , "Tablettes d'El-Amarna de la collection Rostovicz", *Memoires Publies par les Membres de la Mission Archeologique Francaise du Caire* 16 (1897), pp. 38, 298 – 312.

Schulman, A. R. , "Hittites, Helmets, and Amarna: Akhenaten's First Hittite War", in. D. B. Redford, ed. , *The Akhenaten Temple Project*, Vol. II, Toronto: Akhenaten Temple Project, 1988, pp. 54 – 79.

Schulman, A. R. , "Diplomatic Marriage in the Egyptian New Kingdom", *JNES* 38/3 (1979), pp. 177 – 193.

Schulman, A. R. , "Some Observations on the Military Background of the Amarna Period", *JARCE* 3 (1964), pp. 51 – 69.

Seele, K. C. , "King Ay and the Close of the Amarna Age", *JNES* 14 (1955), pp. 168 – 180.

Schaeffer, C. F. A. , "A Bronze Sword from Ugarit with Cartouche of Mineptah (Ras Shamra, Syria)", *Antiquity* 29/116 (1955), pp. 226 – 229.

Schmandt-Besscrt, D. , "An Archaic Recording System and the Origin of Writing", *Syro-Mesopotamian Studies* 1/2 (1977), pp. 1 – 32.

Shaw, I. , "Akhetaten (Tell el-Amarna)", in J. G. Westenholz, ed. , *Royal Cities of the Biblical World*, Jerusalem: Bible Lands Museum, 1996, pp. 83 – 112.

Simpson, W. K. , "Reshep in Egypt", *Orientalia* 29/1 (1960), pp. 63 – 74.

Singer, I., "A Concise History of Amurru", in H. Klengel, ed., *Syria*, 3000 *to* 300 *B. C.*: *A Handbook of Political History*, Berlin: Akademie Verlag, 1992, pp. 160 – 180.

Singer, I., "A Hittite Seal from Megiddo", *BA* 58 (1995), pp. 91 – 93.

Singer, I., "A Political History of Ugarit", in W. G. E. Watson, N. Wyatt, eds., *Handbook of Ugaritic Stuidies*, Leiden and Boston: E. J. Brill, 1999, pp. 603 – 730.

Singer, I., "Takuhlinu and Haya: Two Governors in the Ugarit Letter from Tel Aphek", *TA* 10 (1983), pp. 3 – 25.

Singer, I., "The Battle of Nihriya and the End of the Hittite Empire", *ZA* 75/1 (1985), pp. 100 – 123.

Singer, I., "The 'Land of Amurru' and the 'Lands of Amurru' in the Sausgamuwa Treaty", *Iraq* 53 (1991), pp. 69 – 74.

Singer, I., "The Treaty between Hatti and Amurrua", "Treaty between Mursili and Duppi-Tesub", "Treaty between Tudhaliya and Sausgamuwa", in W. W. Hallo, ed., *The Context of Scripture*, Vol. II, Leiden: E. J. Brill, 2000, pp. 93 – 95, 96 – 98, 98 – 100.

Smith, W. S., "Influence of the Middle Kingdom of Egypt in Western Asia, Especially in Byblos", *AJA* 73 (1969), pp. 277 – 281.

Smith, S., "The Relation of Marduk, Ashur, and Osiris", *JEA* 8 (1922), pp. 41 – 44.

Smith, S. T., "Ancient Egyptian Imperialism: Ideological Vision or EconomicExploitation? Reply to Critics of Askut in Nubia", *CAJ* 7/2 (1997), pp. 301 – 307.

Sommerfeld, W., "The Kassites of Ancient Mesoptamia: Origins, Politics, and Culture", *CANE*, pp. 917 – 930.

Spalinger, A., "Considerations on the Hittite Treaty between Egypt and Hatti", *SAK* 9 (1981), pp. 299 – 358.

Spalinger, A., "The Northern Wars of Seti I: An Integrative Study", *JARCE* 16 (1979), pp. 19 – 47.

Speiser, E. A., "Ethnic Movements in the Near East in the Early Second Millennium B. C.", *AASOR* 13 (1938), pp. 13 – 54.

Speiser, E. A., H., "Hurrians and Subarians", *JAOS* 68/1 (1948), pp. 1 – 13.

Steindorff, G., "The Statuette of an Egyptian Commissioner in Syria", *JEA* 25 (1939), pp. 30 – 33.

Steiner, G., "The Immigration of the First Indo-Europeans into Anatolia Reconsidered", *JIES* 18/1 – 2 (1990), pp. 185 – 214.

Stiebing, W. H., "The Amarna Period", in D. N. Freedman, D. F. Graf, eds., *Palestine in Transition: The Emergence of Ancient Israel*, Sheffield: Almond Press, 1983, pp. 1 – 14.

Stieglitz, R. R., "The City of Amurru", *JNES* 50/1 (1991), pp. 45 – 48.

Surenhagen, D., "Forerunners of the Hattusili-Ramesses Treaty", *BMSAES* 6 (2006), pp. 59 – 67.

Thieme, P., "The 'Aryan' Gods of the Mitanni Treaties", *JAOS* 80 (1960), pp. 301 – 317.

Tadmor, H., "On the Role of Aramaic in the Assyrian Empire", in M. Mori, H. Ogawa, M. Yoshikawa, eds., *Near Eastern Studies Dedicated to H. I. H. Prince Takahito Mikasa on the Occation of His Seventy-fifth Birthday*, Wiesbaden: Otto Harrasowitz, 1991, pp. 419 – 426.

Tadmor, H., "The Decline of Empires in Western Asia ca. 1200 B. C. E.", in F. M. Cross, ed., *Symposia Celebrating the Seventy-fifth Anniversary of the American Schools of Oriental Research*, Cambridge: Harvard University Press, 1979, pp. 1 – 14.

Tufnell, O., "'Hyksos' Scarabs from Canaan", *AnSt* 6 (1956), pp. 67 – 73.

Van der Toorn, K., "Cuneiform Documents from Syria-Palestine: Texts, Scribes, and Schools", *ZDPV* 116 (2000), pp. 97 – 113.

Van der Westhuizen, J. P., "The Situation in Syro-Palestine Prior to the Exodus Conquest/Settlement as Reflected in the Amarna Letters", *Journal for Semitics/Tydskrif vir Semitistiek* 7 (1995), pp. 196 – 231.

Van Dijk, J., "The Amarna Period and the Later New Kingdom (ca. 1352 – 1069 B. C.)", *OHAE*, pp. 266 – 270.

Van Soldt, W. H., "Ugarit: A Second-Millenium Kingdom on the Mediterranean Coast", *CANE*, pp. 1255 – 1266.

Veenhof, K. R., "Kanesh: An Assyrian Colony in Anatolia", *CANE*, pp. 859 – 871.

Vita, J. P., "The Amarna Letters in the 17th and 18th Editions of Gesenius' Hebrew Dictionary", in S. Schorch, E. J. Waschke, eds., *Biblische Exegese und Hebraische Lexikographie*: *Das "Hebraisch-Deutsche Handworterbuch" von Wilhelm Gesenius als Spiegel und Quelle Alttestamentlicher und Hebraischer Forschung, 200 Jahre nach Seiner Ersten Auflage*, Berlin: De Gruyter, 2013, pp. 302 – 313.

Walker, C., "Some Assyrians at Sipper in the Old Babylonian Period", *AnSt* 30 (1980), pp. 15 – 22.

Warburton, D., "Kadesh and the Egyptian Empire", *JAC* 12 (1997), pp. 125 – 149.

Ward, W. A., "Archaeology in Lebanon in the Twentieth Century", *BA* 57/2 (1994), pp. 66 – 85.

Ward, W. A., "Early Contacts between Egypt, Canaan, and Sinai: Remarks on the Paper by Amnon Ben-Tor", *BASOR* 281 (1991), pp. 11 – 26.

Ward, W. A., "Egypt and the East Mediterranean in the Early Second Millennium B. C.", *Or. NS* 30 (1961), pp. 22 – 45, 129 – 155.

Ward, W. A., "Egyptian Relations with Canaan", in D. N. Freedman, et al., eds., *The Anchor Bible Dictionary*, Vol. II, New York: Doubleday, 1992, pp. 400 – 405.

Ward, W. A., "Old Kingdom *sS a n nsw n xft-Hr*, 'Personal Scribe of Royal Records', and Middle Kingdom *sS an nsw n xft-Hr*, 'Scribe of the Royal Tablet of the Court'", *Orientalia* 51 (1982), pp. 382 – 389.

Ward, W. A., "The Shasu 'Bedouin': Notes on a Recent Publication", *JESHO* 15 (1972), pp. 36 – 60.

Weeden, M., "Poetry and War among the Hittites", in H. Kennedy, ed., *Warfare and Poetry in the Middle East*, London: I. B. Tauris, 2013, pp. 73 – 98.

Weinstein, J. M., "Egypt and the East Mediterranean from Predynastic Times to the End of the Old Kingdom", *JESHO* 6/1 (1963), pp. 1 – 57.

Weinstein, J., "Egypt and the Middle Bronze IIC/Late Bronze IA Transition in Palestine", *Levant* 23 (1991), pp. 105 – 115.

Weinstein, J. M., "Egyptian Relations with Palestine in the Middle Kingdom", *BASOR* 217 (1975), pp. 1 – 16.

Weinstein, J. M. "The Chronology of Palestine in the Early Second Millennium B. C. E.", *BASOR* (1992), pp. 27 – 46.

Weinstein, J. M., "The Egyptian Empire in Palestine: A Reassessment", *BASOR* 241 (1981), pp. 1 – 28.

Weinstein, J. M. , "The Significance of Tell Areini for Egyptian-Palestinian Relations at the Beginning of the Bronze Age", *BASOR* 256 (1984), pp. 61 – 69.

Werner, E. K. , "The Amarna Period of 18th Dynasty Egypt: Bibliography Supplement 1979", *NsARCE* 114 (1981), pp. 18 – 34.

Werner, E. K. , "The Amarna Period of 18th Dynasty Egypt: Bibliography Supplement 1982 – 1983", *NsARCE* 126 (1984), pp. 21 – 38.

Westbrook, R. , "Babyonian Diplomacy in the Amarna Letters", *JAOS* 120/3 (2000), pp. 377 – 382.

Westbrook, R. , "International Law in the Amarna Age", in R. Cohen, R. Westbrook, eds. , *Amarna Diplomacy: The Beginning of International Relations*, Baltimore and London: Johns Hopkins University Press, 2000, pp. 28 – 41.

Whitelaw, T. , "Beyond the Palace: A Century of Investigation at Europe's Oldest City", *BICS* 44 (2000), pp. 223 – 226.

Wilhelm, G. , "The Kingdom of Mitanni in Second-Millennium Upper Mesopotamia", *CANE*, pp. 1243 – 1254.

Williams, R. J. , "Scribal Training in Ancient Egypt", *JAO* 92 (1972), pp. 214 – 221.

Wilson, J. A. , "The Theban Tomb (No. 409) of Si-Mut, Called Kiki", *JNES* 29 (1970), pp. 187 – 192.

Wilson, J. A. , "The Egyptian Middle Kingdom at Megiddo", *AJSLL* 58/3 (1941), pp. 225 – 236.

Wiseman, D. J. , "The Tell al-Rimah Tablets, 1966", *Iraq* 30/2 (1968), pp. 154 – 174, 175 – 205.

Woolley, L. , "North Syria as a Cultural Link in the Ancient World", *JRAIGBI* 7 (1942), pp. 9 – 18.

Wouters, W. , "Urhi-Tesub and the Ramses-Letters from Boghazkoy", *JCS* 41 (1989), pp. 226 – 234.

Yadin, Y. , "The Earliest Record of Egypt's Military Penetration into Asia", *IEJ* 5 (1955), pp. 1 – 16.

Yeivin, S. , "Amenophis II's Asiatic Campaigns", *JARCE* 6 (1967), pp. 119 – 128.

Yeivin, S. , "Early Contacts between Canaan and Egypt", *IEJ* 10 (1960), pp. 193 – 203.

Yon, M., "Ugarit: History and Archaeology", translated by S. Rosoff, in D. N. Freedman, et al., eds., *Anchor Bible Dictionary*, Vol. VI, New York: Doubleday, 1992, pp. 695 – 706.

Zabkar, L. V., "The Theocracy of Amarna and the Doctrine of the Ba", *JNES* 13 (1954), pp. 87 – 101.

Zaccagnini, C., "The Interdependence of the Great Powers", in R. Cohen, R. Westbrook, eds., *Amarna Diplomacy: The Beginning of International Relations*, Baltimore and London: Johns Hopkins University Press, 2000, pp. 141 – 153.

Zutterman, C., "The Bow in the Ancient Near East: A Re-evaluation of Archery from the Late 2nd Millennium to the End of the Achaemenid Empire", *Iranica Antigua* 38 (2003), pp. 119 – 165.

二 西文著作

Adler, Hans-Peter, *Das Akkadische des Konigs Tusratta von Mitanni*, Kevelaer: Butzon and Bercker, 1976.

Adler, P. S., *Beyond Cultural Identity: Reflections on Cultural and Multicultural Man, Basic Concepts of Intercultural Communication: Selected Readings*, Yarmouth: Intercultural Press, 1977.

Aharoni, Y., *The Land of the Bible: A Historical Geography*, Philadelphia: Westminster Press, 1967.

Ahituv, S., *Canaanite Toponyms in Ancient Egyptian Documents*, Jerusalem: The Magnes Press at the Hebrew University, Leiden: E. J. Brill, 1984.

Ahlstrom, G. W., *The History of Ancient Palestine from the Palaeolithic Period to Alexnader's Conquest*, Sheffield: JSOT Press, 1993.

Akkermans, P. M. M. G., Schwartz, G. M., *The Archaeology of Syria: From Complex Hunter-Gatherers to Early Urban Societies (c. 16000 – 300 BC)*, Cambridge: Cambridge University Press, 2003.

Akurgal, E., *The Hattian and Hittite Civilizations*, Publications of the Republic of Turkey, Ministry of Culture, 2001.

Akurgal, E., *The Art of Greece: Its Origins in the Mediterranean and the Near East*, New York: Crown Publishers, 1968.

Al-Ayedi, A. R., *Index of Egyptian Administrative, Religious, and Military Titles of the New Kingdom*, Ismailia: Obelisk Publications, 2006.

参考文献 287

Alcock, S., Cherry, J. F., eds., *Side-by-sidesurvey: Comparativeregional Studies in the Mediterranean*, Oxford: Oxbow Books, 2004.

Alcock, S. E., D'Altroy, T. N., Morrison, K. D., Sinopoli, C. M., eds., *Empires: Perspectives from Archaeology and History*, Cambridge: Cambridge University Press, 2001.

Aldred, C., *Akhenaten and Nefertiti*, New York: Brooklyn Museum, 1973.

Aldred, C., *Akhenaten: King of Egypt*, London: Thomas and Hudson, 1988.

Aldred, C., *Egypt to the End of the Old Kingdom*, New York: McGraw-Hill, 1965.

Aldred, C., *The Egyptians*, 3rd edition, revised and updated by A. Dodson, London: Thames and Hudson, 1998.

Algaze, G., *The Uruk World System: The Dynamics of Expansion of Early Mesopotamian Civilization*, Chicago: The University of Chicago Press, 1993.

Allen, J. P., *Middle Egyptian: An Introduction to the Language and Culture of Hieroglyphs*, 2nd edition, Cambridge: Cambridge University Press, 2010.

Allen, T. G., *A Handbook of the Egyptian Collection*, Chicago: University of Chicago Press, 1923.

Aling, C. F., *A Prosopographical Study of the Reigns of Thutmosis IV and Amenhotep III*, PhD Dissertation, Minneapolis: University of Minnesota, 1976.

Altman, A., *Tracing the Earliest Recorded Concepts of International Law: The Ancient Near East (2500 – 330 B. C. E.)*, Leiden: Martinus Nijhoff Publishers, 2012.

Altschull, J. H., *Agents of Power: The Role of the News Media in Human Affairs*, New York: Longman, 1984.

Amitai, J., ed., *Biblical Archaeology Today*, Jerusalem: Israel Exploration Society, 1985.

Annus, A., *The God Ninurta in the Mythology and Royal Ideology of Ancient Mesopotamia*, Helsinki: The Neo-Assyrian Text Corpus Project, 2002.

Anthony, D. W., *The Horse, the Wheel, and Language: How Bronze-Age Riders from the Eurasian Steppes Shaped the Modern World*, Princeton: Princeton University Press, 2010.

Arnold, D., *The Royal Women of Amarna: Images of Beauty from Ancient Egypt*, New York: Metropolitan Museum of Art, 1997.

Atici, L., Kulakolu, F., Barjamovic, G., Fairbairn, A., eds., *Current Research at Kultepe/Kanesh: An Interdisciplinary and Integrative Approach to Trade Networks, Internationalism, and Identity, Atlanta: Lockwood Press, 2014.

Aruz, J., Graff, S. B., Rakic, Y., eds., Cultures in Contact: From Mesopotamia to the Mediterranean in the Second Millennium B. C., New York: Metropolitan Museum of Art, 2013.

Assmann, J., Das Kulturelles Gedachtnis: Schrift, Erinnerung, und politische Identitat in fruhen Hochkulturen, Munchen: C. H. Beck, 1992.

Assmann, J., Death and Salvation, translated by David Lorton, New York: Cornell University Press, 2005.

Assmann, J., Krieg und Frieden in Alten Agypten: Ramses II und die Schlacht bei Kadesch, Mannheim: Boehringer Mannheim GmbH, 1983.

Assmann, J., Moses the Egyptian: The Memory of Egypt in Western Montheism, Cambridge: Harvard University Press, 1998.

Assmann, J., Re und Amun: Die Krise des Polytheistischen Weltbilds im Agypten der 18. -20. Dynastie, Gottingen: Vandenhoeck and Ruprecht, 1983.

Atici, L., Kulakoglu, F., Barjamovic, G., Fairbairn, A., eds., Current Research at Kultepe/Kanesh: An Interdisciplinary and Integrative Approach to Trade Networks, Internationalism, and Identity, Atlanta: Lockwood Press, 2014.

Avrin, L., Scribes, Script, and Books: The Book Arts from Antiquity to the Renaissance, Chicago: American Library Association, 1991.

Bachhuber, C., Roberts, R. G., eds., Forces of Transformation: The End of the Bronze Age in the Mediterranean, Oxford: Oxbow Books, 2009.

Baines, J., et al., Religion in Ancient Egypt: Gods, Myths, and Personal Practice, Ithaca: Cornell, 1991.

Baines, J., Visual and Written Culture in Ancient Egypt, Oxford: Oxford University Press, 2007.

Balkan, K., Studies in Babylonian Feudalism of the Kassite Period, Malibu: Undena Publications, 1986.

Bar, S., Kahn, D., Shirley, J. J., eds., Egypt, Canaan, and Israel: History, Imperialism, Ideology, and Literature, Leiden: E. J. Brill, 2011.

Barako, T. J. The Seaborne Migration of the Philistines, PhD Dissertation, Cambridge: Harvard University, 2001.

Baranowski, K. J., The Verb in the Amarna Letters from Canaan, Winona Lake: Eisenbrauns, 2016.

Barjamovic, G. , *A Historical Geography of Anatolia in the Old Assyrian Colony Period*, Copenhagen: Museum Tusculanum Press, 2011.

Barjamovic, G. , Hertel, T. , Larsen, M. T. , *Ups and Downs at Kanesh: Observations on Chronology, History, and Society in the Old Assyrian Period*, Leiden: Nederlands Instituut voor het Nabije Oosten, 2012.

Barnett, M. , *Gods and Myths of Ancient Egypt*, London: Regency House, 1996.

Beal, R. , *The Organisation of the Hittite Military*, Heidelberg: Universitatsverlag Winter, 1992.

Beckman, G. , Bryce, T. , Cline, E. H. , *The Ahhiyawa Texts*, Leiden: E. J. Brill, 2012.

Beckman, G. , *Hittite Diplomatic Texts*, 2nd edition, Atlanta: Scholars Press, 1999.

Bentley, J. , *Old World Encounters: Cross-Cultural Contacts and Exchanges in Pre-Modern Times*, New York: Oxford University Press, 1993.

Benz, B. C. , *The Land before the Kingdom of Israel: A History of the Southern Levant and the People Who Populated It*, Winona Lake: Eisenbrauns, 2016.

Bernal, M. , *Black Athena: The Afroasiatic Roots of Classical Civilization: The Fabrication of Ancient Greece 1785 – 1985*, Vol. I, New Jersey: Rutgers University Press, 1987.

Bertman, S. , *Handbook to Life in Ancient Mesopotamia*, Oxford: Oxford University Press, 2003.

Betancourt, P. P. , *The History of Minoan Pottery*, Princeton: Princeton University Press, 1985.

Betro, M. C. , *Hieroglyphics: The Writings of Ancient Egypt*, New York: Abbeville Press Publishers, 1995.

Bey, R. C. , ed. , *Revue de L'Histoire Juive en Egypte*, Baltimore: Halgo, 1988.

Bezold, C. , Budge, E. W. , eds. , *The Tell el-Amarna Tablets in the British Museum*, London: Longmans, 1892.

Bianchi, R. S. , *Daily Life of the Nubians*, Westport, Connecticut and London: Greenwood Press, 2004.

Bienkowski, P. , Millard, A. , eds. , *Dictionary of the Ancient Near East*, Philadelphia: University of Pennsylvania Press, 2000.

Bierbrier, M. L. , *The Late New Kindom in Egypt (ca. 1300 – 664 B. C.)*: *A Genealogical and Chronological Investigation*, Warminster: Aris and Phlipips, 1975.

Bittel, K. , *Hattusha*: *The Capital of the Hittites*, Oxford and New York: Oxford University Press, 1970.

Blackman, A. M. , *Middle-Egyptian Stories*, Bruxelles: Brepols Publishers, 1972.

Black, J. A. , Green, A. , *Gods, Demons, and Symbols of Ancient Mesopotamia*, Austin: University of Texas Press, 1992.

Bleiberg, E. , *The Official Gift in Ancient Egypt*, Norman and London: University of Oklahoma Press, 1996.

Blenkinsopp, J. , *Judaism, the First Phase*: *The Place of Ezra and Nehemiah in the Origins of Judaism*, Grand Rapids: Eerdmans, 2009.

Bottero, J. , *Mesopotamia*: *Writing, Reasoning, and the Gods*, Chicago: University of Chicago Press, 1992.

Boyd, C. E. , *Public Libraries and Literary Culture in Ancient Rome*, Chicago: University of Chicago Press, 1915.

Brandon, S. G. F. , *The Judgement of the Deads*: *An History and Comparative Study of the Idea of a Post-Mortem Judgement in the Major Religions*, London: Weidenfeld and Nicolson, 1967.

Bratton, F. G. , *The First Heretic*: *The Life and Times of Ikhnaton the King*, Boston: Beacon Press, 1961.

Braudel, F. , *The Mediterranean and the Mediterranean World in the Age of Philip II*, New York: Harper and Row, 1972.

Breasted, J. H. , *A History of the Ancient Egyptians*, New York: Charles Scribner's Sons, 1908.

Breasted, J. H. , *A History of Egypt, from the Earliest Times to the Persian Conquest*, New York: Charles Scribner's Sons, 1905.

Breasted, J. H. , *A History of Egypt, from the Earliest Times to the Persian Conquest*, 2nd edition, New York: Charles Scribner's Sons, 1946.

Breasted, J. H. , *Ancient Records of Egypt*: *Historical Documents from the Earliest Times to the Persian Conquest*, Vols. I – V, Chicago: University of Chicago Press, 1906.

Breasted, J. H. , *Development of Religion and Thought in Ancient Egypt*, New

York: Charles Scribner's Sons, 1912.

Breasted, J. H. , *Development of Religion and Thought in Ancient Egypt*, New York: Harper and Brothers, 1959.

Breasted, J. H. , *Development of Religion and Thought in Ancient Egypt*, Philadelphia: Pennsylvania University Press, 1972.

Breasted, J. H. , *The Conquest of Civilization*, New York: Harper and Brothers, 1926.

Breniquet, C. , Michel, C. , eds. , *Wool Economy in the Ancient Near East and the Aegean: From the Beginnings of Sheep Husbandary to Institutional Textile Industry*, Oxford and Philadelphia: Oxbow Books, 2014.

Bright, J. , *A History of Israel: With an Introduction and Appendix by William P. Brown*, 4th edition, Louisville: Westminster John Knox Press, 2000.

Brinkman, J. A. , *A Political History of Post-Kassite Babylonia, 1158 – 722 B. C.* , Roma: Pontificium Institutum Biblicum, 1968.

Brinkman, J. A. , *Introduction to Akkadian*, Rome: Biblical Institue Press, 1988.

Brinkman, J. A. , *Materials for the Study of Kassite History*, Chicago: Oriental Institute of the University of Chicago, 1976.

Brosius, M. , ed. , *Ancient Archives and Archival Traditions: Concepts of Recordkeeping in the Ancient World*, Oxford and New York: Oxford University Press, 2003.

Bryan, B. , *The Reign of Thutmose IV*, Baltimore and London: Johns Hopkins University Press, 1991.

Bryce, T. , *Ancient Syria: A Three Thousand Year History*, Oxford: Oxford University Press, 2014.

Bryce, T. , *Letters of the Great Kings of the Ancient Near East: The Royal Correspondence of the Late Bronze Age*, London and New York: Routledge, 2003.

Bryce, T. , *Life and Society in the Hittite World*, Oxford: Oxford University Press, 2002.

Bryce, T. , *The Kingdom of the Hittites*, new edition, Oxford and New York: Oxford University Press, 2010.

Bryce, T. , *The Kingdom of the Hittites*, Oxford: Clarendon Press, 1998.

Bryce, T. , *The Routledge Handbook of the Peoples and Places of Ancient Western Asia: The Near East from the Early Bronze Age to the Fall of the Persian Empire, London and New York: Routledge, 2009, p. 375.

Bryce, T., *The World of the Neo-Hittite Kingdoms: A Political and Military History*, Oxford and New York: Oxford University Press, 2012.

Budge, E. A. W, *Tutankhamen: Amenism, Atenism, and Egyptian Monotheism*, London, New York and Baharin: Kegan Paul, 2005.

Bunnens, G. ed., *Cultural Interactions in the Ancient Near East*, Louvain: Peeters Press, 1996.

Burns, R., *Damascus: A History*, London: Routledge, 2005.

Bury, J. B., Meiggs, R., *A History of Greece*, 4th edition, London: MacMillan Press, 1975.

Caminos, R. A., *Late Egyptian Miscellanies*, Oxford and New York: Oxford University Press, 1954.

Campbell, E. F., Freedman, D. N., eds., *The Biblical Archaeologist Reader*, Garden City: Doubleday, 1970.

Canby, J. V., et al., eds., *Ancient Anatolia: Aspects of Change and Cultural Development*, Madison: University of Wisconsin Press, 1986.

Carter, M., Schoville, K., *Sign, Symbol, and Script: An Exhibition on the Origins of Writing and the Alphabet*, Madison: University of Wisconsin, 1984.

Carnagey, G. A., Schoville, K. N., *Beyond the Jordan: Studies in Honor of W. Harold Mare*, Eugene: Wipf and Stock Publishers, 2005.

Cassin, E., et al., *Die Altorientalischen Reiche*, Vols. I–III, Frankfurt: Fischer Weltgeschichte, 1966.

Cerny, J., *A Community of Workmen at Thebes in the Ramesside Period*, Le Caire: Institut Francais d'Aarcheologie Orientale du Caire, 1973.

Cerny, J., *Late Ramesside Letters*, Bruxelles: Edition de la Fondation Egyptologique Reine Elisabeth, 1939.

Chavalas, M. W., *The Ancient Near East: Historical Sources in Translation*, Malden, Oxford and Carlton: Blackwell Publishing, 2006.

Chiera, E., *Sumerian Epic and Myths*, Chicago: The University of Chicago Press, 1934.

Claiborne, R., *The Birth of Writing*, Alexandria: Time Life Books, 1974.

Clark, J. W., et al., *The Care of Books: An Essay on the Development of Libraries and Their Fittings, from the Earliest Times to the End of the Eighteenth Century*, Cambridge: Cambridge University Press, 1901.

Clayton, P. A., *Chronicle of the Pharaohs: The Reign-by-Reign Record of the Rulers and Dynasties of Ancient Egypt*, London: Thames and Hudson, 2006.

Cline, E. H., ed., *The Oxford Handbook of the Bronze Age Aegean*, Oxford and New York: Oxford University Press, 2010.

Cline, E. H., Harris-Cline, D., eds., *The Aegean and the Orient in the Second Millennium: Proceedings of the 50th Anniversary Symposium*, Liege: Universite de Liege, Histoire de l'Art et Archeologie de la Grece Antique, 1998.

Cline, E. H., *The Battles of Armageddon: Megiddo and the Jezreel Valley from the Bronze Age to the Nuclear Age*, Ann Arbor: University of Michigan Press, 2010.

Cline, E. H., *1177 B. C. : The Year Civilization Collapsed*, Princeton: Princeton University Press, 2014.

Cline, E. H., O'Connor, D., eds., *Ramesses III: The Life and Times of Egypt's Last Hero*, Ann Arbor: University of Michigan Press, 2012.

Cline, E. H., O'Connor, D., eds., *Thutmose III: A New Biography*, Ann Arbor: University of Michigan Press, 2006.

Cohen, R., Westbrook, R., eds., *Amarna Diplomacy: The Beginning of International Relations*, Baltimore and London: Johns Hopkins University Press, 2000.

Cohen, Y., *The Scribes and Scholars of the City Emar in the Late Bronze Age*, Winona Lake: Eisenbrauns, 2009.

Collins, B. J., *The Hittites and Their World*, Atlanta: Society of Biblical Literature, 2007.

Collon, D., *Ancient Near Eastern Art*, Berkeley and Los Angeles: University of California Press, 1995.

Cumming, B., *Egyptian Historical Records of the Late Eighteen Dynasty*, Vols. I – II, Warminster: Aris and Phillips, 1982 – 1984.

Contenau, G., *Everyday Life in Babylon and Assyria*, New York: Norton Library, 1966.

Cooney, J. D., *Amarna Reliefs from Hermopolis in American Collections*, Brooklyn: The Brooklyn Museum, 1965.

Cooper, J., *The Curse of Agade*, Baltimore and London: Johns Hopkins University Press, 1983.

Crawford, H., *Sumer and the Sumerians*, Cambridge: Cambridge University

Press, 1991.

Crouwel, J. H., *Chariots and Other Means of Land Transport in Bronze Age Greece*, Amsterdam: Allard Pierson Museum, 1981.

Curtis, A., *Ugarit (Ras Shamra): Cities of the Biblical World*, Grand Rapids: Eerdmans, 1985.

Dalley, S., *Myths from Mesopotamia: Creation, the Food, Gilgamesh, and Others*, Oxford: Oxford University Press, 1989.

Dalley, S., ed., *The Legacy of Mesopotamia*, New York: Oxford University Press, 1998.

Darnell, J. C., Manassa, C., *Tutankhamun's Armies: Battle and Conquest during Ancient Egypt's Late Eighteenth Dynasty*, Hoboken: John Wiley and Sons, 2007.

Davies, B. G., *Egyptian Historical Inscriptions of the Nineteenth Dynasty*, Jonsered: Astroms Forlag, 1997.

Davies, B. G., *Egyptian Historical Records of the Late Eighteenth Dynasty*, Warminster: Aris and Philips, 1992 – 1995.

De Buck, A., *Egyptian Reading Book: Exercises and Middle Egyptian Texts*, 4th edition, Leiden: E. J. Brill, 1977.

Delley, S., *Mari and Karana: Two Old Babylonian Cities*, New Jersey: Gorgias Press, 2002.

Dercksen, J. G., *Old Assyrian Institutions*, Leiden: NINO, 2004.

Der Manuelian, P., *Studies in the Reign of Amenophis II*, Hildesheim: Gerstenberg Verlag, 1987.

Dietrich, M., Loretz, O., Von Soden, W., *Vom Alten Orient zum Alten Testament: Festschrift fur Wolfram Freiherrn von Soden zum 85 Geburtstag am 19 Juni*, 1993, Butzon und Bercker: Neukirchener Verlag, 1995.

Dodson, A. M., Hilton, D., *The Complete Royal Families of Ancient Egypt*, Cairo, London and New York: The American University in Cairo Press/Thames and Hudson, 2004.

Dominique, C. Eietz-Otto E., Marten, S., *Mesopotamien: Die Altbabylonische Zeit*, Fribourg/Gottingen: Academic Press/Vandenhoek and Ruprecht, 2004.

Dossin, G., *Archives Royales de Mari*, Vols. I – VII, Paris: Imprimerie Nationale, 1950 – 1957.

Dumper, M., Stanley, B. E., Abu-Lughod, J. L., *Cities of the Middle East and North Africa*, Santa Babara: ABC-CLIO, 2006.

Drewnowska, O., Sandowicz, M., eds., *Forture and Mistorture in the Ancient Near East*, Winona Lake: Eisenbrauns, 2017.

Drews, R., *The End of the Bronze Age: Changes in Warfare and the Catastrophe ca. 1200 B. C.*, Princeton: Princeton University Press, 1993.

Duistermaat, K., Regulski, I., eds., *Intercultural Contacts in the Ancient Mediterranean*, Leuven: Uitgeveru Peeters, 2011.

Dunstan, W. E., *The Ancient Near East*, New York: Norton, 1998.

E. Edel, *Agyptische Arzte und Agyptische Medizin am Hethitischen Konigshof*, Opladen: Westdeutscher Verlag, 1976.

Edel, E., *Die Agyptische-Hethitische Korrespondenz aus Boghazkoi*, Opladen: Westdeutscher Verlag, 1994.

Edel, E., *Der Vertrag zwischen Ramses II von Agypten und Hattusili III von Hatti*, Berlin: Deutschen Orient-Gesellschaft, 1997.

Edgerton, W. F., *The Thutmosid Succession*, Chicago: University of Chicago Press, 1933.

Edgerton, W. F., Wilson, J. A., *Historical Records of Ramses III: The Texts in Medinet Habu*, Vols. I – II, Chicago: University of Chicago Press, 1936.

Edwards, I. E. S., Gadd, C. J., Hammond, N. G. L., eds., *The Cambridge Ancient History, Vol. I, part 1: Prolegomena and Prehistory*, 3rd edition, Cambridge: Cambridge University Press, 1971.

Edwards, I. E. S., Gadd, C. J., Hammond, N. G. L., eds., *The Cambridge Ancient History, Vol. I, part 2: Early History of the Middle East*, 3rd edition, Cambridge: Cambridge University Press, 1971.

Edwards, I. E. S., Gadd, C. J., Hammond, N. G. L., Sollberger, E., eds., *The Cambridge Ancient History, Vol. II, part 1: History of the Middle East and the Aegean Region ca. 1800 – 1380 B. C.*, 3rd edition, Cambridge: Cambridge University Press, 1973.

Edwards, I. E. S., Gadd, C. J., Hammond, N. G. L., Sollberger, E., eds., *The Cambridge Ancient History, Vol. II, part 2: History of the Middle East and the Aegean Region ca. 1380 – 1000 B. C.*, 3rd edition, Cambridge: Cambridge University Press, 1975.

Eichler, S. S., *Die Verwaltung des "Hauses des Amun" in der 18. Dynastie*, Hamburg: Buske, 2000.

Emery, W. B. , *Egypt in Nubia*, London: Hutchinson, 1965.

Emery, W. B. , *Archaic Egypt*, Harmondsworth: Penguin Books, 1961.

Erman, A. , Grapow, H. , eds. , *Worterbuch der Aegyptischen Sprache*, Vols. Ⅰ - Ⅵ, Leipzig: J. C. Hinrichs'schen Buchhandlungen, 1926 - 1953.

Erman, A. , Grapow, H. , eds. , *Worterbuch der Aegyptischen Sprache*, Vols. Ⅰ - Ⅵ, reprinted, Berlin: Akademie-Verlag GmbH, 1971.

Erman, A. , *Life in Ancient Egypt*, translated by H. M. Tirard, New York: Dover, 1894/1971.

Erman, A. , *The Ancient Egyptians: A Sourcebook of Their Writings*, translated by A. Blackman, New York: Harper Torchbooks, 1966.

Evans, J. W. , *Horse Breeding and Management*, Amsterdam: Elsevier Health Sciences, 1992.

Fales, F. M. , *Aramaic Epigraphs on the Clay Tablets of the Neo-Assyrian Period*, Roma: Universita degli studi "La Sapienza", 1986.

Fales, F. M. , Postate, J. N. , *Imperial Administrative Records*, Helsinki: Helsinki University Press, 1988.

Faulkner, R. O. , *A Concise Dictionary of Middle Egyptian*, Oxford: Ashmolean Museum, 1981.

Faulkner, R. O. , *The Wilbour Papyrus*, Vol. Ⅳ, Oxford and New York: Oxford University Press, 1952.

Feldman, M. H. , *Diplomacy by Design: Luxury Arts and an "International Style" in the Ancient Near East, 1400 - 1200 B. C. E.* , Chicago: The University of Chicago Press, 2006.

Feliu, L. , *The God Dagan in Bronze Age Syria*, translated by W. G. E. Watson, Leiden: E. J. Brill, 2003.

Feller, B. , *Mittelassyrishe Rechtsurkunden und Verwaltungstexe*, Wiesbaden: Otto Harrasowitz, 2007.

Finegan, J. , *Archaeological History of the Ancient Middle East*, Boulder: Westview Press, 1979.

Fletcher, J. , *The Search for Nefertiti*, London: Hodder and Stoughton, 2004.

Foster, B. R. , ed. , *Before the Muses: An Anthology of Akkadian Literature*, Bethesda: CDL Press, 1993.

Foster, B. R. , *From Distant Days: Myths, Tales, and Poetry of Ancient Mesopotamia*, Bethesda: CDL Press, 1995.

Fowler, C. , Harding, J. , Hofmann, D. , eds. , *The Oxford Handbook of Neolithic Europe*, Oxford: Oxford University Press, 2015.

Frank, A. G. , Gills, B. K. , *The World System: Five Hundred Years or Five Thousand?* London and New York: Routledge, 1993.

Frankfort, H. , *Ancient Egyptian Religion: An Interpretation*, New York: Columbia University Press, 1948.

Frankfort, H. , *Intellectual Adventure of Ancient Man: An Essay on Speculative Thought in the Ancient Near East*, Chicago: University of Chicago Press, 1977.

Frankfort, H. , *Kingship and the Gods: A Study of Ancient Near Eastern Religion as the Integration of Society and Nature*, Chicago: University of Chicago Press, 1978.

Frayne, D. R. , *Presargonic Period: Early Periods (2700 – 2350 B. C.)*, Vol. I, Toronto: University of Toronto Press, 2008.

Frederich, H. H. , *Global Communication and International Relations*, Belmont: Wadsworth Publishing, 1993.

Freedman, D. N. , Graf, D. F. , eds. , *Palestine in Transition: The Emergence of Ancient Israel*, Sheffield: Almond Press, 1983.

Freedman, D. N. , et al. , eds. , *The Anchor Bible Dictionary*, Vol. II, New York: Doubleday, 1992.

Freud, S. , *Moses and Monotheism*, New York: Vintage Books, 1939.

Friedman, R. , Adam, B. , eds. , *Followers of Horus: Studies Dedicated to M. Hoffman*, Oxford: Oxbow Books, 1992.

Frood, E. , *Biographical Texts form Ramesside Egypt*, Atlanta: Society of Biblical Leterature, 2007.

Gabolde, M. , *D'Akhenaton a Tout-ankhamon*, Lyon: 'Institut d'Arch ogie et d'Histoire de l'Antiquite, 1998.

Gabriel, R. , Metz, K. , *From Sumer to Rome: Military Capabilities of Ancient Armies*, Westport: Greenwood Press, 1991.

Galil, G. , Gilboa, A. , Maeir, A. M. , Kahn, D. , eds. , *The Ancient Near East in the 12th – 10th Centuries B. C. E. : Culture and History*, Munster: Ugarit-Verlag, 2012.

Gardiner, A. H. , *Ancient Egyptian Onomastica*, Vols. I – III, Oxford and New York: Oxford University Press, 1947.

Gardiner, A. H., *Egyptian Grammar: Being an Introduction to the Study of Hieroglyphs*, 3rd revised edition, Oxford: Griffith Institute, 1957.

Gardiner, A. H., *Egypt of the Pharaohs: An Introduction*, Oxford and New York: Oxford University Press, 1978.

Gardiner, A. H., *Ramesside Administrative Documents*, Oxford: Printed for and Distributed by Griffith Institute, AshmoleanMuseum, 1968.

Gardiner, A. H., *The Kadesh Inscriptions of Ramesses II*, Oxford and New York: Oxford University Press, 1960.

Gardiner, A. H., *The Wilbour Papyrus*, Vols. I – III, Oxford and New York: Oxford University Press, 1941 – 1948.

Garfinkle, S., Johnson, J. C., eds., *The Growth of an Early State in Mesopotamia: Studies in Ur III Administration*, Madrid: Consejo Superior de Investigationes Cientficas, 2008.

Garnsey, P., Whittaker, C. R., eds., *Imperialism in the Ancient World*, Cambridge: Cambridge University Press, 1978.

Garstang, J., *The Hittite Empire*, London: Constable, 1929.

Garstang, J., *The Land of the Hittites: An Account of Recent Explorations and Discoveries in Asia Minor, with Descriptions of the Hittite Monuments*, New York: E. P. Dutton, 1910.

Geertz, C., *The Interpretation of Culture*, New York: Fontana Press, 1993.

Gelb, I. J., *Hurrians and Subarians*, Chicago: University of Chicago Press, 1944.

Geller, M. J., ed., *Melammu: The Ancient World in an Age of Globalization*, Max Planck Research Library for the History and Development of Knowledge, Proceedings 7, Berlin: Edition Open Access, 2014.

Genz, H., Mielke, D. P., eds., *Insights into Hittite History and Archaeology*, Leuven: Peeters, 2011.

George, A., *The Ipic of Gilgamesh: A New Translation*, London: Penguin Classics, 2000.

George, A., *The Epic of Gilgamesh: The Babylonia Epic Poem and Other Texts in Akkadian and Sumerian*, Harmondsworth: Allen Lane the Penguin Press, 1999.

George, A., *The Babylonian Gilgamesh Epic-Introduction, Critical Edition and Cuneiform Texts*, Vols. 2, Oxford: Oxford University Press, 2003.

Giveon, R. , *The Impact of Egypt on Canaan: Iconographical and Related Studies*, Gottingen: Universitatsverlag/Vandenhoeck and Ruprecht, 1978.

Genz, H. , Mielke, D. P. , eds. , *Insights into Hittites History and Archaeology*, Leuven: Peeters, 2011.

Gibson, J. C. L. , *Textbook of Syrian Semitic Inscriptions*, Vols. I – III, Oxford: Clarendon Press, 1971 – 1987.

Gibson, M. , Biggs, R. D. , eds. , *The Organization of Power: Aspects of Bureaucracy in the Ancient Near East*, Chicago: The Oriental Institute of the University of Chicago, 1987.

Giles, F. J. , *The Amarna Age: Western Asia*, Warminster: Aris and Phillips, 1997.

Gitin, S. , Mazar, A. , Stern, E. , eds. , *Mediterranean Peoples in Transition: Thirteenth to Early Tenth Centuries B. C. E.* , Jerusalem: Israel Exploration Society, 1998.

Giveon, R. , *The Impact of Egypt on Canaan: Iconographical and Related Studies*, Gottingen: Vandenhoeck and Ruprecht, 1978.

Giusfredi, F. , *Sources for a Socio-Economic History of the Neo-Hittite States*, Heidelberg: Universittsverlag Winter GmbH, 2010.

Grimal, N. , *A History of Ancient Egypt*, Oxford and Cambridge: Oxford Univeristy Press, 1992.

Glassner, J. J. , *Mesopotamian Chronicles*, Leiden: E. J. Brill, 2005.

Glassner, J. J. , *Mesopotamian Textual Evidence on Magan/Makan in the Late 3rd Millennium B. C.* , Rome: Istituto Italiano per il Medio ed Estremo Oriente, 1989.

Gonen, R. , *Weapons of the Ancient World*, London: Cassells, 1975.

Goren, Y. , Finkelstein, I. , Na'aman, *Inscribed in Clay: Provenance Study of the Amarna Tablets and Other Ancient Near Eastern Texts*, Tel Aviv: Tel Aviv University, 2004.

Gotze, A. , *Die Annalen des Mursilis*, Leipiz: Hinrichs, 1933.

Graves, C. , Gregory, S. , eds. , *Connections: Communication in Ancient Egypt*, Birmingham: University of Birmingham, 2012.

Gray, J. , *The Legacy of Canaan: The Ras Shamra Texts and Their Relevance to the Old Testament*, Leiden: E. J. Brill, 1965.

Grayson. A. K. , *Assyrian and Babylonian Chronicles*, Locust Valley: Augustin,

1975.

Grayson, A. K., *Assyrian Rulers of the Early First Millennium B. C.* (*1114 - 859 B. C.*), Toronto, Buffalo, London: University of Toronto Press, 1991.

Grayson, A. K., *The Royal Inscriptions of Mesopotamia, Assyrian Periods*, Vols. I - III, Toronto: University of Toronto Press, 1987 - 1996.

Green, J. T., *The Role of Messenger and Message in the Ancient Near East*, Atlanta: Scholars Press, 1989.

Greenwood, K. R., *The Assur Will Hear His Prayers: A Study on Middle Assyrian Royal Theology*, PhD Dissertation, Jerusalem: Hebrew Union College, 2008.

Grimal, N., *A History of Ancient Egypt*, Oxford: Blackwell Publishers, 1992.

Grnsey, P. D. A., Whittaker, C. R., eds., *Imperialism in Ancient World: The Cambridge University Research Seminar in Ancient Hisory*, Cambridge: Cambrdge University Press, 1978.

Gurney, O. R., *Some Aspects of Hittite Religion*, Oxford and London: Oxford University Press, 1977.

Gurney, O. R., *The Hittites*, Baltimore: Penguin Books, 1966.

Gurney, O. R., *The Hittites*, London: Allen Lane, 1975.

Gurney, O. R., *The Hittites*, revised edition, London: Penguin Books, 1990.

Habachi, L., *The Second Stela of Kamose and His Struggle against the Hyksos Ruler and His Capital*, Gluckstadt: J. J. Augustin, 1972.

Hafford, W. B., *Merchants in the Late Bronze Age Eastern Mediterranean: Tools, Texts, and Trade*, PhD Dissertation, Philadelphia: University of Pennsylvania, 2001.

Hagenbuchner, A., *Die Korrespondenz der Hethiter*, Heidelberg: Universitatsverlag Winter, 1989.

Haldar, A., *Who Were the Amorites?* Leiden: E. J. Brill, 1971.

Hall, E. T., *Beyond Culture*, New York: Doubleday, 1976.

Hall, E. T., *Hidden Differences: Studies in International Communication*, Hamburg: Grunder and Jahr, 1985.

Hall, E. T., *The Dance of Life: The Other Dimension of Time*, New York: Doubleday, 1983.

Hall, E. T., *The Hidden Dimension*, New York: Doubleday, 1966.

Hall, E. T., *The Silient Language*, New York: Doubleday, 1959.

Hallo, W. W. , Simpson, W. K. , *The Ancient Near East: A History*, New-York, Chicago, San Francisco and Atlanta: Harcourt Brace Jovanovich, 1971.

Hamblin, W. J. , *Warfare in the Ancient Near East to 1600 B. C. : Holy Warriors at the Dawn of History*, London and New York: Routledge, 2006.

Hannig, R. , *Großes Handworterbuch Agyptisch-Deutsch (2800 – 950 v. Chr.): Marburger Edition*, 6th edition, Mainz am Rhein: Philipp von Zabern, 2015.

Hannoon, N. , *Studies in the Historical Geography of Northern Iraq during the Middle and Neo-Assyrian Periods*, PhD Dissertation, Toronto: University of Toronto, 1986.

Harris, G. , *Gods and Pharaohs from Egyptian Mythology*, New York: Schocken Books, 1983.

Hart, G. , *A Dictionary of Egyptian Gods and Goddesses*, London and New York: Routledge, 2005.

Hawass, Z. A. , *The Golden Age of Tutankhamun: Divine Might and Splendor in the New Kingdom*, Cairo: American University in Cairo Press, 2004.

Harris, J. R. , ed. , *The Legacy of Egypt*, Oxford: Clarendon Press, 1971.

Harris, W. V. , *Rethinking the Mediterranean*, Oxford and New York: Oxford University Press, 2005.

Hatch, W. H. P. , *The Principal Uncial Manuscripts of the New Testament*, Chicago: University of Chicago Press, 1939.

Hayes, J. H. , Hayes, J. M. , eds. , *Israelite and Judean History*, Philadelphia: Westminster Press, 1977.

Heagren, B. H. , *The Art of War in Pharoanic Egypt*, PhD Dissertation, Auckland: The University of Auckland, 2010.

Healy, M. , Mcbride, A. , *The Ancient Assyrians*, Oxford: Osprey Publishing, 1991.

Heidel, A. , *The Babylonian Genesis: The Story of Creation*, Chicago: University of Chicago Press, 1951.

Heimpel, W. , *Letters to the King of Mari: A New Translation, with Historical Introduction, Notes, and Commentary*, Winona Lake: Eisenbrauns, 2003.

Helck, W. , *Die Beziehungen Agyptens zu Vorderasien im 3. und 2. Jahrtausend v. Chr.*, Wiesbaden: Harrassowitz, 1971.

Helck, W. , *Der Einfluß der Militar fuhrer in der 18. Agyptischen Dynastie*, Leipzig: J. C. Hinrichs, 1939.

Herodous, *The Hisrories*, New York: Penguin Books, 1972.

Higginbotham, C. R., *Egyptianization and Elite Emulation in Ramesside Palestine*, Leiden: E. J. Brill, 2000.

Hitti, P. K., *History of Syria: Including Lebanon and Palestine*, Piscataway: Gorgias Press, 2004.

Hoehnergard, J., Izre'el, S., *Amarna Studies: Collected Writings by W. L. Moran*, Winona Lake: Eisenbrauns, 2003.

Hoffner, H. A., *Hittite Myths*, 2nd edition, Atlanta: Scholars Press, 1998.

Hoffner, H. A., *The Law of the Hittites*, Leiden: E. J. Brill, 1997.

Hook, S. H., *Middle Eastern Mythology*, Baltimore and London: Penguin Books, 1963.

Hornung, E., *Conceptions of God in Ancient Egypt: The One and the Many*, Ithaca: Cornell University Press, 1982.

Horowitz, W., *Mesopotamian Cosmic Geography*, Winona Lake: Eisenbrauns, 1998.

Houston, S., *The First Writing: Script Invention as History and Process*, Cambridge: Cambridge University Press, 2004.

Hrozn, B., *Ancient History of Western Asia, India, and Greece*, translated by J. Prochazka, Prague: Artia, 1953.

Huehnergard, J., *A Grammar of Akkadian*, Winona Lake: Eisenbrauns, 2011.

Hooke, S. H., ed., *Myth, Ritual, and Kingship: Essays on the Theory and Practice of Kingship in the Ancient Near East and in Israel*, Oxford and New York: Oxford University Press, 1958.

Issar, A. S., Zohar, M., *Climate Change: Environment and History of the Near East*, Berlin and Heidelberg: Springer Verlag, 2004.

Izre'el, S., *Amarna Scholarly Tablets*, Groningen: Styx Publications, 1997.

Izre'el, S., *Amurru Akkadian: A Linguistic Study, with an Appendix on the History of Amurru by Itamar Singer*, Atlanta: Scholars Press, 1991.

Jackson, S. A., *A Comparison of Ancient Near Eastern Law Collections Prior to the First Millennium B. C.*, Piscataway: Gorgias Press, 2008.

Jacobsen, T., *Sumerian King List*, Chicago: University of Chicago Press, 1939.

Jacobsen, T., *The Harps That Once…: Sumerian Poetry inTranslation*, New Haven: Yale University Press, 1987.

Jakob, S., *Mittelasssyrische Verwaltung und Sozialstruktur: Untersuchungen*, Leiden: E. J. Brill, 2003.

James, T. G. H. , *An Introduction to Ancient Egypt*, London: Harper and Row, 1979.

James, T. G. H. , *Myths and Legends of Ancient Egypt*, London: Grosset and Dunlap, 1971.

James, T. G. H. , *Pharaoh's People: Scenes from Life in Imperial Egypt*, London: Tauris Parke Paperbacks, 2007.

Janssen, J. J. , *An Economic Study of the Village of Necropolis Workmen at Thebes*, Leiden: E. J. Brill, 1975.

Janssen, J. J. , *Commodity Prices from the Ramesside Period*, Leiden: E. J. Brill, 1975.

Jennings, J. , *Globalizations and the Ancient World*, Cambridge: Cambridge University Press, 2010.

Jidejian, N. , *Byblos through the Ages*, Beirut: Dar al Machreq, 1968.

Johns, C. H. W. , *Babylonian and Assyrian Laws, Contracts, and Letters*, London: Charles Scribner's Sons, 2009.

Kemp, B. J. , *The City of Akhenaten and Nefertiti: Amarna and Its People*, London: Thames and Hudson, 2012.

Kaplan, L. C. , *Politics and Government in Ancient Egypt*, New York: Power Kids Press, 2004.

Kantor, H. J. , *The Aegean and the Orient in the Second Millennium B. C.* , Bloomington: Principia Press, 1947.

Kelder, J. M. , *The Kingdom of Mycenae: A Great Kingdom in the Late Bronze Age Aegean*, Bethesda: CDL Press, 2010.

Kelekna, P. , *The Horse in Human History*, Cambridge: Cambridge University Press, 2009.

Kemp, B. J. , *Ancient Egypt: Anatomy of a Civilization*, London and New York: Routledge, 1989.

Kempinski, A. , *Megiddo: A City-State and Royal Centre in North Israel*, Munich: Verlag C. H. Beck, 1989.

Kennedy, H. , ed. , *Warfare and Poetry in the Middle East*, London: I. B. Tauris, 2013.

Killebrew, A. E. , *Biblical Peoples and Ethnicity: An Archaeological Study of Egyptians, Canaanites, Philistines, and Early Israel 1300 – 1100 B. C. E.* ,

Leiden and Boston: E. J. Brill, 2005.

Kinet, D., *Ugarit: Geschichte und Kultur einer Stadt in der Umwelt des Alten Testamentes*, Stuttgart: Verlag Katholisches Bibelwerk, 1981.

Kitchen, K. A., ed., *Ramesside Inscriptions Historical and Biographical*, Vols. I – VII, Oxford: Blackwell Publishers, 1975 – 1989.

Kitchen, K. A., ed., *Ramesside Inscriptions: Translated and Annotated Notes Translations*, Vols. I – VI, Oxford: Blackwell Pulishings, 1995 – 2012.

Kitchen, K. A., Lawrence, P. J. N., *Treaty, Law, and Covenant in the Ancient Near East*, Wiesbaden: Harrassowitz, 2012.

Kitchen, K. A., *Pharaoh Triumphant: The Life and Times of Ramesses II*, Warminster: Aris and Phillips, 1982.

Kitchen, K. A., *The Egyptian Nineteenth Dynasty*, Warminster: Aris and Phillips, 1977.

Kitchen, K. A., *The Third Intermediate Period in Egypt (1100 – 650 B. C.)*, Warminster: Alden Press, 1973.

Kitchen, K. A. *The Third Intermediate Period in Egypt (1100 – 650 B. C.)*, 3rd edtion, Warminster: Aris and Phillips, 1995.

Ki-Zerbo, J., ed., *General History of Africa (Abridged Edition): Methodology and African Prehistory*, London: J. Curry for UNESCO, 1990.

Klein, J., Sefati, Y., *An Experienced Scribe Who Neglects Nothing: Ancient Near Eastern Studies in Honor of Jacob Klein*, Bethesda: CDL Press, 2005.

Klengel, H., *Geschichte des Hethitischen Reiches*, Leiden and Boston: E. J. Brill, 1998.

Klengel, H., *Syria, 3000 to 300 B. C. : A Handbook of Political History*, Berlin: Akademie Verlag, 1992.

Knudtzon, J. A., *Die El-Amarna-Tafeln: Mit Einleitung und Erlauterungen*, I – II, Aalen: O. Zeller, 1964.

Kramer, S. N., *Histroy Begins at Sumer: Thirty-nine Firsts in Recorded History*, Philadelphia: University of Pennsylvania Press, 1981.

Kramer, S. N., *Sumerian Mythology*, Philadelphia: University of Pennsylvania Press, 1972.

Kramer, S. N., *The Sumerians: Their History, Culture, and Character*, Chicago: University of Chicago Press, 1963.

Krauss, R., *Das Ende der Amarnazeit*, Hildesheim: Gerstenberg, 1978.

Kuentz, C., *La Bataille de Qadech: Les Textes*, Cairo: Institut Francais d'Archeologie Orientale, 1928.

Kuhrt, A., *The Ancient Near East, ca. 3000 – 330 B. C.*, London and New York: Routledge, 1995.

Labat, R., *Manuel d'Epigraphie Akkadienne*, Paris: Paul Geuthner, 1976.

Lado, R., *Linguistics Across Cultures*, Michigan: University of Michigan Press, 1957.

Lambert, W. G., Millard, A. R., eds., *Atra-Hasis: The Babylonian Story of the Flood*, Winona Lake: Eisenbrauns, 1999.

Lambert, W. C., Parker, S. B., *Enuma Elis: The Babylonian Epic of Creation*, Oxford and New York: Oxford Unviersity Press, 1966.

Larsen, M. T., *Assyrian City State and Its Colonies*, Copenhagen: Akademisk Forlag, 1976.

Larsen, M. T., *Old Assyrian Caravan Procedures*, Istanbul: Nederlands Historisch-Archaeologisch Instituut in het Nabije Oosten, 1967.

Leahy, M. A., ed., *Libya and Egypt ca. 1300 – 750 B. C.*, London: School of Oriental and Africa Studies, Centre of Near and Middle Eastern Studies, and The Society for Libyan Studies, 1990.

Leemans, W. F., *Foreign Trade in the Old Babylonian Period as Revealed by Texts from Southern Mesopotamia*, Leiden: E. J. Brill, 1960.

Leick, G., *A Dictionary of Ancient Near Eastern Mythology*, London and New York: Routledge, 1991.

Leick, G., ed., *The Babylonian World*, London and New York: Routledge, 2007.

Leick, G., *Historical Dictionary of Mesopotamia*, New York: Scarecrow Press, 2003.

Leick, G., *Historical Dictionary of Mesopotamia*, 2nd edition, New York: Scarecrow Press, 2009.

Leick, G., *Who's Who in the Ancient Near East*, London and New York: Routledge, 2002.

Leo Oppenheim, A., *Ancient Mesopotamia: Portrait of a Dead Civilization*, Chicago: University of Chicago Press, 1964.

Lesko, B., ed., *Women's Earliest Records: From Ancient Egypt and Western Asia*, Atlanta: Scholars Press, 1989.

Lesko, B., *The Remarkable Women of Ancient Egypt*, 3rd revised edition, Berkeley: B. C. Scribe Publications, 1996.

Lesko, L. H., ed., *A Dictionary of Late Egyptian*, Vols. I – IV, Berkeley: B. C. Scribe Publications, 1982 – 1989.

Lichtheim, M., *Ancient Egyptian Autobiographies Chiefly of the Middle Kingdom: A Study and Anthology*, Freiburg: Universitatsverlag Freiburg Schweiz Vandenhoeck and Ruprecht Gottingen, 1988.

Lichtheim, M., *Ancient Egyptian Literature*, Vols. I – III, Berkeley, Los Angeles and London: University of California Press, 1973 – 1980.

Leemans, W. F., *Foreign Trade in the Old Babylonian Period as Revealed by Texts from Southern Mesopotamia*, Leiden: E. J. Brill, 1960.

Liszka, K., "*We Have Come to Serve Pharaoh*": *A Study of the Medjay and Pangrave Culture as an Ethnic Group and as Mercenaries from c. 2300 B. C. E. until c. 1050 B. C. E.*, Philadelphia: University of Pennsylvania, 2012.

Littauer, M. A., *Wheeled Vehicles and Ridden Animals in the Ancient Near East*, Leiden: E. J. Brill, 1979.

Liverani, M., *International Relations in the Ancient Near East, 1600 – 1100 B. C.*, New York and Basingstoke: Palgrave Macmillan, 2001.

Liverani, M., ed., *Le lettere di El-Amarna*, Vols. I – II, Brescia: Paideia, 1998 – 1999.

Liverani, M., *Myth and Politics in Ancient Near Eastern Historiography*, translated by Z. Bahrani and M. Van De Mieroop, London: Equinox Publishing, 2004.

Liverani, M., *Prestige and Interest: International Relations in the Near East ca. 1600 – 1100 B. C.*, Padua: Sargon Press, 1990.

Liverani, M., *The Ancient Near East: History, Society, and Economy*, London and New York: Routledge, 2013.

Lloyd, A. B., ed., *A Companion to Ancient Egypt*, Vol. I, Malden and Oxford: Wiley-Blackwell, 2010.

Lorton, D., *The Juridical Terminology of International Relations in Egyptian Texts through Dyn. XVIII*, Baltimore and London: The Johns Hopkins University Press, 1974.

Lubetski, M., et al., eds., *Boundaries of the Ancient Near East World*, Sheffield: Sheffield Academic Press, 1998.

Lucas, A., *Ancient Egyptian Materials and Industries*, London: Edward Arnold, 1948.

Luckenbill, D. D., *Ancient Records of Assyria and Babylonia*, Vols. I – II, New York: Greenwood Press, 1968.

McLaughlin, J. L., *The Ancient Near East*, New York and Cincinnati: Abingdon Press, 2012.

Macqueen, J. G., *The HittitesandTheir Contemporaries inAsiaMinor*, Revised andenlarged edition, London: Thames andHudson, 1986.

Maisels, C. K., *The Emergence of Civilization: From Hunting and Gathering to Agriculture, Cities, and the State in the Near East*, London: Routledge, 1990.

Manning, S. W., *A Test of Time and a Test of Time Revisited*, Oxford: Oxbow Books, 1999.

Maran, J., Stockhammer, P. W., eds., *Materiality and Social Practice: Transformative Capacities of Intercultural Encounters*, Oxford: Oxbow Books, 2012.

Marshack, A., *The Roots of Civilization*, New York: McGraw-Hill, 1972.

Maspero, G., *The Struggle of the Nations: Egypt, Syria, and Assyria*, London: Society for Promoting Christian Knowledge, 1896.

Matthiae, P., Marchetti, N., eds., *Ebla and Its Landscape: Early State Formation in the Ancient Near East*, Walnut Creek: Left Coast Press, 2013.

Mauss, M., *The Gift: The Form and Reason for Exchange in Archaic Societies*, New York: W. W. Norton, 1990.

Mazar, A., *Archaeology of the Land of the Bible 10000 – 586 B. C. E.*, New York: Doubleday, 1990.

McCullough, W. S., ed., *The Seed of Wisdom: Essays in Honour of T. J. Meek*, Toronto: University of Toronto Press, 1964.

Mcdowell, A. G., *Jurisdiction in the Workmen's Community of Deir El-Medina*, Ann Arbor: University Microfilms International, 1987.

Mcluhan, M., *The Gutenberg Galaxy: The Making of Typographic Man*, Toronto: University of Toronto Press, 1962.

Mcluhan, M., *Understanding Media: The Extensions of Man*, 2nd edition, New York: Signet, 1964.

Michalowshi, P., *Letters from Early Mesopotamia*, Atlanta: Scholars Press, 1993.

Melchert, H. C., ed., *The Luwians*, Leiden and Boston: Brill Academic Publishers, 2003.

Mercer, S. A. B., ed., *The Tell El-Amarna Tablets*, Vols. I – II, Toronto: Macmillan, 1939.

Michalowski, P., *Lamentation over the Destruction of Sumer and Ur*, Winona Lake: Eisenbrauns, 1989.

Michalowski, P., *Letters from Early Mesopotamia*, Atlanta: Scholars Press, 1993.

Michalowski, P., *The Correspondence of the Kings of Ur: An Epistolary History of an Ancient Mesopotamian Kingdom*, Winona Lake: Eisenbrauns, 2011.

Mills, W. E., Bullard, R. A., *Mercer Dictionary of the Bible*, Macon: Mercer University Press, 1990.

Milroy, J., *Linguistic Variation and Change*, Oxford: Blackwell Publishers, 1992.

Mokhtar, G., *General History of Africa: Ancient Civilization of Africa*, California: University of California Press, 1980.

Monroe, C. M., *Scales of Fate: Trade, Tradition, and Transformation in the Eastern Mediterranean ca. 1350 – 1175 B. C. E.*, PhD Dissertation, Ann Arbor: University of Michigan, 2000.

Monroe, C. M., *Scales of Fate: Trade, Tradition, and Transformation in the Eastern Mediterranean ca. 1350 – 1175 B. C. E.*, Munster: Ugarit-Verlag, 2009.

Montserrat, D., *Akhenaten: History, Fantasy, and Ancient Egypt*, London and New York: Routledge, 2000.

Moorey, P. R. S., *Ancient Mesopotamian Materials and Industrie: The Archaeological Evidences*, Oxford: Clarendon Press, 1994.

Moortgat, A., *The Art of Ancient Mesopotamia: The Classical Art of the Near East*, London and New York: Phaidon, 1969.

Moran, W. L., *Amarna Studies: Collected Writing*, edited by J. Huehnergard, S. Izre'el, Winona Lake: Eisenbrauns, 2003.

Moran, W. L., *Les Lettres d'El-Amarna: Correspondance Diplomatique du Pharaon*, Paris: Cerf, 1987.

Moran, W. L., ed., *The Amarna Letters*, revised edition, Baltimore and London: Johns Hopkins University Press, 1992.

Morenz, S., *Egyptian Religion*, Ithaca: Cornell University Press, 1973.

Mori, M., Ogawa, H., Yoshikawa, M., Biggs, R. D., eds., *Near Eastern Studies Dedicated to H. I. H. Prince Takahito Mikasa on the Occation of His Seventy-fifth Birthday*, Wiesbaden: Otto Harrasowitz, 1991.

Morris, A. E. J., *History of Urban Form before the Industrial Revolutions*, 3rd edition, New York: Longman Scientific and Technical, 1993.

Morris, E. F., *The Architecture of Imperialism: Military Bases and the Evolutin of Foreign Policy in Egypt's New Kingdom*, Leiden: E. J. Brill, 2005.

Morris, S., *Economic Structure of the Ancient Near East*, Totowa: Barnes and Noble Books, 1986.

Moscati, S., *The Face of the Ancient Orient: A Panorama of Near Eastern. in Pre-Classical Times*, Garden City: Anchor Books, 1962.

Moscati, S., *The Phoenicians*, New York: Abbeville Press, 1988.

Mumford, L., *The City in History: Its Origins, Its Transformations, and Its Prospects*, New York: Harcourt, Brace and World, 1961.

Murnane, W. J., *Texts from the Amarna Period in Egypt*, Atlanta: Scholars Press, 1995.

Murnane, W. J., *The Road to Kadesh: A Historical Interpretation of the Battle Reliefs of King Sety I at Karnak*, 1st edition, Chicago: The Oriental Institute, 1985.

Murnane, W. J., *The Road to Kadesh: A Historical Interpretation of the Battle Reliefs of King Sety I at Karnak*, 2nd edition, Chicago: The Oriental Institute, 1990.

Murnane, W. J., Van Siclen III, C. C., *The Boundary Stelae of Akhenaten*, London: Kegan Paul International, 1993.

Mynarova, J., *Language of Amarna-Language of Diplomacy: Perspectives on the Amarna Letters*, Prague: Czech Institute of Egyptology, 2007.

Na'aman, N., *Canaan in the Second Millennium B. C. E.: Collected Essays*, Winona Lake: Eisenbrauns, 2005.

Nemet-Nejat, K. R., *Daily Life in Ancient Mesopotamia*, Peabody: Hendrickson Publishers, 2002.

Newberry, P. E., *Beni Hasan*, Vols. I – IV, London: Kegan Paul/Trench andTrubner, 1893 – 1900.

Nibbi, A., *Ancient Byblos Reconsidered*, Oxford: DE Publications, 1985.

Nibbi, A., *The Sea Peoples and Egypt*, Park Ridge: Noyes Press, 1975.

Nicholson, C., *Aegyptiaca*, London: Harrison and Sons, 1891.

Nicolas, G., *A History of Ancient Egypt*, Cambridge: Blackwell Publishers, 1994.

Niebuhr, C., *The Tell El Amarna Period*, translated by J. Hutchison, London: David Nutt, 1903.

Niebuhr, C., *Die Amarna-Zeit: Agypten und Vorderasien um 1400 v. Chr. Nach dem Tontafelfunde von El-Amarna*, Leipzig: J. C. Hinrichs, 1913.

Nissen, H. J., Heine, P., *From Mesopotamia to Iraq: A Concise History*, Chicago: University of Chicago Press, 2009.

Nissen, H. J., *The Early History of the Ancient Near East 9000 – 2000 B. C.*, Chicago: University of Chicago Press, 1988.

Noth, M., *The History of Israel*, 2nd edition, London: Adam and Charles Black, 1996.

Nougayrol, J., *Le Palais Royal d'Ugarit*, Vol. III, Paris: Presses Universitaires de France, 1955.

Nougayrol, J., *Le Palais Royal d'Ugarit*, Vol. IV, Paris: Presses Universitaires de France, 1956.

Nougayrol, J., et al., *Ugaritica*, Vol. V, Paris: Presses Universitaires de France, 1968.

Nougayrol, J., *Le Palais Royal d'Ugarit*, Vol. VI, Paris: Presses Universitaires de France, 1970.

Oates, J., *Babylon*, London: Thames and Hudson, 1979.

Oates, J., *Babylon*, revised edition, London: Thames and Hudson, 1986.

Oates, D., *Studies in the Ancient History of Northern Iraq*, London: Oxford University Press for the British Academy, 1968.

O'Connor, D. B., Cline, E. H., eds., *Amenhotep III: Perspectives on His Reign*, Ann Arbor: University of Michigan Press, 1998.

O'Connor, D., Silverman, D. P., eds, *Ancient Egyptian Kingship*, Leiden: E. J. Brill, 1994.

Olmstead, A. T., *History of Assyria*, Chicago: University of Chicago Press, 1951.

Oren, E., ed., *The Hyksos: New Historical and Archaeological Perspectives*, Philadelphia: Pennsylvania University Museum of Archaeology and Anthropology Press, 1997.

Oren, E. , ed. , *The Sea Peoples and Their World: A Reassessment*, Philadelphia: University of Pennsylvania Museum of Archaeology and Anthropology Press, 2000.

Orlin, L. L. , *Assyrian Colonies in Cappadocia*, Mouton: The Hague, 1970.

Oshima, T. , *Babylonian Prayers to Marduk*, Tubingen: Mohr Siebeck, 2011.

Otten, H. , *Die Apologie Hattusilis III*, Wiesbaden: Harrassowitz, 1981.

Parkinson, R. B. , *The Tale of Sinuhe and Other Ancient Egyptian Poems 1940 – 1640 B. C.* , Oxford and New York: Oxford University Press, 1997.

Parpola, S. , Watanabe, K. , *Neo-Assyrian Treaties and Loyalty Oaths*, Helsinki: Helsinki University Press, 1988.

Parpola, S. , *Letters from Assyrian and Babylonian Scholars*, Helsinki: Helsinki-University Press, 1993.

Peden, A. J. , *Egyptian Historical Inscriptions of the Twentieth Dyansty*, Jonsered: Astroms Forlag, 1994.

Peet, T. E. , *The Stela of Sebek-khu: The Earliest Record of an Egyptian Campaign in Asia*, Manchester: Sherratt and Hughes, 1914.

Peltenburg, E. J. , Wasse, A. , eds. , *Neolithic Revolution: New Perspectives on Southwest Asia in Light of Recent Discoveries on Cyprus*, Oxford: Oxbow Books, 2004.

Pendlebury, J. D. S. , *Tell el-Amarna*, London: Lovat Dickson and Thompson, 1935.

Petrie, W. M. F. , *A History of Egypt, Vol. II: The XVIIth and XVIIIth Dynasties*, London: Methuen, 1896.

Petrie, W. M. F. , *Tell El Amarna*, London: Methuen, 1894.

Petrie, W. M. F. , *The Arts and Crafts of Ancient Egypt*, Edinburg and London: Foulis, 1909.

Petrie, W. M. F. , *The Arts and Crafts of Ancient Egypt*, Cambridge: Cambridge University Press, 2013.

Pettinato, G. , *The Archives of Ebla: An Empire Inscribed in Clay*, Garden City: Doubleday, 1981.

Pfoh, E. , *Syria-Palestine in the Late Bronze Age: An Anthropology of Politics and Power*, London and New York: Routledge, 2016.

Pendlebury, J. D. S. , *Aegyptiaca: A Catalogue of Egyptian Objects in the Aege-

an Area, Cambridge: Cambridge University Press, 1930.

Phelps, W., Lolos, Y., Vichos, Y., eds., *The Point Iria Wreck: Interconnections in the Mediterranean ca. 1200 B. C.*, Athens: Hellenic Institute of Marine Archaeology, 1999.

Piggott, S., *Wagon, Chariot, and Carriage: Symbol and Status in the History of Transport*, London: Thames and Hudson, 1992.

Pinch, G., *Egyptian Myth: A Very Short Introduction*, Oxford and New York: Oxford University Press, 2004.

Plutarch, *Plutarch's Moralia: Isis and Osiris*, London: W. Heinemann, 1936.

Podany, A. H., *Brotherhood of Kings: How International Relations Shaped the Ancient Near East*, Oxford and New York: Oxford University Press, 2010.

Pollack, S., *Ancient Mesopotamia*, Cambridge: Cambridge University Press, 1999.

Pomponio, F., *Nabu: Il Culto e la Figura di un dio del Pantheon ed Assiro*, Roma: Istituto di Studi del Vicino Oriente, 1978.

Poo, Muchou, ed., *Enemies of Civilization: Attitudes toward Foreigners in Ancient Mesopotamia, Egypt, and China*, Albany: State University of New York Press, 2005.

Popko, M., *Religions of Asia Minor*, trans. by I. Zych, Warsaw: Academic Publications Dialog, 1995.

Porten, B., et al., *The Elephantine Papyri in English: Three Millennia of Cross-Cultural Continuity and Change*, Leiden, New York and Koln: E. J. Brill, 1996.

Potts, D. T., *Ancient Magan: The Secrets of Tell Abraq*, London: Trident Press, 2000.

Potts, D. T., ed., *Dilmun: New Studies in the Archaeology and Early History of Bahrain*, Berlin: Dietrich Reimer Verlag, 1983.

Powell, M., ed., *Labor in the Ancient Near East*, New Haven: American Oriental Society, 1987.

Postgate, J. N., ed., *The Archive of Urad-Serua and His Family: A Middle Assyrian Household in Government Service*, Roma: Roberto Denicola, 1988.

Potts, D. T., *Mesopotamian Civilization: The Material Foundations*, Ithaca: Cornell University Press, 1997.

Polanyi, K., Arensberg, C. M., Pearson, H. W., eds., *Trade and Market in the Early Empires*, Chicago: Henry Regnery, 1971.

Pollock, S., Wright, R., eds., *Ancient Mesopotamia: The Eden That Never Was*, Cambridge: Cambridge University Press, 1999.

Popko, M., *Religions of Asia Minor*, Warsaw: Academic Publications Dialog, 1995.

Postage, J. N., *Early Mesopotamia: Society and Economy at the Dawn of History*, Londo and New York: Routledge, 1992.

Postgate, J. N., eds., *Languages of Iraq, Ancient and Modern*, London: British School of Archaeology in Iraq, 2007.

Potts, D. T., *Mesopotamian Civilization: The Material Foundations*, Ithaca: Cornell University Press, 1997.

Pritchard, J. B., ed., *Ancient Near Eastern Texts Relating to the Old Testament*, 1st edition, Princeton: Princeton University Press, 1950.

Pritchard, J. B., ed., *Ancient Near Eastern Texts Relating to the Old Testament*, 2nd edition, Princeton: Princeton University Press, 1955.

Pritchard, J. B., ed., *Ancient Near Eastern Texts Relating to the Old Testament*, 3rd edition, Princeton: Princeton University Press, 1969.

Pritchard, J. B., ed., *Ancient Near East in Pictures*, Princeton: Princeton University Press, 1954.

Quaegebeur, J., *Ritual and Sacrifice in the Ancient Near East*, Leuven: Peeters, 1993.

Quigley, C., *The Evolution of Civilizations: An Introduction to Historical Analysis*, 2nd edition, Indianapolis: Liberty Press, 1979.

Quirke, S., *The Administration of Egypt in the Late Middle Kingdom: The Hieratic Documents*, New Malden: SIA Publishing, 1990.

Rainey, A. F., *Canaanite in the Amarna Tablets: A Linguistic Analysis of the Mixed Dialect Used by the Scribes from Canaan*, Leiden: E. J. Brill, 1996.

Rainey, A. F., *Egypt, Israel, Sinai: Archaeological and Historical Relationships in the Biblical Period*, Tel Aviv: Tel Aviv University Press, 1987.

Rainey, A. F., *El-Amarna Tablets 359 – 379*, Kevelaer: Butzon und Bercker/Neukirchen-Vluyn/Neukirchener Verlag, 1970.

Rainey, A. F., *El Amarna Tablets 359 – 379: Supplement to J. A. Knudtzon Die El-Amarna-Tafeln*, 2nd edition revised, Kevelaer: Butzon und Bercker/Neukirchen-Vluyn/Neukirchener Verlag, 1978.

Rainey, A. F. , Kempinski, A. , Sigrist, M. , eds. , *Kinattutu Sadarati: Raphael Kutscher Memorial Volume*, Tel Aviv: Institute of Archaeology of Tel Aviv University, 1993.

Rainey, A. F. , *The El-Amarna Correspondence: A New Edition of the Cuneiform Letters from the Site of El-Amarna Based on Collations of All Extant Tablets*, Leiden: E. J. Brill, 2015.

Ratie, S. , *La Reine Hatchepsout: Sources et Problemes*, Leiden: E. J. Brill, 1979.

Redford, D. B. , *Akhenaten: The Heretic King*, Princeton: Princeton University Press, 1984.

Redford, D. B. , *Egypt, Canaan, and Israel in Ancient Times*, Princeton and Cairo: Princeton University Press, 1992.

Redford, D. B. , *History and Chronology of the Eighteenth Dynasty of Egypt: Seven Studies*, Toronto: University of Toronto Press, 1967.

Redford, D. B. , *Pharaonic Kinglists, Annals and Day-Books: A Contribution to the Study of the Egyptian Sense of History*, Mississauga: Benben Publications, 1986.

Redford, D. B. , *The Akhenaten Temple Project*, Vol. I, Warminster: Aris and Phillips, 1976.

Redford, D. B. , *The Akhenaten Temple Project*, Vol. II, Toronto: Akhenaten Temple Project, 1988.

Redford, D. B. , ed. , *The Ancient Gods Speak: A Guide to Egyptian Religion*, Oxford and New York: Oxford University Press, 2002.

Redford, D. B. , ed. , *The Oxford Encyclopedia of Ancient Egypt*, Vols. I – III, Oxford and New York: Oxford University Press, 2001.

Redford, S. , *The Harem Conspiracy: The Murder of Ramesses III*, DeKalb: Northern Illinois University Press, 2002.

Redford, D. B. , *The Wars in Syria and Palestine*, Leiden: E. J. Brill, 2003.

Reeves, C. N. , *The Complete Tutankhamun: The King, the Tomb, the Royal Treasure*, London: Thames and Hudson, 1990.

Reeves, C. N. , *Akhenaten: Egypt's False Prophet*, London: Thames and Hudson, 2001.

Reeves, C. N. , Wilkinson, R. H. , *The Complete Valley of the Kings: Tombs and Treasures of the Greatest Pharaohs*, London: Thames and Hudson, 1996.

Rice, M., *Who's Who in Ancient Egypt*, London and New York: Routledge, 1999.

Roaf, M., *The Cultural Atlas of Mesopotamia and the Ancient Near East*, Oxford and New York: Facts on File, 1990.

Robbins, M., *Collapse of the Bronze Age: The Story of Greece, Troy, Israel, Egypt, and the Peoples of the Sea*, San Jose: Authors Choice Press, 2003.

Roberts, R. G., *The Sea Peoples and Egypt*, PhD Dissertation, Oxford: University of Oxford, 2008.

Roehrig, C., ed., *Hatshepsut: From Queen to Pharaoh*, New Haven: Yale University Press, 2005.

Rohl, D. M., *Pharaohs and Kings: A Biblical Quest*, New York: Crown, 1995.

Romano, J. F., *Death, Burial, and Afterlife in Ancient Egypt*, Pittsburgh: The Carnegie Museum of Natural History, 1990.

Rothman, M. S., ed., *Uruk Mesopotamia and Its Neighbors Cross-Cultural Interactions in the Era of State Formation*, Oxford: James Cory Press, 2001.

Roth, M. T., ed., *Law Collections from Mesopotamia and Asia Minor*, 2nd edition, Atlanta: Scholars Press, 2007.

Rowe, A., *The Topograph and Histroy of Beth Shan*, Phialdelphia: The University Press for the University of Pennsylvania Musem, 1930.

Rowlands, M., Larsen, M., Kristiansen, K., eds., *Centre and Periphery in the Ancient World*, Cambridge: Cambridge University Press, 1987.

Roux, G., *Ancient Iraq*, 1st edition, London: Penguin Books, 1966.

Roux, G., *Ancient Iraq*, 2nd edition, London: Penguin Books, 1980.

Roux, G., *Ancient Iraq*, 3rd edition, London: Penguin Books, 1993.

Ryholt, K. S. B., *The Political Situation in Egypt during the Second Intermediate Period, ca. 1800 – 1550 B. C.*, Copenhagen: Museum Tusculanum Press, 1997.

Sagona, A., Zimansky, P., *Ancient Turkey*, London and New York: Routledge, 2009.

SaggsH. W. F., *Everyday Life in Babylonia and Assyria*, Chicago: Assyrian International News Agency, 1965.

Saggs, H. W. F., *Everyday Life in Babylonia and Assyria*, New York: Hippocrene Books, 1987.

Saggs, H. W. F., *The Greatness That Was Babylon*, London: Sidgwick and Jackson, 1988.

Saggs, H. W. F., *The Might That Was Assyria*, London: Sidgwick and Jackson, 1984.

Sallaberger, W., Westenholz, A., eds., *Mesopotamien: Akkade-Zeit und Ur III-Zeit*, Gottingen: Vandenhoeck and Ruprecht, 1999.

Samovar, L. A., Porter, R. E., *Intercultural Communication: A Reader*, 2nd edition, London and New York: Routledge, 1977.

Samuel, M., *From Egypt to Mesopotamia: A Study of Predynastic Trade Routes*, College Station: Texas A & M University Press, London: Chatham, 1997.

Sandars, N. K., *The Epic of Gilgamesh*, London: Penguin Books, 1972.

Sandars, N. K., *The Sea Peoples: Warriors of the Ancient Mediterranean 1250 - 1150 B. C.*, London: Thames and Hudson, 1978.

Sandars, N. K., *The Sea Peoples: Warriors of the Ancient Mediterranean 1250 - 1150 B. C.*, revised edition, London: Thames and Hudson, 1985.

Sandman, M., ed., *Texts from the Time of Akhenaton*, Brussel: Edition de la Fondation Egyptologique Reine Elisabeth, 1938.

Sasson, J. M., ed., *Civilizations of the Ancient Near East*, Vols. I - IV, Peabody: Hendrickson, 1995.

Sauneron, S., *The Priests of Ancient Egypt*, New York and London: Grove Press, 1960.

Schmandt-Besscrt, D., *Before Writing, Vol. I: From Counting to Cuneiform, Vol. II: A Catalogue of Near Eastern Tokens*, Austin: University of Texas Press, 1992.

Schroeder, O., *Die Tontafelin von El-Amarna*, Berlin: J. C. Hinrichs, 1915.

Schulman, A. R., *Military Rank, Title, and Organization in the Egyptian New Kingdom*, Berlin: Hessling, 1964.

Seeher, J., *Hattusha Guide: A Day in the Hittite Capital*, 3rd edition, Istanbul: Ege Yayınları, 2006.

Sethe, K. H., ed., *Urkunden der 18 Dynastie*, Vols. I - XVI, Leipzig: J. C. Hinrichs, 1906 - 1909.

Sethe, K. H., *Urkunden des Alten Reich*, Leipzig: J. C. Hinrichs, 1933.

Sethe, K., et al., eds., *Urkunden des Agyptischen Altertums*, Vols. I - VIII, Leipzig: J. C. Hinrichs, 1903 - 1957.

Seters, J. V., *The Hyksos: A New Investigation*, New Haven: Yale University Press, 1966.

Sharlash, T. M., *Provincial Taxation and the Ur III State*, Leiden: E. J. Brill, 2004.

Shaw, I., Nicholson, P., eds., *British Museum Dictionary of Ancient Egypt*, London: British Museum Press, 1995.

Shaw, I., ed., *The Oxford History of Ancient Egypt*, Oxford and New York: Oxford University Press, 2000.

Shaw, I., ed., *The Oxford History of Ancient Egypt*, 2nd edition, Oxford and New York: Oxford University Press, 2003.

Shaw, I., *Egyptian Warfare and Weapons*, Princes Risborough: Shire Publications, 1991.

Shaw, T., et al., eds., *The Archaeology of Africa: Food, Metals, and Towns*, London and New York: Routledge, 1993.

Shearer, I. A., *Extradition in International Law*, Manchester: Manchester University Press, 1971.

Shorter, A. W., *The Egyptian Gods*, London: Routledge and Kegan Paul, 1978.

Simons, J., *Handbook for the Study of Egyptian Topographical Lists Relating to Western Asia*, Leiden: E. J. Brill, 1937.

Simpson, W. K., Faulkner, R. O., eds., *The Literature of Ancient Egypt: An Anthology of Stories, Instructions, and Poetry*, revised edition, New Haven: Yale University Press, 1973.

Simpson, W. K., ed., *The Literature of Ancient Egypt: An Anthology of Stories, Instructions, Stelae, Autobiographies, and Poetry*, 3rd edition, translated by R. K. Ritner, V. A. Tobin and J. E. Wente, Cairo: The American University of Cairo Press, 2003.

Singer, I., *The Calm before the Storm*, Atlanta: Society of Biblical Literature, 2011.

Singer, I., *Hittite Prayers*, Atlanta: Society of Biblical Literature, 2002.

Smith, M. S., *The Ugaritic Baal Cycle: Vol. I. Introduction with Text, Translation and Commentary of KTU 1.1 – 1.2*, Leiden: E. J. Brill, 1994.

Smith, S., *Babylonian Historical Text: Relating to the Capture and Downfall of Babyons*, London: Methuen, 1924.

Smith, W. S. , *Interconnections in the Ancient Near East: A Study of the Relationships between the Arts of Egypt, the Aegean, and Western Asia*, New Haven: Yale University Press, 1965.

Smith, S. T. , *Wretched Kush: Ethnic Identities and Boundaries in Egypt's Nubian Empire*, London and New York: Routledge, 2003.

Spalinger, A. J. , *Aspects of the Military Documents of the Ancient Egyptians*, New Haven: Yale University Press, 1982.

Spalinger, A. J. , *The Transformation of an Ancient Egyptian Narrative: P. Sallier III and the Battle of Kadesh*, Wiesbaden: Harrassowitz, 2002.

Spalinger, A. J. , *War in Ancient Egypt*, Oxford: Blackwell Publishing, 2005.

Spiegelberg, W. , *Studien und Materialien zum Rechtswesen des Pharaonenreiches der Dynastien XVIII – XXI (ca. 1500 – 1000 v. Chr.)*, Hannover: Commissions-Verlag der Hahn'schen Buchhandlung, 1892.

Stavrianos, L. S. , *A Global History: From Prehistory to the 21st Century*, translated by S. H. Dong, et al. , Beijing: Beijing University Publisher, 2004.

Steadman, S. R. , McMahon, G. , eds. , *The Oxford Handbook of Ancient Anatolia*, Oxford: Oxford University Press, 2011.

Stephanie, D. , *Mari and Karana: Two Old Babylonia Cities*, New Jersey: Gorgias Press, 2002.

Stephens, F. J. , *Old Assyrian Letters and Business Documents*, New Haven: Yale University Press, 1944.

Steindorff, G. , Seele, K. C. , *When Egypt Ruled the East*, Chicago: University of Chicago Press, 1957.

Stillman, N. , Tallis, N. , *Armies of the Ancient Near East: 3000 B. C. to 539 B. C.* , London: Wargamer's Research Group, 1984.

Surenhagen, D. , *Paritatische Staatsvertrage aus Hethitischer Sicht*, Pavia: Gianni Iuculano, 1985.

Szuchman, J. J. , *Prelude to Empire: Middle Assyrian Hanigalbat and the Rise of the Aramaeans*, PhD Dissertation, Los Angeles: University of California, 2007.

Tadmor, H. , *The Inscriptions of Tiglath-Pileser III, King of Assyria*, Jerusalem: The Israel Academy of Sciences and Humanities, 1994.

Tait, J. , ed. , *"Never Had the Like Occurred": Egypt's View of Its Past*, London: UCL Press, 2003.

Taylor, J., *Egypt and Nubia*, London: The British Museum, 1991.

Terrace, E. L. B., Fischer, H. G., *Treasures of Egyptian Art from the Cairo Museum*, Boston: Museum of Fine Arts, 1970.

Thomason, A. K., *Luxury and Legitimation: Royal Collecting in Ancient Mesopotamia*, Burlington: Ashgate Publishing, 2005.

Thompson, T. L., *The Settlement of Sinai and the Negeb in the Bronze Age*, Wiesbaden: Reichert, 1975.

Thynbee, A. J., *Civilization on Trial*, Oxford and New York: Oxford University Press, 1948.

Trigger, B., *Early Civilizations: Ancient Egypt in Context*, Cairo: American University in Cairo Press, 1993.

Trigger, B. G., Kemp, B. J., O'Connor, D., Lloyd, A. B., eds., *Ancient Egypt: A Social History*, Cambridge: Cambridge University Press, 1983.

Trigger, B. G., *Nubia under the Pharaohs*, Boulder: Westview Press, 1976.

Tropper J., Vita, J. P., *Das Kanaano-Akkadische der Amarnazeit*, Munster: Ugarit-Verlag, 2010.

Tubb, J. N., ed., *Palestine in the Bronze and Iron Ages: Papers in Honours of Olga Tufnell*, Walnut Creek: Left Coast Press, 1985.

Turney-High, H. H., *Primitive War: Its Practices and Concepts*, revised edition, Columbia: University of South Carolina Press, 1991.

Tyldesley, J. A., *Hatchepsut: The Female Pharaoh*, New York: Viking, 1996.

Tyldesley J. A., *Nefertiti: Egypt's Sun Queen*, New York: Viking, 1999.

Valloggia, M., *Recherche sur les "Messagers" (wpwtyw) dans les Sources Egyptiennes Profanes*, Geneve: Librairie Droz, 1976.

Van de Mieroop, M., *A History of the Ancient Near East, ca. 3000 – 323 B. C.*, Oxford: Blackwell Publishing, 2004.

Van de Mieroop, M., *A History of the Ancient Near East, ca. 3000 – 323 B. C.*, 2nd edition, Oxford: Blackwell Publishing, 2007.

Van der Toorn, K., Becking, B., Van der Horst, P. W., eds., *Dictionary of Deities and Demons in the Bible*, 2nd extensively revised edition, Leiden: E. J. Brill, 1999.

Van de Mieroop, M., *Cunieform Texts and the Writing of History*, London and New York: Routledge, 1999.

Van de Mieroop, M., *The Eastern Mediterranean in the Age of Ramesses II*, Oxford: Wiley-Blackwell, 2009.

Van den Boorn, G. P. F. , *The Duties of the Vizier: Civil Administration in the Early New Kingdom*, London and New York: Routledge, 1988.

Van Lerberghe, K. , Voet, G. , eds. , *Languages and Cultures in Contact at the Crossroads of Civilizations in the Syro-Mesopotamian Realm*, Leuven: Uitgeverij Peeters en Departement Oosterse Studies, 1999.

Van Seters, J. , *The Hyksos: A New Investigation*, New Haven: Yale University Press, 1966.

Van Soldt, W. H. , Kalvelagen, R. , Katz, D. , eds. , *Ethnicity in Ancient Mesopotamia*, Leiden: Nederlands Instituut voor het Nabije Oosten, 2005.

Van Lerberghe, K. , Voet, G. , *Languages and Cultures in Contact at the Crossroads of Civilizations in the Syro-Mesopotamian Realm: Proceedings of the 42th Rencontre Assyriologique Internationale, 1995*, Leuven: Uitgeverij Peeters en Departement Oosterse Studies, 1999.

Van Soldt, W. H. , *Letters in the British Musuem*, Leiden: E. J. Brill, 1990.

Veenhof, K. R. , *Aspects of Old Assyrian Trade and Its Terminology*, Leiden: E. J. Brill, 1972.

Veenhof, K. R. , Eidem, J. , Wafler, M. , *Mesopotamia: The Old Assyrian Period*, Gottingen: Vandenhoeck and Ruprecht, 2008.

Veldmeijer, A. J. , Ikram, S. , *Chasing Chariots: Proceedings of the First International Chariot Conference (Cairo 2012)*, Leiden: Sidestone Press, 2013.

Visicato, G. , *The Power and the Writing: The Early Scribes of Mesopotamia*, Bethesda: CDL Press, 2000.

Vita, J. P. , *Canaanite Scribes in the Amarna Letters*, Munster: Ugarit-Verlag, 2015.

Von Dassow, E. M. , *Social Stratification of Alalah under the Mittani Empire*, PhD dissertation, New York: New York University, 1997.

Von Soden, W. , *The Ancient Orient: An Introduction to the Study of the Ancient Near East*, translated by D. G. Schley, Michigan: W. B. Eerdman, 1994.

Voutsake, S. , Killen, J. T. , eds. , *Economy and Politics in the Mycenaean Palace States*, Cambridge: Cambridge Philological Society, 2001.

Wachsmann, S. , *Aegeans in the Theban Tombs*, Leuven: Peeters Publishers, 1987.

Waetzoldt, H. , Hauptman, H. , eds. , *Assyrien im Wandel der Zeiten*, Heidelberg: Heidelberger Orientverlag, 1977.

Ward, W. A. , Joukowsky, M. S. , eds. , *The Crisis Years: The 12th Century B. C.* , Dubuque: Kendall-Hunt Publishing, 1992.

Watanabe, K. , ed. , *Priests and Officials in the Ancient Near East*, Heidelberg: Universitätsverlag C. Winter, 1999.

Watson, W. G. E. , Wyatt, N. , eds. , *Handbook of Ugaritic Studies*, Leiden: E. J. Brill, 1999.

Watterson, B. , *Women in Ancient Egypt*, New York: St. Martin's Press, 1991.

Watterson, B. , *The Gods of Ancient Egypt*, London: B. T. Batsford, 1984.

Weigall, A. , *The Life and Times of Akhnaton*, London: Thornton Butterworth, 1922/2000.

Weigall, A. , *Tutankhamen And Other Essays*, London: Thornton Butterworth, 1923.

Wenke, R. J. , *The Ancient Egyptian State: The Origins of Egyptian Culture (c. 8000–2000 B. C.)*, Cambridge: Cambridge University Press, 2009.

Wente, E. F. , *Letters from Ancient Egypt*, Atlanta: Scholars Press, 1990.

Werr, L. G. , et al. , eds. , *Of Pots and Plans: Papers on the Archaeology and History of Mesopotamia and Syria Presented to David Oates in Honour of His 75th Birthday*, London: Nabu, 2002.

Westbrook, R. , ed. , *A History of Ancient Near Eastern Law*, Vol. I, Leiden: E. J. Brill, 2003.

Westbrook R. , Cohen, R. , eds. , *Amarna Diplomacy: The Beginning of International Relations*, Baltimore and New York: John Hopkins University Press, 2000.

Weigall, A. , *The Life and Times of Akhenaton, Pharaoh of Egypt*, London: Thorton Butterworth, 1922.

Winckler, H. , Abel, L. , *Der Thontafelfund von El-Amarna*, Vols. I–III, Berlin: W. Spemann, 1889–1990.

Wilhelm, G. , *The Hurrians*, Warminster: Aris and Philips, 1989.

Wilkinson, T. , ed. , *The Egyptian World*, London and New York: Routledge, 2007.

Wilkinson, T. , *Early Dynastic Egypt*, London and New York: Routledge, 1999.

Wilkinson, T. , *The Rise and Fall of Ancient Egypt*, New York: Random House Trade Paperbacks Books, 2011.

Williams, A. , Hadfield, A. , Rofe, J. S. , *International History and International Relations*, London and New York: Routledge, 2012.

Williams, T. R. , *Cultural Anthropology*, New Jersey: Prentice-Hall, 1990.

Wilson, J. A. , *The Culture of Ancient Egypt*, Chicago: Chicago University Press, 1951.

Winckler, H. , *The Tell-El-Amarna Letters*, New York and London: Lemcke and Buechner, 1896.

Winckler, H. , *Die Thontafeln von Tell-el-Amarna*, Berlin: Reuther and Reichard, 1896.

Winlock, H. E. , *The Rise and Fall of the Middle Kingdom in Thebes*, New York: Macmillan Company, 1947.

Winlock, H. E. , *The Treasure of Three Egyptian Princesses*, New York: Metropolitan Museum of Art, 1948.

Wise, T. , *Ancient Armies of the Middle East*, London: Osprey, 1981.

Wiseman, D. J. , *The Alalakh Tablets*, London: British Institute of Archaeology at Ankara, 1953.

Woldering, I. , *Gods, Men, and Pharaohs: The Glory of Egyptian Art*, New York: H. N. Abrams, 1967.

Wolkstein, D. , Kramer, S. N. , *Inanna: Queen of Heaven and Earth*, New York: Harper and Row, 1983.

Woodard, R. D. , ed. , *The Ancient Languages of Mesopotamia, Egypt and Aksum*, Cambridge: Cambridge University Press, 2008.

Woodard, R. D. , ed. , *The Cambridge Encyclopedia of the World's Ancient Languages*, Cambridge: Cambridge University Press, 2004.

Woolf, D. R. , ed. , *The Oxford History of Historical Writing*, Vols. I – V, Oxford and New York: Oxford University Press, 2011 – 2012.

Wolff, S. R. , ed. , *Studies in the Archaeology of Israel and Neighboring Lands: in Memory of Douglas L. Esee*, Chicago: Oritental Institute Press, 2001.

Woudhuizen, F. , *The Language of the Sea Peoples*, Amsterdam: Najade Press, 1992.

Wright, G. E. , *Shechem: The Biography of a Biblical City*, London: Gerald Duckworth, 1965.

Yener, K. A. , Hoffner, H. A. , eds. , *Recent Developments in Hittite Archaeology and History: Papers in Memory of Hans G. Guterbock*, Winona Lake: Eisenbrauns, 2002.

Yon, M., ed., *Ras Shamra-Ougarit*, Vol. VI, Paris: Editions Recherche sur les Civilisations, 1991.

Young, G. D., ed., *Ugarit in Retrospect*, Winona Lake: Eisenbrauns, 1981.

Zaccagnini, C., ed., *Mercanti e Politica nel Mondo Antico*, Rome: L'Erma di Bretschneider, 2003.

三　中文译著

〔法〕A. 摩赖:《尼罗河与埃及之文明》,刘麟生译,商务印书馆1941年版。

〔英〕阿诺德·汤因比:《历史研究》,刘北成、郭小凌译,上海人民出版社2005年版。

〔英〕阿诺德·汤因比:《文明经受着考验》,沈辉等译,浙江人民出版社1988年版。

〔加〕阿尔维托·曼古埃尔:《阅读史》,吴昌杰译,商务印书馆2002年版。

〔德〕安德烈·冈德·弗兰克、〔英〕巴里·K. 吉尔斯:《世界体系:5000年还是500年?》,郝名玮译,社会科学文献出版社2004年版。

〔英〕安德鲁·玛尔:《世界史》,邢科、汪辉译,天津人民出版社2016年版。

〔美〕爱德华·麦克诺尔·伯恩斯、菲利普·李·拉尔夫:《世界文明史》全四册,赵丰等译,商务印书馆1988年版。

〔比利时〕埃里克·范豪特:《世界史导论》,沈贤元译,新华出版社2015年版。

〔苏联〕B. П. 波将金主编:《外交史》第一卷,史源译,生活·读书·新知三联书店1979年版。

〔美〕芭芭拉·A. 萨默维尔:《古代美索不达米亚诸帝国》,李红燕译,商务印书馆2015年版。

〔英〕巴里·布赞、理查德·利特尔:《世界历史中的国际体系——国际关系研究的再构建》,刘德斌主译,高等教育出版社2004年版。

〔美〕布拉德福德·霍编:《跨越文化障碍:交流的挑战》,麻争旗等译,北京广播学院出版社2003年版。

〔英〕大卫·阿布拉菲亚:《伟大的海:地中海人类史》,徐家玲等译,社会科学文献出版社2018年版。

〔美〕大卫·安东尼:《马、车轮和语言:欧亚草原青铜时代的骑马者如何塑造了现代世界》,张礼艳、胡保华、洪猛、艾露露译,中国社会科学出版社2016年版。

〔芬兰〕E. A. 韦斯特马克:《人类婚姻史》第2卷,李彬等译,商务印书馆2002年版。

〔法〕费尔南·布罗代尔:《地中海考古——史前史和古代史》,蒋明炜、吕华等译,社会科学文献出版社2005年版。

〔法〕费尔南·布罗代尔:《菲利普二世时代的地中海和地中海世界》,唐家龙、曾培耿、吴模信译,商务印书馆1996年版。

〔埃及〕G. 莫赫塔尔主编:《非洲通史》第2卷,冯世则等译,中国对外翻译出版公司1984年版。

〔美〕戈尔德施密特、戴维森等:《中东史》,哈全安、刘志华译,东方出版中心2015年版。

〔荷〕H. 法兰克弗特等:《人类思想发展史——关于古代近东思辨思想的讨论》,郭丹彤译,黑龙江人民出版社2005年版。

〔德〕哈拉尔德·韦尔策编:《社会记忆:历史、回忆、传承》,季斌、王立君、白锡堃译,北京大学出版社2007年版。

〔加〕哈罗德·伊尼斯:《传播的偏向》,何道宽译,中国传媒大学出版社2015年版。

〔加〕哈罗德·伊尼斯:《帝国与传播》,何道宽译,中国人民大学出版社2003年版。

〔美〕亨利·彼得洛斯基:《书架的故事》,冯丁妮、冯速、万绍愉译,海南出版社2002年版。

〔美〕亨利·富兰克弗特:《古代埃及宗教》,郭子林、李凤伟译,上海三联书店2005年版。

〔美〕亨利·富兰克弗特:《近东文明的起源》,子林译,格致出版社2009年版。

〔美〕亨利·富兰克弗特:《王权与神祇:作为自然与社会结合体的古代近东宗教研究》,郭子林、李岩、李凤伟译,上海三联书店2007年版。

〔英〕J. R. 哈里斯编:《埃及的遗产》,田明等译,刘文鹏、田明校,上海人民出版社2006年版。

〔美〕杰里·H. 本特利:《旧世界的相遇:近代之前的跨文化联系与交流》,李大伟、陈冠堃译,上海三联书店2015年版。

〔美〕杰里·本特利、赫伯特·齐格勒:《新全球史:文明的传承与交流

（公元 1000 年之前）》，魏凤莲译，北京大学出版社 2014 年版。

〔德〕克劳塞维茨：《战争论》全三册，中国人民解放军军事科学院译，解放军出版社 2004 年版。

〔英〕列昂纳德·柯特勒尔：《爱琴文明探源》，卢剑波译，四川人民出版社 1985 年版。

〔美〕林恩·桑戴克：《世界文化史》，陈廷璠译，上海三联书店 2005 年版。

〔美〕约翰·R. 麦克尼尔、威廉·H. 麦克尼尔：《麦克尼尔全球史：从史前到 21 世纪的人类网络》，王晋新、宋保军等译，北京大学出版社 2017 年版。

〔德〕罗曼·赫尔佐克：《古代的国家：起源和统治形式》，赵蓉恒译，北京大学出版社 1998 年版。

〔英〕马丁·吉尔伯特：《五千年犹太文明史》，蔡永良、袁冰洁译，上海三联书店 2016 年版。

〔德〕马勒茨克：《跨文化交流——不同文化的人与人之间的交往》，潘亚玲译，北京大学出版社 2001 年版。

〔美〕马文·佩里主编：《西方文明史》上下卷，胡万里等译，商务印书馆 1993 年版。

〔加〕马歇尔·麦克卢汉：《媒介即按摩：麦克卢汉媒介效应一览》，何道宽译，机械工业出版社 2016 年版。

〔加〕马歇尔·麦克卢汉：《媒介与文明》，何道宽译，机械工业出版社 2016 年版。

〔美〕迈克尔·H. 普罗瑟：《文化对话：跨文化传播导论》，何道宽译，北京大学出版社 2013 年版。

〔美〕皮特·N. 斯特恩斯等：《全球文明史》，赵轶峰、王晋新、周巩固等译，赵轶峰校，中华书局 2006 年版。

〔法〕让-皮埃尔·马艾：《从埃及到高加索：探索求知的古文献世界》，阿米娜、陈良明、李佳颖译，生活·读书·新知三联书店 2015 年版。

〔美〕萨缪尔·亨廷顿：《文明的冲突与世界秩序的重建》，周琪、刘绯、张立平、王圆译，新华出版社 2010 年版。

〔英〕塞顿·劳埃德：《美索不达米亚考古——从旧石器时代至波斯征服》，杨建华译，文物出版社 1990 年版。

〔美〕斯蒂芬·伯特曼：《探寻美索不达米亚文明》，秋叶译，商务印书馆 2009 年版。

〔美〕斯塔夫里阿诺斯：《全球通史：从史前史至21世纪》，吴象婴、梁赤民、董书慧、王昶译，吴象婴审校，北京大学出版社2006年版。

〔古希腊〕希罗多德：《历史》，王以铸译，商务印书馆1959年版。

〔英〕韦尔斯：《全球通史》，桂金译，民主与建设出版社2016年版。

〔英〕韦尔斯：《世界史纲：生物和人类的简明史》，吴文藻、冰心、费孝通译，译林出版社2015年版。

〔美〕维尔·杜伦：《东方的文明》，李一平译，青海人民出版社1998年版。

〔美〕温迪·克里斯坦森：《古代埃及帝国》，郭子林译，商务印书馆2015年版。

〔英〕西蒙·加菲尔德：《书信的历史：鹅毛笔的奇幻旅行》，黄瑶译，四川人民出版社2016年版。

〔英〕西蒙·蒙蒂菲奥里：《耶路撒冷三千年》，张倩红、马丹静译，民主与建设出版社2015年版。

〔德〕扬·阿斯曼：《文化记忆：早期高级文化中的文字、回忆和政治身份》，金寿福、黄晓晨译，北京大学出版社2015年版。

〔英〕约翰·朱利叶斯·诺威奇：《地中海史》，殷亚平、谭顺莲、李若宝、王丽娟、周俊译，东方出版中心2011年版。

四　中文论文

〔美〕彼得·布兰德、葛人：《作为外交官的法老：拉美西斯二世和青铜时代晚期的赫梯帝国》，《南方文物》2017年第1期。

〔美〕彼得·卡赞斯坦：《多元多维文明构成的世界》，刘伟华译，《世界经济与政治》2010年第11期。

曹明玉：《古代西亚地区印章材质考察文物》，《文物鉴定与鉴赏》2018年第1期。

陈村富：《地中海文化圈概念的界定及其意义》，《中国社会科学》2007年第1期。

陈恒、李文硕：《从世界历史到世界的历史——评〈剑桥世界史〉》，《历史研究》2016年第4期。

陈恒：《文明的汇聚与传播——古代世界文明之交流》，《学术月刊》2007年第9期。

陈建民：《纸草纸与"文明"的流失》，《阿拉伯世界》2002年第2期。

陈隆波：《印欧语人南徙与公元前2000年代中期的西亚》，《武汉大学学报》（哲学社会科学版）1991 年第 4 期。

〔德〕狄兹·奥托·爱扎德：《吉尔伽美什史诗的流传演变》，拱玉书、欧阳晓利、毕波译，《国外文学》2000 年第 1 期。

董震：《地中海：海盗的最初发源地》，《海洋世界》2015 年第 3 期。

拱玉书：《笔间时有长虹气，不拘一格看古今——〈吴宇虹教授论文集〉代序》，《古代文明》2018 年第 4 期。

拱玉书：《楔形文字起源新论》，《世界历史》1997 年第 4 期。

郭丹彤：《公元前 1600 年—前 1200 年古代东地中海世界的联盟和联姻》，《东北师大学报》（哲学社会科学版）2009 年第 6 期。

郭丹彤：《论海上民族对埃及的移民及其对近东世界的影响》，《社会科学战线》2009 年第 8 期。

郭丹彤：《第十八王朝时期埃及在叙利亚和巴勒斯坦地区的统治》，《东北师大学报》（哲学社会科学版）2002 年第 2 期。

郭丹彤：《论十八王朝时期埃及和米坦尼王国的关系》，《东北师大学报》（哲学社会科学版）2006 年第 6 期。

郭丹彤：《试论两河文明和埃及文明的共性和关系》，《社会科学战线》2005 年第 6 期。

郭丹彤：《史前文化时期埃及与巴勒斯坦的关系》，《史学集刊》2002 年第 4 期。

郭丹彤、王亮：《〈阿吞颂诗〉译注》，《古代文明》2010 年第 3 期。

国洪更：《古代两河流域的创世神话与历史》，《世界历史》2006 年第 4 期。

国洪更、吴宇虹：《古代两河流域和巴林的海上国际贸易——楔形文字文献和考古发现中的狄勒蒙》，《东北师大学报》（哲学社会科学版）2004 年第 5 期。

国洪更：《古代西亚的楔形文字》，《阿拉伯世界》2000 年第 1 期。

郭静云：《古代亚洲的驯马、乘马与游战族群》，《中国社会科学》2012 年第 6 期。

韩国才：《马的起源驯化、种质资源与产业模式》，《生物学通报》2014 年第 2 期。

郝际陶：《关于〈帕罗斯碑铭文〉的史料价值》，《世界历史》1998 年第 6 期。

黄民兴：《论中东上古文明交往的阶段和特征》，《西北大学学报》（哲学社会科学版）2007 年第 2 期。

黄民兴:《试论古代两河流域文明对古希腊文化的影响》,《西北大学学报》(哲学社会科学版) 1999 年第 4 期。
黄洋:《古代地中海世界的综合研究——对所谓"黑暗时代"的挑战》,《世界历史》1994 年第 4 期。
黄洋:《迈锡尼文明、"黑暗时代"与希腊城邦的兴起》,《世界历史》2010 年第 3 期。
霍文勇:《从那布到那迪图:古巴比伦时期的女书吏》,《中国社会科学报》2014 年 6 月 25 日,第 A05 版。
蒋家瑜:《论赫梯王国的流放政策》,《世界历史》2015 年第 5 期。
金寿福:《古代埃及人的外族观念》,《世界历史》2008 年第 4 期。
李海峰:《巴比伦尼亚地区的民族冲突和民族战争》,《世界民族》2004 年第 3 期。
李模:《论古代埃及的奥西里斯崇拜》,《贵州社会科学》2013 年第 2 期。
李模:《试论古代埃及阿玛纳宗教产生的主要原因》,《世界宗教研究》2012 年第 2 期。
李模:《试论古代埃及的阿吞崇拜》,《世界宗教研究》2004 年第 3 期。
李晓东:《古埃及红海航路考》,《东北师大学报》(哲学社会科学版) 2010 年第 6 期。
李政:《忏悔录的一个早期形式——从赫梯国王穆尔什里二世的瘟疫祷文论起》,《现代传记研究》2017 年第 1 期。
李政:《关于古代安纳托利亚诸文明接受与引进"人才"问题的历史考察》,《外国问题研究》2016 年第 2 期。
李政:《论赫梯国王的对外政策》,《世界历史》2007 年第 2 期。
李政:《论赫梯文明的创造者》,《史学月刊》2015 年第 8 期。
李政:《论赫梯文明起源的历史文化道路》,《东方论坛》2013 年第 5 期。
李政:《论美索不达米亚文明对赫梯文明的影响》,《北京大学学报》(哲学社会科学版) 1996 年第 1 期。
李政:《浅析赫梯神灵的赞美特征——赫梯人的颂神诗研究之二》,《古代文明》2008 年第 1 期。
刘昌玉:《麦鲁哈与上古印度洋——波斯湾海上贸易》,《浙江师范大学学报》(社会科学版) 2016 年第 5 期。
刘健:《东地中海地区古代民族的交流及其文化特性》,《上海师范大学学报》(哲学社会科学版) 2006 年第 6 期。
刘健:《赫梯文献中的阿黑亚瓦问题——小亚与希腊早期关系新探》,《世界历史》1998年第4期。

刘健：《卢维语象形文字文献基本特点探析》，《社会科学研究》2018年第4期。

刘文鹏：《古代埃及的早期国家及其统一——兼评〈关于埃及国家的诞生问题〉》，《世界历史》1985年第2期。

刘文鹏：《论埃及文明的起源——纪念恩格斯逝世100周年》，《史学理论研究》1995年第2期。

梅华龙：《从阿玛尔纳书信看古代西亚北非大小国家间的关系》，《阿拉伯世界研究》2017年第4期。

欧阳晓莉：《德国慕尼黑大学教授D. O. Edzard在北大讲学》，《世界历史》2000年第1期。

亓佩成：《加喜特巴比伦王朝的外交》，《鲁东大学学报》（哲学社会科学版）2016年第1期。

钱乘旦：《文明的多样性与现代化的未来》，《北京大学学报》（哲学社会科学版）2016年第1期。

任乐乐、董广辉：《"六畜"的起源和传播历史》，《自然杂志》2016年第4期。

杉勇、赵晨：《古代东方世界形成期的诸民族》，《民族译丛》1982年第3期。

沈爱凤：《古希腊和西亚上古文化艺术渊源关系略考》，《苏州大学学报》（哲学社会科学版）2013年第4期。

史海波：《古代帝国与文明认同》，《史学集刊》2018年第4期。

史继忠：《地中海——世界文化的漩涡》，《贵州师范大学学报》（社会科学版）2002年第4期。

史继忠：《世界五大文化圈的互动》，《贵州民族研究》2002年第4期。

史孝文、李海峰：《卡尼什城的考古发掘与古亚述学研究》，《史学集刊》2018年第1期。

孙宝国：《阿玛纳时代东地中海世界国际经济交往体系述略》，《新史学》2018年第21辑，大象出版社2018年版。

孙宝国：《阿玛纳时代东地中海世界信息传播活动考略》，《东北师大学报》（哲学社会科学版）2017年第3期。

孙宝国：《阿玛纳时代的东地中海世界政治生态》，《上海师范大学学报》（哲学社会科学版）2017年第3期。

孙宝国：《阿玛纳时代叙巴城市国家的兴衰》，《新史学》第19辑，大象出版社 2017 年版。

孙宝国:《古代罗马社会新闻史简论》,《东北师大学报》(哲学社会科学版) 2004 年第 3 期。

孙宝国、郭丹彤:《论纸莎草纸的兴衰及其历史影响》,《史学集刊》2005 年第 3 期。

孙宝国:《论古登堡活字印刷术及其历史影响》,《社会科学战线》2004 年第 2 期。

孙宝国:《人际间社交媒体的古老源头——阿玛纳时代东地中海世界书信传播研究刍议》,《北方传媒研究》2017 年第 2 期。

孙宝国:《信使:阿玛纳时代东地中海世界的跨文化传播者》,《现代传播》2018 年第 3 期。

王敦书:《略论古代世界的早期国家形态——中国古史学界关于古代城邦问题的研究与讨论》,《世界历史》2010 年第 5 期。

王海利:《古埃及"只娶不嫁"的外交婚姻》,《历史研究》2002 年第 6 期。

王欢:《古代埃及文献中的赫梯国王形象》,《古代文明》2013 年第 2 期。

王立新:《古代地中海文化圈内部的文学与文化交流及相互影响》,《广东社会科学》2013 年第 1 期。

王晓朝:《拓展地中海文化圈研究》,《中国社会科学报》2011 年 9 月 13 日,第 9 版。

吴宇虹:《记述争夺文明命脉——水利资源的远古篇章:对苏美尔史诗〈吉勒旮美什和阿旮〉的最新解释》,《东北师大学报》(哲学社会科学版) 2003 年第 5 期。

吴宇虹:《南方塞姆文明和北方印欧文明五千年的冲突与交融》,《东北师大学报》(哲学社会科学版) 2004 年第 2 期。

伍玉西:《古代中东、地中海世界的死人复活信仰》,《世界宗教文化》2009 年第 1 期。

徐松岩:《关于特洛伊战争的若干问题》,《世界历史》2002 年第 2 期。

颜海英:《前王朝时期埃及的陶器刻画符号》,《世界历史》2006 年第 2 期。

晏绍祥:《迈锡尼国家的起源及其特征》,《华中师范大学学报》(人文社会科学版) 2006 年第 6 期。

尹铁超:《"马"一词在阿尔泰语群扩散研究》,《黑龙江民族丛刊》2015 年第 1 期。

易伟新:《从驿站到近代邮政制度的演变》,《湖南师范大学社会科学学报》2010年第4期。

尹蔚婷:《论赫梯王国附属国的独立性》,《古代文明》2013年第2期。

阴玺:《俄赛里斯——古埃及的冥神和丰产神》,《西北大学学报》(哲学社会科学版)1992年第3期。

袁指挥:《阿马尔那时代近东外交体系的特征》,《东北师大学报》(哲学社会科学版)2018年第1期。

袁指挥:《海上民族大迁徙与地中海文明的重建》,《世界民族》2009年第3期。

张文安:《古代两河流域神话的文化功能》,《西南大学学报》(社会科学版)2012年第1期。

张文安:《古代两河流域宗教中的生死信仰》,《古代文明》2009年第1期。

赵克仁:《两河文明与埃及文明的差异及原因探析》,《西亚非洲》2014年第1期。

郑小枚:《原始史诗之生相——世界三大民族原始史诗在文字学视野中的呈现》,《国外文学》2010年第3期。

五 中文原著

陈鸿彝:《中华交通史话》,中华书局1992年版。

东北师范大学世界古典文明史研究所编:《世界诸古代文明年代学研究的历史与现状》,世界图书出版公司1999年版。

拱玉书:《西亚考古史(1842—1939)》,文物出版社2002年版。

郭丹彤:《埃及与东地中海世界的交往》,社会科学文献出版社2011年版。

郭丹彤译著:《古代埃及象形文字文献译注》,东北师范大学出版社2015年版。

国洪更:《亚述赋役制度考略》,中国社会科学出版社2015年版。

金寿福:《永恒的辉煌——古代埃及文明》,复旦大学出版社2003年版。

李海峰编:《古代近东文明——古代两河流域、埃及、波斯等古文明探研》,科学出版社2014年版。

李晓东译注:《埃及历史铭文举要》,商务印书馆2007年版。

李政:《赫梯条约研究》,昆仑出版社2006年版。

李政:《赫梯文明与外来文化》,江西人民出版社1996年版。

林志纯:《日知文集》第1—5卷,高等教育出版社2012年版。

林志纯主编：《世界通史资料选辑（上古部分）》，商务印书馆1962年版。
刘家和、廖学盛主编：《世界古代文明史研究导论》，北京师范大学出版社2010年版。
刘家和主编：《世界上古史》，吉林人民出版社1980年版。
刘家和、王敦书主编：《世界史：古代史编》上卷，高等教育出版社2011年版。
刘家和主编：《中西古代历史、史学与理论比较研究》，北京师范大学出版社2013年版。
刘文鹏：《埃及考古学》，生活·读书·新知三联书店2008年版。
刘文鹏：《古代埃及史》，商务印书馆2000年版。
刘文鹏主编：《古代西亚北非文明》，中国社会科学出版社1999年版。
马克垚主编：《世界文明史》，北京大学出版社2004年版。
彭树智：《我的文明观》，西北大学出版社2013年版。
饶宗颐编译：《近东开辟史诗》，辽宁教育出版社1998年版。
《世界上古史纲》编写组：《世界上古史纲》上册，人民出版社1979年版。
孙宝国：《十八世纪以前的欧洲文字传媒研究》，黑龙江人民出版社2006年版。
吴宇虹等：《古代两河流域楔形文字经典举要》，黑龙江人民出版社2006年版。
吴宇虹等：《世界消失的民族》，山东画报出版社2009年版。
杨炽译：《汉谟拉比法典》，高等教育出版社1992年版。
袁指挥：《阿马尔那泥板中所见的近东大国外交》，博士学位论文，东北师范大学，2006年。
《中西古典文明研究》编写组编：《中西古典文明研究——庆祝林志纯教授90华诞论文集》，吉林人民出版社2000年版。
周有光：《世界文字发展史》，上海教育出版社2003年版。
朱寰主编：《世界古代史》，高等教育出版社2016年版。